人民美术名家学术文丛

耕耘录

——简牍研究丛稿

李均明 著

人民美術出版社

本書的編撰得到中華人民共和國教育部、
財政部高等學校創新能力提升計劃（2011 計劃）
中央專項資金支持。

序　言

《耕耘录》一书，副标题“简牍研究丛稿”，是李均明先生最近辑成的学术论文集，共收录28篇，涉及学科诸多方面，无疑将博得有关学术界的肯定和欢迎。

以中国古代简牍为研究对象的简牍学，或将帛书包括在内而称作简帛学，是20世纪新兴的专门学科。最早为现代人所见的简牍实物，恰好是于20世纪刚刚开始的1901年，在新疆尼雅发现的，这标志着简帛学的肇端。

前几年，我曾在骈宇骞等先生所著《二十世纪出土简帛综述》的小序中提到，20世纪简帛学的发展有过三次高潮。1930年甘肃居延汉简的大发现及其整理研究，是其第一次高潮。其第二个高潮，出现在1972年临沂银雀山汉简出土之后，陆续发现的有长沙马王堆帛书、新居延汉简、云梦睡虎地秦简、阜阳双古堆汉简，还有随县擂鼓墩与江陵天星观的楚简等等，都受到学者的重视。90年代形成的第三次高潮，开始于1991年《包山楚简》的出版，随后有1992年的敦煌悬泉汉简、1993年的荆门郭店楚简、1994年入藏的上海博物馆楚简、1996年的长沙走马楼吴简及2002年的龙山里耶秦简等等，是可称一时之盛。

里耶秦简的发现，已经处于新世纪了。最近这十几年，简帛学的工作又有很大进步。这段时期，20世纪第三个高潮期间出土的新材料大多仍在继续刊布，例如上博简、走马楼简、里耶简等等，而新的发现又接踵而来，更觉新颖珍异，如清华大学入藏的战国简、湖南大学和北京大学入藏的秦汉简，整理报告都已有问世。新的简帛吸引了更多学者，成为学科迅速前进的基础和动力。

我觉得，简帛学这一学科当前已取得的进展，至少体现在以下几个方面。

首先是出土简帛可属时代的延长。当20世纪早年开始有简牍发现，到这个学科进入第一个高潮的阶段，大家所能见的只限汉晋遗物。1942年虽出现了长沙子弹库的楚帛书，但由于那时对楚文字的认识有限，未能造成较大影响。及至50年代，于长沙发掘中得见楚简，1956年信阳长台关楚墓里还出土了真正的“竹书”；1995年末，云梦睡虎地又掘获了秦简。于是发现日多，现在上起战国，下及魏晋，各段历史时期都有了为数较多的标本实例。当然，简帛的使用时代还可上溯，今后发现更早的实物不是不可能的。

其次是发现简帛地区的扩大。在上述简帛学第一个高潮的时候，得到的简牍大都出自西北地带、丝路之上。到第二个高潮，内地便有了一系列发现，开拓了人们的眼界。后来又流行一种成见，以为内地简帛只能出于相当先秦楚国疆域的地方，这有一定道理，然而近来已为一些新的发现逐渐打破了。应该记得，历史上著名的孔壁、汲冢等重要发现乃是在中原（广义的）地区，位置和环境均和楚地（狭义的）不同。

其三是简帛内容性质的丰富。早年西北地带发现的简牍，性质主要是有关咸成交通等的文书之类。50年代长沙五里牌、仰天湖的楚简，使我们看到了随葬的遣策，后来发掘的江陵望山等楚墓里，更找到关于墓主的祭祷记录。如果这些还可以附属于文书类别的话，信阳长台关“竹书”以及近年脍炙人口的郭店简、上博简、清华简等等，则完全是严格意义的书籍了。

正因为简帛性质多样化，研究的途径和方法也有必要区分开来，这促进了简帛学学科分支的形成。今天的简帛学已相当细化，至少可把典籍的研究和文书的研究区分开来，已是有关学者的共识。

简帛学的进展还有一方面体现，就是释读研究能力的增强。材料的扩充、工作的深入，为掌握简帛及其文字的种种特征与规律积累了许多知识和经验。现今的整理研究工作，都较20世纪有比较显著的进步。

在这里我还想说到也许是更重要的一点：我们已经有了简帛学研究工作能力较强的学者队伍，出现了成绩卓异的简帛学专家。

这部《耕耘录》的作者李均明先生，正是这样的专家。五年前，我为他所著《秦汉简牍文书分类辑解》写序，已经介绍过“李均明先生是少数精通简牍学全部的学者中的一位，堪称当之无愧的专家。”他自20世纪70年代起步，“三十余年一直全力以赴，投身于简牍帛书的整理研究。应该说，这些年间陆续发现的简帛，罕有李均明先生不曾过目的，而其中价值最高、数量最多的各批，整理考释不少有李均明先生参加。他在这门学科的造诣和贡献，已为学术界所公认。”《耕耘录》书中所收学术论文，在领域的广度和探索的深度上，都显示出李均明先生最新的研究成绩。

李学勤

2013年4月17日

目　　录

清华简所见辛公甲与作册逸

清华简《耆夜》述周武王八年征伐黎国获胜后在周文王宗庙举行饮至仪式的事，饮至指庆功酒宴，这是周武王伐纣的前奏，会上武王的主要大臣都在场，武王与周公当场颂诗奏乐，一派团结合作、盛气凌人景象。简文载直接参与仪式的大臣中，“毕公高为客，召公保奭为夹，周公叔旦为命，辛公𧫒甲为位，作册逸为东堂之客，吕上父命为司政，监饮酒。”这六位当即西周开国的主要功臣，周初朝廷的领导核心，其中周公、召公、毕公及太公吕尚（即简文所见“吕上父”）是大家比较熟悉的历史人物，儒家推崇的贤臣，诸子书中已多见，本文拟先介绍辛公甲与作册逸的事迹。

辛公𧫒甲之“甲”为辛公名，字形写作上从虎，下从幸，此形字屡见于上海博物馆藏楚简、包山楚简、郭店楚简及仰天湖楚简等，多处可通“甲”，如《上海博物馆藏简四·曹沫之争》：“缮甲利兵，明日将战”、“人之甲不坚，我甲必坚”之“甲”字形与上述清华简同，整理者认为通兵甲之“甲”，甚是，则二字通用当无疑。又《汗简》所见“甲”字写作从虎，从甲；《古文四声韵》引古论语“押”字亦写作从虎，从甲；此二字或与上述楚简所见从虎，从幸的“甲”字或同源。

“辛公甲”，史籍径称“辛甲”，原为殷商大臣，后不满纣王暴政，毅然决然投入西伯阵营，《史记·周本纪》：“伯夷、叔齐在孤竹，闻西伯善养老，盍往归之。太颠、闳夭、散宜生、鬻子、辛甲大夫之徒皆往归之。”《集解》引刘向《别录》曰：“辛甲，故殷之臣，事纣。盖七十五谏而不听，去之周，召公与语，贤之，告文王，文王亲自迎之，以为公卿，封长子。”关于辛甲投奔西伯事，王国维辑《今本竹书纪年疏证》载殷帝辛“三十九年，大夫辛甲出奔周。”封辛甲于长子之事亦见于《汉书》，其中《地理志》“上党郡”下辖县“长子，周史辛甲所封。”《国语·晋语四》：“文王问于胥臣”章，称周文王即位，“询于八虞，而咨于二虢，度于闳夭而谋于南宫，诹于蔡、原而访于辛、尹，重之以周、召、毕、荣，而柔和万民。”《左传》襄公四年：“昔周辛甲之为太史也，命百官箴王阙。”晋杜预注：“辛甲，周太史。”唐孔颖达疏：“正义曰晋称文王访于辛尹。贾逵以为辛甲、尹佚，则辛甲文王之臣而下及武王之时，但文王之时天命未改，不得命百官官箴王阙，故以为武王时太史也。阙谓过失也。”简文可证辛甲确实曾担任周武王太史职，但不能因此排除其亦曾任周文王太史的史实。从辛甲命百官箴王阙的行动看，其于殷末曾七十五谏纣的事迹是可信的，武王时辛甲仍然保持这种个人品格，《韩非子·说林上》：“周公已胜殷，将攻商盖，辛公甲曰：‘大难攻，小易服，不如服众小以劫大’，乃攻九夷而商盖服矣。”此亦见称辛甲为“辛公”，太史位“三公”，秩“公”爵，故简文所见称“辛公”。《汉书·古今人表》“上下智人”栏列有“辛甲”，时代居位周文、武之间。辛甲曾有著作留世，《汉书·艺文志》“道家者流”载“《辛甲》二十九篇。注：纣臣，七十五谏而去，周封之。”后佚失，马国翰编《玉函山房辑佚书·道家书目》辑《辛甲书》，序云：“《辛甲书》一卷，周辛甲撰。按《春秋左氏传》以为周太史。刘向《别录》以为故殷之臣，事周，七十五谏而不听，去之。周文王以为公卿，封长子。《汉书艺文志·道家》有辛甲二十九篇，《隋唐志》不著录，佚已久。考《左氏春秋》襄四年，传魏绛述其虞人之箴；《韩非子·说林》引其与周公议伐商。盖之语是佚说之仅存者，据辑，并附考，为卷虞箴似《太公金匮·阴谋》所载，武王诸铭其言兵亦略似，班《志》以此书与太公书同入道家，知其非取课虚而叩寂也。”

作册逸之“逸”简文写成从廾从兔，此种写法亦屡见于上海博物馆藏楚简，如《上海博物馆藏简五·三德》：“毋享逸安求利”、“毋逸其身，而多其言”所见“逸”字的写法皆与清华简同。

“作册逸”史籍亦写作“史逸”、“史佚”或“尹佚”，“逸”通“佚”。作册，史官称谓，后称内史，故后人径称“作册逸”为“史逸”。官名“作册”来源甚早，1977年11月甘肃省庆阳县出土殷代玉戈，刻有“作册吾”三字（许俊臣：《甘肃庆阳发现商代玉戈》，《文物》1979年第2期），报告称：“这件玉戈与殷墟妇好墓出土的玉戈，不论形制、大小、风格，都很相似。戈上字体接近殷墟卜辞第一期（武丁），它的时代也应与之相近。”周初铜器铭文亦屡见“作册”称谓，如《作册卣》铭：“准明保殷成周年，公锡作册细贝。”作册逸参与过武王克商等重大政治、军事行动，《史记·周本纪》：“及期，百夫荷罕旗以先驱。武王弟叔振铎奉陈常车，周公旦把大钺，毕公把小钺，以夹武王。散宜生、太颠、闳夭皆执剑以卫武王。既入，立于社南大卒之左，[左]右毕从。毛叔郑奉明水，卫康叔封布兹，召公奭赞采，师尚父牵牲。尹佚策祝曰：‘殷之末孙季纣，殄废先王明德侮蔑神祇不祀，昏暴商邑百姓，其章显闻于天皇上帝。’于是武王再拜稽首，曰：‘膺更大命，革殷，受天明命’。”又“命南宫括、史佚展九鼎保玉”，《逸周书·克殷解》也有类似的记载：“乃命南宫百达、史佚迁九鼎三巫。”《集注》引陈逢衡云：“史佚即上文尹逸，以其职司祝卜，故有迁巫之命。”《逸周书汇校集注·世浮解》：“武王降自车，乃俾史佚繇书于天号。”《集注》引潘振云：“繇，册祝之辞也。书，录之也。天号，若云昊天上帝。”从上可知，史载作册逸活动的年代约当周武王前后。《左传·僖公十五年》：“且史佚有言曰：无好祸，无怙乱，无重怨。”杜预注：“史佚，周武王时大史，名佚。佚音逸。”此处杜预或将太史混同于内史。太史位三公，地位当高于居卿位之内史。《汉书·古今人表》“上中仁人”栏列有“史佚”。所居时位与周公、召公同，稍晚于辛公甲。《汉书·艺文志》“墨家者流”载“《尹佚》二篇。注：周臣，在成、康时。”后佚失，《玉函山房辑佚书·墨家书目》辑有《史佚书》，马国翰序云：“《史佚书》一卷，周太史尹佚撰。按《书·洛诰》逸祝册，孔安国《蔡沈传》并云：逸，史佚也。陈师凯曰：古字通作逸。《春秋左氏传》僖十五年杜预注：史佚，周武王太史名。佚襄十四年正义晋语：文王访于辛尹，贾逵以为辛甲、尹佚。《汉书艺文志·墨家·尹佚二篇》注云：周臣，在成康时也。其书隋、唐皆不著录，散亡已久。唯《左传》、《国语》引其言；又《淮南子》引成王问政一节，《说苑》亦引之；又《逸周书》、《史记》载佚册祝，皆其佚文，并据辑录。《大戴礼记·保傅篇》云：‘承者，承天子之遗忘也，常立于后，是史佚也。与周公为道，太公为充，召公为弼，同列而总谓之圣。’则史佚固圣人之流也，其对成王问政云：‘使之以时而敬顺之，忠而爱之，布令信而不食言’，又云：‘善之，则畜也；不善，则雠也。’与《论语》‘道千乘之国’章、《孟子》‘君之视臣’章，意旨复合，而《春秋》内外传所引诸语，亦皆格言大训，不知《班志》何以入其书于墨家之首，意或以墨家者流出于清庙之守佚，为周太史，故探源而定之与？今仍依《班志》，观者勿以墨翟兼爱之流弊，并疑此书也。”亦有学者认为“尹佚”即“叔夜”，如《逸周书集注·克殷解》注引陈逢衡云：“《周书·洛诰》逸祝册，此即尹佚也。盖即《论语》八士之叔夜，夜读作液，与佚、逸通。又即尹氏八士之一，特逸未赐氏南宫，故仍曰尹逸；其官则史，故又曰史佚。”又引朱右曾云：“尹逸，疑即八士之叔夜，夜、逸声相近。”可备一说，但《汉书·古今人表》里，“史佚”与“叔夜”同见一表中，又可否定此说。

清华简《耆夜》所见核心人物中，辛甲与作册逸皆非宗室中人，尤其辛甲这样从殷纣阵营投奔过来的人，关键时刻仍受重用，居于高位，不能不说这是清华简《保训》所宣扬的中道政治的最高境界，任人唯贤的具体体现。

（本文原载于《光明日报》2009 年 8 月 17 日）

西周适用刑罚杂谈

——从《尚书·立政》"以列用中罚"谈起

《尚书·立政》："周公若曰：'太史、司寇苏公，式敬尔由狱，以长我王国，兹式有慎，以列用中罚，'"这是《立政》篇的最后一段。苏公，周武王司法官，《左传·隐公十一年》："王取邬、刘、蔿，邗之田于郑，而与郑人苏忿生之田"，杜注："苏忿生，周武王司寇苏公也。"当为周武王克商后首任大法官。《尚书校释译论》注："苏轼《书传》：'苏忿生以温为司寇，此言其能敬用狱。……呼太史而告之者，欲书之于史以为后世法也。'《蔡传》：'此周公因言慎罚，而以苏公敬狱之事告之太史，使其并书以为后世司狱之式也。'又皮氏《考证》云：'《后汉书》云：律谢皋苏。注以苏为忿生，是苏公长于刑法，'可见古人把苏忿生和在历史上以刑、法擅名的皋陶，并称为两位长于法律的大师了。"[①]据此，司寇苏公显然是中国古代成功司法官的典范，故与皋陶并列。关于"兹式有慎，以列用中罚"，《尚书校释译注》一书注文曾网罗诸家论说，云："伪孔云：'此法有所慎行，必以其列用中罚，不轻不重，周公所行，太史掌六典，有废置官人之制，故告之。'苏轼《书传》云：'列者，前后相比，犹今之言列也。以旧事为比，而用其轻重之中者也。'《蔡传》：'令于此取法而有谨焉，则能以轻重条列用其中罚，而无过差之患矣。'陈大猷《或问》云：'苏公能以法式而敬其所用之狱，重民命以延国命，治狱者当以为法式而有谨焉。以旧事为比而用其轻重之中者也。立政以用人为本，而兵刑乃政之大者，故以此终焉。'王樵《日记》云：'式敬之式，用也。兹式之式，法也。汉有决事比，《周礼·小司寇》：登中于天府'注曰：取其计狱蔽颂之得其中者上于天府，使藏之以为法。比后罪犯有合于是者，则援用以为质也。即列用中罚之意。观此则引律条以定罪，由来久矣。'"又于省悟《新政》云："列，读例，《礼记·服问》：'上附下附，列也。'《释文》：'列，本亦作例。'《庄子·达生》：'非知巧果敢之列。'《释文》：'列，本或作例。''兹式有慎以列用中罚'者，兹用有所讯讼，按成例用其适中之罚也。"诸说皆有助于理解文义。

愚以为，兹、式皆为语助词，无实意。有慎，指谨慎，犹今言谨慎啊！"列"或说为条列，前后相比，或读为"例"，依文义，当读"例"为妥，指旧有成例，犹汉代决事比，今言判例。西周铜器《曶鼎》、《𠑇匜》、《师旅鼎》、《散氏盘》、《大簋》等皆见判例铭文[②]，可见在成文法未形成之西周，除依约定习惯外，皆当适用判例，而判例是大量的，如何选择，涉及对其轻重的衡量，故"中罚"便由此而生。中罚之内涵极为丰富，至《吕刑》所见形成了较完整的适用刑罚体系。

周初"中罚"观念之产生源自对殷商刑法体系的继承与改造。殷商以"尊神尚鬼重刑"著称，刑法惨苛，动辄以上天的名誉行罚，而周初尚需继承殷商刑罚体系，《尚书·康诰》："师兹殷罚有伦。"但重视人间规则，不尽信天，《尚书·君奭》："天不可信，我道惟宁王德延，天不庸释于文王受命。"证其不是一味行天罚，适用时注意权衡其在人际间的平衡，中罚——适度刑罚的观念于是产生。殷末周文王请除炮格之刑即是这一进程开始的标志，《史记·殷本纪》："百姓怨望而诸侯有畔者，於是纣乃重刑辟，有炮格之法。以西伯昌、九侯、鄂侯为三公。九侯有好女，入之纣。九侯女不憙淫，纣怒，杀之，而醢九侯，鄂侯争之彊，辨之疾，并脯鄂侯，西伯昌闻之，窃叹，崇侯虎知之，以告纣，纣囚西伯羑里，西伯之臣闳夭之徒，求美女奇物善马以献纣，纣乃赦西伯。西伯出而献洛西之地，以请除炮格之刑，纣乃许之，赐弓矢斧钺，使得征伐，为西伯。”西伯除酷刑于是闻名于世，便有更多的四方诸侯百姓来决平的故事，如《史记·周本纪》：“西伯阴行善，诸侯皆来决平，于是虞、芮之人有狱不能决，乃如周。入界，耕者皆让畔，民俗皆让长，虞、芮之人未见西伯，皆惭，相谓曰：‘吾所争，周人所耻，何往为，祇取辱耳。’遂还，俱让而去。”这一记载，实际包含后人对周文王“明德慎罚”路线的歌颂赞扬。武王得天下而进一步发扬之，具体事件如《史记·周本纪》：“武王为殷初定未集，乃使其弟管叔鲜，蔡叔度相禄父治殷。已而命召公释箕子之囚，表商容之閭。”当然，周文、武之重人道并未完全抛弃天意，其灭殷仍以天意为由行事，《尚书·牧誓》：“今予发惟共行天之罚。”对外宣称仍然是秉承上天的旨意，所采取的是天、人平衡的路线，亦是“中罚”的重要依据之一。而对刑罚体系的改造，恰恰是周灭商获得成功的政治基础，《左传·成公二年》：“《周书》曰‘明德慎罚’，文王所以造周也。明德，务崇之之谓也，慎罚，务去之之谓也。”

“中罚”的核心是慎用刑，《尚书·多方》以汤之经验说教，云：“乃惟成汤克以尔多方简代夏作民主。慎厥丽乃劝，厥民刑用劝。以至于帝乙，罔不明德慎罚，亦克用劝。要囚，殄戮多罪，亦克用劝，开释无辜，亦克用劝。”顾颉刚等注引朱俊声《便读》：“言汤不虐于民，慎恤用刑，则民知感而勉于善。刑戮有罪，则民亦知惧而免于善，所谓‘怙终贼刑，眚灾肆赦，民乃大明服’也。”以上所云实际皆为周公的主张与理想，只是以商汤的行为说事而已，顾颉刚等注亦云：“按，‘明德慎罚’乃周公惩于殷代酷用刑罚吸取历史教训所提出的新的政治原则，用以救偏补弊，纠正殷人之尚鬼重刑这一特点而提出来的。并不是殷代就已有这一原则，周公把自己总结历史所得出的理论性原则，在谈到殷代贤王时也说成如此，稍有点美化商代实际。”亦知慎刑并非不用刑，而是要通过充分的调查，做到有罪必罚而无辜则开释。否则将适得其反，如《尚书·无逸》所云：“乱罪无罪，杀无辜，怨有同，是丛于厥身！”怨恨将集中于执政者身上。

实行“中罚”的必要条件是执法者当有一定的业务水平，故主张设专门的法官执掌司法事务，具有相对独立性，《尚书·立政》专述周初设行政官员事宜，其中有关司法及法官，云：“文王惟克厥宅心，乃克立兹常事，司牧人，以克俊有德。文王罔攸兼于庶言、庶狱、庶慎，惟有司之牧夫，是训用违。庶狱庶慎，文王罔敢知于兹。”关于“庶狱庶慎”义颇费解，解释多异，当以于省吾《新证》读如《周礼·小司寇》所见“庶狱庶讯”为妥。为便于理解，今录顾颉刚等人关于上述一段话的今译，文云：“文王惟其能通三宅之心，所以能设立常事（常任），司牧人（常伯）等三宅之职。用能所宅之官（择用之官）能为才俊有德之士。文王从不兼揽侵越议论教诲之官、刑狱之官、掌典法情讯之官的职权，全都由这些有司理民之官全权负责掌管之，文王只严明训飭督察这些官员们的是否用命或是否违命而已。刑狱之事，典法情讯之事，文王连敢都不敢去知道它，一任有司者去处理。”《讨论》引吴闓生《大义》云：“此篇以勿误（虞）庶狱为主。以今语诠之，所以保全司法独立之精神，特申明权限。而惧王及左右之乱也，故戒王而兼及群臣，乃至缀衣虎贲之属，特加意焉。以此等近侍执御，其荧惑王之见闻而扰乱刑狱为弥易也，故繁复其辞，以庶习憸人为戒，而要之以克用常人。又恐言之而王或不察也，复召司寇苏公于前而显命之，使其慎其官守，诏苏公，即所以警王也。”

“中罚”精神在《尚书·吕刑》中有系统化之体现。其适用刑罚的主要原则“故乃明于刑之中，率乂于民棐彝。”此“中”指用刑公正适中，与“中罚”之观念完全一致。《孔疏》：“此美尧能使天下皆勤立德，故乃能明于用刑之中正。言天下皆能用刑尽得中正，循治民之道以治于民。辅成常教，伯夷所典之礼，是常行之教也。”为达到用刑之中正，《吕刑》中可见许多具体要求，例如：

关于审讯，要求“两造具备，师听五辞。”注云“苏轼《书传》云：‘讼者两至，则士听其辞，’以‘两’为诉讼双方，‘造’为‘至’，‘师’为刑官‘士’。按‘士’为刑官，祥《尧典》‘士’校释。吕氏《书说》云：‘两造具备，两争者皆造于庭，非偏听也。师听五辞，群有司同听其辞，非偏见也。狱辞所及，既欲审度，而两造复欲其具备，盖所不当逮者不可扰一人，所当逮者不可阙一人也。……狱辞虽众，丽于刑者不过五，故谓之五辞……古者因情以求法，故有不可入之刑。后世移情而合法，故无不可加后世移情而合法，故无不可加之罪。’陈经《详解》云：‘两争造庭，已在目前，群有司公众察断两造之辞，辞有五等，核实祥审之当者也’。《蔡传》综宋儒之说云：‘两造者，两争者皆至也。《周官》以两造听民讼。具备者，词、证皆在也（《汇纂》引王樵曰：‘词如文卷，证是证佐’）。师，众也。五辞，丽於五刑之辞也。’”诉讼双方皆到庭是当时诉讼的基本要求，也是司法公正之保障。

为求公正，司法过程要着重提防五种弊病，即“惟官、惟反、惟内、惟货、惟来”，注引吕氏《书说》：“‘官’者权势也。‘反’者，报德也。‘内’者，女谒也。‘货’者，贿赂也。‘来’者干请也。”清人黄以周云：“‘求’注疏作‘来’，当依马本为是。官，为挟官威势。反，谓报旧恩怨。内，谓女谒。货，谓勒索货贿。求与赇通，谓以货干请。以官、反、内、货、求五过而出入人罪，是故出故入也。故出入人罪，与犯法者等，此古律也。”[③]关于这五个字的含义众说纷纭，但皆指干扰司法、影响判决结果的五种坏行为，是司法过程中需要克服的五种弊病。

罪疑赦赎，不可滥刑，“五刑之疑有赦，五罚之疑有赦，其审克之，简孚有众，惟貌有稽，无简不听，具严天威。”指罪疑而降等审查，无罪则释放之。依罪等减赎，“墨辟疑赦，其罚百锾，阅实其罪。劓辟疑赦，其罚惟倍，阅实其罪。剕辟疑赦，其罚倍差，阅实其罪。宫辟疑赦，其罚六百锾，阅实其罪，大辟疑赦，其罚千锾，阅实其罚。”所言为各罪等疑赦罚金的数量，其后皆有“阅实其罪”句，意谓认真审查罪罚是否相应，注：“《孔疏》云：‘阅实其罪，检阅核实其所犯之罪，使与罚名相当。然后收取其赎。此既罪疑而取赎，疑罪不定，恐受赎参差，故五罚之下，皆言阅实其罪，虑其不相当故也。’夏僎《详解》云：‘每条必言阅实其罪。恐听者或不详其意，止阅实其一而忽其它，故不嫌其费辞也。’”《逸周书·大聚》：“赦刑以宽，复亡解辱”，陈逢衡注：“赦刑以宽，即《周礼》议贤之辟，谓法有可原则当曲赦之也。亡者复之，立其后也；辱者解之，与以自新也。”[④]

权其轻重，罚当其罪。情轻则罚亦轻，情重则罚亦重。以情为权而论疑罪之轻重，则罚亦当矣。刑权轻重以为上下，罚权轻重以为多少。又，“上下比罪，无僭乱辞，勿用不行，惟察惟法，其审克之。上刑适轻下服，下刑适重上服。轻重诸罪有权。”“上下比罪”即对犯罪之轻重程度作认真的比较，注引《孔疏》云：“罪条虽有多数，犯者未必当条，当取故事并之，上下比方其罪之轻重，上比重罪，下比轻罪，观其所犯当与谁同。狱官不可尽贤，其间或有阿曲，宜预防之。”“上刑适轻”与“下行适重”乃指依据犯罪情节以减轻或加重刑罚，体现执法之灵活性，注：《汇纂》引张九成之说云：“杀人者死，此上刑也，然有误杀者，此适轻也，则服下刑也。斗殴不死，此下刑也，然有谋杀而适不死者，此适重也，则服上刑矣。用刑岂可不问情之轻重哉。”

因时因地而异，灵活掌握刑罚的宽严程度，即所谓“刑罚世轻世重”原则，《荀子·正论》：“刑称罪则治，不称罪则乱。故治则刑重，犯治之罪固重，犯乱之罪固轻也。《书》曰：‘刑罚世轻世重’，此之谓也。”杨倞注：“治世家给人足，犯法者少，有犯则众恶之，罪固当重也。乱世人迫于饥寒，犯法则多，不可尽用重典，罪固当轻也。《书·甫刑》言世有治乱，故法有轻重也。”《周礼·大司寇》：“掌建邦之三典，以佐王刑邦国，诘四方。一曰刑新国用轻典，二曰刑平国用中典，三曰刑乱国用重典。”郑玄注：“新国者，新辟地立君之国，用轻法者，为其民未习于教。平国，承平守成之国也，用中典者，常行之法。乱国，篡弑叛逆之国，用重典者，以其化恶，伐灭之。”

数罪并罚，以重者论处，文云：“其刑上备，有并两刑”，注引章炳麟《拾遗定本》云：“《唐律》：‘诸二罪以上俱发，以重者论。’此言‘并两刑’，即并轻刑于重刑中，论以上服，与《唐律》同。”说是。

“中罚”是周代中道政治的重要组成部分。中道讲究的是平衡与和谐，包括自然界及人际社会的平衡，清华简《保训》所见周文王遗言，以舜为执中典范，嘱武王勿忘中道，文云：“昔舜旧作小人，亲耕于历丘，恐求中，自稽厥志，不违于庶万姓之多欲。厥有施于上下远迩，乃易位迩稽，测阴阳之物，咸顺不扰。舜即得中，言不易实变名，身滋备惟允，翼翼不懈，用作三降之德。”又以上甲微之事迹，提倡司法之执中，云：“昔微假中于河，以复有易，有易服厥罪。微无害，迺归中于河。”[⑤]表明殷末周初已提倡中道，中道观念亦已贯彻到司法领域。西周中期的《牧簋》见有关中道执法的铭文，文云：“汝毋敢[弗帅]先王作明型（刑）……毋敢不明，不中不型（刑），乃贯政事，毋敢不尹人，不中不型（刑）。”文中所主张的“刑中”则已与《吕刑》体系吻合。知中道实质为平衡之术，其具体施行如《逸周书·大匡》：“王乃召冢卿，三老、三吏、大夫、百执事之人朝于大庭。问罢病之故，政事之失、刑罚之戾，哀乐之尤，宾客之盛……。”又《逸周书·五权》记载周武王针对国计民生提出对五种事项的经常性调查，以求达至均衡，亦指出不平衡的坏处，文云：“五权：一曰地，地以权民。二曰物，物以权官。三曰鄙，鄙以权庶。四曰刑，刑以权常。五曰食，食以权爵。不遵承括食不宣，不宣授臣。极赏则淈，淈得不食。极刑则仇，仇至乃别。鄙庶则奴，奴乃不灭。国大则骄，骄乃不给。官无庶则荷，荷至乃辛。物庶则爵，乃不和。地庶则荒，荒则聂。人庶则匮，匮乃匿。呜呼，敬之哉！汝慎和称五权，惟中是以，以长小子于位，实惟永宁”诸多事项中，刑罚为重要一项，潘振云：“至，亦极也。别，离也。滥刑则民雠之，其极也则民离，此言刑不权常之失。”《逸周书·度训》：“人众，赏多罚少，政之美也，罚多赏少，政之恶也。罚多则困，赏多则乏。困无醜，教乃不至。”赏、罚适度达到平衡，才符合中道的要求。刑罚失常的历史教训，则见《逸周书·史记》：“赏罚无位，随财而行，夏后氏以亡。”“刑始於亲，远者寒心，殷商以亡。”“权专于臣，则刑专于民。君娱于乐，臣争于权，民尽于刑，有虞氏以亡。”故《尚书·顾命》云：“毕协赏罚，戡定厥功”，《说苑·政理》：“夫诛赏者，所以别贤不肖而列有功与无功也。故诛赏不可以谬，诛赏谬则美恶乱矣。夫有功而不赏则善不劝，有过而不诛则恶不惧。善不劝，恶不惧，而能以行化乎天下者，未赏闻也。《书》曰：‘毕协赏罚’，此之谓也。”

中道之权衡有赖于“三德”，“三德”之施行包括适用刑罚，《吕刑》云：“惟敬五刑，以成三德。”明确了“五刑”与“三德”的关系。何谓“三德”，《尚书·洪范》：“三德：一曰正直，二曰刚克，三曰柔克。平康，正直；彊弗友，刚克；燮友，柔克；沈潜，刚克；高明，柔克。”《逸周书·寤敬》：“奉若稽古维王，克明三德维则，戚和远人维庸。”孔晁注：“三德，刚柔，正直。”

综上，从清华简《保训》及《尚书》、《逸周书》等传世文献所见可看出：自周初，“中罚”之观念已出现，至《吕刑》所处时代，则形成较完备的“刑中”（出土文献称“中刑”）体系，主张刑罚之适时、适中原则，服务于中道政治，对中国早期法制体系的形成曾起积极作用。

注释：

①顾颉刚、刘起釪：《尚书校释译论》，中华书局2005年版，本文所引皆用此版。

② 本文所引诸铜器及铭文，皆引自中国社会科学院考古研究所编：《殷周金文集成释文》，香港中文大学出版社 2001 年版。

③（清）黄以周：《礼书通故》，中华书局 2007 年版第 1830 页。

④ 黄怀信、张懋功、田旭东：《逸周书汇校集注》，上海古籍出版社 1995 年版第 416 页。

⑤ 清华大学出土文献研究与保护中心：《清华大学藏战国竹简保训释文》，载《文物》2009 年第 6 期第 73 ～ 75 页。

读清华简札记

——中道之实践与权变

清华简《保训》是周文王的临终遗嘱[①]，战国时抄本，本于周初史实，不排除其中有战国人改造的可能。此遗嘱的核心是周文王向其继承人周武王传授中道治国的理念，而所谓中道特别注重实践及强调权变。

实践是中道的基础：《保训》所举荐的圣人舜是传说中实践中道的楷模[②]，历经长期的努力才掌握中道真谛，执行时又小心翼翼，坚持不懈，文云："昔舜久作小人，亲耕于历茅，恐救中，自稽厥志，不违于庶万姓之多欲。厥有施于上下远迩，乃易位迩稽，测阴阳之物，咸顺不扰。舜既得中，言不变名易实，身滋备惟允，翼翼不懈，用作三降之德。帝尧嘉之，用受厥绪。"舜长期以来只是一个普通百姓，其事业起点无异于常人。《孟子·尽心上》："舜之居深山之中，与木石居，与鹿豕游，其所以异于深山之野人者几希。""亲耕于鬲茅"或泛指舜耕于历山、居于草茅诸事，《史记·五帝本记》："舜，冀州之人也。舜耕历山，渔雷泽，陶河滨，作什器于寿丘，就时于负夏。"但舜有远大志向，简文谓"恐救中"，指舜唯恐丧失中道理念。救，中断、失去，《说文》："救，止也。"正因为有这样的抱负，所以舜才能达到如《孟子·尽心上》所云："及其闻一善言，见一善行，若决江河，沛然莫之能御也。"产生巨大的号召力。"自稽其志"指舜之实践从自我修养做起：包括"不违百姓之多俗"指对百姓采取宽容态度，包容人们的各种习惯与想法，如《孟子·公孙丑上》所云："大舜有大焉，善与人同，舍己从人，乐取于人以为善。"简云"厥又施于上下遠迩"指广泛地实施中道。"乃易位迩稽"指通过换位思考、就地考察，处理具体事宜。而"测阴阳之物"是实践中道政治的哲学基础。阴、阳是相对的，是宇宙中通贯物质和人事的两大对立面。商代甲骨文中即有阴、阳的观念。[③]阴、阳源自人们对大自然的考察，《上海博物馆藏楚竹书·容成氏》："皋陶既已受命，乃辨阴阳之气，而听其狱讼，三年而天下无狱讼者，天下大和均。"[④]《周礼·春官·占梦》："掌其岁时，观天地之会，辨阴阳之气。"汉儒董仲舒以刑、德喻阴阳，云："天道之大者在阴阳。阳为德，阴为刑；刑主杀而德主生。是故阳常居大夏，而以生育养长为事；阴常居大冬，而积于空虚不同之处。以此见天之任德不任刑也。天使阳出布施于上而主岁功，使阴入伏于下而时出佐阳；阳不得阴之助，亦不能独成岁。终阳以成岁为名，此天意也。"[⑤]《礼记·郊特牲》云："阴阳和而万物得。"汉王符《潜夫论·本政》较系统地阐述了阴阳与政治的关系，云："凡人君之治，莫大于和阴阳。阴阳者，以天为本。天心顺则阴阳和，天心逆则阴阳乖。天以民为心，民安乐则天心顺，民愁苦则天心逆……君臣法令之功，必效于民。故君臣法令善则民安乐，民安乐则天心慰，天心慰则阴阳和，阴阳和则五谷丰，五谷丰而民眉寿，民眉寿则兴于义，兴于义而无奸行，无奸行则世平，而国家宁、社稷安，而君尊荣矣。是故天心阴阳、君臣、民氓、善恶相辅至而代相征也。"当然，"测阴阳之物"的过程亦即实践的过程；"咸顺不逆"是阴阳平衡达到的结果。简云"舜既得中"指舜掌

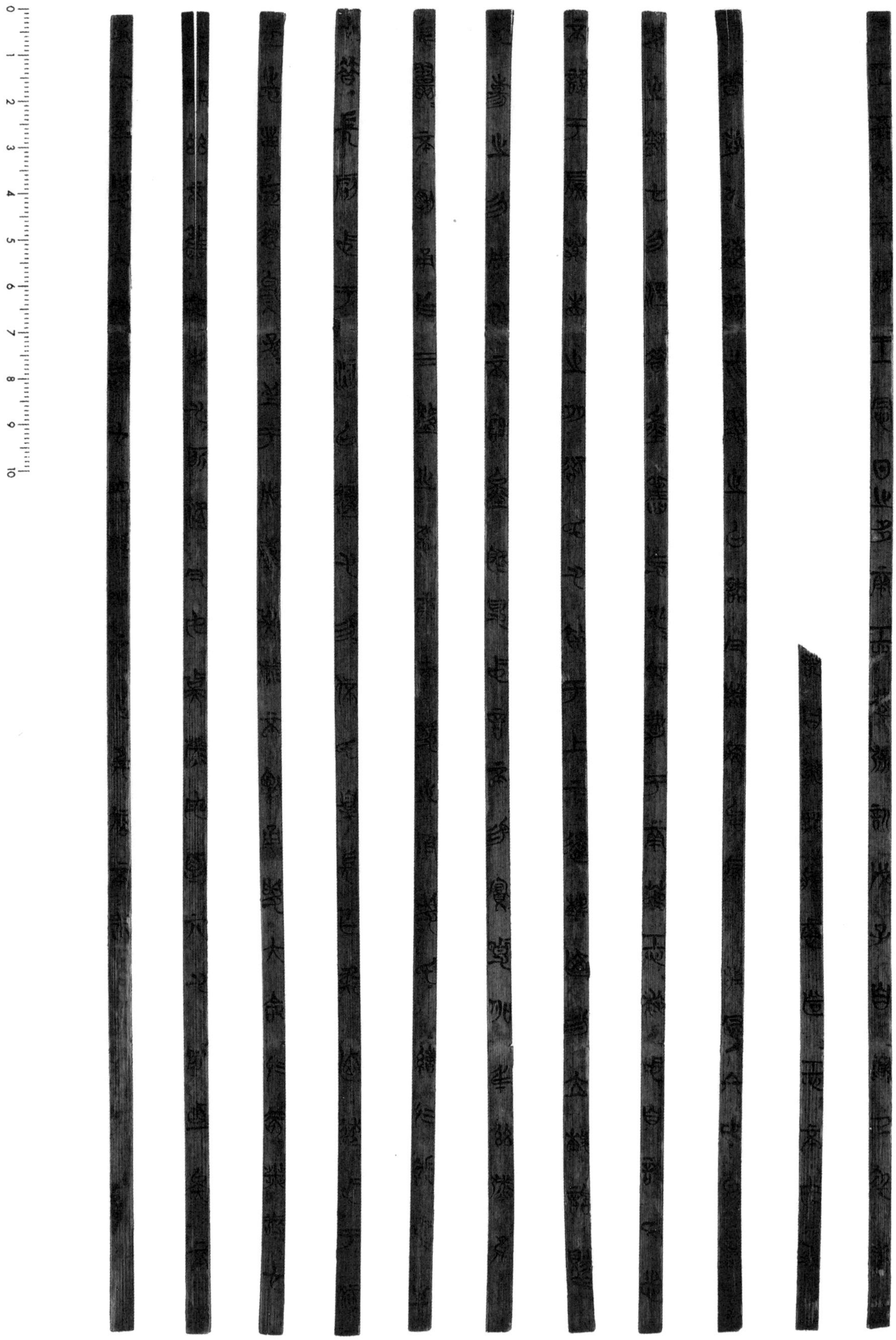

一一　一〇　九　八　七　六　五　四　三　二　一

保训简正面

握了“中道”。由于长期实践的积累，舜之作为有巨大的影响力，《韩非子·难一》：“历山之农者侵畔，舜往耕焉，期年甽亩正；河濵之渔者争坻，舜往渔焉，期年而讓长；东夷之陶者苦窳，舜往陶焉，期年而器牢。仲尼叹曰：‘圣人之德化乎！’”这意味着他对社会生产力的提高起着积极的作用。舜即位之前，尧曾对他进行三年的能力考查，《尚书·尧典》：“帝曰：‘格汝舜，询事考言，乃言厎可绩，三载，汝陟帝位。’舜让于德，弗嗣。正月上日，受终于文祖。”《史记·五帝本纪》：“帝嚳溉执中而徧天下，日月所照，风雨所至，莫不从服。”《正义》：“言帝佶治民，若水之溉灌，平等而执中正，徧于天下也。”此亦即舜所得之“中”所具之影响力。故《礼记·中庸》云：“舜其大知也与。舜好问而好察迩言，隐恶而扬善，执其两端，用其中于民，其斯以为舜乎。”《论语·尧曰》亦云：“尧曰：‘咨，尔舜！天之历数在尔躬。允执其中，四海困穷，天禄永终。’”

《保训》列举的第二个典型是上甲微“假中于河的故事”⑥，所述为中道政治在司法领域的实践，就理念而言与前文所述“中”是一致的，只是范围仅限于司法领域而已。简文云“昔微假中于河，以覆有易，有易服厥罪，微无害，乃归中于河。”文中人物，“微”指上甲微，殷商先君；“河”指河伯；“有易”指代有易国君。事件的前因后果为上甲微从河伯那里借“中”，用于审查有易国君，诉讼过程中上甲微没有枉害行为，有易国君服罪后，上甲微把“中”归还给河伯。从简文本身可看出这是一起公正执法的过程，逻辑关系非常明确。覆，审查，是诉讼的开始，《尔雅·释诂下》：“覆，审也。”因为有治罪审案的前提，才有后面的“有易服厥罪”即服从判决的结果，而“微无害”是对诉讼公正性的说明。“无害”通常指原告或裁决人对被告没有故意放纵或枉害行为，《史记·萧相国世家》：“萧相国何者，有文无所枉害也，律有无害都吏如今公平吏。”那么，“微无害”说明上甲微在诉讼过程中是公正、公平

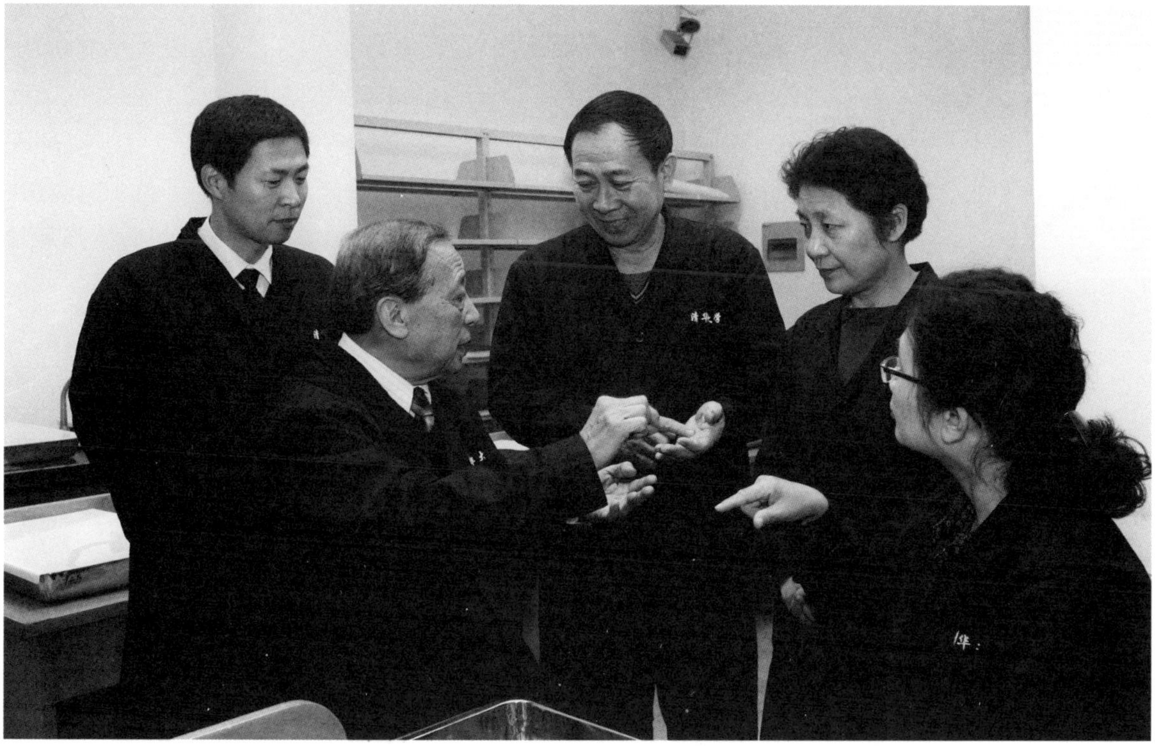

与李学勤先生一起研讨清华简

的，没有故意放纵或加害被告的行为。在这起诉讼案里，“中”指的是冠以“公平”名誉的司法权，微“假中于河”指上甲微从河伯那里借用了司法权。河伯屡见于甲骨卜辞，《国语·鲁语》云：“上甲微，能帅契者，商人报焉。”是殷商时期有影响的人物，其地位如周文王之称西伯，一方霸主，掌握一定地域的司法权，有易在其控制之下，受其司法权约束，所以从河伯那里借司法权制裁有易国君是有效的。此即西周“中刑”思想的先河。

注重实践体现了中道政治积极作为的一面，这是商末周初形势下周文武所需要的，文王努力做到了，《史记·周本纪》：“西伯曰文王，遵后稷、公刘之业，则古公、公季之法，笃仁，敬老，慈少。礼下贤者，日中不暇食以待士，士以此多归之。伯夷、叔齐在孤竹，闻西伯善养老，盍往归之。太颠、闳夭、散宜生、鬻子、辛甲大夫之徒皆往归之。”由此三分天下，周文王有其二，实力已在商纣王之上，却还不断地积极作为，《周本纪》又云“西伯阴行善，诸侯皆来决平。於是虞、芮之人有狱不能决，乃如周。入界，耕者皆让畔，民俗皆让长。虞、芮之人未见西伯，皆惭，相谓曰：‘吾所争，周人所耻，何往为，祇取辱耳。’遂还，俱让而去。”至此，虽然战略形势已经发生了根本变化，但周文王仍然还在积储实力，以求一战定乾坤，只是未及灭商而病逝，《保训》在此际产生，针对性非常强，具有指导实践的意义。周武王非常了解文王的意图，故《史记·周本纪》载武王伐纣，出征时乃“为文王木主，载以车，中军。武王自称太子发，言奉文王以伐，不敢自专。”由于文王的巨大影响力，“诸侯不期而会孟津者八百诸侯”武王终能水到渠成，一举灭了殷商，实现周文王的遗愿。

权变是中道的灵魂。与《保训》的抄写年代相当的孟子对中道之权变有着比较深刻的认识，《孟子·尽心上》：杨子取为我拔一毛而利天下，不为也。墨子兼爱，摩顶放踵利天下，为之。子莫执中。执中为近之。执中无权，犹执一也。所恶执一者，为其贼道也，举一而废百也。”汉赵氏注：“执中和近圣人之道，然不权圣人之重轻，执中而不知权，犹执一介之人，不知时变也。”又云：“所以恶执一者，为其不知权，以一知而废百道也。”文中所云“执中无权”乃其关键。“权”本指秤锤，用以秤量，此处用于比喻权衡手段。如果“执中”而没有权衡手段，跟执一端的偏执没有区别。《保训》所云“三降之德”当即中道制衡之“权”。“降”通“隆”，重、大的意思，《韩诗外传》：“君人者降礼尊贤而王”之“降礼”，《荀子·天论篇》作“隆礼”。史籍多简称之为“三德”，《尚书·洪范》：“三德：一曰正直，二曰刚克，三曰柔克。平康，正直；强弗友，刚克；燮友，柔克；沈潜，刚克；高明，柔克。”《逸周书·寤敬解》：“奉若稽古惟王，克明三德惟则，戚和远人惟庸。”《史记·宋微子世家》：武王既克殷，访问箕子。箕子对曰：“……六曰三德”；“三德：一曰正直，二曰刚克，三曰柔克。平康正直，强不友刚克，内友柔克，沈渐刚克，高明柔克。维辟作福，维辟作威，维辟玉食。”正直，《集解》郑玄曰：“中平之人。”刚克、柔克，《集解》郑玄曰：“克，能也。刚而能柔，柔而能刚，宽猛相济，以成治立功。”平康正直，《集解》孔安国曰：“世平安，用正直治之。”强不友刚克，《集解》孔安国曰：“友，顺也。世强御不顺，以刚能治之。”内友柔克，《集解》孔安国曰：“世和顺，以柔能治之也。”《索隐》：“内，当为‘燮’。燮，和也。”沈渐刚克，《集解》马融曰：“沈，阴也。潜，伏也。阴伏之谋，谓贼臣乱子非一朝一夕之渐，君亲无将，将而诛。”《索隐》：“《尚书》作‘沈潜’，此作‘渐’字，其义当依马注。”高明柔克，《集解》马融曰：“高明君子，亦以德懷也。”《汉书·五行志》：“次六曰艾用三德；”应邵注：“艾，治也。治大中之道用三德也。”明确指出中道与“三德”的关系，即以“三德”权衡中道，使之均衡和谐。《后汉书·陈宠传》：“伯夷之典，‘惟敬五刑，以成三德’。”注：“三德，刚、柔、正直。《尚书·吕刑》：‘伯夷降典，折民惟刑，惟敬五刑，以成三德’。”表明中道既应用于司法领域，亦以三德权衡之。

宋儒林之奇于《尚书全解·洪范》解说中比较各种说法后推崇云“惟范内翰之说为精确，可以正先儒之失。其说曰治天下者不过三德：曰正直、刚、柔而已。不刚不柔曰正直，正直者中德也。刚克谓刚胜柔也。柔克谓柔胜刚也。如经云威克厥爱，爱克厥威之克。三德之用如是当，又用之当其宜，平康之世则用正直以治之以中德也。于强御弗顺之世则用刚克以治之以刚德也。于和顺之世则用柔克以治之以柔德也，《吕刑》云：“刑罚世轻世重。谓刑新国用轻典，刑乱国用重典，刑平国用中典，亦随时而用之也，此说可谓尽矣。盖正直者中德也，不刚不柔也，即皇极所谓王道正直是也。世之平康则刚柔皆不可偏胜，而正直之用于是为宜。然世不能常平康，而有所谓强弗友、燮友之时，则德亦不可以常主不刚不柔，而必有所谓刚克、柔克以御之，此所以有三德之不同，而其用之亦各有其时，此范内翰之说也。是犹持权衡者未尝不欲其平，然而不能无低昂也。抑其昂举其低，然后不失其为平。沈潜高明者是乃圣人善用天下之权也，故刚克所以御强弗友也。一于刚胜柔则失之亢。柔克所以御燮友也，一于柔胜刚则失之懦。亢则为过，懦则为不及，故虽刚克、柔克可以济中德之不及。苟其过不及而至于亢且懦，则其违中道远矣。是必将有所抑其过而引其不及以归于中道，是以虽有刚克、柔克而中道未尝失焉，此圣人之善用权也，故继以沈潜、刚克、高明柔克者，盖所以抑其过而引其不及。刚克以御强弗友，然患其过而为亢也，于是从而沈潜之，盖抑其过而归之于中也。柔克以御燮友，然患其不及而为懦也，于是从而高明之，盖引其不及而归之于中也。”[⑦]此说或较公允。用通俗的话说，“三德”就是三种执政治世的思维与行为模式，包括强硬模式、常规模式、怀柔模式，用于应对不同的具体情况：如在混乱、动荡的局面下，面对强硬不讲理、耍阴谋者采用强硬模式；常规情况下采用常规模式；和谐盛世里或面对能明白事理者采用怀柔模式。以这三种模式调节各种社会关系，使之趋于平衡和谐，即古人所谓“执中”。

综上，“中”是保持平衡的理念，中道的基础是实践，“执中”便是不断实践的过程；由于不平衡是永远的，因此权变是中道的灵魂，只有不断地改变才能达到新的平衡，而“三德”就是当时实现权变的三种模式。

（本文原载于《中日学者中国古代史论坛文集》）

注释：

① 清华大学出土文献研究与保护中心：《清华大学藏战国竹简“保训”释文》，载《文物》2009年第6期。

② 李均明、刘军：《战国简所见舜之形象——中道先驱》，载《出土文献研究》第9辑。

③ 黄天树：《说甲骨文中的“阴”和“阳”》，载《中国文字学报》第1辑。

④ 马承源主编：《上海博物馆藏战国楚竹书（二）》，上海古籍出版社2002年版。

⑤《汉书·董仲舒传》，中华书局1962年版。

⑥ 李均明：《说“假中于河”》，载《中国文物报》2009年7月19日。

⑦（宋）林之奇：《尚书全解》，吉林出版集团2005年版。

清华简《皇门》之君臣观

清华简《皇门》是史官记录的周公言论，版本优于今本，文句较易通读。其文首云“惟正 [月] 庚午，公格才在耇（庫）門。”[1]此“公”当指周公，今本即作“周公”，就当时的局面与个人资历而言，也唯有周公才有资格发此训诰。集会地点或在成周。所述事件当发生在周公还政于成王之际，文献记载见《汉书・曆律志・世经》：“周公七年……是岁十二月戊辰晦，周公反政。”又见“成王元年正月己巳朔”。“庚午”为“己巳”后第二天，则简文所云“正月庚午”为周成王亲政元年正月二日的可能性很大。王连龙通过对今本《皇门》的研究，亦得出结论：“从周公训戒群臣献良言、荐贤臣的举动上来说，《皇门》篇在某种意义上具有交代后事的意味。这与致政成王的大背景是相符的。”[2]甚合理。无论简本还是今本，通篇所论皆为君臣通合之道，《周书序》：“周公会群臣於閎门，以辅主之格言，作《皇门》。”实为时局政治在人事关系上的体现，涉及国家体制等制度层面，是不可多得的反映周初政治变革的珍贵文献，印证王国维所云“中国政治与文化之变革，莫剧于殷周之际”[3]有一定的道理。关于君臣名分，王国维云“自殷以前，天子诸侯君臣之分未定也。故当夏后之世，而殷之王亥王恒，累葉称王；汤未放桀之时，亦已称王。当商之末，而周之文武亦称王。盖诸侯之于天子，犹后世诸侯之于盟主，未有君臣之分也。周初亦然，于《牧誓》、《大诰》皆称诸侯为友邦君，是君臣之分亦未全定也。逮克殷践奄，灭国数十，而新立之国皆其功臣昆弟甥舅，本周之臣子；而鲁卫晋齐四国，又以王室至亲为东方大藩，夏殷以来古国，方之蔑矣。由是天子之尊，非复诸侯之长而为诸侯之君。其在丧服，则诸侯为天子斩衰三年，与子为父臣为君同。盖天子诸侯君臣之分始定于此。此周初大一统之规模，实与其大居正之制度相待而成者也。”[4]这是对周初所进行的国家体制改革的全面总结。整个过程中，周公是实际上的掌舵人，至周成王执政时已大体完成。竹简本《皇门》所见一方面是对君王的训教辅导，另一方面则是对望族宗臣的劝戒，借古喻今，又明确指出君臣二者的相互依存关系，立场鲜明，反映的是周公当时的思想，涉及君臣关系的内涵主要有以下三点。

一、君王明哲

史载武王崩，成王年少，由周公摄政，七年后还政于成王。关于武王死时文王的年龄，杨向奎先生汇集诸说，考证云“成王少，具体年龄，说法不一，但以‘武王崩，时年十三’者为近是。《史记汇注考证》曾考证道，‘贾谊曰，成王年六岁，即位享国。郑玄曰，武王崩时，成王年十岁。王肃曰，武王崩，成王年十三。《公羊传正义》引《古尚书说》云，武王崩时成王年十三，’诸说不一，愚按，《书金縢》云，周公居东二年，秋，王兴大夫尽弃以启金縢之书。则成王是时已冠矣。曰，武王崩，时年十三者近是。”[5]即以年十三说为是，成王亲政时的年龄也不过二十岁。他的少年时期是在周公的辅导下长大

清华简《皇门》

的，接班时周公做出一番训教也在情理之中。《荀子・儒效》："武王崩，成王幼，周公屏成王而及武王以属天下，恶天下之倍周也。履天子之籍，听天下之断……教诲开导成王，使喻于道，而能揜迹于文、武。"对成王而言，《皇门》所说的为君之道就是对他的开导，并且此类开导屡见史载，如《史记・鲁周公世家》："周公归，恐成王壮，治有所淫佚，乃作《多士》、《毋逸》。"而这种训导方式逐渐成为周初的传统，《史记・周本纪》："成王将崩，惧太子钊之不任，乃命召公、毕公率诸侯以相太子而立之。成王既崩，二公率诸侯，以太子钊见于先王庙，申告以文王、武王之所以为王业之不易，务在节俭，毋多欲，以笃信临之，作《顾命》。"

成王登极之初，最要紧的是要好好汲取历史的经验教训，《皇门》所见周公之训示即始于此，其中历史人物之楷模为文中所云"二有国之哲王"，今本作"昔有国哲王"，陈逢衡注："在昔有国哲王，古我夏先后与殷先哲王也。"夏、商二代之兴亡盛衰如一面镜子[6]，不可不鉴，《书・召诰》："我不可不监于有夏，亦不可不监于有殷。我不敢知曰有夏服天命惟有历年，我不敢知曰不其延，惟不敬厥德乃早坠厥命。我不敢知曰有殷受天命惟有历年，我不敢知曰不其延，惟不敬厥德乃早坠厥命。今王嗣受厥命，我亦惟兹二国命，嗣若功。"[7]再说，历史经验的汲取，离不开前辈长者的指导，这些前辈主要是统治阶级中人，如《国语・晋语》所云："吾闻国家有大事，必顺于典刑，而访咨于耇老，而后行之。"韦昭注："耇老，家臣室老。"当然也包括殷商遗老，因为他们对殷商的败亡有着刻骨铭心的记忆，《史记・卫康叔世家》："周公旦惧康叔齿少，乃申告康叔曰：'必求殷之贤人君子长者，问其先殷所以兴，所以亡，而务爱民。'告以纣所以亡者以淫于酒，酒之失，妇人是用，故纣之乱自此始。"《书・召诰》云："今冲子嗣则无遗寿耇"，表明成王亦是重视的。今人顾颉刚、刘起釪云："周公诰教成王，要他居安思危，要他以夏殷为鉴戒而永远敬德，语重心长，可见当时这个国家的统治者的不腐败。"[8]评价甚高。

竹简本《皇门》前半部有一大段是讲前代治国经验的，文云："我闻昔在二有国之哲王则不恐于恤，乃惟大门宗子迩臣，懋扬嘉德，迄有宝，以助厥辟，勤恤王邦王家。乃旁求选择元武圣夫，羞于王所。自厘臣至于有分私子，苟克有谅，无不懔达，献言在王所。是人斯助王恭明祀，敷明刑。王用有监，多宪政命，用克和有成，王用能承天之鲁命。百姓万民用无不扰比在王廷。先王用有劝，以宾佑于上。是人斯既助厥辟勤劳王邦王家。先神祇复式〈式〉用休，俾服在厥家。王邦用宓，小民用假能稼穑，并祀天神，戎兵以能兴，军用多实。王用能奄有四邻，远土丕承，子孙用末被先王之耿光。"这些经验从历史讲起，却是融合古今、甚或是借古喻今。显然，周公的目的是教学以致用，继续周初以来的改革进程。描述所见，君王执掌王国大权，人才及智慧集中于王廷，百姓万民拥戴：首先是"大门宗子迩臣……勤恤王邦王家。"所言是统治集团核心阶层的向心；再者"自厘臣至于有分私子，苟克有谅，无不懔达，献言在王所"所言则是更广泛的统治基础；"百姓万民用无不扰比在王廷"几近达到全民拥戴的地步。达到成功的手段，除了以"承天之鲁命"遵天意为理由外，"嘉德"与"明刑"起着至关重要的作用。

下半段之大部则是讲用人不当、政用迷乱的教训，文云："至于厥后嗣立王，乃弗肯用先王之明刑，乃臣属维急急胥驱胥教于非彝。以家相厥室，弗恤王邦王家，维媮德用，以问求于王臣，弗畏不祥，不肯惠听无罪之辞，乃惟不顺是治。我王访良言于是人，斯乃非休德以应。乃维诈诟以答，俾王之无依无助。譬如戎夫，骄用从禽，其犹克有获？是人斯乃谗贼□□，以不利厥辟厥邦。譬如梏夫之有媢妻，曰余独服在寝，以自落厥家，媢夫有迩亡无远，乃弇盖善夫，善夫莫达在王所。乃隹惟有奉疑夫，是扬是绳，是以为上，是授司事师长。正政用迷乱，狱用无成。小民用祷无用祀。天用弗保，媢夫先受吝殄罚，邦亦不宻。”后王之失败乃在于“弗肯用先王之明刑”，致臣属“非休德以应”，离心离德，俾王之无依无助，加之任用臣属不当，故邦亦不宻，恰与成功的经验相背，走向了另一个极端。用与不用“嘉德”与“明刑”，实践效果之差异非常明显。

“嘉德”指优秀的品德，涉及面甚广，而周初之“德”侧重于统治术，常见者如“三德”指三种处理人事关系的手段，见清华简《保训》，又《逸周书·寤敬》：“奉若稽古惟王，克明三德惟则，戚和远人惟庸。”《尚书·洪范》：“三德：一曰正直，二曰刚克，三曰柔克。平康，正直；彊弗友，刚克；燮友，柔克；沈潜，刚克；高明，柔克。”从《洪范》的记载中可知，“三德”指正直、刚克、柔克三种德行。这三种德行为应对不同的情况而设。

一曰正直。《尚书·洪范》：“平康，正直。”《史记·宋微子世家》：“正直。”《集解》鄭玄曰：“中平之人。”又“平康正直”，《集解》孔安國曰：“世平安，用正直治之。”

二曰刚克。《尚书·洪范》：“二曰刚克”，刚克者有二：“彊弗友，刚克”、“沈潜，刚克”。《史记·宋微子世家》：“彊不友刚克”，《集解》孔安国曰：“友，顺也。世强御不顺，以刚能治之。”又“沈渐刚克”，《集解》马融曰：“沈，阴也。潜，伏也。阴伏之谋，谓贼臣乱子非一朝一夕之渐，君亲无将，将而诛。”

三曰柔克。《尚书·洪范》：“三曰柔克”，柔克者有二：“燮友，柔克”、“高明，柔克”。《史记·宋微子世家》：“内友，柔克”，《集解》孔安國曰：“世和順，以柔能治之也。”《索隐》：“内，當為‘爕’。爕，和也。”又“高明，柔克”，《集解》馬融曰：“高明君子，亦以德懷也。”执嘉德方能掌控臣属，笼络人心，是为君主不可或缺的。

“明刑”指“开明”的刑罚，亦称“祥刑”。周人既继承殷商的刑罚体系又加以改造，这是灭商获得成功的政治基础，《左传》成公二年：“《周书》曰‘明德慎罚’，文王所以造周也。明德，务崇之之谓也，慎罚，务去之之谓也。”“明刑”的核心是慎用刑，《尚书·多方》以汤之经验说教，云：“乃惟成汤克以尔多方简代夏作民主。慎厥丽乃劝，厥民刑用劝。以至于帝乙，罔不明德慎罚，亦克用劝。要囚，殄戮多罪，亦克用劝，开释无辜，亦克用劝。”所云实际为周公的主张与理想，只是以商汤的名誉说事而已，顾颉刚等注云“按，‘明德慎罚’乃周公惩于殷代酷用刑罚吸取历史教训所提出的新的政治原则，用以救偏补弊，纠正殷人之尚鬼重刑这一特点而提出来的。并不是殷代就已有这一原则，周公把自己总结历史所得出的理论性原则，在谈到殷代贤王时也说成如此，稍有点美化商代实际。[⑨]亦知慎刑并非不用刑，而是要通过充分的调查，做到有罪必罚而无辜则开释。否则将适得其反，如《尚书·无逸》所云：“乱罪无罪，杀无辜，怨有同，是丛于厥身！”怨恨将集中于执政者身上。当然周公亦主张如何施刑要以犯罪动机及结果来衡量，《书·大诰》：“封，敬明乃罚。人有小罪，小眚，乃惟终，自作不典，式尔；有厥罪小，乃不可不杀。乃有大罪，非终，乃惟眚灾，适尔，既道极厥辜，时乃不可杀。”总言之，做到明刑方能制约人们的社会行为，维持公正与平衡。

通过灭商及巩固政权的实践过程，周初君王深刻领会事在人为的道理，故掌权后虽仍宣示受命于天、遵天命，却不尽信天，《逸周书·五权》：“天命无常。”《书·君奭》：“天不可信，我道德惟宁王德延，天不庸释于文王受命。”明德慎刑遂成为其积极作为的手段。

从竹简本《皇门》可看出，周公的理想是君王集权，达到如《诗·北山》所云：“溥天之下，莫非王土；率土之滨，莫非王臣。”此理想到成康时期在一定程度实现了。

二、宗臣屏辅

竹简本《皇门》经验之谈中，“大门宗子迩臣”居于统治集团中最重要位置，是辅助君王治国理政的核心。从君臣关系的角度来看，大门、宗子、迩臣是相连贯的事物的三个方面。大门，望族，通常指王族；宗子，嫡长子。大门之宗子则简称为“门子”，《周礼·小宗伯》：“掌三族之别，以辨亲疏。其正室皆谓之门子，掌其政令。”郑注：“正室，适子，将代父当门者也。”孙诒让《正义》：“云‘将代父当门者也’者，明以父老则适子代当门户，故尊之曰门子……盖详言之言之曰大门宗子，省文则曰门子，其实一也。”今本《皇门》孔晁注：“大门宗子，适长。”[10]迩臣，亲近的大臣。今本《皇门》庄述祖注：“埶臣，大门宗子之能左王治国者，所谓世臣也。”[11]从大门而宗子而迩臣，呈现的是宗法体系中的金字塔，反映了周初的政治制度与宗法制度之密切的关系，正如王国维所云：“欲观周之所以定天下，必自其制度始矣。周人制度之大异于商者，一曰立子立嫡之制，由是而宗法及丧服之制，并由是而有封建子弟之制，君天子臣诸侯之制。”[12]

“大门宗子迩臣”之外尚述及“分私子”、“蠚臣”的建言助理作用。今本《皇门》孔晁注：“私子，庶孽也。”[13]则分私子乃指嫡子之外的诸子，无疑亦在贵族范围之内，其与大门宗子的等级差异是由于宗法及分封制造成的。周公掌政时已设有专门管理宗法事务者，成王时器《何簋》铭：“惟八月公夷殷年，公锡何贝十朋，迺令何治三族，为何室，用兹簋设公休，用作祖乙隮彝”，关于其中的“治三族”，李学勤先生考证：“《周礼·小宗伯》云：小宗伯‘掌三族之别，以辨亲疏。其正室皆谓之门子，掌其政令。’郑玄注：‘三族，谓父、子、孙，人属之正名。……正室，适（嫡）子也，将代父掌门者也。政令，谓役守之事。’可知掌三族是关于族姓宗法的职务。”[14]再证周初之君臣关系与宗法关系密切相关。蠚臣，善臣，今本《皇门》即作“善臣”，当指相对于迩臣而言的一般大臣。

竹简本《皇门》所言臣属中尚有“元武圣夫”，今本作“元圣武夫”，《曾伯霥簠》简称“元武”。[15]当指元圣与武夫两类专门人才，他们是通过广泛选拔得来的，就程序而言与宗法及分封制无直接关系。今本《皇门》：“乃方求论择元圣武夫”，庄述祖注：“元，善；圣，通也。元圣可以为公卿，武夫可以为将帅者。”陈逢衡注：“方求，徧求也。论择，慎选也。《诗》曰：‘赳赳武夫。’元圣可以资论道，武夫以备腹心。”则元圣任文官，而武夫为武将，以专业才能服务于王国。简文所云“选择”，亦见《逸周书·酆保》：“君选择”，潘振注：“选择，选才而能择人也。”

简文以“先神祇復式〈式〉用休，俾服在厥家”宣示上天对忠臣的恩赐与报答，此乃比喻周初分封宗族大臣等的合理性。但周初分封的主体是宗室子弟，存有家长制的等级结构，天子对于诸侯，诸侯对于卿大夫，除君臣名分外，具有天然尊长的身份，周王对诸侯而言是共主而非盟主，诸侯屏藩着周王，它与殷商相对独立的部落联盟有很大的区别。《左传》僖公二十四年：“昔周公弔二叔之不咸，故封建亲戚，以藩屏周。管、蔡、郕、霍、鲁、卫、毛、聃、郜、雍、曹、滕、毕、原、酆、郇，文之昭也。邘、晋、应、韩，武之穆也。凡、蒋、邢、茅、胙、祭，周公之胤也。”分封皆经册命并遵循一定的规则颁予信物，《左传》定公四年：“昔武王克商，成王定之，选建明德，以屏藩周。故周公相王室，以尹天下，于周为睦，分鲁公以大路大旂夏后氏之璜，封父之繁弱，殷民六族：条氏、徐氏、萧氏、索氏、长勺氏、屋勺氏，使帅其宗氏，辑其分族，将其丑类，以法则周公。用即命于周，是使之职事于鲁，以昭周公之明德。分之土田陪敦，祝宗卜史，备物典策，官司彝器，因商奄之民，命以伯禽，而封于少皞之墟。”铜器铭文中，更不乏册命的记载。

周公、召公、太公等对屏藩周都起过重大作用，《史记·燕召公世家》：“其在成王时，召公为三公：自陕以西，召公主之；自陕以东，周公主之。”《史记·齐太公世家》：“及周成王少时，管、蔡作乱，淮夷畔周，乃使召康公命太公曰：‘东至海，西至河，南至穆陵，北至无棣，五侯九伯，实得征之。’齐由此得征伐，为大国。”地域布局较合理，又其相互屏藩保护的关系也相当牢固，《左传》僖公二十六年：“昔周公、太公股肱周室，夹辅成王。成王劳之，而赐之盟曰：‘世世子孙，无相害也。’载在盟府，大师职之。”对上述记载，今人郭伟川予以充分肯定，云：“笔者认为，上述记载甚可信。周公、太公与成王有盟誓，世代子孙不相害，这一点，大体是做到了。周公子孙，无论与周室有多大矛盾，在礼崩乐坏的春秋战国侯国纷纷称王之时，终鲁之世，绝不称王。”⑯

竹简本《皇门》下段述历史教训中，揭示恶臣、媚臣的各种表现及其对国家的危害。述由于用人不当、阻塞任贤之路，从而造成政局混乱的恶果。实喻周初管、蔡及武庚反叛前后之教训，企图澄清人们对时局之模糊认识，纠正诸侯离经叛道的倾向。君臣关系中，用人得当关乎王业成败，故周公很是看重，始终以身作则，《史记·鲁周公世家》：“然我一沐三捉髮，一饭三吐哺，起以待士，犹恐失天下之贤人。”为其真实写照。

三、同舟共济

竹简本《皇门》末段呼吁君臣同心协力，让先祖放心。此段文句较今本齐全，今本文末仅见“毋作”二字，而竹简本作“毋作祖考脜哉”。文中周公呼吁父兄宗臣同舟共济以渡时艰，突出表现君臣间的相互依存关系。文中使用了“寡邑小邦”的概念，与古籍常见周初人所云“小邦周”等谦称同，今本作“下邑小国”，庄述祖注：“下邑小国，谓周。”又《逸周书·尝麦》：“度下国”，陈逢衡注：“下国，犹言小国，即小邦周之谓。”不过小国的革命是承自天命的，《书·大诰》：“予惟小子不敢僭上帝命。天休于文王，与我小邦周。”《逸周书·商誓》：“今纣弃成汤之典，肆上帝命我小国曰：革商国。”成王时器《何尊》铭：“肆文王受兹大命；惟武王即克大邑商，则廷告于天。”⑰殷商虽大而天弃之，《书·召诰》：“天既遐终大邦殷之命”，证明周的存在有其合理性，但周人还是担心能否维持得住。故“小邦周”一类观念的形成，不仅有韬光养晦的成分，也有国力尚弱的原因，今人郭伟川分析说：“就双方的军力对比而言，武王及诸侯军并没有优势。只是由于殷纣暴虐无道，大失人心，纣兵阵前倒戈，形势才完全逆转。因此，著名的‘甲子’日牧野之役，武王一战而克商，这实在是由于文王治岐山五十年，厚培德政，因此政治上的得人心导致了军事上的胜利。但是，正是由于胜之亦骤，西周政权的基础仍十分薄弱，为了保持胜利果实，力求稳定局面，武王不得不采取与天下诸侯及殷遗势力共治的政策，其列土分封之制，使周王室一开始便成为弱势的中央政权。”⑱尤其武王崩后，成王年幼，武庚作乱，东夷反，管、蔡背离，局面几近不可收拾。此时，周公、召公、太公等近臣的立场与态度无疑能决定周朝的前途命运，史实是通过艰苦卓绝的努力，他们维护了王国的安全，但同时也深深树立了危机感，“小邦周”观念之所以不断被提出，正是时时保持高度警惕的体现。在国力尚弱又要掌控天下的局面下，反复强调君臣关系中之同舟共济是必要的，目的是达到如《逸周书·大戒》所云“应协以动，远迩同心。”

简文所云“譬如主舟，辅余于险，临余于济”反映一种紧迫感及危机感。这种以过河比喻渡过难关的说法亦见于《尚书》等，如《书·大诰》：“予惟小子，若涉渊水，予惟往求朕攸济，敷奔。”清人孙星衍云：“言我思小子，如涉深水，我惟往求所渡之人，任奔走之事。《汉书·武帝纪》诏曰：‘若涉渊水，未知所济。’用此文也。”⑲

周公之君臣观，显然体现在其日后的行政实践中，《史记·鲁周公世家》："成王在丰，天下已安，周之官政未次序，於是周公作《周官》，官别其宜。作《立政》，以便百姓。"周公将君臣等序制度化的做法是可信的。

（本文原载于《中国史研究》2011年第1期）

注释：

① 清华大学出土文献研究与保护中心：《清华大学藏战国竹简》，中西书局2010年，以下所引不再一一注明。

② 王连龙：《逸周书研究》，社会科学文献出版社2010年，第156页。

③ 王国维：《殷周制度论》，载《王国维遗书》，上海古籍书店1983年版所收《观堂集林》卷十，第1页。

④ 王国维：《殷周制度论》，载《王国维遗书》，上海古籍书店1983年版所收《观堂集林》卷十，第8、9页。

⑤ 杨向奎：《周公摄政与成王建国》，载郭伟川《周公摄政与周初史事论集》，北京图书馆出版社1998年版，第102页。

⑥ 黄怀信等：《逸周书汇校集注》，上海古籍出版社2007年，以下所引同此版，不再一一说明。

⑦ 顾颉刚、刘起釪：《尚书校释译论》，中华书局2005年，以下所引同此版，不再一一说明。

⑧《尚书校释译论》，第1452页。

⑨《尚书校释译论》，第1626、1627页。

⑩《逸周书汇校集注》，第546页。

⑪《逸周书汇校集注》，第546、547页。

⑫ 王国维：《殷周制度论》，载《王国维遗书》，上海古籍书店1983年版所收《观堂集林》卷十，第2页。

⑬《逸周书汇校集注》，第547页。

⑭ 李学勤：《何簋与何尊的关系》，载《出土文献研究》第9辑（中华书局，2010年），第1至3页。

⑮《殷周金文集成》，第4631、4632页。

⑯ 郭伟川：《两周史论》，北京图书馆出版社2006年，第125页。

⑰ 李学勤：《金文中的周初史事》，载《青铜器与古代史》，[台北]联经出版事业股份有限公司2005年，第183、184页。

⑱《两周史论》，第37页。

⑲（清）孙星衍：《尚书今古文注疏》，中华书局2005年，第344页。

周书《皇门》校读记

先秦时，与今传世《尚书·周书》及《逸周书》相关的内容，常常被称为《书》或《周书》[①]，称谓相同说明二者同源，有同类性。所谓《尚书·周书》及《逸周书》，乃后人组合编辑的结果。清华简所见与二者有关的篇章，每篇多单独设编码[②]，或无编码[③]，有的标题书于简背[④]，有的设于末简下端[⑤]，或无标题[⑥]，形态不一，说明它们都是单篇流传，尚未集撰成书，《皇门》为其中之一，是迄今所见最早的版本。

相对而言，《清华大学藏战国竹简》第一集《皇门》篇乃迄今所见同类内容之最优文本[⑦]，文通字顺，可校正今本许多错谬；而今本对释读竹简本也有帮助，故两相校读颇有意义。

黄怀信等撰《逸周书汇校集注》[⑧]，不仅有自己的见解，又汇集了庄述祖《尚书记》、陈逢衡《逸周书补注》、丁宗洛《逸周书补注》、唐大沛《逸周书分篇句释》、朱右曾《逸周书集训校释》等前人的研究成果，故校读时径以此本为今本底本，据之与竹简本对校。

王连龙《逸周书研究》一书是关于《逸周书》研究的最新论著，有许多精辟的观点。[⑨]本文亦汲取其中一些成果。

本文乃竹简本《皇门》整理研究之继续，谈不上深入，仅提出一些不尽成熟的看法或疑惑，以求教于大家，有不当之处，望批评指正。

皇門

按：竹简本此篇原无篇题，由于内容与今本《逸周书·皇门》基本相同，故亦名“皇门”。今本篇名乃源自文中“周公格左闳门会群门”句，即以集会地点为篇名。孔晁云：“路寝左门曰皇门。闳，音皇也。”故以“皇门”名之。竹简本所见集会地点称“耈门”，按例则篇题称“耈门”（或《库门》）亦甚佳，不必一定顺从今本。

隹（惟）正［月］庚午，公畧（格）才（在）耈（庫）門。

按：此句今本作“维正月庚午，周公格左闳门会羣门”。竹简本脱“月”字，释文据文义及今本补。王连龙据刘歆《世经》所见“成王元年正月己巳朔”，推出“庚午”为正月二日，[⑩]可从。此元年当为周成王亲自执政后之元年。竹简本“公”，今本作“周公”，则竹简本所言亦当指周公，以周公当时的资历、地位与会议时机而言做此训戒最合时宜。畧、格皆从“各”，二字通，训至。金文多写作“各”。“耈”字从老，古声，见母鱼部，读为溪母鱼部之“库”字。“门”即“库门”。周制天子五门，自南数为皋、库、应、雉、路门。库门为第二门，库门外皋门内为天子外朝所在。二说“库门”为宗庙南门：王连龙认为今本之“闳门”乃指宗庙庙堂南门，据《太平御览》卷五百三十三引《明堂》所载，明堂南门亦称“库门”；又认为此训诰是在成周的宗庙进行，理由是会议发生在“成王即政第一年的正月二日，而成王前一年的十二月三十日还在成周，且成王于成周举行祭祀后，命周公留守新邑，所以这次训诰是在成周进行的。”[11]再则出土金文可证明成周建有宗庙。其说可从。

公若曰：於（嗚）虐（呼）！朕㝵（寡）邑少（小）邦，穠（蔑称）又（有）耆耇㰠（慮）事嘍（屏）朕立（位），𦃃（肆）朕沓（沖）人非敢不用明刑，隹（惟）莫覔（開）余嘉悳（德）之兑（說）。

按：此段今本作“曰：呜呼！下邑小国克有耇老据屏位，建沈人，非不用明刑，维其开告予嘉德之说。”后半段与竹简本出入较多。“㝵（寡）邑少（小）邦”与“下邑小国”义同，乃周之谦称。今本称“邦”为“国”，乃汉代人避刘邦讳所改。“寡邑小邦”相对于“大邦殷”而言，《书·大诰》：“兴我小邦周”，《多士》：“非我小国敢弋殷命”。庄述祖《尚书记》：“下邑小国，谓周。”《逸周书·祭公》“度下国”，集注引陈逢衡曰：“下国，犹言小国，即小邦周之谓。”穠，读为“蔑”，训无，《诗·板》“丧乱蔑资”，毛传：“蔑，无。”“蔑有”与今本“克有”义有别。“耆耇”与今本“耇老”义同。《说文》：“耆，老也。”耇，高龄老人，《尔雅·释诂上》：“耇，寿也”，郭璞注：“耇，犹耆也，皆寿考之通称。”竹简本“耆耇”当指遗老。今本“耇老”，集注引唐大沛曰：“谓年高德即者。”“㰠”读“虑”，皆从虎声。《说文》：“虑，谋思也，从虎声。”㰠、虑与据，古形近似，致今本误。读为“屏”，屏藩保护。“屏朕位”、“屏朕身”为西周惯用语，屡见于周金文，其中“嘍”作“甹”或“屏”。逆钟：“敬厥夙夜用甹朕身”[12]、毛公鼎：“屏朕位”[13]。由于今本“下邑小国克有耇老据屏位”句有错字，故致后人之理解多误入歧途。“𦃃”读为“肆”，《说文》：“𦃃，希属。从二希。𧰨，古文𦃃。《虞书》曰：𦃃类于上帝。”段玉裁注：“《尧典》文。许所据盖壁中古文也，伏生《尚书》及孔安国以今文读定之。古文《尚书》皆作肆，太史公《史记》作遂。然则汉人释肆为遂，即《尔雅》之‘肆，故也。’壁中文作𦃃，乃肆之假借字也。”简文𦃃为句首语助词，无实义，此用法屡见《尚书》诸篇，如《大诰》：“肆予冲人永思艰”与竹简本同。沓，读为“冲”，见竹简本《金縢》：“惟余沓（冲）人其亲逆公。”今本《书·金縢》“惟予冲人弗及知……惟朕小子其新逆”，顾颉刚等注：“‘予冲人’与‘余小子’、‘朕小子’同，都是古代君王自称之词。但此处《尚书大传》及《鲁世家》皆作‘予幼人’，当作为周成王以年轻自称如此。”[14]竹简本“朕沓（冲）人”当同此。明刑，显明的刑罚，亦称“祥刑”、“中罚”或“中刑”。《诗·抑》：“罔敷求先王，克共明刑。”牧簋：“汝毋敢［弗］（帅）先王作明型（刑）……毋敢不明，不中不型（刑）”[15]、《书·吕刑》：“故乃明于刑之中”，又“监于兹祥刑”。《书·立政》：“兹式有慎，以列用中罚。”莫，为无人之义，[16]《论语·宪问》：“子曰：‘莫我知也夫。’”“覔”与“开”皆从幵，二字通，今本作开。开，训通，《逸周书·程典》“慎德德开”，集注引孔晁曰：“开，通。言德合也。”今本《皇门》集注引陈逢衡曰：“开告，启迪也。嘉德，美善之德。说，谓言说。”则竹简本“覔”与今本“开告”义同。今本汇校王念孙引王引之云：“此本作‘维其开告予于嘉德之说’，故孔注曰‘开告我于嘉德之说’也。《盘庚》曰‘予告女于难’，彼以‘告女于’连文，犹此以‘告予于’连文也。下文‘资告予元’，亦以‘告予’连文，今本予字在于字下，则义不可通。”竹简本恰无于字，证王说或是。

今我卑（譬）少（小）于大，我䎽（聞）昔才（在）二又（有）或（國）之折（哲）王則不共（恐）于卹，廼隹（惟）大門宗子埶（邇）臣，楙（懋）昜（揚）嘉悳（德），乞（迄）又（有）寚（寶），以蠆（助）氒（厥）辟，堇（勤）卹王邦王豙（家）。

按：此段今本作“命我辟王小至于大。我闻在昔有国誓王之不绥于恤，乃维其有大门宗子势臣，内不茂扬肃德，讫亦有孚，以助厥辟，勤王国王家。”竹简本“卑”读为“譬”，譬喻。小、大或指小事、大事。《书·无逸》："乃变乱先王之正刑，至于小大，民否则厥心违怨，否则厥口诅祝。"今本《皇门》"小至于大"，集注引陈逢衡曰："小至于大，小大之言皆宜告也。"二有国，指夏、商二朝。今本集注引陈逢衡曰："在昔有国誓王，古我夏先后与殷先哲王也。"哲，智也，《尔雅·释言》："哲，智也。"《书·皋陶谟》："能哲而惠"，《史记》引作"能知能惠"。哲王，聪慧贤能的君王。《书·康诰》："往敷求于殷先哲王，用保乂民。"《逸周书·商誓》："在商先誓（哲）王明祀上帝。"不共于恤，"共"读为"恐"，惧怕，《尔雅·释诂》："恐，惧也。""恤"通"恤"，《尔雅·释诂》："忧也。"今本《皇门》汇校王念孙引王引之云："哲王之不绥于恤，文义不明，'之'疑当作'亡'，亡与罔同。绥，安也。恤，忧也。"说是，"罔不绥于恤"则与竹简本"不共（恐）于恤"义同。门，门户。大门，望族，通常指王族；宗子，嫡长子。大门之宗子亦简称为"门子"，《周礼·小宗伯》："掌三族之别，以辨亲疏。其正室皆谓之门子，掌其政令。"郑注："正室，适子，将代父当门者也。"孙诒让《正义》："云'将代父当门者也'者，明以父老则适子代当门户，故尊之曰门子……盖详言之曰大门宗子，省文则曰门子，其实一也。"今本集注引孔晁曰："大门宗子，适长。"迩臣，亲近的大臣。今本集注引庄述祖曰："埶臣，大门宗子之能左王治国者，所谓世臣也。"从大门而宗子而迩臣，呈现的是宗法体系中的金字塔，反映了周初的政治制度与宗法制度之密切结合。懋，《说文》："勉也。"扬，发扬。竹简本"懋扬"与今本"茂扬"义同。据竹简本所见，今本"内不茂扬肃德"汇校所言"内，卢校从赵改作'罔'"当是。"乞"读"迄"，至于、达到，《尔雅·释诂》："迄，至也"。"宝"帮母幽部，读滂母幽部之"孚"，训为信，《尔雅·释诂》："孚，信也"。"萬"原释为"助"，今本此处即为"助"字，参见李学勤、[17]黄天树先生的观点。[18]细考此字或可释"腆"，读"辅"，辅助。"腆"所从"甫"旁或从"叀"形变而成。《说文》："惠"字古文作"[illegible]"，知"叀"字有从三"屮"者，与竹简本"萬"字所从相类。古书常见从"叀"与从"甫"的字混同的现象，如《庄子·天运》"鱼傅沫"，陆德明释文："音附，又音付，本亦作传，直专反。"《庄子·山木》"随其曲傅"，陆德明释文："曲傅，音附，司马云曲附己者随之也。本或作传，张恋反。"《战国策·齐策五》"车舍人不休，传卫国"，王念孙云："'传'当作'傅'。"助君治理常用"尃"或"辅"字，如《书·汤誓》："尔尚辅予一人。"叔尸钟："女（汝）尃（辅）余于艰恤。"[19]辟，君王，《尔雅·释诂》："辟，君也。"

廼方（旁）救（求）巽（選）睪（擇）元武聖夫，𦡊（羞月）于王所。

按：此段今本作"乃方求论择元圣武夫，羞于王所。"方，读为"旁"，广泛，《说文》："溥也。"《广雅·释诂二》："广也。"《国语·楚语上》："如是而又使以梦象旁求四方之贤"，又"使以象旁求圣人。"今本集注引陈逢衡曰："方求，徧求也。"选，择也，《说文》："选，选择也。""选择"连用见《孟子·滕文公上》："选择而使子，子必勉之。"《逸周书·酆保》："君选择"，今本集注引潘振曰："选择，选才而能择其人也。""元武圣夫"乃"元圣武夫"之合称，或简称"元武"，曾伯簠："元武孔黹"[20]，指文武两方面的能人，今本庄述祖注："元，善；圣，通也。元圣可以为公卿，武夫可以为将帅者。"今本集注引陈逢衡曰："《诗》云：'赳赳武夫。'元圣可以资论道，武夫以备腹心。"羞，进荐，《尔雅·释诂》："进也。"今本集注引陈逢衡曰："羞于王所，贡士之典也。"

自釐（釐）臣至于又（有）貧（分）厶（私）子，句（茍）克又（有）款（諒），亡（無）不嚚（懔）達，獻言才（在）王所。

按：此段今本作"其善臣以至于有分私子。苟克有常，罔不允通，咸献言在于王所。"厘，治理。《书·尧典》"允厘百工"，孔传："厘，治。"厘臣，治国臣僚。分，分支，《谷梁传》庄公三十年"燕，周之分子也”，范宁注：“分子，谓周之别子孙也。”私子，庶子。今本集注引孔晁曰：“私子，庶孽也。”陈逢衡曰：“有分私子，谓有采邑之庶孽。”王连龙认为“‘私’当释‘小’。《方言》：‘自关而西秦晋之郊、梁益之间，凡物小者谓之私小。’‘私子’义为‘小子’为周初渭水流域方言。本篇中，周公以长上身份训诰诸臣，故有此称谓。诸家以‘庶孽’、‘家臣’释之，不合经旨。”可备一说。[21]欶，读为“谅”，皆从京得声，诚信，《说文》：“谅，信也。”今本“苟克有常”，集注引孔晁曰：“常，谓常德，言皆信通于义，以益王也。”嚚，读为懔，皆从亩得声，指恭敬畏惧。《书·泰誓》“百姓懔懔，若崩厥角”，孔颖达疏：“懔懔是怖惧之意。”达，通达。“亡（无）不嚚（懔）达”与“献言才（在）王所”当连读。

是人斯蠆（助）王共（恭）明祀，敷（敷）明刑。

按：此段今本作“人斯是助王恭明祀、敷明刑。”今本汇校刘师培曰：“案据孔注，疑正文当作‘人顺斯助王’。‘是’与‘斯’同，盖衍文也。”有一定道理，竹简本作“是人斯蠆（助）王”则文顺字通。“蠆”或释“賻”，辅助，见前文考。祀，祭祀。《左传》文公二年：“祀，国之大事。”敷，施行，《书·周官》“司徒掌邦教，敷五典”，孔传：“布五常之教，以安和天下众民。”“専（敷）明刑”为西周惯用语，屡见于金文。

王用又（有）監，多憲（憲）正（政）命，用克和又（有）成，王用能承天之魯命。

按：此段今本作“王用有监，明宪朕命，用克和有成，用能承天嘏命。”宪，效法，《书·说命》：“惟天聪明，惟圣十宪”，孔传：“宪，法也。言圣王法天以立教于下。”《诗·崧高》：“文武是宪。”正，读为“政”。《书·微子》：“殷其或乱正四方！”政命犹后世言政令。克，能。《诗·荡》“靡不有初，鲜克有终”，郑玄笺：“克，能也。”《书·尧典》：“克明俊德，以亲九族。”和，和合、和谐。《书·君奭》：“惟文王尚克修和我有夏。”成，事成，禹鼎：“肆禹又（有）成。”[22]《逸周书·度邑》：“天自幽不享于殷，乃今有成。”集注引朱右曾曰：“冥冥中已不享殷，至今乃有成命也。”唐大沛云：“谓能和衷以相与有成也。”鲁，嘉美，《史记·周本纪》：“鲁天子之命”，《鲁世家》作：“嘉天子命”。㺇簋：“对扬天子鲁命。”[23]

百眚（姓）萬民用亡（無）不頫（擾）比才（在）王廷。

按：此句今本作“百姓兆民，用罔不茂在王庭。”“頫”读为“扰”，顺也。《书·皋陶谟》“扰而毅”，孔传：“扰，顺也。”《上海博物馆藏竹简［五］·季庚子问于孔子》：“然则邦平而民矣。頫”[24]比，亲近。《说文》：“比，密也。”《论语·里仁》：“君子之于天下也，无适也，无莫也，义之以比”，邢昺疏：“比，亲也。”《诗·皇矣》“克顺克比。”郑氏笺：“择善而从曰比。”

先王用又（有）雚（勸），以瀕（賓）右（佑）于上。

按：此段今本作“先用有劝，永有□于上下。”今本此段多误，故读不通，首句“先”下显然脱“王”字。雚，读“劝”，勉励，《说文》：“劝，勉也。”“瀕”或读“滨”，濒临、迫近。“上”指上天。今本集注引孔晁曰：“上谓天，下谓地也。”

是人斯旣蠆（助）氒（厥）辟堇（勤）勞王邦王冢（家）。

按：此句今本作“人斯既助厥勤劳王家。”今本汇校：“唐大沛‘既’作‘是’，云：‘厥’下疑脱‘辟’字，上云‘助厥辟勤王国王家’，此宜当然。”竹简本证其说是。“蠆”或释“賻”，辅助，见前文考。辟，君王，见前文注。

先神示（祇）逿（復）式〈式〉用休，卑（俾）備（服）才（在）氒（厥）冡（家）。

按：此段今本作“先人神祇报职用休，俾嗣在厥家。”复，报答，《左传》定公四年注：“报也。”式，语助词，《诗·式微》：“式微式微，胡不归”，郑玄笺：“式，发声也。”《逸周书·祭公》：“康受乂之，式用休”，潘振《周书解义》：“式，语词……文王安受方国而治之，移风移俗，治用休美。”《书·多方》：“天惟式教我用休。”休，美。备，读“服”，皆并母职部字，任用。今本集注引陈逢衡云：“报职用休者，谓报以其职，如食于水、食于火、食于社稷之类，以用昭其休美也。嗣在厥家，子孙绳绳万年靡不承也。”《说文》：“用也。”《广雅·释诂二》：“任也。”

王邦用盜（寍），少（小）民用叚（假）能冡（稼）嗇（穡），𢦏（並）祀天神，戎兵以能興，軍用多實。

按：此段今本作“王国用宁，小人用格，□能稼穑，咸祀天神，戎兵克慎，军用克多。”寍，安宁，《说文》：“寍，安也。”《左传》昭公三十二年：“诸侯用宁。”少（小）民，泛指百姓。假，至也，《诗·玄鸟》“四海来加，来假祁祁”，郑玄笺：“假，至也。”今本“格”，集注引庄述祖曰：“格，至也。”稼穑，耕种与收获，指农业生产。《书·无逸》：“厥父母勤劳稼穑，厥子乃不知稼穑之艰难。”兴，《说文》：“起也。”此指兴兵。“戎兵以能兴”句与今本“戎兵克慎”义异。军用，军需。今本集注引潘振曰：“军用，桢干刍茭之类。”

王用能盍（奄）又（有）四哭（鄰），遠土不（丕）承，孫=（子孫）用穢（末）被先王之耿光。

按：此段今本作“王用奄有四邻，远土丕承，万子孙用末被先王之灵光。”盍，即“盖”字，古与“奄”字通用，《左传》昭公九年“商奄”，《墨子·耕柱》、《韩非子·说林上》等作“商盖”。奄，拥有。《诗·执竞》：“奄有四方。”远土，指广大地域。今本集注引陈逢衡云：“奄有四邻远土，谓有天下。”丕，奉也。承，顺承。《诗·抑》：“万民靡不承。”“穢”读为“末”，终也。《书·立政》：“我则末惟成德之彦，以乂我受民。”孔颖达疏：“末，训为终。”耿，《说文》引杜林云“光也。”禹鼎：“敢对扬武公丕显耿光。”[25]毛公鼎：“文、武耿光”。[26]今本集注引陈逢衡云：“用末被先王之灵光，谓终受其福也。”与竹简本义同。

至于氒（厥）逡（後还）嗣立王，廼弗肯用先王之明刑，乃隹（維）谡=（急急）疋（胥）區（驅）疋（胥）斆（教）于非彝。

按：此段今本作“至于厥后嗣，弗见先王之明刑，维时及胥学于非夷。”竹简本首句多“立王”二字。《诗·桑柔》“天降丧乱，灭我立王”，郑氏笺：“天降丧乱，国家之灾，以穷尽我王所持而立者。”今本集注引陈逢衡云：“厥后嗣，夏商季世。”谡，读为“急”。驱，驱使。教，效法。《书·洛诰》：“乃汝其悉自教工”，顾颉刚校释引王国维云：“‘教工’，《大传》作‘学工’。学，效也。欲令周公效雒邑之功，以示天下也。”[27]疋，读为“胥”，互相，《尔雅·释诂》：“相也。”非彝，非法。今本“维时及胥学于非夷。”集注引庄述祖云：“夷，常。夷、彝通。”孙诒让云：“庄说是也。《酒诰》云：‘诞惟厥纵淫佚于非彝。’《召诰》云：‘其惟王，勿以小民淫用非彝。’《洛诰》云：‘女于棐民彝。’棐、非，夷、彝字通。非彝，犹言非法也。”

以冡（家）相氒（厥）室，弗衈王邦王冡（家），隹（維）俞（媮）悳（德）用，以䎽（問）求于王臣，弗畏不恙（祥），不肯惠聖（聽）亡（無）辠（罪）之詞（辭），乃隹（惟）不訓（順）是詞（治）。

按：此段今本作“以家相厥室，弗恤王国王家，维德是用。以昏求臣，作威不祥，不屑惠听，无辜之乱辞是羞于王。”“以家相氒（厥）室”之“家”指私家，与王家相对。相，治也。《书·立政》“相我受民”，孔传：“能治我所受天民。”室，家室。此句指依私利需要经营家室而罔顾王国利益，故下句云“弗恤王邦王家”。今本集注引孔晁云：“言势人以大夫私家不忧王家之用德。”偷，轻视。《左传》襄公三十年“晋未可偷也”，杜预注：“偷，薄也。”今本汇校引孙诒让云：“案惟德是用，‘德’上当有一字，而今本脱之，此上下文所言皆恶德也。”竹简本证其说是。恙，忧虑、关心。《尔雅·释诂》：“恙，忧也。”不恙，指不关心王国大事。则“恙”或不必读为“祥”。惠，敬词，《国语·晋语二》：“子惠顾亡人重耳。”惠听，犹言恭听。今本汇校：“卢校……‘不屑’，疑‘不肯’之误。”竹简本证其说是。无罪之辞，当指于王国无害之忠言。今本汇校引孙诒让作“无辜之辞”。詞，读“治”，处治。惟不顺是治，按不顺从处治。

我王訪良言於是人，斯乃非休悳（德）以譍（應）。

按：此段今本作“王阜良，乃惟不顺之言于是，人斯乃非维直以应”。访，咨询。《书·洪范》：“惟十有三祀，王访于箕子。”今本“王阜良”句不通。汇校引王念孙说当作“王阜求良言”则近是。竹简本“是人”二字或脱重文号，完整文句当读做“我王访良言于是人，是人斯乃非休悳（德）以譍（应）。”休，美。《尔雅·释诂》：“休，美也。”休德，美德。《管子·小匡》：“休德维顺，端悫以待时使。”

乃隹（維）乍（詐）區（詬）以侖（盒答），卑（俾）王之亡（無）依亡（無）㽙（助）。

按：此段今本作“维作诬以对，俾无依无助。”“区”为晓母侯部字，读影母侯部之“诟”字，《广韵·候韵》训为“巧言。”诈诟，指巧言欺诈。“㽙”或释“甹”，辅助，见前文考。今本“俾”下疑脱“王”字。

卑（譬）女（如）戎夫，喬（驕）用從肣（禽），亓（其）由（猶）克又（有）獲（獲）？

按：此段今本作“譬若畋，犬骄用逐禽，其犹不克有获。”夫、犬二字形近，致今本误。竹简本标点或当作“卑（譬）女（如）戎，夫乔（骄）用从肣（禽），亓（其）由（犹）克又（有）獲（获）？”戎，军事。《书·说命》：“惟甲胄起戎。”当包括训练与作战，故今本作“畋”，指畋猎，古代军事训练的一种方式。夫，语助词，用法亦见下文“夫明尔德”。骄，骄矜无纪，《国语·周语中》：“师轻而骄，轻则寡谋，骄则无礼”，韦昭注：“骄谓士卒不肃。”从，追逐。《书·汤誓》：“夏师败绩，汤遂从之。”孔传：“从，谓逐讨之。”禽，擒获。《逸周书·世俘》：“武王狩，禽虎二十有二。”“由”、“犹”皆喻母幽部，字通。

是人斯廼訡（讒）惻（賊）□□，以不利氒（厥）辟氒（厥）邦。

按：此段今本作“是人斯乃谗贼媢嫉，以不利于厥家国。”竹简本“訡（谗）惻（贼）”下脱二字，今本为“媢嫉”，集注引庄述祖云：“媢，嫉。”朱右曾云：“媢、嫉，皆妒也。”辟，君王，见前文注。

卑（譬）女（如）𦎫（梏）夫之又（有）悉（媢）妻，曰余蜀（獨）備（服）才（在）寢，以自零（落）氒（厥）豪（家）。

按：此段今本作“譬若匹夫之有婚妻，曰予独服在寝，以自露厥家。”“𦎫”读“梏”。“𦎫”所从“㚔”即“梏”之表意初文。[28]梏，正直，《尔雅·释诂》：“梏，直也。”郭璞注：“梏，正直也。”“𦎫夫”犹今言堂堂正正大丈夫。悉，读“媢”，皆为明母侯部字。媢，嫉妒，《礼记·大学》：“人之有技，媢疾以恶之。”媢妻，爱嫉妒的妻子。今本“婚”或为“媢”之讹，形近而误。备，读“服”，皆为并母职部字。零，读“落”，败落。《庄子·天地》“无落吾事”，成玄英疏：“落，废也。”今本集注引朱右曾云：“服，事。寝，室。露，败也。以妒妇喻群臣也。”

悉（媢）夫又（有）埶（邇）亡（無）遠，乃弇盍（蓋）善=夫=（善夫，善夫）莫達才（在）王所。

按：此段今本作“媚夫有迩无远，乃食盖善夫，俾莫通在士王所。”媢夫，易妒忌的小人，与前文梏夫对举。关于今本“媚夫有迩无远。”王念孙《读书杂志》卷一《逸周书第二·婚妻、自露厥家》：“媚当为媢字之误也。下‘媚夫’同。《颜氏家训·书证篇》曰：‘太史公论英布曰：祸之兴自爱姬，生于妬媢，以至灭国。’又《汉书·外戚传》亦云：‘成结宠妾妬媢之诛。’此二媢并当作娼，娼亦妬也，义见《礼记》、《三苍》。且《五宗世家》亦云：‘常山宪王后妬媢’。王充《论衡》云：‘妬夫，媢妇。’益知媢是妬之别名……郑注《大学》曰：‘媢，妬也。’此媢夫二字正承上文‘谗贼媢嫉’言之，非谓其佞媚也，不当作媚明矣。”竹简本证其说是。[29]弇，读为掩，掩盖、阻拦。关于今本“乃食盖善夫”。《读书杂志》卷一亦云：“‘食盖’二字义不相属，食当为‘弇’。《尔雅》：‘弇，盖也。’《字通》作掩，孔注云‘掩盖善夫’，是其明证矣。‘弇盖善夫俾莫通在于王所’，亦承上文‘媢嫉’言之。《大学》引《秦誓》曰‘媢疾以恶之’，又曰‘而违之俾不通’，正此谓也。弇与食字相似，故弇误为食。”[30]竹简本亦证其说是。

乃隹（惟）又（有）奉俟（疑）夫，是楊（揚）是繩（繩），是以爲上，是受（授）司事帀（師）長。

按：此段今本作“乃维有奉狂夫是阳是绳，是以为上，是授司事于正长。”疑，优柔寡断。《逸周书·王佩》：“见善而怠，时至而疑”，集注引孔晁曰：“疑，由豫不果也。”，读“扬”，显扬，《礼记·中庸》：“隐恶而扬善。”繩，从“兴”得声，晓母蒸部字，读为船母蒸部之“绳”字。《诗·青蝇》，《上海博物馆藏战国楚竹书［一］·孔子诗论》作“青蠅”。[31]司，主持。师长，指官职。

正（政）用迷𤔔（亂），獄用亡（無）成。

按：此段今本作“命用迷乱，狱用无成。”正，读“政”，政令。今本作“命”，亦指政令而言。今本集注引孔晁云：“命，教也。”迷乱，无序、混乱。《书·无逸》：“无若殷王受之迷乱，酗于酒德哉！”“狱用无成”今本集注引陈逢衡云：“狱以贿行故无成。”

少（小）民用𠷎（禱）亡（無）用祀。

按：此句今本作“小民率穑，保用无用，寿亡以嗣。”与竹简本差异较大。祷，祈福，《说文》：“告事求福也。”祀，祭祀，《左传》文公二年：“祀，国之大事也。”则简文所云“祷”与“祀”当有目的与程度之不同，前者侧重于具体诉求，而后者重在敬祀先祖诸神，故谓之国之大事。《逸周书·籴匡》：“大荒，有祷无祭”，孙诒让《周书斠补》：“《谷梁》襄二十四年传文与此略同，祭当依范引作祀。祀与祠通。《韩诗外传》说大祲之礼，亦云‘祷而不祠’，是其证。《周礼·小宗伯》郑注云：‘求福曰祷，得求曰祠’，此云有祷无祀者，谓唯有祷求而无报塞之祠也。”

天用弗𠈇（保），𢘓（媢）夫先受𢀳（殄）罰，邦亦不𡩜（寍）。

按：此段今本作“天用弗保。媢夫先受殄罚，国亦不宁。”与竹简本大体相同。保，保佑、保护。“𢀳”来母文部字，读为定母文部之“殄”字，《尔雅·释诂》：“殄，尽也。”今本集注引孔晁云：“殄，绝其世也，及其人也。”

於（嗚）虖（呼）！敬（敬）才（哉），監於茲。

按：此段今本作“呜呼，敬哉！监于兹”。监，鉴也。《书·召诰》：“我不可不监于有夏，亦不可不监于有殷。”“监于兹”句或可改用逗号。

朕遺父兄眔朕𦘦（藎）臣，夫明尔（爾）悳（德），以𦶶（助）余一人𢝊（憂）。

按：此段今本作“朕维其及。朕荩臣，夫明尔德以助予一人忧”。遗，致也。《诗·鸱鸮》序“成王未知周公之志，公乃为诗以遗王”，孔颖达疏：“遗者，流传致达之称。”眔，训及。臣辰盉：“王令士上眔史寅殷于成周”[32]小臣逨簋“眔”写作“𥅠”[33]，隶定即为“眔”，与简文所见结构同。𦘦，读为“荩”，皆为精母真部字。荩臣，忠臣。《诗·文王》“王之荩臣”，朱熹《集传》：“荩，进也，言其忠爱之笃，进进无已也。”夫，语首助词。《左传》隐公三年“夫宠而不骄”，陆德明释文：“夫，发句之端。”“𦶶”或释“腊”，辅助，见前文考。

母（毋）隹（惟）尔（爾）身之罍（懔），皆卹尔（爾）邦，叚（假）余𢡺（憲）。

按：此段今本作“无维乃身之暴皆恤，尔假予德宪”。句不通，集注引唐大沛曰：“此三句文义甚晦，或有讹脱。”罍，或读“临”，皆来母侵部字，面对，《诗·小旻》：“如临深渊，如履薄冰。”身之临，亲自面对。宪，典范、榜样。《诗·六月》：“万邦为宪。”郑氏笺：“宪，法也。”

旣告女（汝）𢘅（元）悳（德）之行，卑（譬）女（如）舡（主）舟，輔余於險，罍（臨）余於淒（濟）。

按：此段今本作“资告予元。譬若众畋，常扶予险，乃而予于济。”元，善。《左传》文公十八年注：“善也。”元德，善德。今本“元”下脱“德”字。舡，读“主”。舡（主）舟，掌船。辅，辅助。《广雅·释诂二》：“助也。”，读“临”，达也。《楚辞·远游》：“朝发轫于太仪兮，夕始临乎于微闾。”简文喻航渡到达彼岸。“凄”为清母脂部字，读精母脂部之“济”字，渡也。二文本比喻事项有别：今本以众畋比喻元德之行，而竹简本以掌船航渡比喻元德之行。

母（毋）𢓊（作）俎（祖）考𩠹（羞）才（哉）。

按：此句今本仅见“汝无作！”三字。今本集注引于鬯云：“赵曦明校疑‘作’下有阙文，朱右曾《集训》以‘汝无作’三字为衍，皆非。”竹简本则与赵曦明说相符。竹简本“母（毋）”前或脱“女（汝）”字。竹简本原注：“**脜**，读‘羞’。‘毋作祖考羞哉’，参看《书·康王之诰》：‘无遗鞠子羞。’”或可读“忧”，担忧。《尔雅·释诂》“忧，思也”，邢昺疏：“忧者，愁思也。”毛公鼎：“俗（欲）我弗乍（作）先王忧。”[34]句式与简文相类。犹今言不要使先祖担忧啊。

（本文原载于《出土文献研究》第十辑）

注释：

① 称《书》，如《左传》襄公十一年：“书曰：居安思危。”文见《逸周书·程典》；《左传》襄公二十三年：“《书》曰：惟命不于常。”文见今文《尚书·康诰》。

称《周书》，如《左传》成公十六年：“《周书》曰：惟命不于常。”文见今文《尚书·康诰》；《国语·楚语上》：“《周书》所谓：重、黎实使天地不通。”《尚书·吕刑》作“乃命重、黎，绝地不通。”等。

② 如《尹至》、《尹诰》、《金縢》、《皇门》、《祭公》。

③ 如《程寤》、《保训》。

④《耆夜》、《金縢》（周武王有疾周公所自以代武王之志）。

⑤ 如《祭公》（祭公之顾命）。

⑥ 如《尹至》、《尹诰》、《皇门》、《保训》。

⑦ 清华大学出土文献研究与保护中心编，李学勤主编：《清华大学藏战国竹简》，中西书局 2010 年，以下所引不再一一注明。

⑧ 黄怀信、张懋镕、田旭东：《逸周书汇校集注》，上海古籍出版社，2007 年，以下所引同此版，不再一一说明。

⑨ 王连龙：《逸周书研究》，社会科学文献出版社 2010 年。

⑩《逸周书研究》，第 134 页。

⑪《逸周书研究》，第 157、158 页。

⑫《殷周金文集成》00063。

⑬《殷周金文集成》02841。

⑭ 顾颉刚、刘起釪：《尚书校释译论》，中华书局 2005 年版，第 1240 至 1243 页。

⑮《殷周金文集成》04343。

⑯ 见《词诠》第 18 至 19 页。

⑰ 李学勤：《试论董家村青铜器群》，《文物》1976 年 6 期。

⑱ 黄天树：《禹鼎铭文补释》，载张光裕、黄德宽主编《古文字学论稿》，安徽大学出版社 2008 年版。

⑲《殷周金文集成》00274、00282。关于“𦗢”字拟另文详考。

⑳《殷周金文集成》04631、04632。

㉑ 王连龙：《逸周书研究》，第 140 页。

㉒《殷周金文集成》02833。

㉓《殷周金文集成》04202。

㉔ 马承源主编：《上海博物馆藏战国楚竹书》[五]，上海古籍出版社 2005 年版，第 234 页。

㉕《殷周金文集成》02833。

㉖《殷周金文集成》02841。

㉗《尚书校释译论》，第 1474、1475 页。

㉘ 朱德熙、裘锡圭：《平山中山王墓铜器铭文的初步研究》，《文物》1979 年第 1 期。

㉙（清）王念孙：《读书杂志》，江苏古籍出版社 2002 年版，第 15 页。

㉛《读书杂志》，第 15 页。

㉛ 马承源主编：《上海博物馆藏战国楚竹书》[一] 上海古籍出版社 2005 年版，第 234 页。

㉜《殷周金文集成》05422。

㉝《殷周金文集成》02552。

㉞《殷周金文集成》02841。

伍员与柏举之战

——从清华战国简《系年》谈起

清华战国简《系年》第十五章后段述及伍员与柏举之战，与史籍所载稍有出入，录文于下：

霝（灵）王即殜（世），竞（景）坪（平）王即立（位）。少帀（师）亡（无）期（极）譄〈谗〉连尹額（奢）而杀之，亓（其）子五员与五之鸡逃歸（归）吴，五鸡迭（将）吴人以回（围）州來（来），为长澈（壑）而垔（湮）之，以败楚自（师），是鸡父之垔（湮）。竞（景）坪（平）王即殜（世），卲（昭）王即立（位）。五员为吴大宰（宰），是教吴人反楚邦之者（诸）侯，以败楚自（师）于白（柏）舉（举），述（遂）内（入）郢，卲（昭）王歸（归）隨（随），与吴人戰（战）于析。吴王子唇（晨）牆（将）记（起）禍（祸）于吴=（吴，吴）王盍虜（卢）乃歸（归），卲（昭）王女（焉）返（复）邦。[①]

这段记载对研究伍员本人及其在柏举之战中的作用很有意义，今结合传世文献及张家山汉简所见从三个方面进行解析。

伍氏奔吴及其作为

伍员，字子胥，原为楚国人，楚连尹伍奢次子，后奔吴，攻楚有功，吴封之于申，又称申胥。简云“少师无极谗连尹奢而杀之”。史载被杀对象不仅仅是伍奢，而是楚平王企图灭门抄斩。故伍氏家族逃亡，“亓（其）子五员与五之鸡逃歸（归）吴”。无极，《史记·楚世家》作“无忌”，曾与伍奢一起共辅楚平王太子建，原不得宠，《左传》昭公十九年“楚子之在蔡也，郹阳封人之女奔之，生太子建。及即位，使伍奢为之师。费无极为少师，无宠焉。欲谮诸王，曰：‘建可室矣。’王为之聘于秦，无忌与逆，劝王取之。正月，楚夫人嬴氏至自秦。”因其成功为楚平王从太子建手中夺娶秦女，从此得宠。当年，太子建即被发配到城父守边。为免遭太子日后报复，无极又挑拨平王与太子建的关系，进一步陷害太子及伍奢，声称“建与伍奢将以方城之外叛”（《左传》昭公二十年），促使平王下狠心灭太子，致太子逃奔宋国，伍奢被抓。为斩草除根，无极设计诱捕伍奢二子，《左传》昭公二十年：“无极曰：‘奢之子才，若在吴，必忧楚国，盍以免其父召之。彼仁，必来。不然，将为患。’王使招之，曰：‘来，吾面而父’。”而伍氏兄弟分工应对，兄伍尚谓其弟伍员曰：“尔适吴，我将归死。吾知不逮，我能死，尔能报。闻免父之命，不可以莫之奔也。亲戚为戮，不可以莫之报也。奔死免父，孝也。度功而行，仁也。择任而往，知也。知死不避，勇也。父不可弃，名不可废，尔其勉之，相从为愈。”（《左传》昭公二十年）伍奢与伍尚父子因此被戮，伍员则带着复仇的使命逃奔吴国，吴公子光曾点透他的动机，云：“是宗为戮而欲反其仇”（《左传》昭公二十年），但伍员的目的与吴国的战略目标并不矛盾，阖庐看中的是他的才能，所以共同的利益把他们紧紧地联系在一起。

简文所见奔吴者非伍员一人，还有其弟伍子鸡。但此人未见史载，当如整理者所云“伍奢二子，伍子鸡应属伍氏另一支”，表明当时楚平王杀戮的范围并非限于伍奢及伍尚、伍员，当包括其他家族成员，因此伍氏家族的许多人也逃亡，伍子鸡便是外逃者中的杰出人物，不过他对吴国的贡献早被史家所遗忘罢了。

简云“五鸡将吴人以围州来，为长壑而湮泖之，以败楚师，是鸡父之泖。”重现了伍子鸡对吴国的重大贡献。州来，今安徽凤台。关于州来之战，《左传》昭公二十三年仅载：“吴人伐州来，楚薳越帅师及诸侯之师奔命救州来。吴人御诸钟离。子瑕卒，楚师熸。”对转战鸡父则有较多的描述：“吴公子光曰：‘诸侯从于楚者众，而皆小国也。畏楚而不获已，是以来。吾闻之曰，作事威克其爱，虽小必济。胡、沈之君幼而狂，陈大夫啮壮而顽，顿与许、蔡疾楚政。楚令尹死，其师熸，帅贱多宠，政令不壹。七国同役而不同心，帅贱而不能整，无大威命，楚可败也。若分师先以犯胡、沈与陈，必先奔。三国败，诸侯之师乃摇心矣。诸侯乖乱，楚必大奔。请先者去备薄威，后者敦陈整旅。’吴子从之。戊辰晦，战于鸡父。吴子以罪人三千，先犯胡、沈与陈。三国争之。吴为三军而系于后：中军从王，光帅右，掩馀帅左。吴之罪人或奔或止，三国乱。吴师击之，三国败，获胡、沈之君及陈大夫。舍胡、沈之囚，使奔许与蔡、顿曰：‘吾君死矣！’师噪而从之。楚师大奔。”鸡父，今河南固始东南。关于伍鸡帅吴人围州来及鸡父之战采用“长壑而泖之”的战术，《左传》皆未涉及。泖，通泛，泛滥。此处指以长沟储水，实施用水进行作战的方法。此后数年，吴国攻打徐国时亦曾用储水战法，如《左传》昭公三十年“冬十一月，遂伐许，防山以水之”，杨伯峻案：“杜注：‘防壅山水以灌徐。’此盖利用堤防壅山水攻城的最早记载。”[②]简文所见则将此记录提前了七年。

伍员奔吴历经曲折的过程，《左传》与《史记》有详细的记载，二者事实大体相同，而司马迁的描述带有更多感情色彩，如奔吴过程见《伍子胥列传》：“伍胥既至宋，宋有华氏之乱，乃与太子建俱奔于郑。郑人甚善之。太子建又适晋，晋顷公曰：‘太子建既善郑，郑信太子。太子为我内应，而我攻其外，灭郑必矣。灭郑而封太子。’太子建乃还郑。事未会，会自私欲杀其从者，从者知其谋，乃告之于郑。郑定公与子产诛杀太子建。建有子名胜。伍胥惧，乃与胜俱奔吴。到昭关，昭关欲执之。伍胥遂与胜独身步走，几不得脱。追者在后。至江，江上有一渔父乘船，知伍胥之急，乃渡伍胥。伍胥既渡，解其剑曰：‘此剑值百金，以与父。’父曰：‘楚国之法，得伍胥者赐粟五万石，爵执珪。岂徒百金邪！’不受。伍胥未至吴而疾，止中道，乞食。至于吴，吴王僚方用事，公子光为将。”《范雎列传》所见则近乎文学作品：“伍子胥橐载而出昭关，夜行昼伏，至于陵水，无以餬其口，膝行蒲伏，稽首肉袒，鼓腹吹篪，乞食于吴市，卒兴吴国，阖闾为伯。”吴王僚在位时，伍员未能得志。而当他察觉到吴公子光企图宫廷政变后，毫不犹豫地助公子一臂之力，举荐专诸刺杀吴王僚，自己到幕后等待，《史记·吴太伯世家》：“于是伍员知光有他志，乃求勇士专诸，见之光。光喜，乃客伍子胥。子胥退而耕于野，以待专诸之事。”吴王僚十三年，“使专诸置匕首于炙鱼之中以进食。手匕首刺王僚，铍交于匈，遂弑王僚。公子光竟代立为王，是为吴王阖闾。”

阖闾即位，伍员才被重用，“王阖闾元年，举伍子胥为行人而与谋国事。”但《左传》记载晚至定公四年（吴阖闾九年）柏举之战前夕“伍员为吴行人以谋楚”，年代差距甚大。而简文则云“五员为吴大宰”，与上文《左传》、《史记》“伍子胥为行人”又不同，其中必有一误。与之相关者是《左传》定公四年“伯州犁之孙嚭为吴太宰以谋楚”，而《史记·吴太伯世家》作“王夫差元年，以大夫伯嚭为太宰”，司马迁所据文本显然与《左传》有别，最大的可能是伍员先当行人，后任太宰（尤其阖闾九年之前史籍

清华简《系年》

未见吴太宰任职的记载），直至吴王夫差即位伍员不得宠才被伯嚭所替代。太宰为吴国要职，承自周制，相当于后世之丞相，据阖闾对伍员的信任与重视程度，当初让他担任此职是合理的，《吕氏春秋·首时》："王子光代吴王僚为王，任子胥。子胥乃修法制，下贤良，选练士，习战鬪，六年然后大胜楚于柏举，九战九胜，追北千里，昭王出奔随遂有郢。"所述职能非丞相莫属。西汉人刘向则直接称之为相，如《说苑·善说》："伍子胥生于楚，逃之吴，吴受而相之，发兵攻楚，堕平王墓。"当有所本。从此开始，伍员一步步实现自己复仇的愿望，也在实践中提高了政治军事才能，直至柏举之战打败楚国，接着攻入郢都鞭平王尸而达到顶峰。

伍员在柏举之战中的作用

柏举之战是我国古代以少胜多的著名战例，是运动战的典范，是六年奋战的结晶。伍员在柏举之战前后制定了一系列作战方针，亲自指挥过许多战役，功不可没。

公元前512年，伍员从长远与全局的角度，开始提出抑楚的战略主张，实行运动中疲敌、弱敌、歼敌的战术，《左传》昭公三十年："吴子问于伍员曰：'初而言伐楚，（杨注：见二十年《传》。）余知其可也，而恐其使余往也，又恶人之有余之功也。（杨注：人指吴王僚。）今余将自有之矣。（杨注：自有伐楚之功与利。）伐楚何如？（杨注：问伐楚之战略战术。）对曰：'楚执政众而乖，莫适任患。（杨注：乖谓互相违戾。无敢负担责任者。）'若为三师以肄焉（杨注：即文十二年《传》'若使轻者肄焉'之肄，突然袭击而又退也。说本陆粲《附注》。）一师至，（杨注：至楚境内。）彼必皆出。（杨注：楚不明敌情，且无制定战略能负责之人，必全军出而应战，唯恐败而任咎。）彼出则归，楚必道敝。（杨注：奔走于道路而疲敝。）亟肄以罢之，（杨注：亟，屡也。）多方以误之。（杨注：用多种方法使楚军失误。）既罢而后以三军继之，必大克之。'阖卢从之，楚于是乎始病。（杨注：杜《注》：为定四年吴入楚传。）"次年（公元前511年），上述方针开始得于实践应用，《左传》昭公三十一年："秋，吴人侵楚，伐夷，侵潜、六。楚沈尹戌帅师救潜，吴师还。楚师迁潜于南冈而还。吴师围弦，左司马戌、右司马稽帅师救弦，及豫章，吴师还。——始用子胥之谋也。（杨注：子胥即伍员，谋见去年《传》。）"[③]此后，运动战之应用益趋完善，如《左传》定公二年："秋，楚囊瓦伐吴，师于豫章。吴人见舟于豫章，而潜师于巢。吴军楚师于豫章，败之。遂围巢，克之，获楚公子繁。"采用了佯动诱敌、声东击西、各个击破的战术。这些行动都是柏举之战的前奏。据《史记·伍子胥列传》记载，这次战役也是伍员指挥的，文云：吴王阖庐六年，"楚昭王使公子囊瓦将兵伐吴。吴使伍员迎击，大破楚军于豫章，取楚之居巢。"司马迁当有所本。类似行动连年实施，没有给楚国予喘息的机会，《左传》定公四年云："楚自昭王即位，无岁不有吴师，蔡侯因之，以其子干与其大夫之子为质于吴。"楚与国纷纷脱离。关于阖庐此类战术的效果，张永山先生曾做归纳，云"这种轮番出师，疲劳楚军的战术，必使楚军疲于奔命，抓不到战机，也摸不清吴军的攻击目标，日久便导致战斗力松懈，最终丧失对吴军的警惕性，失去应有的防守措施，从而为吴军打开深入楚腹地的通道准备了条件。"[④]

公元前506年，在连年袭扰已经削弱楚国实力的前提下，吴联合同盟国长途奔袭，揭开柏举之战的序幕：战役初期，伍员首先是极力争取与国支持，《史记·吴太伯世家》："九年，吴王阖庐请伍子胥、孙武曰：'始子之言郢未可入，今果如何？'二子对曰：'楚将子常贪，而唐、蔡皆怨之。王必欲大伐，必得唐、蔡乃可。'阖庐从之，悉兴师，与唐、蔡西伐楚，至于汉水。"又利用楚国大臣的内部矛盾，诱导楚军战术失措，《左传》定公四年“冬，蔡侯、吴子、唐侯伐楚。舍舟于淮汭，自豫章与楚夹汉，左司马戌谓子常曰：‘子沿汉而与之上下，我悉方城外以毁其舟，还塞大隧、直辕、冥阨。子济汉而伐之，我自后击之，必大败之。’”楚军这一战术无疑是正确的，也是伍员最不愿意看到的，因为它将置吴军于死地，杨伯峻先生言之中的，云：“《吴越春秋·阖闾内传》云：‘遂使孙吴、伍胥、白喜伐楚。子胥阴令宣言于楚曰：楚用子期为将，吾即侍而杀之；子常用兵，吾即去之。’子期即公子结，此次抗吴，未尝为将帅，足见子胥畏之，而知囊瓦之无能。沈尹戌此一战略，足操胜算，而囊瓦败之。”《阖闾内传》所谓“宣言”，其实是一种宣传，“它作为一种社会说服方法，在本质上是一种心理操作术、攻心术”⑤。伍员的舆论挑拨果然奏效，《左传》续载“既谋而行。武城黑谓子常曰：‘吴用木也，我用革也，不可久也，不如速战。’史皇谓子常：‘楚人恶子而好司马。若司马毁吴舟于淮，塞城口而入，是独克吴也。子必速战！不然，不免。’乃济汉而陈，自小别至于大别。三战，子常知不可，欲奔。”子常的冒然行动打乱了沈尹戌的部署，自己也失去信心，楚军因此顾此失彼，陷入伍员的圈套，两军最终决战于柏举，吴军擅长运动战的优势得以充分发挥，“十一月庚午，二师陈于柏举。阖庐之弟夫槩王晨请于阖庐曰：‘楚瓦不仁，其臣莫有死志。先伐之，其卒必奔；而后大师继之，必克。’弗许。夫槩王曰：‘所谓臣义而行，不待命者，其此之谓也。今日我死，楚可入也。’以其属五千先击子常之卒。子常之卒奔，楚师乱，吴师大败之。子常奔郑。史皇以其乘广死。吴从楚师，及清发，将击之。夫槩王曰：‘困兽犹斗，况人乎？若知不免而死，必败我。若使先济遮知免，后者慕之，篾有斗心矣。半济而后可击也。’从之，又败之。楚人为食，吴人及之，败诸雍澨。五战，及郢。”此次战役之所以获胜，精锐的前锋起了很大的作用，古人多有褒赞，如《吕氏春秋·简选》云“简选精良，兵械铦利，令能将将之，古者有以王者、有以霸者矣，汤、武、齐桓、晋文、吴阖庐是矣。……吴阖庐选多力者五百人，利趾者三千人，以为前陈，与荆战，五战五胜，遂有郢。”指的就是柏举之战，这群人无疑是中国古代的特种兵、突击队，今人陈奇猷云：“此文‘利趾者三千人’，谓突出于众者三千人也。在士卒中之突出于众者，不言而喻，必是魁梧奇伟者、武艺超群者、善攀登者、善奔走者等等。”⑥而所谓“能将”，无疑是伍员、孙武、白喜之流。就当时而言，伍员的名声与知名度远在孙武之上。只是后来《孙子兵法》的广泛流传，使孙武成为家喻户晓的人物。

张家山汉简《盖庐》篇，是以吴王阖庐与伍员的对话为体裁的军事著作，⑦充分展现伍员的军事思想，柏举战役前后的战略战术，在此篇中都可以找到相应的依据，例如：

审时度势，伺机而动。《盖庐》：“盖庐曰：攻军回众，何去何就？何如而喜，何如而凶？申胥曰：凡攻军之道，相其前后，与其进退，慎其尘埃，与其緂气。旦望其气，夕望其埃，清以如云者未可军也。埃气乱孛，浊以高远者，其中有动志，戒以须之，不去且来。有军于外，甚风甚雨，道留于野，粮少卒饥，毋以食马者，攻之。甚寒甚暑，军数进舍，卒则劳苦，道则辽远，粮食绝者，攻之。军少则恐，众则乱，舍于易，毋后援者，攻之。军众则迷，将争以乖者，攻之。军老而不治，将少以疑者，攻之。道远日暮，疾行不舍者，攻之。军急以却，甚雨甚风，众有惧心者，攻之。军少以恐，不□□不墇，欲后不敢者，攻之。此十者，攻军之道也。”柏举之役，楚军人数虽然众多，但无斗志、将帅不团结，正符合“军众则迷，将争以乖者，攻之。”的条件，故吴军毅然进攻，获得成功。有关兵阴阳的内容，涉及气象、环境、地理等因素，与军事行动密切相关，不完全是迷信。

以逸待劳，突击立足未稳之敌。《盖庐》：“凡击敌人，必以其始至，马牛未食，卒毋行次，前垒未固，后人未舍，徒卒饥恐，我则疾呼，从而击之，可尽其处。敌人待我以戒，吾待之以怠，彼欲击我，我其不能，彼则数出，有噪气，义有静志，起而击之，可使毋兹。”此为伍员袭击运动来敌的原则，即乘其未立住脚跟、首尾尚未能相顾时进攻。从以下论说亦可看出伍员特别注重运动中击敌及击运动中之敌的战术，知运动战为其强项。

诱敌深入，攻其不意。《盖庐》："敌人向我以心，吾以胠遇之，彼易胜我，我以诱之，敌人逐北，我伏须之，彼人阵以实，吾遇以希，彼有乐志，吾示以悲，彼有胜意，我善待之，可使无归。敌人来进，吾与相诱，数出其众，予之小利，合则去北，毋使多至，敌人逐北，必勿行次，彼有胜虑，我还击之，彼必不虞，从而触之，可使毋去。"公元前511年，吴军取胜后主动从潜、弦、豫章撤退；公元前508年"吴子使舒鸠氏诱楚人"示以小利，召致楚囊瓦来伐吴师，吴师败之于巢地之类即是。

避实就虚，击敌弱部。《盖庐》："敌人出虏，毋迎其斥，彼为战气，我戒不斗，卒虏则重，众还不恐，将去不戒，前者已入，后有至意，从而击之，可使必北。我警彼怠，何为弗衰。敌人且归，我勿用追，使之半入，后者则摇，众有惧心，我则疾噪，从而击之，可使毋到。两敌相当，我则必走，彼有胜志，我击其后，走者不复，□□□就，彼则失材，开而击之，可使甚病。敌人进舍，天气甚暑，多肠辟者，我侚彼病，何为弗胜。"采用了敌进我退，避其精锐；敌退我追，随击其后的原则，避实就虚，以优势兵力击敌一部，力求每战必胜。柏举之战夫槩王半济而击敌的做法与上述敌归半入而击之的战术相同。

追穷寇，务全歼。《韩非子·说林下》："阖庐攻郢三战三胜，问子胥曰：'可以退乎？'子胥对曰：'溺人者一饮而止，则无溺者，以其不休也，不如乘之以沈之。'"此说无疑正确，但受主客观因素的制约，尤其受整体国力差距的影响，伍员的想法不能兑现，柏举之战未能灭掉楚国。

上述记载表明，伍员的军事思想尤其关于运动战的理论对柏举之战影响甚大。由于运动战需要长途奔袭，要求高度灵活机动，力避太多的后勤拖累，所以军队规模不能太大，要求兵员精锐，指挥果断。《墨子·非攻中》："子岂若古者吴阖庐哉？古者阖庐教七年，奉甲执兵，奔三百里而舍焉，次注林，出于冥隘之径，战于柏举，中楚国而朝宋与及鲁。"不间断地一次奔袭三百里，不可谓不强。《吕氏春秋·离俗》："阖庐之用兵也不过三万，吴起之用兵也不过五万。万乘之国，其为三万五万尚多。今外之则不可以拒敌，内之则不可以守国，其民非不可用也，不得所以用之也。不得所以用之，国虽大，势虽便，卒虽众，何益？"三万、五万人的部队，已非游击队规模，如是精兵强将，行动灵活，最适合于运动战。又，战时能做到令行禁止，乃源自平日的严格训练及赏罚分明，《离俗》云："阖庐试其民于五湖，剑皆加于肩，地流血几不可止；……赏罚有充也。莫邪不为勇者兴惧者变，勇者以工，惧者以拙，能与不能也。"

伍员曾有兵书见世，《汉书·艺文志》杂家类（入兵法）见"《五子胥》八篇。名员，春秋时为吴将，忠直遇谗死"；兵技巧家见"《伍子胥》十篇。图一卷。"后世失传。《孙子兵法》的一些内容与伍员的论说有相似之处，显然接受了伍员的许多观点。

战后失利的原因

柏举之战后，吴军很快攻入楚都，楚王逃随，但仅数月形势便急转直下，吴军陷入困境，最后胜利果实尽失，原因很多，主要如：

吴军攻入楚都后，战线过长，立足未稳，不仅没有采取巩固胜利成果的有效措施，伍员却急于报私仇，其激进行为甚至遭到旧友申包胥的强烈谴责。《史记·伍子胥列传》："始伍员与申包胥为交，员之亡也，谓包胥曰：'我必覆楚。'包胥曰：'我必存之。'及吴兵入郢，伍子胥求昭王。既不得，乃掘楚平王墓，出其尸，鞭之三百，然后已。申包胥亡于山中，使人谓子胥曰：'子之报雠，其以甚乎！吾闻之，人众者胜天，天定亦能破人。今子故平王之臣，今至于僇死人，此岂其无天道之极乎！’伍子胥曰：‘为我谢申包胥曰，吾日莫途远，吾故倒行而逆施之。’”《吴越春秋》更给伍员掘平王尸行为添加“左足践腹，右手抉其目”之类。伍员明知无理，却不能自禁，故不得人心。《左传》定公五年：“初，斗辛闻吴人之争宫也，曰：‘吾闻之，不让则不和，不和不可以远征。吴征于楚，必有乱。有乱则必归，焉能定楚？’”预言中矣。

秦越介入，腹背受敌。《左传》定公五年春，“越入吴，吴在楚也。”《史记·吴太伯世家》：“十年春，越闻吴王之在郢，国空，乃伐吴。”吴军倾巢前出，后方空虚，越人乘机入侵。吴军前线遭到秦生力军的强势攻击，《左传》定公五年六月，“申包胥以秦师至，秦子蒲、子虎帅车五百乘以救楚。子蒲曰：‘吾未知吴道。’使楚人先与吴战，而自稷会之，大败夫槩王于沂。”关于申包胥请兵于秦，《史记·伍子胥列传》载“包胥立于秦廷，昼夜哭，七日七夜不绝其声。秦哀公怜之，曰：‘楚虽无道，有臣若是，可无存乎！’乃遣车五百乘救楚击吴。”《吴越春秋》更是添加了煽情的描述：申包胥赴秦请救兵，“昼驰夜趋，足踵跖劈，裂裳裹膝，鹤倚哭于秦庭七日七夜，口不绝声……复立于庭，倚墙而哭，日夜不绝声，水不入口，秦伯为之垂涕，即出师而送之。”所述未可尽信，但至少表明舆论是同情申包胥，赞成秦国出兵救楚的。

内乱是吴军战后失利的主要原因。简云“吴王子晨将起祸于吴，吴王盍卢乃归，昭王焉复邦。”子晨即夫槩王，《左传》定公四年见“阖庐之弟夫槩王晨请于阖庐”语。“子晨将起祸于吴”指夫槩王叛乱自立，《左传》定公五年：“九月，夫槩王归，自立也，以与王战而败，奔楚，为堂溪氏。”《史记·吴太伯世家》：“阖庐弟夫槩见秦越交败吴，吴王留楚不去，夫槩亡归吴自立为吴王。阖庐闻之，乃引兵归，攻夫槩。夫槩败奔楚。楚昭王乃得以九月复入郢，而封夫槩于堂溪，为堂溪氏。”综合而言，柏举战后，吴楚两败俱伤，但对楚国的伤害更大些，故此后步步退缩，而吴国仍积极进取，《吴太伯世家》：“十一年，吴王使太子夫差伐楚，取番。楚恐而去郢徙都。”恐吴后遗症延袭至吴王夫差即位，直至夫差的本性与能力被识破，顾虑才逐渐消除，《左传》哀公元年：“吴师在陈，楚大夫皆惧，曰：‘阖庐惟能用起民，以败我于柏举。今闻其嗣又甚焉。将若之何？’子西曰：‘二三子恤不相睦，无患吴矣。昔阖庐食不二味，居不重席，室不崇坛，器不彤镂，宫室不观，舟车不饰，衣服财用，择不取费。在国，天有菑疠，亲巡孤寡，而共其乏困。在军，熟食者分，而后敢食。其所尝者，卒乘舆焉。勤恤其民而与之劳逸，是以民不罢劳，死知不旷。吾先大夫子常易之，所以败我也。今闻夫差次有台榭陂池焉，宿有妃嫱嫔御焉。一日之行，所欲必成，玩好必从。诊异是聚，观乐是务，视民如雠，而用之日新。夫先自败也已，安能败我？’”这一席话，道出形势变化的天机。夫差即位后曾严厉警告伍员不要居功自傲，《国语·吴语》：“昔吾先王体德圣明，达于上帝，譬如农夫作耦，以刈杀四方之蓬蒿，以立名于荆，此则大夫之力也。今大夫老，而又不自安恬逸，而处以念恶，出则罪吾众，挠乱百度，以妖孽吴国。今天降衷于吴，齐师受服。孤岂敢自多，先王之钟鼓，寔式灵之。敢告于大夫。”伍员仍因坚持自己的政治军事主张，极力劝谏夫差而被杀，终致吴被越国所灭。《墨子·难三》：“夫差智太宰嚭而愚子胥，故灭于越。”《难四》：“吴王诛子胥而越勾践成霸。”《荀子·君子》：“吴有伍子胥而不能用，国至于亡。”从另一个侧面说明伍员对吴国的贡献及作用。

（本文为参加武汉大学2012年楚简研讨会论文）

注释：

① 清华大学出土文献研究与保护中心编、李学勤主编：《清华大学藏战国竹简（贰）》，中西书局 2011 年版。

② 关于以水灌徐之战，又参见金戈：《中国古代战争与水》（一），《海河水利》2004 年 1 期，第 68 至 70 页。

③ 杨伯峻：《春秋左传注》，中华书局 1981 年版。括号中之“杨注”，指杨伯峻注。

④ 张永山：《阖庐伐楚与孙子军事思想的实践》，载黄俊度主编：《孙子与楚文化研究》（上卷），中央文献出版社 2006 年版 254 页。

⑤ 杜娟：《古代攻心术与当今舆论战》，载《军事记者》2005 年第 1 期。

⑥ 陈奇猷：《吕氏春秋校释》，学林出版社 1984 年版。

⑦ 张家山二四七号汉墓竹简整理小组：《张家山汉墓竹简》【二四七号墓】，文物出版社 2001 年版。关于《盖庐》内容的介绍，参见田旭东：《新公布的竹简兵书——盖庐》，《中华文化论坛》2003 年第 3 期，第 66 至 69 页。

战国数字

——从清华简的一组序码谈起

数字是用来记数的符号，又叫数码。①在我国原始社会晚期已有数字出现的迹象，1954 年至 1957 年陕西西安半坡遗址出土的陶器、1972 年至 1974 年间陕西临潼姜寨遗址出土的陶器及 1974 年至 1978 年的青海乐县柳湾墓地出土的陶器上都出现了许多刻划符号，其中有些被认为是数字符号。②而被视为夏文化遗址的距今 3500 年以上的河南偃师二里头遗址，已出现刻划十分规整的数字符号丨、丨丨、丨丨丨、╳、∨等。殷商甲骨中已经出现完整的数字体系，如《甲骨文合集》第二册所载 3418 号甲骨上，刻着从一至九的基数。③甲骨文最大的数字则达“三万”。周代金文已屡见多位数字的表达。至战国时期，数字虽然继承了商周以来的传统，却出现了更多的异化，形态多样，亦被人们附之于更多的神秘色彩。王鸿钧、孙宏安先生所归纳中国古代数字思想的重要特点中，有两条是十分符合战国时的情形：一是“经世致用”的实用思想；二是“天人相应”的神秘思想。④他们指出：“这种经世致用思想在认识上也可称为‘实用理性’，指的是与生活实际保持直接联系的实用理性，不向纵深的抽象、分析、推理的纯思辨方向发展，也不向观察、归纳、实验的纯经验论的方向发展，而是横向铺开，向事物之间的相互关系、联系的整体把握方向开拓。”而“把数字附会于人事，利用数字来预测人事的休咎即是一种神秘思想。这种神秘思想的产生可追溯到《周易》，《易》中用数来占卜，把数与万事万物联系起来，使人们通过数来预测万事万物的未来，由此产生了数是沟通天人之间的信息符号的观念，这是数学神秘思想的一个来源。认为数学能运用‘天地之道’、‘神明之德’及各种人事中是数学神秘思想的主要表现形式。”说甚是，肖学平先生亦云：“《周易》和数学有密切的关系，对数学教育也有较大的影响。《周易》是远古传下来的一部讲占筮的书，筮对数学有一定的依赖性。‘龟，象也；筮，数也。’（《左传·僖公十四年》）这里认为筮是一部与数有关的活动。《周易》的形成、应用及发展是以数学的发展为条件的，为了使用《周易》进行占卜或指导行动，数学知识是不可缺少的。”⑤清华简《筮书》之类亦见数字之运用。因此，我们在考察战国数字时，不仅要理解其字形字义等实在的一面，对其哲学内涵等所谓神秘的一面也应当给予适当的关注，因为它是当时客观存在的思想意识，作用于人们社会生活的各个方面。

战国数字多见于铜器铭文（包括货币文字）、简帛文字等，尤以后者所见为多，而清华简中屡见的编册序码是其他已公布之战国简所没有的，今举其中一组为例：

一（一）、二（二）、三（三）、◯（四）、五（五）、六（六）、十（七）、八（八）、九（九）、十（十）、丄（十一）、丄（十二）、丄（十三）、人（十六）、丨十（十七）、八（十八）、九（十九）、丨丨（二十）、丨丨三（二十三）、丨丨五（二十五）、丨丨六（二十六）、丨丨十（二十七）、丨丨八（二十八）、丨丨九（二十九）、丨丨丨（三十）、丨丨丨一（三十一）、丨丨丨二（三十二）、丨丨丨三（三十三）、丨丨丨◯（三十四）、丨丨丨五（三十五）、丨丨丨六（三十六）、丨丨丨十（三十七）、丨丨丨八（三十八）、丨丨丨九（三十九）、丨丨丨丨（四十）、丨丨丨丨一（四十一）、丨丨丨丨二（四十二）、丨丨丨丨三（四十三）、丨丨丨丨◯

（四十四）、（四十五）、（四十六）、（四十七）、（四十八）、（四十九）、（五十）、（五十一）、（五十二）、（五十三）、（五十五）、（五十五）、（五十六）、（五十七）、（五十八）、（五十九）、（六十）、（六十一）、（六十二）、（六十三）、（六十四）、（六十五）、（六十六）、（六十八）、（六十九）、（七十）、（七十一）、（七十二）、（七十三）、（七十四）、（七十五）、（七十六）、（七十七）、（七十八）、（七十九）、（八十）、（八十一）、（八十二）、（八十三）、（八十四）、（八十五）、（八十六）、（八十七）、（八十八）、（八十九）、（九十）、（九十一）、（九十二）、（九十三）、（九十四）、（九十五）、（九十六）、（九十七）、（九十八）、（九十九）、（一百）、（一百零二）、（一百零三）、（一百零四）、（一百零五）、（一百零六）、（一百零七）、（一百零八）、（一百零九）、（一百一十）、（一百一十一）、（一百一十五）、（一百一十六）、（一百一十七）、（一百一十八）、（一百一十九）、（一百二十）、（一百二十三）、（一百二十四）、（一百二十五）、（一百二十六）、（一百二十七）、（一百二十八）、（一百二十九）、（一百三十）、（一百三十一）。⑥

上述序码皆书于每简正面之下端，与其上之正文稍有间隔，今依原字形稍加规范录出。据所见编码，其中尚脱十四、十五、二十二、二十四、六十七、一百零一、一百一十二、一百一十三、一百一十四、一百二十一、一百二十二等序码简，未补。以上数字皆用于表示序次，如以“一”表示“第一”，“二”表示“第二”等。这些序码，为今人进行整理提供了许多方便。（　）内文字为今汉文数字写法。此类数码亦见于其他战国简及战国货币文字中。以下试从基数“一”至“九”谈起。

清华简例“一”字与战国时之常规写法相同，指事，划道为数，划一道即表示“一”，柳湾墓地既有竖划的“丨”也有横划的“一”，甲骨文“一”字亦皆横划，而竖划者为“十”，战国沿用之。异体有“弌”，见《上博三・彭祖》⑦、《上博三・亙先》、《郭店简・缁衣》⑧，《说文》古文写作“弌”，从“戈”与从“弋”之偏旁常混用。《上博五・季庚子问于孔子》见以“翟”假为“一”者⑨。秦诏版见写作“壹”者。

古人识数始于一，叶舒宪等先生云，“文明的开端始于文字，文字的开端始于数字，数字的开端始于一”，不无道理。⑩《史记・律书》云：“数始于一，终于十。”古人眼中，“一”不仅仅是万数之始，亦为万物之源，《汉书・董仲舒传》：“一者，万物之所从始也。”《淮南子・原道》：“一立而万物生矣，是故一之理施四海，一之解际天地。”战国时期之哲学家皆以“太一”（天一）表示万物之本原状态，其侧重点在于“一”，《淮南子・诠言》：“洞同天地，混沌为朴，未造而成物，谓之太一。”混沌乃未分，未分即“一”，演变从“一”开始，《郭店简・太一生水》：“大（太）一生水，水反辅大（太）一，是以成天。天反辅大（太）一，是以成地。”所云即为从“一”开始的万物生成原理。《说文》所云“惟初太始，道立于一，造分天地，化成万物。”与之同理。冯时先生云：“古人赋予太一的含义是多层次的，其本义近于‘道’，乃万物之始；后引申为万物之神，也即天神，天神居天之中央而指建四时，故又为主气之神；而天神之居所则为极星。这些思想应当来源于古人对万数之极的‘一’的理解。”⑪

清华简例“二”字与战国时的常规写法同，指事，亦划道为数，划两道即表示“二”，柳湾墓地尚有竖划的“丨丨”，甲骨文皆以二横划表示，战国沿用之。异体有“弍”，见《上博三・彭祖》、《郭店简・语丛三》，《说文》古文作“弍”，偏旁“戈”、“弋”常混用。《郭店简・五行》则作“戓”，从

“戊”。《中山王方壶》：“不戜其心戎”，以“戜”假为“二”字，同“贰”，《左传・襄公二十九年》“思贰不贰”。

古人心目中的“二”，常为阴、阳或天、地两两相伴的象征，《淮南子・天文》：“一而不生，故分而为阴阳，阴阳合而万物生。故曰一生二，二生三，三生万物。”《礼记・礼运》：“礼必本于太一，分而为天地，转而为阴阳。”《说苑・辨物》：“二者，阴阳之数也。”云“五行也，从二，阴阳在天地间交午也。”即把“五”所从“二”字之上下两划当作天与地。

清华简例“三”字写作“☰”，与战国时的常规写法同，指事，划三道即表示“三”，柳湾墓地尚有竖划的“|||”，甲骨文皆以三横划表示，战国沿用之。战国简所见假为三的异体甚多，如“ஃ”见《包山楚简》12简[12]。“ꝏ”见《上博五・鲍叔牙与隰朋之谏》[13]、《郭店简・性自命出》。“晶”见《上博三・周易》。“厽”见《上博四・柬大王泊旱》[14]。“参”见《郭店简・语丛三》；又李学勤先生告知，《临淄商王墓地》一书175页图五所载楚铜耳杯铭文见“杯，大二益，冢（重）参十展。”“曑”见《上博五・三德》。“□”见《上博五・姑成家父》。“□”见《战国古文字典・玺彙》3752[15]。

上述所见诸字所从0、曰皆为星星之象形，皆可读“参”，指“参星”，《说文》“曑，商星也，从晶，参声”。从ஃ与从晶义同，通假为数字“三”。“戠”见《战国古文字典・陶彙》5、407，“弎”见《战国古文字典》五，115，《说文》：“三，古文作弎”。

古人以天、地与人三者之组合为“三”之象征。《说文》：“三，天地人之道也。”《左传・昭公三十二年》注引服虔曰：“三者，天地人之数。”故《荀子・王制》：“天地生君子，君子者天地之参也。”《史记・律书》：“数始于一，终于十，成于三。”

清华简例“四”写作“◯”，未见于其他战国简，但见于战国货币文字，如《先秦货币》引货系3569燕明刀背文“六十四”[16]、引货系3568燕明刀背文“五十四”之“四”皆写作“◯”。《郭店楚简》之《老子》甲本、《缁衣》，《包山楚简》141简、196简所见“厶”字亦与此字形同，则清华简“◯”乃假借“厶”为“四”字，“四”与“厶”上古皆为脂部字，声母亦同，故通。《说文》段玉裁注，“厶”字云：“公私字本如此，今字私行而厶废，私者，禾名也”。“四”之原形当作“亖”，见于柳湾墓地彩绘符号，甲骨文中亦作此形。又西周早期《鲜簋》“佳王卅又四祀”[17]、西周晚期《逨编钟》“四方”、战国后期《四年郯相铍》“四年”之“四”，又《上博一・缁衣》[18]、《上博六・天子建州》[19]、《包山楚简》111简，所见“四”皆写作“亖”，知此形为传统之常规写法。其他形态，如《包山楚简》266简作“□”，《郭店楚简・语丛四》作“□”，《先秦货币》引货系3426燕明刀做“□”。战国简中“四”字更多的是写成“□”，屡见于清华简、上博简、郭店简等，隶定后与今天写法同。丁山先生对“四”字之成因有独到的见解，摘其要如下：“四从◯，象口形，或作□、□者，兼口舌气象之也，……四本从口，而复从口作呬，绳之六书，不又病衍复乎？自造字原则言之，四即呬之本字，尤信而有征。盖自周秦之际，借气息之四为数名三，别增口四旁以为气息字，汉儒习而不察，以为四即数名本字，于是正俗别为异字，通假于一文，四之形义既荒而‘阴阳四分’之说以起，此古谊失传后儒皆不得其解者二也。”[20]，此论具重要参考价值。“四”象四方，亦象征四时，四肢等，《文子・十守》：“天有四时，五行，九曜，三百六十日，人有四肢五臧，三百六十节”。《周易》以“数”占筮[21]，一至四是占筮过程中最重要的数字。《易・系辞上》：“大衍之数五十，其用四十有九，分而为二以象两，挂一以象三，揲之以四以象四时，归奇于扐以象闰，五岁再闰，故再扐而后挂。天一、地二、天三、地四、天五、地六、天七、地八、天九、地十。天数五，地数五，五位相得而各有合。天数二十有五，地数三十，凡天地之数五十有五，此所以成变化而形鬼神也。乾之策二百一十又六，坤之策百四十有四，凡三百有六十，当万物之数也。故四营而成易，十有八变而成卦，八卦而小成。引而申之，触类而长之，天下之能事毕矣。"《说文》："四，阴数也，象四分之形，凡四之属，皆从四。古文四如此，亖，籀文四"。所谓"阴数"即指《易》分阴阳之"阴"。

清华简例"五"有写作"☒"者，为"五"字的常规形态，屡见于战国简牍文字及铜器铭文。"五"的本形当为五道横画，作"☰"，柳湾墓地陶器彩绘符号见此写法，又《先秦货币》引先秦编343尖足小布兹氏半背文"五十五"之个位数"五"、《先秦货币》引先秦编352尖足大布背文"十五"之"五"、引货系1172小足小布背文"二十五"之"五"字形亦如此。丁山先生亦云："《说文古籀补》引《丁子尊》五字作☰，犹二三四之以积画为字，亦不得解以五行矣，而许君乃以五行为☒本义何也？曰此亦本义废借义行，学者习以借义为本义，而失其本义者也"[22]。

清华简例又见"五"字之另一形态"㐅"，来源则更早，如河南偃师二里头遗址所见数字符号已见之。上引清华简例，亦多见此写法，于省吾先生云："㐅为五之初文，……《说文》五之古文作㐅，与古陶文、古化文合。说文所引古文，乃晚周文字，固未可据以为初文也。凡纪数字，均可积画为之，但积至四画已觉其繁，势不得不化繁为简，于是五字以㐅为之。山东城子崖所发现之黑陶，属于夏代末期，城子崖图版拾陆，有黑陶文化之纪数字。其中五字作㐅，与甲骨文第一期骨端常见记数之五字相同。"[23]可备一说。"㐅"指交午，亦为"☒"字之音符，《说文》以阴阳交午附会之，云："五行也，从二，阴阳在天地间交午也。㐅古文五省"。据上，应该说"㐅"为本文，其形成早于"☒"，非省文，许氏未明其来历也。《说文》又云："午，牾也，五月阴气忤逆阳，冒地而出。"《郭店楚简·尊德义》所见"五"作"[五]"、《缁衣》作"[五]"，《望山二号楚墓》48简作"[五]"[24]，皆为"☒"字变体，中间所从皆当为"午"字，金文所见，如《戌嗣子鼎》、《效卣》"午"作"[午]"，甲骨文所见如《合集》6664、《英国所藏甲骨集》1994所见干支"午"字作"[午]"[25]，即证"午"为"五"之音符。先秦"五"字，每与"五行"挂钩，《尚书·洪范》："初一曰五行……，五行：一曰水，二曰火，三曰木，四曰金，五曰土"。汉儒又发扬之，《汉书·律历志》："天以一生水，地以二生火，天以三生木，地以四生金，天以五生土，五胜相乘，以生小周。"《孔子家语·五帝篇》："天有五行，水火金木土，分时化育，以成万物。"《说苑·辨物》："易曰：一阴一阳之谓道也者，物之动莫由道也。是故发于一，成于二，备于三，周于四，行于五，是故元象著明，莫大于日月，穷变之动，莫著于五星，天之五星，运气于五行，其初犹发于阴阳，而化极万一千五百二十"。"五"为阳刚之数，常与威严、刑罚的内容有关。《尚书·皋陶谟》："天命有德，五服五章哉，天讨有罪，五刑五用哉！"

清华简例"六"写作"[六]"，与战国"六"字的常规写法相类，屡见。又作"∧"，其形成当早于"[六]"的写法。据《先秦货币》引货系1105尖足小布襄成背文所见"六十"为六个竖道，作"||||||"的原理，"六"之本形积六横画作"䷀"的可能性极大。李迪先生认为：甲骨文中"∧"与"[六]"并用，而在石器时代末期已有"∧"，是由简化六个横画而来，由"∧"到"∩"的过渡显然是在商朝。符号"∧"有缺点，易与相似的符号")("、"△"等混淆，所以便由"∧"到"∩"，再到"[六]"[26]可从。河南偃师二里头遗址所见数字符号已有"∧"形，可见其成形甚早。丁山先生认为数字"∧"乃假"入"而成，可备一说。[27]"∧、[六]"之类象屋顶状，故甲骨文宫、家、室之类上半皆从"[六]"，"宋"字上半从"∧"，皆作形符。《说文》作"[六]"为讹变形态。文云："易之数，阴变于六，正于八，从入从八"，乃附会易变而做的解释。古代六字常用以表示上下及四方。《庄子·应帝王》："出六极之外，而游无何有之乡。"《淮南子·地形》："地形之所载，六合之间，四极之内"。"六"与易之阴爻的早期形式相合，皆做"∧"。后来阴爻才逐渐演化为"— —"。重卦由六爻组成，《周易·干卦》："六爻发挥，旁通

情也”。“六”为阴柔之数，常与礼仪，祭祀相关，《周礼·春官·大宗伯》：“以玉作六器，以礼天地四方。”

清华简例“七”写作“十”为先秦“七”的常见写法，屡见，形态较稳定。城子崖遗址所见数字符号既见“十”之形象，或即“七”字[28]，《甲骨文合集》3418号所见序数“七”，亦如此形。《先秦货币》所引货系82平肩空首布写作“七”，下部弯折；引先秦编573燕明刀背文“十七”之“七”作“七”，上下皆弯折，但未见于战国简。由于战国时期“十”字有横竖交叉的写法，故“七”字横画拉长，而“十”字竖画变长，以示二者之区别，见上引清华简。直至东汉，“七”字才普遍写作“七”，中间的竖画变斜而与横画中交，屡见于武威汉代医简[29]，个别处已写作“七”，如第91简：“黄芩一斤，直七十”之“七”字即是，与今写法基本相同。多数学者认为“十”为“切”本字，假为“七”。如丁山云：“七古作通十者，刌物为二，自中切断之象也。”[30]何琳仪先生认为：“甲骨文作十（后下九、一）。象二物切割之形，切之初文，《说文》：“切，刌也，从刀，七声。”[31]，说是。“七”为阳数，微阴，属少阳。《说文》：“七，阳之正也，从一，微阴从中出也。”段注：“易用九不用七，亦用变不用正也，然则凡筮阳不变者当为七。但左传，国语未之见。”

清华简例“八”写作“八”为战国数字“八”字的常规写法，至今未变，形态稳定。甲骨，金文已如此，仅弯折程度不尽相同而已。弯折度较大者如《先秦货币》引先秦编343兹氏半背文“十八”之“八”作“)(”，引货系1051尖足小布西都背文“十八”作“)|(”之类。《说文》：“八，别也，象分别相背之形。”《尚书·洪范》见“八政”：“八政：一曰食，二曰货，三曰祀，四曰司空，五曰司徒，六月司寇，七曰宾，八曰师”。指当时治理国家的八种重要政务。[32]后又有“八正之气”说，《史记·律书》：“七正二十八舍，律历，天所以通五行八正之气，天所以成熟万物。”《索隐》：“八正谓之八节之气，以应八方之风。”八方指四方，四隅，即东、西、南、北及东北、东南、西南、西北八个方向。易卦中“八”属少阴。《易·干》：“初九，潜龙勿用。”孔颖达疏：“少阳数七，少阴数八。”

清华简例“九”写作“九”，横画未弯折，与常规写法“九”稍有区别。甲骨文如《合集》15827、20001、34138所见，大都写作“九”，《合集》3418所见序数“九”作“九”，弯曲方向正相反。战国货币所见“九”字，弯曲度较大者居多，如《先秦货币》引货系983尖足小布易邑背文作“九”，引先秦编427尖首刀作“九”、引货币3101燕明刀背文左九作“九”等。与简文写法相同者见《上博三·周易》，又《先秦货币》引先秦编331小足小布武平背文等。叶舒宪先生曾介绍“九”字本义诸说：如林义光先生之“曲”说，丁山、高亨、加藤常贤先生之“肘”说，朱方圃先生之“内”说，于省吾、白川静先生之“虬龙”说，姜亮夫先生之“虬”说，卫聚贤先生之“鳄鱼”说等。[33]另又有谷衍奎先生之“尻”说，文云：“九，指事字。甲骨文是在兽类的尾巴根处加一‘丿’，表示尾巴根处，指出屁股的所在，当是‘尻’的本字。金文大致同，篆文变的就不像了。隶变后楷书写作九。”又“‘九’为借义所专用，尻尾之义便另加义符‘尸’写作‘尻’来表示。”[34]可备一说。笔者赞同“肘”字说，清华简例所见“九”显然是手形，其弯曲程度较大的写法即屈肘之形象。甲骨文“肱”字作“九”，所从“九”即象人之臂肘。加“○”指事，释作“厷”，即“肱”字是很有道理的，未加“○”者即“肘”本字，假为数字“九”。“九”为极阳之数，纪德裕先生云“因为古人以奇数为阳，偶数为阴，九在基数中是奇数的最大数，故称极阳数。《易经·乾卦》‘九五，飞龙在天’，寓意为人君之象。”[35]朱骏声《说文通训定声》“九者，数之究也。《易·文言传》：‘干元用九，乃见天。’《楚辞·九辩》序：‘九者阳之数，道之纲纪也。’《管子·五行》‘天道以九制。’”“九”又常指多数与广大，《吕氏春秋·有始》“天有九野。地有九州岛。上有九山。山有九塞。泽有九薮。”《淮南子·天文》，“天有九野”，中央及四方四隅，故曰九天。中央曰钧天，东方曰苍天，东北曰变天，北方曰玄天，西北方曰幽天，西方曰颢天，西南方曰朱天，南方曰炎天，东南方曰阳天。”筮占用数之不同，可用以区别三《易》，葛英会先生云：“三易之法对于卦象的占断互有异同，《易纬·乾凿度》记三易卦象有变与不变之分，云‘阳以七，阴以八为象；阳变七之九，阴变八之六。’注云‘彖者，爻之不变动者；九六，爻之变动者。《连山》、《归藏》占象，本其质性也。《周易》占变，效其流动也。’故《春官·大卜》疏云，夏殷《易》(《连山》、《归藏》）以七八不变者为占，周《易》以九六变者占。”[36]故《说文》解“九”云，“易之变也，象其屈曲究尽之形。”

以上所述为战国时期汉字基数“一”至“九”的情况。古代世界许多民族之基数“一”至“九”常以某一笔画的多少表示数字，典型者如：

古埃及象形数字（公元前3400年前后）：|（1）、||（2）、|||（3）、||||（4）、|||||（5）、||||||（6）、|||||||（7）、||||||||（8）、|||||||||（9）。

巴比伦楔形数字（公元前2400年前后）：▼（1）、▼▼（2）、▼▼▼（3）、▼▼▼▼（4）、▼▼▼▼▼（5）、▼▼▼▼▼▼（6）、▼▼▼▼▼▼▼（7）、▼▼▼▼▼▼▼▼（8）、▼▼▼▼▼▼▼▼▼（9）。[37]

今见中国古代数字“一”至“五”亦以横划“一”的多少表示，发展轨迹与上述古埃及及巴比伦同，故“六”至“九”的早期形态亦以横划“一”的数量来表示的可能性极大，如“九”写作“☰☰☰”之类，只是由于笔画太多的缘故，而后才以假借字替代之。李迪先生关于卦爻之“九六”说即源于上述假设，其文云：“《汉书·律历志》：‘自伏羲画八卦，由数起。’卦爻符号与数学符号并非无关。据《周书·武顺解》：‘人有中曰参，无中曰两……男生而成三，女生而成两，五以成室，室成以生民。’谭戒甫认为：‘古文卦爻之耦，以 ⚋ 表之，而奇卦之 ⚊，疑其初态本应作 ---，方能适合于三。……由是三两合五（☱），以成室而生民，正《系辞传》所谓男女构精，万物化生者矣。’（谭戒甫：《周易卦爻新论》，《武汉大学文哲季刊》五卷二号，290～291）乾☰的原形是九‘☰☰☰’，坤☷的原形是六，九六之说本此。所以乾卦的三爻顺此叫初九、九二、九三，坤卦的三爻顺此叫初六、六二、六三。进而视‘⚊’等于九，‘⚋’等于六，以后重卦的数字变化，即建立在这种九六说的基础之上。”[38]

清华简例“十”作“十”，或作“丨”。前者为战国时较多见的写法，后者则为来源甚早的写法。甲骨文已见“丨”的写法，如《合集》33581“十五牛”之“十”字即作此形。丁山先生曾排列“十”字的演变过程，云：“我国纪十之法实竖一为之。自丨（殷墟书契三，叶廿三），变而为♦（盂鼎），再变为⸸（克钟），三变为⸸（秦公敲），四变为十（肤鼎）为十（诅楚文），于是象东西南北中央五方俱备矣。”[39]又云“纵一为丨，丨之成基于十进之通术；观数名成形之迹，亦可想见史前人类之进化。”[40]葛英会先生认为“十”字之形源于绳结，云：“一些学者指出，商周金文的十、二十、三十，写作⸸、𠦃、𠦂，正像一根或几根打了结的绳子。甲骨文写作丨、∪、∪∪，是由于刻划不便，把中间像绳结的点省略了。”[41]二说有共同点，皆有一定道理。就字形演变的形态而言，今见“丨”无疑早于“⸸”，但不能排除“丨”形亦源于绳结的可能性。春秋战国时期“十”字所见多种形态都在使用，如上引清华简序码中同时见“丨”与“十”的写法，又《先秦货币》引先秦编352尖足大布背文、引货系938尖足小布背文“十”、战国后期《十九年大良造鞅镦》“五十”之“十”皆写作“丨”；《包山楚简》269号简、战国晚期《十五年上郡守寿戈》“十”写作“十”；《侯马盟书·宗盟类序篇》“十又一月”之“十”作“⸸”[42]；《望山二号墓楚简》7号简、《郭店楚简·缁衣》“十”写作“⸸”。《说文》：“十，数之具也，一为东西，丨为南北，则四方备矣。”古人的观念中，“十”是很大的数目了，《史记·律书》：“数始于一，终于十，成于三。”易筮以五十为数，为“十”之五倍，《汉书·律历志》：“元始有象一也，春秋二也，三统三也，四时四也，合而为十，成五体。以五乘十，大衍之数也，而道据其一，其余四十九，所当用也，故蓍以为数。”

简文“百”写作“”或“”为战国简所见常用写法，亦可写作“”，见于清华简，又见于《上博二·容成氏》“五百”之“百”等。货币文字多写作“”，见《先秦货币》引货系1346桥形币、货系2651齐刀背文等。关于“百”字的写法，何琳仪先生曾考证云：“战国文字分两类：一类承袭两周文字作，或再加横笔为饰作、。另一类作、、。构形不明。或以为百之倒文，或以为自由演化（、、、、）。”[43]甲骨文作，从白，上多一横，《说文》：“百，十十也。从一、百。数十百为一贯，相章也。”

前文引清华简例所见数码未达千数，故未见“千”的写法，战国简常规写法作“”，字形稳定，甲骨文所见已如此，其中一横或作圆点，如《郭店楚简·穷达以时》所见作“”。《说文》：“千，十百也。从十，从人。”

“万”字亦未见于上文所引清华序码简，此字甲骨文作“”，像蝎之类。《说文》：“万，虫也。从厹，象形。”战国文字多作“”，见《郭店楚简·老子甲本》等；其下或从“土”，见《上博五·鲍叔牙与隰朋之谏》；或从“心”，见《上博六·竞公疟》等。

中国古代数字采用十进制，世所公认，王渝生先生云：“稍晚的山东城子崖遗址出现了‘丨＝’（12）、‘’（20）、‘’（30）。‘’是将二个‘丨’（10）合在一起；‘’（30）是将三个‘丨’（10）合在一起。这种合写形式的出现不仅标志了数的概念的发展和表数能力的提高，而且证实了十进制的记数法已经使用了。”[44]关于十进制产生的原因，徐品方等先生云：“十进制的产生是因为每个人都有十个指头。”[45]金岷等先生亦云：“数学上的十进制制，正同十个指头的经常拨弄有关系。”[46]说是。汉代以前，“十”以上数字皆按十的倍数递进设位值符号，如“十”之十倍为“百”，是百位数的位值符号；“百”之十倍为“千”，是千位数的位值符号；“千”之十倍为“万”，是万位数的位值符号；万以上依此类推。王渝生先生曾归纳甲骨文所见数字，云：“甲骨文记数系统属于十进制乘法分群数系。”[47]战国时的情形仍同，《国语·郑语》：“合十数以训百体，出千品，具万方，计亿事，收经人，行姟极。”韦昭解云：“十万曰亿，十亿曰兆。”《汉书·历律志》：“数者一十百千万也。”师古注：“大雅假乐之师曰：千禄百福，子孙千亿，言成王宜众宣人，天所保佑，求地福禄，故子孙众多也，十万曰亿，故此谢书引以为言。”《太平御览》卷七百五十引《风俗通》：“十十谓之百，十百谓之千，十千谓之万，十万谓之亿，十亿谓之兆，十兆谓之经，十经谓之垓，十垓谓之秭，十秭谓之选，十选谓之载，十载谓之极。”汉代以后，万以上大数才有万进制的应用，见《孙子算经》：“凡大数之法，万万曰亿，万万亿曰兆，万万兆曰京，万万京曰垓，万万垓曰秭，万万秭曰壤，万万壤曰沟，万万沟曰涧，万万涧曰正，万万正曰载。”

上述“十”以上位值符号与一至九基数符号的结合，可构成需要表示的任何多位数，例如基数“三”与位值符“百”结合表示“三百”；基数“五”与位值符“千”、基数“六”、位值符“百”顺序组合表示五千六百之类，这是中国数字表示多位数的基本方法，此外尚有若干现象值得重视：

简单合文。清华简例所见如“五十”作“”、“六十”作“”、“七十”作“”等；《先秦货币》引货系3180燕明刀背文“中二千”之“二千”作“”。“二十”之作“”、“三十”之作“”也是由简单合文演变而来。数字合文由来已久，李迪先生云：“数字合文亦见于甲骨文，例如岐山凤雏村周原遗址出土的卜用甲骨中，50写作‘’，500写作‘’。”[48]数字合文的主要写法是笔画相连或共享某些笔画，典型者如“”之“七”与“十”共享竖划。

战国时期之数字合文多于右下侧加合文符“＝”，如《上博七·君人者何必安哉》之“七十”、《郭店楚简·穷达以时》之“七十”皆作“”；《望山二号楚墓竹简》45号简，又战国后期《七年□合阳王鼎》所见“二十”皆写作“”，此类写法在战国简中很常见。

先秦数字亦曾有位值数的用法，它与使用位值符号的方法很不同。在通常情况下，两个基数之间必须以位值符号间隔之，才有位值关系，如“五十五”，在两个“五”之间加位值符号“十”，此时前一个“五”才能表示十位数的“五十”，后一个“五”则表示个位数的“五”，否则相邻的两个基数之间没有位值关系，仅为并列的数字而已，如《上博七・吴命》：“自望日以往必五六日”句中，“五六日”仅指“五日”或“六日”绝非指“五十六日”。但在先秦货币文字确实有过位值数的用法，如《先秦货币》引货系 3569 号燕明刀背文“六十四”作“”、引货系 3568 号燕明刀背文“五十四”作“”、引货系 794 号尖足小布兹氏半背文“五十一”作“”，基数间不加位值符号，皆为不折不扣的位值数表示法。李迪先生云：“周代记数法与商代相比，有一个明显的进步，就是出现了位值记数。如 20 世纪 70 年代出土的一个中山国铜灯铭文中，355 记作‘’，末位的‘’表示个位五，而前一个‘’则表示五十，两个五间没有用十隔开。这说明当时已有了位值记数的观念，只是应用不多，尚未形成位值制。”[49]但位值表示法而后并没有得到发展，故至今始终未能替代位值符表示法，反而逐渐被人们所忘却。

先秦多位数还常见以“又”字附加于位值符后，如《上博二・容成氏》见“卅＝又七年”、“十又六年”、“卅＝又一世”、“十又五乘”等。此法亦已见于西周金文，如西周中期《鲜簋》：“隹王卅又四祀”、西周晚期《晋侯苏编钟》：“隹王卅又三年”、“执讯廿又三夫”、“大室小臣车仆折首百又五十”等。此类用法大多见于文字叙述中，书写编册序码时通常不用此法。

战国数字常见异体字与正体字共享现象，在许多场合下有积极意义，例如：

多位数中为避免同字同形而用异体，如清华简例“五十五”写作“”，十位数的“五”与个位数的“五”采用不同字形；又《先秦货币》引货系 3554 号燕明刀背文“五十五”写作“”，两个“五”字亦采用不同字形以示区别。

二、三相连时，“三”字常用异体书写，如《上博四・曹沫之争》：“二（三）子勉之”、《上博五・鲍叔牙与隰朋之谏》：“二（三）子徺之”、《上博五・弟子问》：“夫二（三）子者”等。由于正体之“二”与“三”皆由横划构成，竖写时如皆用正体，两字间笔画不易分清，改用异体则一目了然，不再混淆了。

一段话中出现相同数字时，其一用异体，如《上博三・彭祖》：“一命弌修”、《上博四・柬大王泊旱》“（三）日，王又野色……三日大雨。”旨在避免重复使用相同的字形。

综上，战国数字承自商、周，又由于诸国分治的原因，每字繁衍出许多异体，呈现千姿百态的不同形状。数字之递进采用十进制，万以上亦如此，如以十万为亿，不是后来的以万万为亿。在当时人的意识中，数字又与《易》之类有千丝万缕的联系，使用时颇为讲究。直至秦始皇统一中国后，施行“书同文”的标准化措施，规定统一的数字写法，异体遂少见。

（本文原载于《出土文献》第 1 辑）

注释：

① 徐品方、张红：《数学符号史》，科学出版社 2006 年版第 1 页。

② 参见金岷：《文物与数学》，东方出版社，2000 年 10 月版，第 15 至 17 页。

③ 郭沫若主编：《甲骨文合集》，中华书局 1982 年版。

④ 王鸿钧、孙宏安：《古代数学思想方法》，江苏教育出版社 1989 年 5 月版，第 149 至 167 页。

⑤ 肖学平：《中国传统数学教育概论》，科学出版社 2008 年版第 3 页。

⑥ 待刊。

⑦ 马承源主编：《上海博物馆藏战国楚竹书》（三），上海古籍出版社 2003 年版，本文简称《上博三》，下文同。

⑧ 荆门市博物馆：《郭店楚墓竹简》，文物出版社 1998 年版，本文简称《郭店简》，下文同。

⑨ 又参见王志平：《“翟”的读音及相关问题》，《古文字研究》第 27 辑，中华书局 2008 年版，第 394 至 399 页。

⑩ 叶舒宪、田大宪：《中国古代神秘数字》，社会科学文献出版社 1998 年版，第 1 页。

⑪ 冯时：《“太一生水”思想的数术基础》，《新出简帛研究》，中华书局 2004 年版，第 251 页。

⑫ 湖北省荆沙铁路考古队：《包山楚简》，文物出版社 1991 年版，下文径称《包山楚简》，不再一一说明。

⑬ 马承源主编：《上海博物馆藏战国楚竹书》（五），上海古籍出版社 2005 年版，本文简称《上博五》，下文同。

⑭ 马承源主编：《上海博物馆藏战国楚竹书》（四），上海古籍出版社 2004 年版，本文简称《上博四》，下文同。

⑮ 何琳仪：《战国古文字典》，中华书局 1998 年版，第 1418 页。以下所引《战国古文字典》皆为同一版本。

⑯ 吴良宝：《先秦货币文字编》，福建人民出版社 2006 年版，本文简称《先秦货币》。

⑰ 刘雨、卢岩：《近出殷周金文集录》，中华书局 2002 年版。以下凡引用殷周金文而未加说明者皆引自此书。

⑱ 马承源主编：《上海博物馆藏战国楚竹书》（一），上海古籍出版社 2001 年版，本文简称《上博一》，下文同。

⑲ 马承源主编：《上海博物馆藏战国楚竹书》（六），上海古籍出版社 200 年版，本文简称《上博六》，下文同。

⑳ 丁山：《数名古谊》，《国立中央研究院历史语言研究所》第一本第一分册，国立中央研究院历史语言研究所 1928 年版，第 90、91 页。

㉑ 李继闵：《算法源流》，科学出版社 2007 年 8 月版。

㉒ 丁山：《数名古谊》，第 91 页。

㉓ 于省吾：《甲骨文释林》，中华书局 1979 年版，第 98、99 页。

㉔ 湖北省文物考古研究所、北京大学中文系：《望山楚简》，中华书局 1995 年版。

㉕ 李学勤、艾兰、齐文心：《英国所藏甲骨集》，中华书局 1992 年版。

㉖ 李迪主编：《中国数学史大系——第一册，上古到西汉》，北京师范大学出版社 1998 年版，第 148 页。

㉗ 丁山：《数名古谊》，第 92、93 页。

㉘ 董作宾、傅斯年、郭宝全：《城子崖》，国立中央研究院历史语言研究所 1934 年版，第 71、72 页。

㉙ 甘肃省博物馆、武威县文化馆：《武威汉代医简》，文物出版社 1975 年版。

㉚ 丁山：《数名古谊》，第 93 页。

㉛ 何琳仪：《战国古文字典》，中华书局 1998 年版，第 1098 页。

㉜ 顾颉刚、刘起釪：《尚书校释译论》，中华书局 2005 年 4 月版，第 1148 至 1159 页。

㉝ 叶舒宪：《神秘数字》，第 212、213 页。

㉞ 谷衍奎《汉字源流字典》，华夏出版社 2003 年版，第 9 页。

㉟ 纪德裕《汉字拾趣》，复旦大学出版社 2002 年版，第 10 页。

㊱ 葛英会《中国数字的产生与文字的起源》，载《俞伟超先生纪念文集·学术卷》，文物出版社 2009 年版，第 113 页。

㊲ 李文林主编：《文明之光—图说数学史》，山东教育出版社 2005 年版，第 6 页。

㊳ 李迪：《中国数学史大系——第一卷，上古到秦汉》，北京师范大学出版社 1998 年版，第 197 至 198 页。

㊴ 丁山：《数名古谊》，第 90 页。

㊵ 丁山：《数名古谊》，第 94 页。

㊶ 葛英会：《中国数字的产生与文字的起源》，刊于《俞伟超先生纪念文集·学术卷》文物出版社 2009 年版，第 117 页。

㊷ 山西省文物工作委员会：《侯马盟书》，文物出版社 1976 年版。

㊸ 何琳仪：《战国古文字典》，中华书局 1998 年版，第 604 页。

㊹ 王渝生：《中国算学史》，上海人民出版社 2006 年版，第 166 页。

㊺ 徐品方、张红：《数学符号史》，科学出版社 2006 年版，第 11 页。

㊻ 徐品方、张红：《数学符号史》，科学出版社 2006 年版，第 11 页。

㊼ 王渝生：《中国算学史》，上海人民出版社 2006 年版，第 166 页。

㊽ 李迪：《中国数学史大系——第一卷，上古到秦汉》，北京师范大学出版社 1998 年版，第 172 页。

㊾ 李迪：《中国数学史大系——第一卷，上古到秦汉》，北京师范大学出版社 1998 年版，第 177 页。

清华简文本复原

——以《清华大学藏战国竹简》一、二集为例

狭义的文本指由书写（或印刷等）而固定下来的任何话语，是语言的实际运用形态。文本通常具备载体、符号、内容三个要素。清华简是战国末期产生的文本，其形态为竹质墨书写本。由于年代久远及出土后经过辗转流传，其文本状态已有较大的变化，因而只有经过科学的分析复原，才能恢复其本来面貌（主要是内容的复原，不可能完全恢复）。我们对清华简进行文本复原的主要过程包括：载体保护、符号显示、内容识别三个方面。

一、载体的保护

载体是文本的物质基础。清华简的载体为竹简，竹质为刚竹，处于饱水状态，总数约2500枚，合完整简约1700余支。入藏前原持有者将数十枚简捆成一束，用保鲜膜包裹，小部分用新竹片做托板，把竹简置于其上，然后也用保鲜膜包裹。竹简色泽普遍较深，呈暗褐色，有些简表面有白色霉点，其水溶液有异味。入藏后，我们采取的首要措施是拆封及检测。拆解绳索及保鲜膜后，以每束为单元置于一个不锈钢容器中，加蒸馏水浸泡，对其浸泡液进行检测。发现部分竹简表面有霉菌活体，水样中有较多磷酸根离子，Cl- 浓度也较大，这些因素对竹简都有较大的降解破坏作用。我们随时采取相应的清污、去霉、杀菌处理，多次更换蒸馏水，使水中P、Cl- 和Fe的浓度降低。清除污垢，用小毛笔笔尖轻轻剔除白色霉点，对简面简背污垢亦做初步清除。然后用季铵盐类杀菌剂杀菌，杀菌剂为无色，具有广普杀菌作用，使用剂量根据不同情况确定，尽量少用。由于竹简本身脆弱柔软，移动时都要使用相应的托板，切忌用双手直接移动。经过上述方法处理，遏制了竹简的进一步损坏，保证载体的存在。

由于年代久远，竹简表面不同程度地被沉淀物所覆盖，竹简之间也有叠压粘连的现象。我们看到的覆盖物大致有三种情形：一是被松散的污泥覆盖，用小毛笔轻轻一扫即可弃除。二是被黏性较强、较厚的黏土覆盖，不能一次性剔除，只能先扫除表层，用水浸泡一段时间后再逐层剥除，需要反复三至四次才能除净。三是被各种沉淀物在漫长的岁月中形成的壳状物覆盖，已无法用毛笔剔除，只能用毛笔笔尖置于覆盖物边沿，然后用竹质小刀垫在笔毛上，刀尖对准覆盖物进行剥除。凡此类竹简，由于覆盖物的保护，它下面的字迹往往都很清晰。对叠压粘连的竹简，先观察竹简叠压的走向，然后从较容易松动的部位开始，通常是用小竹签从一端轻轻向里插进，在推进过程中用力适中，这样叠压在一起的两枚竹简就可以分离，操作时要精力集中，特别地小心谨慎。

做完上述清污杀菌工作后，我们以较长的时间（三个月）用小毛笔清除每枚简字迹上面及周边的污

垢，尽可能使每个字的笔画都显露。此后经过碳十四测定、含水率测定等科学检测及专家进一步鉴定确认真伪之后[①]，尽快照相（详下节）。

与照相同时，给每枚简编码，测量长宽，登记入档。照相后为便于保存，用比竹简稍长、稍宽的玻璃条为托板，将有字的一面朝下，用线将竹简捆缚在玻璃条上。有字的一面朝下的目的是为了避光以保护字迹。刻有序码的不锈钢号牌也捆在玻璃条顶端，便于日后查找。

再者，先在容器内放入少量水，把捆好的竹简按序码从右至左摆放在口沿较宽的方盘容器底部，避免相互叠压，然后继续放入蒸馏水及浓度较低的杀菌剂。水溶液的液面达到容器高度的三分之二即可，其上覆以无毒的透明薄膜。容器的边沿较宽便于吸附薄膜，使薄膜紧贴其表面，达到隔绝盘内外环境的目的，使尘埃等污染物无法进到盘内。使用透明薄膜也便于日常观察。薄膜用透明胶条缠在容器四周，其上面、四周及其中心位置亦以胶条加固。

日常维护则保持恒温恒湿，经常检测室内温湿度，降低光照度，减少见光时间，避免自然光，减少人为因素的干扰。[②]

二、符号的显示

文本符号包括文字和其他符号，如标点符号、重文符号、合文符号等。不同符号的组合构成文本的基本内容。清华简的文本符号原本应是清晰鲜明的，只是由于年代久远，长期的物理化学作用致清晰度降低，主要原因有二：一是污物覆盖，二是氧化作用致竹简表面变黑（竹简表层的二价铁离子氧化成三价铁离子，然后与竹材分子中酚类物质中的羟基起作用变黑，又酚也可直接氧化成醌，使竹简色泽变深。

符号显示就是尽可能复原其清晰面貌。目前的有效手段就是拍照经过物理化学处理的竹简影像。我们的做法如下：

先清除字迹上的覆盖物（见上节）。再者，为竹简脱色。在一定的温度条件下，用一定浓度的中性连二亚硫酸钠水溶液作为脱色剂，加入一定比例的络合剂（可以保证竹简在拍照期间不返色）。然后把要拍摄的竹简浸泡其中，浸泡时间长短要根据具体对象有所区别，只要字迹清晰即可取出，再用蒸馏水浸漂几次，经过这样处理的竹简颜色变浅，大致恢复到原始状态，与黑色墨之反差较大，故字迹显得较清晰，便可摆放到有机玻璃托板上。

托板以方形白色有机玻璃材料制成，对其表面要进行喷砂处理，以便消除有机玻璃板的反光。其上雕刻版心线及栏线。把脱好色的竹简摆放整齐后，每简下端摆上简号，版的左侧则摆上比例尺及色标，便于存盘及日后核对尺寸及进行颜色复原。

拍摄饱水竹简的最大难度是竹简表面容易产生许多闪亮的光点，影响构图效果，原因是竹简表面事实上并不平整，仔细观察可见许多细小的沟坑，高处较干燥而低洼处积水，积水处折射反光强烈，所以就形成光点。为了尽可能减少光点的产生，照相按快门前，可往竹简表面喷水，使竹简表面完全覆盖上一层很薄的水膜，由于水膜的作用，使折光度相对均匀，避免光点的产生，也由于水的浸润，墨迹显得更黑。为避免白色有机玻璃在闪光灯下呈现蓝灰色调的偏向，我们在有机玻璃板背面垫了一层黄色背景纸衬底，曝光后便呈现偏黄的暖色调，颇显古朴。

竹简的拍摄采用三种方式：一是使用传统的 8×10 专业反转胶片（同一型号、同一生产日期），以 SINAR P2 专业 8×10 座机，配 300mmSINARON 镜头拍摄。二是用利图 AFi6 数码相机，配 3300 万利图数码后备，施耐德180mm镜头，苹果计算机等进行数码拍摄。三是对少量已变黑无法脱色的竹简进行红外拍摄。此外，加之专业的支架系统，灯光系统，并采用较硬的主光源，以银质反光伞为辅助光源，达到了比较理想的拍摄效果，实现科学性与艺术性的统一。

通过以上拍摄，固化了竹简符号显示最清晰之瞬间影像。由于竹简已腐朽、不可多见光、不宜移动，故复原工作主要依据影像进行。通过计算机，影像可放大、缩小及做其他必要的处理，便于提高工作效率。③

三、内容的识别

内容识别是复原工作的核心，工作量及难度都比较大，需反复推敲，逐步归纳，大致包括以下过程。

首先是分类。经过载体保护保障了实物的存在，通过符号显示使我们看到每支简的文字及其他符号，但我们所看到的都是散乱、孤立的、不完整的片段，它与成册的竹简原貌差距甚远。为找出原简册的组合，可通过逆向归纳逐级进行。如：先按形制尺寸归纳。清华简长度10cm—47.9cm不等、宽0.4cm—1cm不等，同长度的简，宽度亦有差别，例如同为46cm的竹简，有的宽0.4cm—0.5cm，有的则达1cm。把大致同长度、同宽度的竹简归纳在一起，同长度者又按不同宽度分组。今见《清华简》一、二集完整简的长度如下④：

《尹至》、《尹诰》45cm，《程寤》44.5cm，《保训》28.5cm—28.6cm，《耆夜》45cm，《金滕》45cm，《皇门》44.1cm—45.4cm，《祭公》43.4cm—45.1cm，《楚居》47.4cm—47.6cm，《系年》44.8cm—45cm。

以上十篇按尺寸大致可分为三组，每篇各简尺寸亦有细微的差别，分组时取其大致尺寸，不可过细。其他篇章尚见长度为10cm、16cm、19cm、22cm、33cm等尺寸者，都可作为分组的依据。清华简宽度大多为0.4cm—0.5cm左右，不便以宽度为划分依据。其中有宽达1cm者，则可轻易从诸篇中分出。

尺寸相同诸篇，字符的疏密程度也有差别，例如：

《尹至》29—32字、《尹诰》31—34字、《程寤》29—34字、《耆夜》27—31字、《金滕》30字左右、《皇门》39—42字、《系年》28字左右。

以上诸篇中，《皇门》字符小且密，《系年》相对疏稀，这两篇很容易从诸篇中区别开。

由于抄手或底本不同等原因，各篇的字符结构和书法风格也有差异，有的个性很鲜明，例如：

“余”字，《清华简》一集各篇多写作“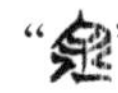”，唯《皇门》写作“”。

“命”字，《清华简》一集各篇多写作“”，而《保训》写作“”、《祭公》写作“”。

“才”字，《清华简》一集各篇多写作“”或“”，而《保训》写作“”。

“叟”字，《清华简》一集各篇多写作“”，而《保训》写作“”、《皇门》写作“”。

“又”字，《清华简》一集各篇多二画写作“”，而《保训》三画写作“”。

所以在《清华简》一集的范围内，据字体及书法风格很容易将《保训》和《皇门》与其他各篇区别开。尤其《保训》字体多与众不同者，除上文所见，又如“隹”作“”、“於”作“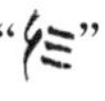”、“受”作“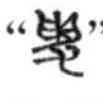”等。有迹象表明，《保训》文字多受秦晋字体的影响。⑤字体结构与风格的差异，固然也是分类的依据之一。

通过以上两次分组，每一组别的范围必然逐步缩小，最后则落实到按具体内容划分篇章。

《清华简》一、二集所见诸篇体例不尽相同，有的区别甚明显，如一集之《楚居》及二集《系年》

为时代跨度长、按大时代先后排列的史实记录，而它篇多为与《尚书》、《逸周书》相类的断代政论文。其中，《耆夜》因含诵诗的内容而易与它篇有别。

凡有与今本相类者，可参照今本归纳相关简文，如清华简《金縢》参见今文《尚书》同篇，清华简《皇门》、《祭公》参见《逸周书》同篇即是。尽管其具体内容不尽相同，大体内容还是对应的。传世本虽然仅见《程寤》之标题及片段，但对简本《程寤》的收集与定名也有重要的参考价值。

就细节而言，各篇的时代背景、中心议题、主要人物等要素多有区别，如：

《尹至》之时代背景为夏、商之交，中心议题是灭夏的理由及事迹，主要人物是伊尹和成汤。

《尹诰》之时代背景为商初成汤世，中心议题是汲取夏朝灭亡的教训，同心同德治理国家，主要人物亦为伊尹和成汤。

《程寤》之时代背景为商周之交，中心议题以梦中事陈述周即将代商的理由，主要人物是周文王妻太姒及太子发。

《保训》之时代背景为商周之交，中心议题为周文王遗训，教导后人汲取舜及上甲微的中道经验，主要人物是周文王及太子发，涉及历史人物上甲微、河伯、有易等。

《耆夜》之时代背景为商周之交武王八年事，中心议题是伐黎大胜后之饮酒作诗，人物有周武王、周公、毕公、召公等。

《金縢》之时代背景为周初武王末年，中心议题为武王有疾，周公自愿代王受疾的经过及物象变化，主要人物是周武王及周公。

《皇门》之时代背景为周武王、成王之交，中心议题为训诫群臣望族以史为鉴，助王治国，主要人物为周公。

《祭公》之时代背景为周穆王在位时，中心议题是祭公临终前对穆王及执政二王的劝谏告诫，主要人物为祭公谋父。

《楚居》是跨时代的，包括从楚季连到楚悼王等二十三位楚公、楚王。中心议题是楚王居处的迁徙及相关历史事件，涉及人物众多。

《系年》也是跨时代的，所述从周初直至战国前期。议题涉及面甚广，为各国历代所发生的大事，涉及人物亦众多。⑥

综言之，对时代背景、中心议题及主要人物等要素之综合考察，是划分篇章的具体依据。

再者是排序、残简缀合及定位。

被认为是同一篇的简文集中后尚需排序，排序的依据及参照因素有多种，主要如：

清华简中有一部分简设有序码，通常书于简背，《尹至》、《尹诰》、《耆夜》、《金縢》、《皇门》、《祭公》、《楚居》、《系年》所见即是。序码皆用数字表示，如“一”表示“第一”、“二”表示“第二”等。凡有序码者即可直接用序码排序。但要注意古人也有出错时，如《系年》内容连贯但见两个“五十二”序码，又缺序码“八十八”，皆为当时人笔误所致。

简文内容之合理衔接是排序的根本，其中上简末端与下简顶端的简文连贯与否是最重要的标志。以《系年》之五十一简至五十三简为例：五十二简与五十三简背序码皆署“五十二”，当为原抄写者有误所致，孰前孰后只能依简文内容判断。由于今五十三号简文末尾有“乚”符号，知其为篇章末简，应排在最后。再者从文序看，五十一简末“死人何罪”与五十二简首“生人何辜”为排比句，可以顺接，五十二简末“我莫命招”与五十三简首“之。乃立……”正好相接，故序列之。

简背刻划斜线也是排序时的重要参照。今见清华简《程寤》、《耆夜》、《金縢》各有一条斜线。而《系

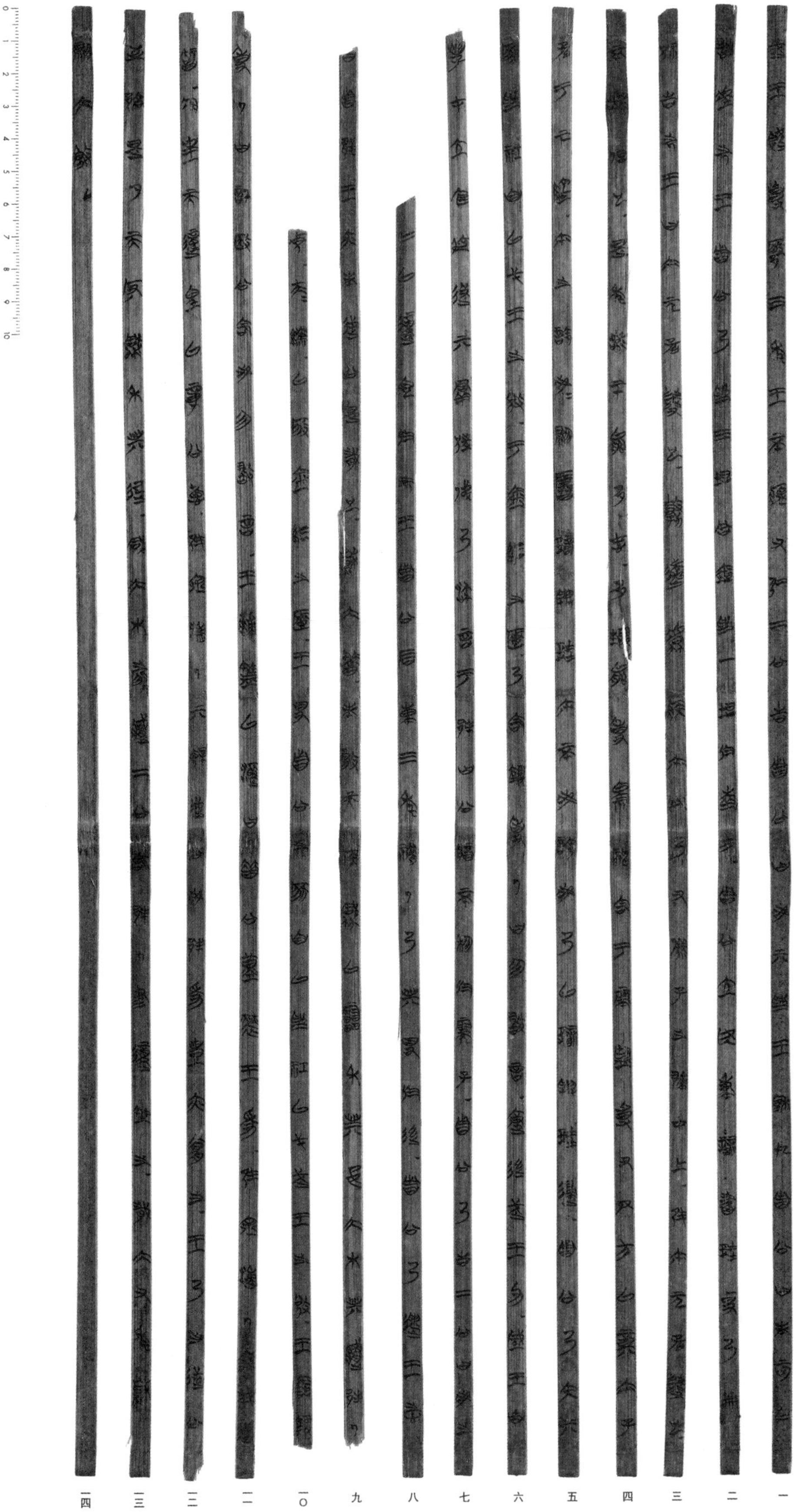

金滕简正面

年》有多达七条斜线，斜线皆位于竹简上半段，由左上向右下延伸。以《系年》所见为例。（见附图）

第一条斜线跨 1 至 22 简（简文包括第一至四章）。

第二条斜线跨 23 至 44 简（简文包括第五至七章）。

第三条斜线跨 45 至 70 简（简文包括第八至十四章一部分）。

第四条斜线跨 70 至 95 简（简文包括第十四章一部分至十七章）。

第五条斜线跨 96 至 120 简（简文包括第十八章大部分至二十二章前两简）。

第六条斜线跨 121 至 134 简（简文包括第二十二章大部分至二十三章）。

第七条斜线跨 135 至 138 简（简文为第二十三章后四简）。

从以上现象可以看出，凡是篇章较短的，只划一条斜线足矣，如《程寤》、《耆夜》所见。篇幅长者则需要多条斜线，如《系年》所见有七条斜线。《金縢》所见 2 号简简背上端编痕压在刻划线之上，说明斜线是在编联简册之前刻上的。一般来说，简背斜线能否对应，可印证排序之是否准确，典型者如《系年》无“八十八”序码，但第 88 简（序码“八十七”）与第 89 简（序码“八十九”）正面内容连贯契合，简背斜线亦合理连接，说明其间并无脱简，而是漏写了序码“八十八”。

残简的缀合与定位。清华简完整者较多，但残简数量也不少，对残简的缀合与定位是一项艰难细致的工作，通常是在诸篇已大致排序后进行。

缀合指多枚残简的拼连结合。以《程寤》7 号简为例：此简由入藏编号为 2134、2170、2310、2311、2146 等五枚残简缀合而成，缀合的依据主要是内容连贯合理，断口契合。尤其 2170 与 2310 缀合后成形的“拜”字，2310 与 2311 缀合后成形的“福”字及 2311 与 2146 缀合后成形的“敞”字，原来的每字笔画都分居在两个残片上，缀合后笔画对合，字乃成形，表明缀合准确无误。

有些残简据内容能判断其属某简断片，但未能直接缀合，即需定位（在简册中的位置）。以《耆夜》第 10、13 号简为例，10 号简上段（入藏号 1380）与下段（入藏号 1834）未能缀合，由于上段存上编痕，又与 9 号简内容连贯，故居于顶头位置，下段见中编痕及下编痕，故居下是必然的。两段间隔一个半字位置。13 号简上段（入藏号 1347）与中段（入藏号 0906）未能缀合。同样，由于上段存上编痕，内容又与 12 号简连贯，故顶头排。而中段见中编痕，所以只要将中编痕与左右两简的中编痕对齐即可，两段间隔一个字空位。从简背亦可看出，原册是沿斜刻线的方向折断的，或因为刻线导致竹质脆弱而致。

经过上述过程，大体完成简册的文本复原。当然，复原的程序不完全按部就班进行，有的过程是交叉或反复进行的。复原的成果当然也是有限的，不可能完全复原本来面貌。

《清华简》一、二集之图版，大体能体现简册文本的原始面貌（尤其原大图版）。今见图版分两种：

一是原大图版，包括所有的正面与背面影像，正面从右至左排列，背面则相反，与原始文本的排列一致。以篇为单元每简设一顺序号，以便查核。

二是按二倍比例放大的图版，录正面全部及背面有文字的局部影像，序号与原大图版相同，目的是放大文字，以便更容易辨识。每简影像左侧录出相应文字的隶定及原有符号，不加标点。

释文与考证是文本复原的深入，是在复原的基础上形成新文本的过程，有助于人们对原始文本的理解，今《清华简》一、二集所见即是。释文包括文字与符号的释读。我们在文字释读时，通常以人们易看懂的今字体释文，又分别三种情况：

一、对于常见字不作严式隶定，直接按今字来释，如“㠯”作“以”，“[illegible]”作“承”。

二、罕见字皆保持原偏旁形式及架构，如 P217“[illegible]”作“[illegible]”。未识字能隶定者尽可能隶定，如“[illegible]”作“迖”。

三、无法隶定的文字，则采录原字形，如《系年》第十一章“”字。

重文及合文的释文在其后的括号中表现，如合文“拜：（拜手）⿰旨頁：（稽首）”。重文如“杍：松：（梓松，梓松）”（《程寤》）为便于阅读，除原释文外，另加标点符号及编辑符号。而竹简原有的句读符号、章节号等仅在放大图版每简左侧的释文中标出（此类图版之释文不加现代标点符号及通假字等）。编辑符号包括：

原简字迹磨灭，残泐者，根据上下文及旁简能确定字数的简文，每字用一“□”标示。

肯定有文字，但不能确定字数者，用“……”标示。

通假字、古今字、异体字随文加（ ）号括注。

讹字随文加〈 〉号括注正字。

残缺但能补定的文字，在补定的文字外加【 】号，以供读者参考。

注释是对文本内容的基础研究，《清华简》一、二集的注释已尽可能简略，基本内容包括字形分析、词义解释、语法特征及重要历史人物、历史事件、历史地理、典章制度等。凡是内容见于传世古籍者，则于注释后择善附录相关文献，供读者参考。

关于标题。清华简各篇，凡原有篇题者以原篇题为名，无篇题者由整理者拟定。原篇题字数较多者，括注简称或传世文献所见相应的篇题，如《周武王有疾周公所自以代王之志》，依今本名《金縢》；《祭公之顾命》依今本名《祭公》。引文中通常用简称。

《清华简》一、二集书末还设有附录，包括字形表及竹简信息表。

字形表包括所有字形（含异体），每字标出相应的隶定字头，按《说文》部首排列，未见《说文》者，依构型附在相应的部首列字后。表后附有笔画及拼音检字索引，便利查阅。

竹简信息表。以表格形式列篇名、整理序号、入藏编号、长度、简背原有编号及关于残损说明的备注等。便利读者更全面了解文本的原始状态。

清华简的整理工作是在李学勤先生的主持与具体指导下，集出土文献研究与保护中心全体同仁之力完成的，以上仅为我们从文本复原角度所做的归纳，供参考，有不妥之处，望批评指正。

（本文为参加美国芝加哥大学“文本中国”国际研讨会论文，原载于《出土文献》第三辑）

注释：

① 关于清华简的入藏与鉴定，参见刘国忠：《走近清华简》，高等教育出版社 2011 年版 35 至 47 页。

② 关于清华简的保护，参见赵桂芳：《战国饱水竹简的抢救性保护》，刊于《出土文献研究》第一辑，中西书局 2010 年版，第 235 至 251 页。

③ 清华大学藏战国简的拍摄由清华大学出土文献研究与保护中心与清华大学美术学院摄影实验室合作进行。参见郑林庆：《竹简文物摄影的探索与创新——以清华简拍摄为例》，刊于《装饰》2009 年第 6 期，第 94、95 页。

④ 清华大学出土文献研究与保护中心编，李学勤主编：《清华大学藏战国竹简》（壹），中西书局 2010 年版。清华大学出土文献研究与保护中心编，李学勤主编：《清华大学藏战国竹简》（贰），中西书局 2011 年版。本文简称《清华简》一、二集。

⑤ 参见李均明：《清华简文本解析》，待刊。

⑥ 关于各篇的时代背景、中心议题、主要人物、参见《清华简》第一、二辑各篇说明。

里耶秦简“真见兵”解

《里耶秦简》【壹】有许多与兵器有关的账簿[1]，其中一种是“真见兵”簿，简称“真见兵”，与之直接相关的木简凡三见，试解如下。

例（一）　迁陵库□□　　胄廿□　　矢四万九百
甲三百卅九　　弩二百五十一　　戟二百五十
甲寃廿一　　臂九十七
鞮瞀卅九　　弦千八百一　　《里耶》8·458[2]

此简首栏第一行“迁陵库”下二字，字形尚可辨识。当释“真见”二字。“真”字写作真，上旁从匕，与《说文》“真”字归“匕”部，从匕，从目，从乚的说法合，字形与秦石鼓文所见同，《睡虎地秦墓竹简·语书》11简：“因恙（佯）瞋目扼捾（腕）以视（示）力”句中“瞋”字所以从“真”与上述“真”字形亦同。“见”字写作“见”，为秦简常见写法，只是左下角稍有磨损。真，《淮南子·俶真》，“叔真训”，高诱注：“真，实也。”真见，指实见，与实物核对后确定的。故此简所载为实见兵器的统计账。账分三栏：首栏第一行“迁陵库真见”为账簿标题，是“迁陵库真见兵簿”的简称。秦时仓、库已分立，仓储粮，库存钱、物。迁陵库为县级库，物品中包括兵器，可见没有单独设武库，但简文表明兵器与其他物品的账本是分立的。首栏二至四行及第二栏首行为四种护身器具：甲，此处当指成套的皮甲，非仅指甲片。《释名、释兵》：“甲，似物有孚甲以自卫也，亦曰介，亦曰函，亦曰铠，皆坚重之名也。”以甲片缀联而成，《战国策·燕策》：“身自削甲札。”注：“札，牒也，甲之革缘如之。”“甲寃”之“寃”或通“胸”，指胸甲，数量较少或仅少数人使用，为强化防身效果而设。鞮瞀，头盔，《说文》：“胄，兜鍪也。兜鍪，首铠也。”《汉书·韩延寿传》：“被甲鞮鍪居马上”，师古注：鞮鍪即兜鍪也。“汉代屯戍常用鉄质鞮鍪，如《合校》49·26：“鉄鞮瞀若干，其中千币绝可缮。”[3]胄，亦指头盔，《左传》僖公二十二年“邾人获公甲”，杜预注：“胄，兜鍪也。”头盔见二种称谓，或因质地而区别，鞮瞀或如汉简所见为鉄质头盔；而胄为传统的皮质头盔。第二栏第二行至第三栏首行所载为远射兵器弩、矢及其备件等。弩是当时的主战兵器，《说文》：“弩，弓之有臂者。”臂，弩臂，弩的木把手，与弓呈直角丁字形。《释名·释兵》：“弩，怒也，有势怒也，其柄曰臂，似人臂也。”弦，弩弦，指弩弓上的弦绳，《说文》，“弦，弓弦也。”矢，弩矢，当为鏃羽完备的箭。第三栏末行为长兵戟，一种戈矛合体的长兵器，《释名·释兵》：“戟，格也，旁有枝格也。”以上所见皆为单兵配备的兵器，不包括其他攻守器具，分类方法和汉简所见同。

例（二）　迁陵已计卅四年馀见弩臂百六十九
凡百六十九
出弩臂四输益阳
出弩臂三输临沅

凡出七

今八月见弩臂百六十二

简文所见“卅四年”乃本账之前一年，故此例所见当为秦始皇卅五年兵器备件的综合账。简文所谓“见”亦指“真见”，是与实物核对所见。账本体现三柱结算的会计方法：“卅四年馀见弩臂百六十九”为卅四的余数额，在没有其他新入项目的情况下，它便是该账卅五年的入数，故下云“凡百六十九”，其下“出弩臂四见益阳”、“出弩臂三输临沅”为支出项目，支出项目相加，即其下所云“凡出七”。故“出七”为支出数。入出之差便是该账卅五年八月的合计数，即简文所云“今八月见弩臂百六十二”，此数也是与实物核对后确定之，故亦加“见”字。

例（三） 元年八月庚午朔＝日，迁陵守丞固☑

之。守府书曰：上真见兵，会九月朔日守府。●今☑

□者□敢言之。/九月2亥朔旦□迁陵☑

敢言之□□主□□□之。/赣手

赣☑ （背面）《里耶》8·653

此例所见为迁陵县上报的“真见兵”簿的呈文。仅剩上半截，下半截已缺失。据图版照片，“九月乙亥朔”当释“九月己亥朔”。湖北荆州周家台30号秦墓出土的《秦二世元年历谱》所见秦二世元年八月为庚午朔、九月为己亥朔[④]，与张培瑜、张春龙所推定的《秦代朔闰表》合[⑤]，可证例（三）所见“元年”当指秦二世元年。守府书曰：上真见兵，会九日朔日守府”是根据下行文复述的太守府的指令，即命令迁陵县在九月朔日时上报实见兵器账。“●”点之后是迁陵县守丞的回报文，内容已缺失。依秦汉文书逐级上报的原则，“九月己亥朔旦□迁陵☑”或为迁陵县令（长）的转发文。文件形成的时间如简文所见“九月乙亥朔日”即九月的第一天。秦以九月为岁末，故此文当为年度上计报告的呈文之一。

秦兵器统计强调“真见”——经过与实物核对所见得原因有二：一由于战争需要大量保养良好的兵器，故切忌弄虚作假，以免贻误战争。二是严格的规章制度使然。秦律中专门设有《效律》——专门用于规范对实物的盘点，如《效律》：“县料而不备其见（现）数五分一以上，直（值）其贾（价），其赀，谇如数者然，十分一以到不盈五分一，直（值）过二百廿钱以到千一百钱，谇官啬夫；过千一百钱以到二千二百钱，赀官啬夫一盾；过二千二百钱以上，赀官啬夫一甲。百分一以到不盈十分一，直（值）过千一百钱以到二千二百钱，谇官啬夫；过二千二百钱以上，赀官啬夫一盾。”直接涉及兵器者如“甲旅札赢其籍及不备者，入其赢旅衣札，而责其不备旅衣札。”又“殳、戟、弩、鬃汭相个易也，勿以为赢、不备，以识耳不当之律论之。”由此可知，强调“真见”，不仅是准确掌握实物数量的需要，也是对直接责任人职责的考验、违规处罚的依据。

（本文原载于《出土文献研究》第十二辑）

注释：

① 湖南省文物考古研究所：《里耶秦简》，文物出版社 2012 年版，本文简称《里耶》。

② “8·458”之“8”指发掘层位之第 8 层，下同。

③ 谢桂华、李均明、朱国炤：《居延汉简释文合校》，文物出版社 1987 年版，简称《合校》。

④ 湖北省荆州市周梁玉桥遗址博物馆：《关沮秦汉墓简牍》，中华书局 2001 年版，第 25 页《周家台 30 号秦墓简牍·秦二世元年历谱》。

⑤ 湖南省文物考古研究所：《里耶发掘报告》，岳麓书院 2006 年版附录：张培瑜、张春龙：《秦代历法和颛顼历》一文所编《秦代朔闰表》。

简牍所见数码的演变

数码是表达数量的符号，或由于司空见惯，人们对它熟视无睹的原因，深究者较少，研究秦汉史的学者通常也不触及。近期参加战国简整理的过程中，屡见与秦汉简牍写法不尽相同的数码，将其作类比后，便可隐约看出简牍数码丰富多彩的演变轨迹，而且其轨迹被深深地打上了时代的烙印，从而对简牍断代乃至历史研究有着特殊重要的意义。鉴于此，今试就出土简牍所见，结合史籍所载，又参照古代货币文字，初步疏理简牍数码的演变过程，探索其发展的一些规律，以期抛砖引玉，如有不当之处，望大家批评指正。

演变的轨迹

中国数码起源甚早，1952 年在陕西西安半坡村出土的距今六七千年以前的陶器上刻划的数字符号，又陕西姜寨出土陶器上的数字符号，已见—（一）、╳（五）、∧（六）、十（七）、)(（八）、|（十）、||（二十）、|||（三十）[1]。甲骨上刻有从一到十的全部数字[2]。有的学者认为“中国数码一、二、三、四、五、六、七、八、九、十是我国数词的汉字，大约是从汉朝以后由甲骨文和金文演变而来的。”[3]此说大致可信，但准确而言秦代已如此，二者并无差别；而且甲骨文与金文只是来源之一，春秋战国以来的简牍文字才是其大宗源头。

今见大宗的战国简牍如包山楚简、郭店楚简、上海博物馆藏楚简、清华大学藏战国简等；秦简如云梦睡虎地秦简、龙岗秦简、里耶秦简、岳麓书院藏秦简等；汉简如银雀山汉简、居延汉简（包括额济纳汉简）、敦煌汉简、张家山汉简、尹湾汉墓简牍等；长沙走马楼三国吴简则数达近十万枚；这些简牍中都存在大量的数码，是我们研究数码演变的第一手资料。以下所引，凡战国数码多引自相关战国文字字典，而秦以后数码则多采自原书。

简牍数码演变的过程不是齐头并进的过程，对具体数码而言，有的未曾改变，有的是历经漫长的渐变，而有的则遭遇过突变，以下拟先按序码顺序分别阐述之，然后做适当的归纳。

“一”是中国数字之首，字形始终如一，作一横道状，至今未曾改变，《说文》：“惟初太极，道立于一，造分天地，化成万物。”赋之于神圣的色彩。在竖写的简牍中，一横划之“一”如与相同的“一”，或与也以横划表示的“二”、“三”连写时易混淆，故战国时人有将“一”大写作“弌”者，见《说文》古文；而战国简多写作“戈”，从“戈”旁，见《上博简文字编》1 页[4]，该页又见以“翟”读作“一”者，秦以后简牍皆写作“一”，仅见《额济纳汉简》“一切”写作“壹切”[5]，又秦始皇二十六年铜诏版见“壹”的写法。

“二”之字形亦较稳定，作二横道状，笔画长短皆同。《说文》古文之“二”写作“弍”，战国简则多写作“弍”，见《上博简文字编》595 页，从“戈”旁，郭店楚简亦有写作“戓”者，秦、汉以后简牍皆写作“二”。

“三”之基本字形也较稳定，作三横道状，《说文》：“三，数名，天地人之道也。於文一耦二为三，成数也。凡三之属皆从三。弎，古文。”但战国简所见有许多字可假借为“三”字，如《上博简文字编》663页所见“参”、“晶”、“厽”、“曑”等即是。秦以后“参”之类大致在表示分数时使用，如《睡虎地秦简·效律》：“参不正，六分升一以上”之“参”乃指三分之一而言[6]，不是指序数三，汉代以后的用法也如此。

“四”是字形演变较多的数码：最早写作四道长短相同的横画，见于甲骨文，《说文》：“四，阴数也，象四分之形。凡四之属皆从四。[glyph]古文四如此，亖籀文四。”《上博简文字编》628页亦见作“亖”者，又见作“[glyph]”及“[glyph]”，战国货币文字又有作“[glyph]”者。秦、汉时皆作“四”，新莽又改为“亖”，东汉及三国简又改回“四”之基本形。

“五”之基本形为上下两横画之间加交叉斜线，交叉之斜线或直或弯，《说文》：“五，五行也，从二，阴阳在天地间交午也。”战国货币文字见作“×”及“㐅”者。[7]秦以后皆作上下两横画之间加交叉斜线之基本形，只是交叉线曲直程度不同而已。《银雀山汉简》隶书的草率写法中，亦有将“五”写作“[glyph]”者。[8]三国吴简所见“五”字与今写法完全相同。[9]

“六”被今人视为吉利数，称之“六六顺”。《说文》：“六，易之数，阴变于六，正于八。”早期的“六”写作“∧”，与“八”形相似，见甲骨文等。《上博简文字编》所见则已写作“[glyph]”，犹有战国货币文字写成“[glyph]”；秦及汉初作“[glyph]”，与今“六”字相近，至西汉中晚期以后写法则基本与今同。

“七”是渐变过程较清晰的数字。《说文》称“七为易之正。”古代的“七”字与十很相似，皆由一横加一竖构成，区别是“七”之横长而竖短，“十”则横短而竖长；货币文字所见“七”尚有写作“[glyph]”、“[glyph]”、“[glyph]”者。东汉时“七”字中间的一竖变斜，作“[glyph]”形，稍晚后才写成今天的“七”字（如三国吴简）。新莽时期曾一度以“桼”字代替“七”，东汉又改回。

“八”也是字形变化甚微的数字，《说文》：“八，别也，象分别相背之形。”乃以音取字。战国货币文字所见“八”有写作“)(”或“><”者，弯曲度较大，西汉早期之《银雀山汉简》“八”字的写法尚与之相近，即上半部还稍微向外弯曲，至西汉中后期则已与今写法相同。

“九”字的特点在其多弯曲上，《说文》：“九，易之变也，象其曲屈究之形。”其变化也体现在弯曲度上，文字的基本构形并没有变，其最大的特点是年代越早弯曲度或特大，或很小，如《上博简文字编》634页所见作“[glyph]”或“[glyph]”；战国货币文字有方向相反者，作“[glyph]”。秦以后之“九”字，一眼望去则与今已无太大差别。

“十”是满数，《说文》：“十，数之具也。一东西，丨为南北，则四方中央备矣。”简牍所见“十”字的最常见字形是横短竖长，与“七”相似，至“七”字的写法与今相同以后，“十”才不必讲究横长竖短了。战国货币文字“十”字有写作“丨”者，《上博简文字编》110页所见则作“[glyph]”形，以圆点替代横画，容易与“十”区别开。

“二十”为十的倍数，战国货币文字作“||”、“[glyph]”，皆由两个“十”合成，又作“廿”；《楚文字编》作“廿二”下带合文符[10]，亦见不带合文符者。秦、西汉皆写作“廿”，新莽作“二十”，东汉以后又改回“廿”。

“三十”三个十之合集为三十，故战国货币文字作“|||”、“[glyph]”，皆由三个“十”合成，亦见写作“卅”者。战国简多写作“卅二”下书合文符，亦有不书合文符者。秦、西汉、东汉、三国皆作“卅”，唯新莽复古作“三十”。

"四十"为二十的倍数，故战国货币文字写作"||||"、"卌"、"卌"皆由两个"廿"或由四个"十"组合而成，《楚文字编》866页写作"四十"、"卌十二"（原为上下结构），或加合文符"＝"，或不加；睡虎地秦简作"卌"、两汉、三国皆写作"卌"，唯新莽作"亖十"；两汉草书多写作"卌"。

"五十"战国货币文字写作"|||||"、"𠄡"、"𠄡"，《楚文字编》所见有作"𠄡"者，"五"与"十"多作为合文相连；秦、汉以后皆写作"五十"，"五"与"十"也已分开书写，只是"五"字中间交叉线的曲直程度不同而已。

"六十"战国货币文字有写作"个"者，战国楚简所见多为上"六"下"十"，于左下角加合文符，亦有不加者；秦、汉以后则不再加合文符。

"七十"《楚文字编》有写作"十"者；战国、秦、两汉作"十"或"十"；三国吴简"七十"的写法已与今同。新莽至东汉初"七十"写作"桼十"，稍后废弃。

"八十"战国货币文字有写作"八"者，《楚文字编》引包山楚简140号作"八"，其右下角或加合文符。秦以后"八十"的写法则已与今同。

"九十"各个时代皆写作上"九"，下"十"，其中"九"字见上文所举各时代单字写法。

"十一"以上写法则以各时代十位数的字形叠加各时代个位数的字形表示，较特殊者如战国货币文字所见：

"十一"写作"丄"、"⊢"。

"十二"写作"⊥"。

"十五"写作"乂"。

"十六"写作"六"、"人"、"六"等。

"十七"写作"十"。

"十八"写作"小"、"小"、"小"。

"十九"写作"九"。

"二十五"写作"乂"。

"三十四"写作"亖"。

"五十四"写作"乂"。

"六十四"写作"个"。

从上述两位数与个位数相结合的实例看，战国时"四"亦可写作"◯"。

"百"字自战国、秦、汉至三国大多可隶定为"百"，只是书体稍有区别而已。但战国货币也有写作"全"者。

"千"字之结构自战国、秦、汉至三国皆无大区别，皆可直接隶定为"千"。

"万"字《上博简文字编》作"萬"、"萬"，其下或多加"土"旁；秦、汉以后则皆写作"萬"，隶定为"萬"。

关于两位数与个位数的结合，战国时期多见其间加"又"的格式，如《上博简二·容成氏》："卅二又七年"[11]，指三十七年，此处"二"为合文符，"卅二"不能读为三十二。又见"汤王天下卅二又一世"等。

中国古代文字皆竖写，而数码一至三乃至四（亖）皆为等长的横画，彼此之间的界限不易分清，简牍见以下两种解决方法：

例如改写成不是横画的同音字替代其中一字，如：《上博简·第子问》："然则二厽（三）子者曰"，[12]以"厽"代替"三"，此法通常见于战国简。

又见在两个数码之间加句读符“∠”者，如：

《新简》EPT56·7：“证。书到，候身临，以书一∠二晓来……”[13]

《敦煌汉简》7：“……仓卒为记，不及一∠二。前普所寄弓及鞍……”[14]

《新简》EPF22·23：“……后二∠三日当发……”

《甲乙编》114·21：“名捕平陵德明里李蓬，字游君，年卅二∠三，坐贼杀平陵游徼……”。[15]

古代以数码序年或序月时通常直接以序数冠于年、月前，如“二年”、“二月”、“五年”、“五月”之类，但首年与首月例外：

首年通常称“元年”，如《睡虎地秦简·编年记》：“孝文王元年”、“庄王元年”；《敦煌汉简》1449：“元平元年七月庚子……”等。

首月通常称“正月”，如《睡虎地秦简·厩苑律》：“以正月大课之”，（秦始皇统一六国后或更为“端月”）；《甲乙编》202·9：“神爵元年正月卅日。”

从以上所见数码可看出其演变过程是一个渐变的过程，历经漫长岁月，是一个逐步趋向合理的过程，以“七”字为例：先秦乃至西汉时“七”为横长竖短的十字形，稍不注意，便容易与写成横短竖长的“十”字混淆；东汉中期写作“乀”后，与横平竖直的“十”便有了区别（多见于《武威汉代医简》等[16]），但不甚明显；到了三国吴简所见，“七”已经写作如今所见横平竖钩状（详见《长沙走马楼三国吴简——嘉禾吏民田家莂》等），与“十”的区别已非常明显，再也不会混淆了。

国家干预之突变

简牍所见每个数码的演变轨迹都非常明显，遵循一定的规律渐变；但亦能看到结构性突变的现象，显然这种突变不是自然演变的过程，而是人为造成的，最典型者发生在战国与秦之间及新莽时期。

上文所见战国数码，向人们呈现的是丰富多彩的形态，往往是一字多形（今所举非全数，未公布者尚有许多）；但秦简所见，上述现象突然消失，变成了一套整齐的数码系列“一、二、三、四、五、六、七、八、九、十、廿、卅、卌”之类。战国简中常见的“亖”、“二十”、“三十”、“四十”、“亖十”等的表示方式消失了（就大局而言，不排除个别遗漏），虽然史籍没有确切的记载，其国家行为的痕迹非常明显，当与秦统一后采取的一系列改革措施直接相关。其改革力度之大，正如《史记·秦始皇本纪》所云：“今陛下兴义兵，诛残贼，平定天下，海内为郡县，法令由一统，自上古以来尝有，五帝所不及。”内中包括秦始皇二十六年之“一法度衡石丈尺。车同轨。书同文字。”秦始皇于琅玡之刻石亦云“器械一量，同书文字。”今多见之秦始皇二十六年诏版文“廿六年皇帝尽并兼天下，诸侯黔首大安，立号为皇帝，乃诏丞相状、绾，法度量则不壹嫌疑者，皆明壹之。”《睡虎地秦简·工律》：“为器同物者，其小大、短长、广亦必等。”数码既与度量衡制度直接相关，又是“同书文字”的对象，被纳入规范化的范围之内当为必然的事情，所以才有简牍所见数码系列的突变现象，此后两汉乃至三国皆采用秦始皇当政时规范的这套数码序列。

简牍所见又一次突变发生在新莽时期，当时又采用“亖”的写法、恢复“二十”、“三十”、“亖十”的形式，将“七”写作“桼”等，例如：

《敦煌汉简》191：“始建国亖年三月……”

《新简》EPT68·194：“始建国天凤亖年六月……谨移亖月尽六月当食者案……”

《甲乙编》:“新始建国地皇亖年六月……”

以上是新莽复古，将“四”写作“亖”。《敦煌汉简》185:“始建国元年四月……”、《新简》EPT7·9、EPT52·217:“始建国二年四月……”，尚见“四”的写法，知改写为“亖”是始建国二、四间的事。

《新简》EPT7·5:“……第二十一队长居延沙阴里上造周扬，年二十八，始建国三年……”

《甲乙编》225·11:“……冯匡，年二十一，始建国天凤三年闰月……”

《敦煌汉简》1854:“新始建国地皇上戊元年七月……为五月二十桼日半日。”

以上是新莽将“廿”写作“二十”的简例。《新简》EPT59·175:“出粟大石廿五石……始建国二年正月……”还见“廿”的写法，则“二十”的形式最晚于始建国三年已形成。

《新简》EPT68·194:“始建国天凤亖年六月甲申朔丁酉，三十井障候……”

《新简》EPT65·23:“新始建国地皇上戊三年五月……甲沟、三十井、殄北……”

以上是新莽将“卅”写作“三十”的简例。《新简》EPT4·48:“始建国二年十月癸巳朔乙卯……用粟卅六石……”则“三十”的形式产生于始建国二年十月之后。

《新简》EPT5·38:“……泉九百亖十，始建国天凤一年十一月……”“亖十”的形式当在“四”改写为“亖”以后产生的。

“七”写作“桼”是王莽新制，或企图解决“七”与“十”易混淆的问题，见下例：

《敦煌汉简》358:“始建国二年桼月尽三年二月……”

《新简》EPT59·57:“始建国天凤二年桼月丙申朔戊戌……”

从上述简例所见“始建国二年桼月”的写法看，改写“七”为“桼”的时间早于上文所述其他数码。

再者，居延汉简所见新莽时期简牍有将首年写作“一年”者，如：

《新简》EPT65·412:“始建国天凤一年三月……”

《新简》EPT59·331:“始建国天凤一年三月尽六月……”

但此现象仅见于居延汉简，敦煌出土者则不然，或为局部地区所为。

上述发生于秦及新莽时期的突变是国家政策干预的结果，较整齐划一，但前者是为了实施标准化，而后者的主要出发点则是复古，皆有明显的时代特征，是我们进行简牍断代的重要依据之一。

（本文原载于《秦汉史论丛》第十二辑）

注释：

① 李迪：《中国数学史简编》，辽宁人民出版社 1964 年版，第 10 至 11 页。

② 钱宝琮主编：《中国数学史》，科学出版社 1964 年版，第 5 页。

③ 李俨、杜石然：《中国古代数学简编》上册，中华书局 1963 年版，第 9 页。

④ 李守奎、曲冰、孙伟龙：《上海博物馆藏楚竹书（一至五）文字编》，作家出版社 2007 年版，本文简称《上博简文字编》。

⑤ 魏坚主编：《额济纳汉简》，广西师范大学出版社 2005 年版。

⑥ 睡虎地秦墓竹简整理小组：《睡虎地秦墓竹简》，文物出版社 1990 年版，本文简称《睡虎地秦简》。

⑦ 何琳仪：《战国古文字典》，中华书局 1998 年版。

⑧ 参见骈宇骞：《银雀山汉简文字编》，文物出版社 2001 年版。

⑨ 长沙市文物考古研究所、中国文物研究所、北京大学历史学系：《长沙走马楼三国吴简——嘉禾吏民田家莂》，文物出版社 1999 年版。

⑩ 李守奎：《楚文字编》，华东师范大学出版社 2003 年版。

⑪ 马承源主编：《上海博物馆藏楚竹书》（二），上海古籍出版社 2002 年版。

⑫ 马承源主编：《上海博物馆藏楚竹书》（五），上海古籍出版社 2005 年版。

⑬ 甘肃省文物考古研究所、甘肃省博物馆、中国文物研究所、中国社会科学院历史研究所：《居延新简——甲渠候官》，中华书局 1994 年版，本文简称《新简》。

⑭ 甘肃省文物考古研究所：《敦煌汉简》，中华书局 1991 年版。

⑮ 中国社会科学院考古研究所：《居延汉简甲乙编》，中华书局 1980 年版，本文简称《甲乙编》。

⑯ 甘肃省博物馆、武威县文化馆：《武威汉代医简》，文物出版社 1975 年版。

与标准化相关的里耶板牍

秦汉帝国标准化措施述略

“标准”是现代概念，严格意义的标准，“是对重复性事物和概念所做的统一规定，它以科学、技术和实践经验的综合成果为基础，经有关方面协商一致，由主管机构批准，以特定形式发布，作为共同遵守的准则和依据。”①制定标准的对象，必须是“重复性的事物和概念”。所谓“事”的标准，通常是管理标准和方法标准；所谓“物”的标准，通常是产品标准；而所谓“概念”的标准，通常指术语、代号、符号标准。根据制定机构与适用范围的不同，标准可分为国家标准与地方标准。中国古代虽然没有现代意义的“标准”概念，但对于要对重复性事物进行统一、简化、选优与协调的原理已有所认识，亦认识只有实行“标准化”，才能达到统一行动、事半功倍之效，《汉书·律历志》：“《虞书》曰‘乃同律度量衡’，所以齐远近立民信也。自伏戏画八卦，由数起，至黄帝、尧、舜而大备。”《潜夫论·讃学》：“故圣人之制经以遗后贤也，譬犹巧倕之为规矩准绳以遗后工也。昔倕之巧，目茂圆方，心定平直，又造规绳矩墨以诲后人。试使奚仲、公班之徒，释此四度，而效倕自制，必不能也；凡工妄匠，□规秉矩，错准引绳，则巧同于倕也。是故倕以其心，来制规矩。后工以规矩往合倕心也，故度之工，几于倕矣。”可知先人实行之“标准化”已以尊重事物的客观规律为基础，具有一定的科学性；但另一方面，当时的“标准化”深受阴阳五行等哲学思想的影响而具有局限性。

秦汉时期是大一统的中华帝国形成的重要阶段，如何收拾此前因分裂割据而形成的制度不统一的局面，便成了统治者面临的首当其冲的重大课题，而此时实行“标准化”无疑有利于政局的稳定与经济的发展，使之成为历史的必然。关于此议题，传世古籍中有些记载，而出土简牍所见则更为具体入微。今试以秦汉简牍所见，试探秦汉时期施行标准化的一些措施。本文拟按照秦汉在施行标准化过程中各项措施所起的作用，分别为基础标准与应用标准两大类来阐述。

一、基础标准

基础标准指具有普遍指导意义，适用性较广的标准，对秦汉时期而言，如重要概念、文字符号、度量衡标准皆为普遍适用的标准，是制度统一的前提，可谓制定其他标准的“基础”。

重要概念的标准化。重要概念的统一，是当时国家各项政务活动的基础，《史记·秦始皇本纪》：“臣等谨与博士曰：‘古有天皇，有帝皇，有泰皇，泰皇最贵。’臣等昧死上尊号，王为‘泰皇’。命为‘制’，令为‘诏’，天子自称曰‘朕’。王曰：去‘泰’，着‘皇’，采上古‘帝’位号，号曰‘皇帝’。他如议。制曰：‘可。’”《集解》蔡邕曰：“朕，我也。古者上下共称之，贵贱不嫌，则可以同号之义也。皋陶与舜言‘朕言惠，可底行’。屈原曰‘朕皇考’。至秦，然后天子独以为称。汉因而不改。”即“朕”原先是大家都可以用的第一人称称谓，秦始皇开始归皇帝一人使用。“皇帝”二字也成为国家元首的专用词汇，一经形成，两千年未改。秦又称百姓为“黔首”，《秦始皇本纪》所载始皇二十八年琅玡石刻，见“忧恤黔首，朝夕不懈”语，汉立又改称“民”。皇室文书原称“命书”，秦分为“制”与“诏”，汉又分之为四种，《后汉书·光武帝纪》注引《汉制度》：“帝之下书有四：一曰策书，二曰制书，三曰诏书，四曰诫敕。”各有分工，功能不尽一致，每一种都有特定的格式，以“诏书”为例，《独断》云：“诏书者，诏，诰也。有三品，其文曰：‘告某官，官如故事。’是为诏书，群臣有所奏请，尚书令奏之。下有‘制曰：’天子答之曰‘可’。”许望之曰：“诏者，召而与言也。《周礼·天官·太宰》：‘以八柄诏王驭群臣，以八统诏王驭万民。’《逸周书·文儆篇》亦载‘文王诏太子发’。特其辞未着，周以前君臣同用，秦时改令曰诏，始为人主专用之文书。引蔡邕《独断》所谓诏犹告之。三代无此文，秦汉有者，是也。然秦记不可得见，汉诏则存者多矣。其文辞典雅，为历朝所不及，亦其近古然也。”

秦汉亦设有法定的职官称谓，并规定其秩级待遇，如《汉书·百官公卿表》：“相国、丞相，皆秦官，金印紫绶，掌丞天子助理万机。秦有左右，高帝即位，置一丞相，十一年更名相国，绿绶。孝惠，高后置左右丞相，文帝二年复置一丞相。有两长吏，秩千石。哀帝元寿二年更名大司徒。武帝元狩五年初置司直，秩比二千石。掌佐丞相举不法。”又“郡守，秦官，掌治其郡，秩二千石。有丞，边郡又有长史，掌兵马，秩皆六百石。景帝中二年更名太守。”由上述职官称谓的设定可看出，所谓“标准”并非是一成不变，而往往是随着客观需要而变更。湘西里耶秦简8—455号木牍为官员之备忘录，记载秦统一中国后“概念”标准化的一系列称谓，涉及面甚广，录如下：

⧄□
⧄□
⧄假□
⧄□□□
□如故更□□
□如故□□□
□如故更事
□如故更□
□□如故更□□
□如故更□
□如故更□
□如故更废官
□如故更予□
更詑曰谩
以此为野
□户更曰乙户
诸官为秦尽更
故皇今更如此皇
故旦今更如故旦
曰产曰疾
曰𧘲曰荆
毋敢曰王父曰泰父

毋敢曰巫帝曰巫
毋敢曰猪曰彘
王马曰乘舆马
（以上为正面第一栏）
泰上观献曰皇帝
天帝观献曰皇帝
帝子游曰皇帝
王节弋曰皇帝
王遣曰制遣
以王令曰以皇帝诏
承令曰承制
王室曰县官
公室曰县官
内侯为轮侯
彻侯为列侯
以命为皇帝
□命曰制
□命曰制
为谓□诏
庄王为泰上皇
边塞为故塞
□宫曰□□□
王游曰皇帝游
王猎曰皇帝猎
王犬曰皇帝犬
以大车为牛车
骑邦尉为骑□尉
邦司马为郡司马
乘传客为都吏
大府为守□公
毋曰邦门曰都门
毋曰公□曰□□
毋曰客舍曰宾飤
舍
（以上为正面第二栏）②

关于上述备忘录的性质与内容，尚需做进一步的考证，今所呈现是其结果，供人查阅，以免违法。

必须注意的是秦汉“概念”的标准化，尚受五行说的制约，《史记·秦始皇本纪》：“始皇推终始五德之传，以为周得火德，秦代周德，从所不胜。方今水德之始，改年始，朝贺皆自十月朔。衣服旄旌节旗皆上黑。数以六为纪、符、法冠皆六寸，而舆六尺，六尺为步，乘六马。更名河曰德水，以为水德之始。刚毅戾深，事皆决于法，刻削毋仁恩和义，然后合五德之数。于是急法，久者不赦。”汉复火德，《汉书·高帝纪》：“祠黄帝，祭蚩尤于沛廷……帜皆赤，由所杀蛇白帝子，杀者赤帝子故也。”又赞曰：“汉帝本系，出自唐帝……由此推之，汉承尧运，德祚已盛，断蛇着符，旗帜上赤，协于火德，自然之应，得天统矣。”至汉武帝改从土德，《史记·孝武本纪》：“夏，汉改历，以正月为岁首，而色上黄，官名更印章以五字，因为太初元年。”《集解》张晏曰：“汉据土德，土数五，故用五为印文也。”五行之制约，涉及政务乃至普通百姓的生活，这是中国古代特有的。

文字符号的标准化。

统一文字是秦汉当局实行标准化的重大举措，即史书所谓“书同文字”（《史记·秦始皇本纪》）。为了统一文字，秦及西汉早、中期曾颁布标准字书《苍颉》，西汉中晚期又颁布《急就篇》等，《汉书·艺文志》小学类：“《仓颉》七章者，秦丞相李斯所作也；《爰历》六章者，车府令赵高所作也；《博学》七章者，太史令胡母敬所作也；文字多取《史籀篇》，而篆体复颇异，所谓秦篆者也。是时始造隶书矣，起于官狱多事，苟趋省易，施之于徒隶也。汉［兴］，闾里书师合《仓颉》、《爰历》、《博学》三篇，断六十字为一章，凡五十五章，并为《仓颉篇》。武帝时司马相如作《凡将篇》无复字。元帝时黄门令史游作《急就篇》，成帝时将作大匠李长作《元尚篇》，皆《仓颉》中正字也。《凡将》则颇有出矣。至元始中，征天下通小学者以百数，各令记字于庭中。扬雄取其有用者以作《训纂篇》，顺续《仓颉》，又易《仓颉》中重复之字，凡八十九章。臣复续扬雄作十（二）［三］章，凡一百二章，无复字，群书所载略备矣。”今居延，敦煌汉简及阜阳汉简等皆见《仓颉》及《急就篇》残篇[③]，传世古籍尚见《急就篇》。就字体而言，《仓颉》多篆体，而《急就》为隶书，可见所谓文字之统一乃为文字间架结构的标准化，因此它一改战国时期同字不同形的局面，扫除不同地区的人们识字的障碍，试举“金”与“家”二字为例：

秦简之“金”字架构与今相类，战国多形作：等。[④]

秦简之“家”架构字与今相类，战国多形作：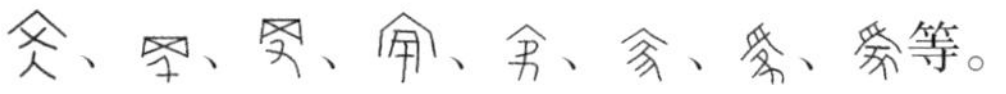等。[⑤]

从以上二字之演变可看出：标准化无疑可实现“书同文字”，扫除沟通障碍的巨大作用。《仓颉》、《急就》曾被广泛普及，所以居延、敦煌等边远地区能随处可见其踪迹。

再者，不可忽视的是数字的统一与标准化。也许当时有相当多的百姓不识字，但他们大多当认识数码，因为这是生活与生存所必需的，所以就普世意义而言，数字标准化的意义更伟大。战国时期，各国各地区的数字往往异形，即使同一地区，同一数码也有多种写法，以基数为例，如：

秦汉简“四”，战国多形作：等。

秦汉简“五”，战国多形作：等。

秦汉简“六”，战国多形作：等。

秦汉简“九”，战国多形作：等。[⑥]

从上述对比中可看出，秦汉对文字符号实行标准化的程度较高，普及范围也广泛。

度量衡的标准化。

度量衡的标准化是其他技术标准及管理标准的前提，国家干预的力度很大，《史记·秦始皇本纪》：“一法度量衡石丈尺。车同轨。书同文字。”亦曰“器械一量，同书文字。”秦量器常铸有秦始皇二十六年统一度量衡诏文，今见如《商鞅量》底铭：“廿六年皇帝尽并兼天下，诸侯黔首大安，立号为皇帝，乃诏丞相状、绾法度量则，不壹嫌疑者皆明壹之。”原始计量单位的制定称“起度”，汉代采用积黍和律管两种计算方式起度，分别度、量、衡三者，《汉书·律历志》：“度者，分、寸、尺、丈、引也，所以度长短也。

本起黄钟之长，以子穀秬黍中者，一黍之广，度之九十分，黄钟之长。一为一分，十分为寸，十寸为尺，十尺为丈，十丈为引，而五度审矣。其法用铜，高一寸，广二寸，长一丈，而分寸尺丈存焉。用竹为引，高一分，广六分，长十丈，其方法矩，高广之数，阴阳之象也。……职在内官，廷尉掌之。量者，龠、合、升、斗、斛也，所以量多少也。本起于黄钟之龠，用度数审其容，以子穀秬黍中者千有二百实其龠，以井水平其槩。合龠为合，十合为升，十升为斗，十斗为斛，而五量嘉矣。其法用铜，方尺而圜其外，旁有庣焉。其上为斛，其下为斗，左耳为升，右耳为合龠。其状似爵，以縻爵禄。上三下二，参天两地，圜而函方，左一右二，阴阳之象也。……职在太仓，大司农掌之。衡权者，衡，平也；权，重也。衡所以任权而均物平轻重也。……权者，铢、两、斤、钧、石也，所以称物平施，知轻重也。本起于黄钟之重。一龠容千二百黍，重十二铢，两之为两。二十四铢为两。十六两为斤。三十斤为钧。四钧为石。忖为十八，《易》十有八变之象也。五权之制，以义立之，以物钧之，其余小大之差，以轻重为宜。圜而环之，令之肉倍好者，周施无端，终而复始，无穷已也。……职在大行，鸿胪掌之。”

出土实物所见，广西贵县罗泊湾西汉木尺长 23.5 厘米，河北满城错金铁尺长 23.2 厘米，长沙子弹库东汉铜尺长 23.46 厘米，安徽亳县元宝坑东汉残牙尺，复原长 23.5 厘米。刘歆时铜嘉量为当时标准量器，形制与《汉书·律历志》所述相类，主体为圆柱体，近下端处有隔底，底上为斛量，底下为斗量。左耳为升。右耳上部为合，下部为龠。龠有铭：“律嘉量龠，方寸而圜其外，庣旁九豪，冥百六十二分，深五分，积八百一十分。容如黄钟。”称重的权有环形权及半球形的累，今见“武库一斤”铜累重 252 克；“一斤十两铜官累”重 403.4 克，合每斤 248.3 克。⑦上述度量衡器实测值当受年代久远之物理化学影响，但差距不会很大，基本可信。

秦律要求使用标准的度量衡器具，数值不合者必受惩罚，《秦简·效率》：“衡石不正，十六两以上赀官啬夫一甲；不盈十六两到八两，赀一盾。甬（桶）不正，二升以上，赀一甲；不盈二升到一升，赀一盾。”又“斗不正，半升以上，赀一甲；不盈半升到少半升，赀一盾。半石不正，八两以上；钧不正，四两以上；斤不正，三朱（铢）以上；半斗不正，少半升以上；参不正，六分升一以上；升不正，廿分升一以上；黄金衡赢（累）不正，半朱（铢）「以」上，赀各一盾。”⑧即允许误差的幅度受到严格的限制。

秦诏令器铭

田亩的大小与度量标准直接相关，系涉及国计民生之大事，制定统一标准亦是势所必行。战国时期诸国田亩标准不一，《银雀山汉墓竹简·孙子兵法·吴问》：“范、中行是（氏）制田，以八十步为婉（畹），以百六十步为畛（亩），而伍税之。……韩巍（魏）制田，以百步为婉（畹），以二百步为畛（亩），而伍税「之」。……赵是（氏）制田，以百廿步为婉（畹），以二百步卌步为畛（亩），公无税焉。”⑨秦统一前即已下达关于田亩制度的“命书"，《散》604A："二年十一月己酉朔朔日，王命丞相戊（茂），内史匽民、臂更修《为田律》：田广一步，袤八则，为畛。亩二畛，一百（陌）道。百亩为顷，一千（阡）道，道广三步，封高四尺，大称其高。埒高尺，下厚二尺。以秋八月修封埒，正强畔及发千（阡）百（陌）之大草。九月，大除道及阪险。十月，为桥，修波（陂）堤，利津梁，鲜草离。非除道之时，而有陷败不可行，辄为之。"[10]"则"为量词，阜阳汉简见"卅步为则"的记载，则"八则"为二百四十步，即秦田亩以二百四十步为一亩。汉承之，《张家山汉简·二年律令·田律》："田广一步，袤二百卌步，为畛，亩二畛，一佰（陌）道；百亩为顷，十顷一千（阡）道，道广二丈。恒以秋七月除千（阡）佰（陌）之大草；九月大除道□阪险；十月为桥；修波（陂）堤，利津梁。虽非除道之时而有陷败不可行，辄为之。乡部主邑中道，田主田道。道有陷败不可行者，罚其啬夫，吏主者黄金各二两。□□□□□□及□土，罚金二两。"[11]此后汉亩制一直未改。

二、应用标准

应用标准相对于基础标准而言，适用性强，相对具体化，涉及领域广泛，以下仅举数例以明之。

产品及工艺标准化。工艺或方法标准化是在总结前人实践经验的前提下对生产过程所做的规定，对提高生产效率具积极意义及促进作用。产品标准化是对产品规格及质量所做的规定，便于检验及使用。

工艺标准化常体现在对先进生产方式的推广，如汉武帝末推行之代田法即是，《汉书·食货志》："武帝末年，以赵过为搜粟都尉。过能为代田，一畮三甽。岁代处，故曰代田，古法也。后稷始甽田，以二耜为耦，广尺深尺曰甽，长终畮。一畮三甽，一夫三百畮，而播种于甽中。苗生叶以上，稍耨陇草，因隤其土以附（根苗）[苗根]。……芸除草也。（秄）[芓]，附根也。言苗稍壮，每耨辄附根，比盛暑，陇尽而根深，能风与旱，故儗儗而盛也。其耕耘下种田器，皆有便巧。率十二夫为田一井一屋，故畮五顷，用耦犁，二牛三人，一岁之收常过缦田畮一斛以上，善者倍之。过使教田太常，三辅，大农置工巧奴与从事，为作田器。二千石遣令长，三老，力田及里父老善田者受田器，学耕种养苗状，民或苦少牛，亡以趋泽，故平都令光教过以人挽犁。过奏光以为丞，教民相与庸挽犁。率多人者田日三十畮，少者十三畮，以故田多垦辟。过试以离宫卒田其宫壖地，课得谷皆多其旁田畮一斛以上。令命家田三辅公田，又教边郡及居延城。是后边城，河东、弘农、三辅、太常民皆便代田，用力少而得谷多。"此代田法工艺之规定具体入微，便于操作，故曾得以广泛施行，《合校》275·19："☑十五石。始元二年十二月丁卯朔丁卯，第二亭长舒受代田仓监𡿨，都丞临。"[12]又《合校》275·23："入糜小石十二石，始元五年二月甲申朔丙戌，第二亭长舒受代田仓监𡿨。"代田仓的设置表明代田耕做法在居延地区曾得以认真执行。此外，东汉之区田法亦与此相类。构建水利工程等也有相应的工艺要求，如《后汉书·王景传》："景乃商度地势，凿山阜，破砥绩，直截沟间，防遏冲要，疏决壅积，十里立一水门，令更相洄注，无复溃漏之意。"

关于用料的多少与比例也是工艺标准的重要内容，如《秦简·秦律十八种·仓律》："为粟廿斗，舂为米十斗；十斗粲、毁（毇）米六斗大半斗。麦十斗，为三斗。叔（菽）、荅、麻十五斗为一石。●稟毁（毇）粺者，以十斗为石。"又"[粟一]石六斗大半斗，舂之为糲（糲）米一石；糲（糲）米一石为凿（糳）米九斗；九「斗」为毁（糳）米八斗。稻禾一石。又米委赐，稟禾稼公，尽九月，其人弗取之，勿鼠（予）。"详细规定诸粮种精米与粗米的换算标准，即涉及用料多少与制成品的质量。又《秦简·秦律十八种·司空律》："一脂，攻间大车一两（辆），用胶一两、脂二锤。攻间其扁解，以数分胶以之。

为车不劳，称议脂之。”亦是用料标准之规定。酿酒业之标准化，也是国家工艺标准化的重要方面，《汉书·食货志》：“令官作酒，以二千五百石为一均，率开一卢以卖，雠五十酿为准，一酿用粗米二斛，曲一斛，得成酒六斛六斗……”

秦律曾对产品的标准化做了严格的规定，《秦简·秦律十八种·工律》：“为器同物者，其小大、短长广亦必等。”此规定具有普遍的指导意义。重要的手工业制品，也有明确的规定标准，例如《秦简·秦律十八种·金布律》：“布袤八尺，福（幅）广二尺五寸。布恶，其广袤不如式者，不行。”汉代也有类似的规定，但与秦之规定不尽相同，《张家山汉简·二年律令·□市律》：“贩卖缯布幅不盈二尺二寸者，没入之。能捕告者，以畀之。絺绪、缟繙、纔缘、朱縷（罽）、繻布、縠（縠）、荃蒌，不用此律。”絺绪等为特种丝织品，可以不按此规定。

工程建筑的质量，也被纳入标准化范围，《秦简·法律答问》：“实官户关不致，容指若抉，廷行事赀一甲。”又“实官户扇不致，禾稼能出，廷行事赀一甲。”“实官”指存物仓库，故须紧密，如门闩不紧密，以不能容下手指或撬折工具为合格标准。仓库门扇不紧密，以谷物不能漏出为合格的标准。

供给标准化。供给标准化是管理标准化之一种。秦汉实行郡县制，全国一盘棋，量入而出，支出项目皆经仔细规划，有统一的标准，以便利检查与统计。除官吏俸禄等大项支出外，其他杂项如：

传食供给标准，详细规定不同身份的官员及有爵者享用传舍、车驾的条件及膳食的数量与质量，又规定对违规者的惩罚，《秦简·秦律十八种·传食律》：“御史卒人使者，食粺米半斗，酱驷（四）分升一，采（菜）羹，给之韭葱。其有爵者，自官士大夫以上，爵食之，使者之从者，食糲（糲）米半斗；仆，少半斗。”“不更以下到谋人，粺米一斗，酱半升，采（菜）羹，刍稾各半石。●宦奄如不更。”又“上造以下到官佐，史毋（无）爵者，及卜，史、司御、寺、府糲（糲）米一斗，有采（菜）羹，盐廿二分升二。”汉代继承此标准，规定事项更多，《张家山汉简·二年律令·传食律》：“丞相，御史及诸二千石官使人，若遣吏，新为官及属尉、佐以上征若迁徙者，及军吏、县道有尤急言变事，皆得为传食。车大夫粺米半斗，参食，从者糲（糲）米，皆给草具。车大夫酱四分升一，盐及从者人各廿二分升一。食马如律，禾之比乘传者马。使者非有事其县道界中也，皆毋过再食，其有事焉，留过十日者，禀米令自炊。以诏使计乘置传，不用此律。县各署食尽日，前县以谁（推）续食。食从者，二千石毋过十人，千石到六百石毋过五人，五百石以下到二百石毋过二人，二百石以下一人。使非吏，食从者，卿以上比千石，五大夫以下到官大夫比五百石，大夫以下比二百石；吏皆以实从者食之。诸吏乘车以上及宦皇帝者，归休若罢官而有传者，县舍食人，马如令。”则汉律对侍从者人数及马食做了补充规定。再者，汉代车驾有等级差别，《汉书·高帝纪》：“乘传雒阳”，如淳注：“律，四马高足为置传，四马中足为弛传，四马下足为乘传，一马二马为轺传，急者乘一乘传。”不同等级的车驾使用不同的通行证件，《汉书·平帝纪》：“在所为驾一封轺传”，如淳注：“律，诸当乘传及发驾置传者，皆持尺五寸木传信，封以御史大夫印章。其乘传参封之，参，三也。有期会累封两端，端各两封，凡四封也。乘置驰传五封之，两端各二，中央一也。轺传两马再封之，一马一封也。”

秦及汉初，刑法严酷，刑徒众多，衣食用量巨大，故订立严格供给标准，以衣着为例，《秦简·秦律十八种·金布律》：“受（授）衣者，夏衣以四月尽六月禀之，冬衣以九月尽十一月禀之，过时者勿禀。后计冬衣来年。囚有寒者为褐衣。为幏布一，用枲三斤。为褐以禀衣：大褐一，用枲十八斤，直（值）六十钱；中褐一，用枲十四斤，直（值）卌六钱；小褐一，用枲十一斤，直（值）卅六钱。已禀衣，有余褐十以上，输大内，与计偕。都官有用□□□□其官，隶臣妾、舂城旦毋用。在咸阳者致其衣大内，在它县者致衣从事之县。县、大内皆听其官致，以律禀衣。”此为秦代禀衣的标准。《张家山汉简·二年律令·金布律》：“诸内作县官及徒隶，大男，冬禀布袍表里七丈，络絮四斤，绔（袴）二丈，絮二斤；大女及使小男，冬袍五丈六尺，絮三斤，绔（袴）丈八尺，絮二斤；未使小男及使小女，冬袍二丈八尺，絮一斤半斤；未使小女，冬袍二丈，絮一斤。夏皆禀禅（单），各半其丈数而勿禀绔（袴）。夏以四月尽六月，冬以九月尽十一禀之。布皆八稯、七稯。以裘皮绔（袴）当袍绔（袴），可。”布，当指粗麻布。秦刑徒之口粮标准，见《秦简·秦律十八种·仓律》：“隶臣妾其从事公，隶臣月禾二石，隶妾一石半；其不从事，勿禀。小城旦，隶臣作者，月禾一石半石；未能作者，月禾一石，婴儿之毋（无）母者各半石；虽有母而与其母冗居公者，亦禀之，禾月半石。隶臣田者，以二月月禀二石半石，到九月尽而止其半石。舂，月一石半石。隶臣，城旦高不盈六尺五寸，隶妾，舂高不盈六尺二寸，皆为小；高五尺二寸，皆作之。”由此可见，刑徒之口粮是按不同年龄段，性别及不同工种划分不同标准，甚至早晚标准也不一样，《秦简·秦律十八种·仓律》：“城旦之垣及它事而劳与垣等者，旦半夕参；其守署及为它事者，参食之。其病者，称议食之，令吏主。城旦舂、舂司寇，白粲操土攻（功），参食之；不操土攻（功），以律食之。”又“免隶臣妾、隶臣妾垣及为它事与垣等者，食男子旦半夕参，女子参。”

甚至对公务所用马牛，也规定了供给饲料的标准，《张家山汉简·二年律令·金布律》：“马牛当食县官者，犙以上牛日刍二钧八斤；马日二钧□斤，食一石十六斤，□□稾□。乘舆马刍二稾一。牠、玄食之各半其马牛食。仆牛日刍三钧六斤，犊半之。以冬十一月禀之，尽三月止。其有县官事不得刍牧者，夏禀之如冬，各半之。”所供饲料除刍，稾之外，尚有粮食，《张家山汉简·二年律令·金布律》：“□□马日匹二斗粟、一斗叔（？）。传马、使马，都厩马日匹（？）一斗半斗。”重要的公务用马，供给标准略高于普通公务用马。

考核标准。考核标准通常用以检验个人工作能力及机构管理效率，是维持及监督行政运作的重要举措。学习培训之考核，典型者如张家山汉简《史律》所见对史、卜、祝三类学员的考核：

对史的考核标准，“[试]史学童以十五篇，能风（讽）书五千字以上，乃得为史。有（又）以八体试之，郡移其八体课大史，大史诵课，取最一人以为其县令史，殿者勿以为史。三岁壹开课，取最一人以为尚书卒史。”按上述标准，择优为官，直至尚书卒史。

对卜的考核标准，“[卜学]童能风（讽）书史书三千字，征卜书三千字，卜九发中七以上，乃得为卜，以为官处（？）。其能诵三万以上者，以为卜上计六更。缺，试修法，以六发中三以上者补之。”对卜的考核，不仅有识字多少的标准，亦有卜中若干的标准。

对祝的考核标准，“以祝十四章试祝学童，能诵七千言以上者，乃得为祝五更。大祝试祝，善祝、明祠事者，以为冗祝，冗之。不入史，卜，祝者，罚金四两。学佴二两。”“祝十四章”乃祝之专业课本，故以能诵七千言以上为合格标准。

技能考核是对专门人员能力水平的考核，如《合校》285·17：“●功令第卌五：士吏、候长，烽隧长常以令秋试射，以六为程，过六，赐劳失十五日。”此为《功令》之第四十五款，规定在每年秋季举行的军事技能考核时，士吏、候长、隧长等每人射箭十二支，以中靶六支为合格，超过六支，则每支赐劳十五日，不足六支，每支夺劳十五日。汉代每年秋季都要进行一次大比武，称作“秋试”《汉旧仪》：“八月，太守、都尉、令、长、相、丞、尉会都试，课殿最。水家为楼船，亦习战射、行船。边郡太守各将万骑，行障塞，烽火追虏。”考核是全面的，而射箭只是其中一项。

对工作执行情况的考核，较典型者如“邮书课”、“表火课”等。课，考核，为考核而设的文书形式往往也叫“课”。考核的前提是存在执行工作的标准，《张家山汉简·二年律令·行书律》：“邮人行书，一日一夜行三百里。不中程半日，笞五十；过半日至盈一日，笞百；过一日，罚金二两。邮吏居界过书，弗过而留之，半日以上，罚金一两。书不当以邮行之，为送告县道，以次传行之。诸行书而毁封者，皆罚金一两。书以县次传，及以邮行，而封毁，过县□刻印，更封而署其送檄曰：封毁，更以某县令若丞印封。”

由此条款知汉初邮人行书以日夜行二百里为程限，但至西汉中期更为昼夜行一百六十里为程，《合校》181・1："……通府，府去降虏隧百五十九里，当行一时六分，定行五时，留迟三时四，解何？"《新简》EPC："……界中九十八里，定行十二时，过程二时二分。"⑬又《新简》EPT51・357："……界中八十里，定行五时，不及行三时。"据以上三简所示，则西汉中后期行书标准为每时十里，昼夜一百六十里（当时昼夜为十六时）。"表火课"是对烽火传递的考核，"表火课"之文书形式如《释粹》74EJT24・46："入亡人表一桓，通南。正月癸巳日下餔八分时，万福隧卒同受平乐隧卒同；即日日入一分半时，东望隧卒定军[付]隧长音。界中卅五里，表行三分半分，中程。"⑭中程指符合标准。《合校》181・1A："□过半通府。府去降虏隧百五十九里，当行一时六分，定行五时，留迟三时四分，解何？"由此二简知汉代传递烽火的标准是每汉时一百里，昼夜一千六百里。由上述二"课"可知，秦汉时期之各项业务都有一定的工作效率标准，而对其中比较重要的工作都要定期进行考核，并据考核结果奖勤罚懒惩有过。

以上仅述秦汉实行标准化的大致框架及一些具体事例，并非全貌。但已能看出其重大作用：由于标准化措施的实行，统一了语言文字及度量衡规格，提高了产品、工程质量及行政效率，保障了政务畅通及财政收支平衡，进一步明确了大一统的政治理念，因而极大地促进生产力的发展，亦为此后中国封建社会的政治经济模式树立了样板。

（本文为参加香港中文大学"汉帝国的制度与社会秩序"国际学术研讨会论文）

注释：

① 见1983年7月我国颁布的国家标准GB3935・1—83《标准化基本术语・第一部分》，引自翟光珠：《中国古代标准化》，山西人民出版社1996年版，第1页。

② 张春龙、龙京沙：《湘西里耶秦简8—455号》，武汉大学简帛研究中心：《简帛》第四辑，上海古籍出版社2009年版，第11至15页。

③ 参见胡平生：《英国国家图书馆藏斯坦因所获简牍中的<苍颉篇>残片研究》，刊于《英国国家图书馆藏斯坦因所获未刊汉文简牍》，上海词书出版社2008年版，第62至75页。

④ 何琳仪：《战国古文字典——战国文字声系》，中华书局1998年版，第1391至1393页。

⑤ 何琳仪：《战国古文字典——战国文字声系》，中华书局1998年版，第483至484页。

⑥ 参见拙文：《战国数字考》，待刊。

⑦ 上引度量衡器皆见孙机：《汉代物质文化资料图说》，文物出版社1991年版，第27至30页。

⑧ 睡虎地秦墓竹简整理小组：《睡虎地秦墓竹简》，文物出版社1990年版，本文简称《秦简》。

⑨ 银雀山汉墓竹简整理小组：《银雀山汉墓竹简》[一]，文物出版社1985年版。

⑩ 李均明、何双全：《散见简牍合辑》，文物出版社1990年版，本文简称《散》。

⑪ 张家山二四七号汉墓竹简整理小组：《张家山汉墓竹简》[二四七号墓]（释文修订本），文物出版社2006年版，本文简称《张家山汉墓》。

⑫ 谢桂华、李均明、朱国炤：《居延汉简释文合校》，文物出版社1987年版，本文简称《合校》。

⑬ 甘肃省文物考古研究所、甘肃省博物馆、中国文物研究所、中国社会科学院历史研究所：《居延新简——甲渠候官》，中华书局1994年版，本文简称《新简》。

⑭ 甘肃省文物考古研究所：《居延新简释粹》，兰州大学出版社1988年版，本文简称《释粹》。

秦汉文书制度考察

——简牍文书的起草、审批与收发

文书工作是秦汉行政的保障，因事行文，人们称之为“文书行政”。上令下达，下情上报都必须以书面形式进行，《睡简·秦律十八种·内史杂》：“有事请也，必以书，毋口请，毋羁请。”[①]甚至对上报各种统计文书的时机、内容与手段都做了规定，如《睡简·秦律十八种·田律》：“雨为澍，及秀粟，辄以书言澍稼、秀粟及垦田暘毋稼者顷数。稼已生后而雨，亦辄言雨少多，所利顷数。旱及暴风雨、水潦、螽虫、群它物伤稼者，亦辄言其顷数。近县令轻足行其书，远县令邮行之，尽八月□□之。”文书工作的范围涉及行政事务的诸多细节，如《睡简·秦律十八种·厩苑》：“假铁器，销敝不胜而毁者，为用书，受勿责。”对法定可销毁的铁器，须形成销毁档案。《睡简·秦律十八种·仓律》：“入禾稼、刍稾，辄为廥籍，上内史。”禾稼、刍稾草料等入库，当立入库账，上报内史。当时特别强调文书工作的准确性，对失误的标准做了规定，《睡简·法律答问》：“何如为‘大误’？人户、马牛及诸货财值过六百六十钱为‘大误’，其他为不。”《睡简·效律》：“计脱实及出实多于律程……人户、马牛一以上为大误。误自重也，减罪一等。”汉简亦多见“书误”的记载，《新简》EPT59·77：“自少八月为书误。”[②]此为记录勤务日之失误。《新简》EPT58·91：“误以糜百卅四石八斗二升大为粟，禹为书误。”此为记录粮食种类之失误。《合校》185·32：“坐移正月尽三月四时吏名籍误十事，适□里。”[③]此为登记官吏名册时发生十处错误，罚以谪罪。史籍所载，如《后汉书·钟离意传》：“永平三年，时诏赐降胡子缣，尚书案事，误以十为百。帝见司农上簿，大怒，召郎将笞之。意因入叩头曰：‘过误之失，常人所容，若以懈慢为愆，则臣位大[罪]重，郎位小[罪]轻，咎皆在臣，臣当先坐。’乃解衣就格。帝意解，使复冠而贯郎。”一字之差，险些遭重罚。书误常造成经济损失，故多以赃罪论处，《新简》EPT43·55：“坐簿书贵直（值）为擅赋臧（赃）二百五十以上……”知汉代书误治罪乃以赃值二百五十钱为罪次之一。造假文书则为法所不容，《张家山汉简·奏谳书》：“●●蜀守谳：佐启、主徒令史冰私使城旦环家作，告启，启诈簿曰治官府，疑罪。●廷报：启为伪书也。”[④]又《奏谳书》：“●●河东守谳：由队官大夫内留书八日，诈更其檄书辟留，疑罪。●廷报：内当以为伪书论。”对造假文书者，处罚甚重，《张家山汉简·二年律令·贼律》：“为伪书者，黥为城旦舂。”此为当时徒刑之重者。《合校》145·8：“坐外吏窥府书，甚毋状。”表明文书工作尚涉及保密事宜。以上种种皆表明文书工作的重要及被重视程度，当局为防范文书犯罪及失误的产生，乃不断总结经验，为文书工作制定严密而有效的流程，主要包括拟稿、审核、批注、收发、传递、归档等，且各个流程环环相扣，相辅相成、相互制约，每个环节都明确经手人并记录在案，展现了秦汉文书工作的时代特色，为此后近两千年的封建社会文书工作方式奠定了基础。限于篇幅，本文仅论述其中拟稿、审核、批注与收发环节，关于传递环节，已有专论[⑤]，此不赘述。

一、拟稿与起草人

拟稿是草拟与要经办的事务相应的文稿，是形成文件的第一步与基础，所形成为草稿，可做进一步的修改更定。简牍及史籍多将草稿简称为“草”，《新简》EPT31·1：“令史谭奏草”、《合校》286·18：“掾褒奏草”，《汉书·淮南王传》：“时武帝好艺文，以安属为诸父，辨博善为文辞，甚尊重之。每为报书及赐，常召司马相如等视草乃遣。”师古注：“草谓为文之稿草。”《汉书·孔光传》：“时有所言，辄削草稿，以为章主之过，以奸忠直，人臣之大罪也。”今已出土之秦汉简牍文书中，草稿所占比例甚多，几近简牍文书总量的四分之一左右。简牍草稿有以下比较明显的特征，皆与拟稿过程有关。

今见草稿字体大多较草率，规模较大且较典型者，如《敦》40至160间，又《敦》205、206、969、970至976凡一百三十余枚木间构成的文件组合[⑥]，其主体为上报朝廷的章奏文书，述西域战事，以草体写就，风格率草。《甲乙编》128·1《永元兵物簿》册[⑦]，含三份月度统计及呈文，又两份季度统计及呈文，亦以草书写就。又《新简》EPT68·1至235简中有54枚简分属多份“劾状”，无一例外皆以草书写就。可见，凡草稿只要起草人及参与修定者能看懂即可，故为求快捷省时，字体通常比较草率。当然也有写的比较规正的草稿，乃起草人的书写习惯使然。

大部分草稿由秘书人员而非文件责任人起草，由于起草人不便直书上级名，常采用以下方式处理：

称责任人为“君”，如：

建武三年十月乙亥，甲渠候君移过所：遣城北隧长　　《新简》EPT26·1

甲渠障守候君免冠叩头死罪死罪，奉职数毋状，罪当万死，叩头死罪死罪……　《新简》EPF16·36、37

都尉君移戊部尉：械逮故若绝城钱况等有书，今……　　《敦》203

以上三例所见“君”字，乃下级、晚辈对上级、长辈的尊敬，由于草稿要交给上级责任人过目审核，故起草人书“君”字代之，待发出正件时才用真名。

以“厶”代称责任人名，如：

十月晦关书大泉都。厶再拜言。　　《敦》60

不以时殄灭。臣厶奉使无状，罪当万死，臣厶叩头叩头死罪死罪。臣厶比遣当屯　　《敦》82A

使西域大使五威左率都尉粪土臣厶稽首再拜上书。　　《敦》146

臣厶伏自念天姓（性）愚顿，未有以结诚达信，　　《敦》970

以上四例所云“厶”通“某”，非特定称谓，是起草人避免直书上级名而为。

简牍所见以空责任人名者尤多，如：

建武四年正月乙未，甲渠候　谓第廿三守　　《新简》EPT27·1

二月甲申，甲渠障守候　敢言之。谨……　　《新简》EPT40·31

建世二年三月癸亥朔甲申，甲渠候　移殄北候官：当曲　　《新简》EPT65·43A

四月己丑，甲渠守候　移居延，写移如律令。　　《新简》EPT68·33

有许多简牍草稿所见则责任人名与具文日期皆空，如：

建世二年二月甲午朔，甲渠障守候　……　　《新简》EPT43·67

建武五年八月甲辰朔，甲渠障候　敢言之。　　《新简》EPF22·163

空名不仅是起草人避免直书上司人名的做法，亦可留待责任人签名发稿。空具文日干支则由于草稿之撰写、修定以至审核尚需时日，故特意留待缮写发文时才写上。

大部分草稿当为留存之底稿，不过也有少量废稿，如：

神爵元年四月癸未朔乙酉张掖肩水肩水候以私印行

神爵元年四月癸未癸未朔乙酉张掖肩水都君丞卿　　《合校》306・4A，5・9A

建始二年十一月甲申朔乙酉甲渠障候敢言之谨移移移名籍一编敢言之。　　《合校》46・5

此类草稿或因衍字而废，亦或废后用以习字，简牍屡见。

草稿中亦见补字与画除的现象。《新简》EPT56・9："候长常富校计，充即谓福曰：福负卒王广袍、袭钱。便□　十二月奉钱六百"。其中"福负卒王广袍"之"福"字书于文句右侧，为后补字。今简牍所见，补字可居于原文左、右侧或上下字之间的空隙，因空间有限，所补字形通常细小。《新简》EPT44・3："第廿一隧长孙建，第四助吏陈勋，第……"。其中"第四助吏陈勋"六字之上被画上一道墨线以示删除。补字与画除当为文件起草或修定过程中产生的。常规情况下，草稿写错字或错句，当以削刀削之，然后再重写，上述补字与画除，当为求快捷而致。

今见草稿大多出于发文机构所在遗址，王国维早已注意此现象，《流沙坠简・簿书十三》："司徒、司空府此简不云叩头死罪但云敢言之，或系都尉与敦煌太守之公牍而出于都尉治所者，盖具书之草稿也。"[⑧] 出土草稿的地点或为档案室，或为坞外灰坑：前者出土者为备查之档案，而后者是被废弃的垃圾。

今简牍中尚见写作公文的范本，以方便起草人模仿学习，如：

……贳卖官复袍若干领，直若干某所隧长王乙所　　……　　《新简》EPT56・230

……□　秩上大夫，某年某月日除。　　《新简》EPT59・118

若干人画天田，率人画若干里若干步。　　《敦》1584

此类范本或可称作"书式"。三例中，首例是贳卖衣物名籍的范本，次例为任命官员名单的范本，末例为统计耕画天田长度及劳动效率的范本。起草人可根据相应的范本撰写文件。

草稿多由各级机构的秘书人员起草，可一人，亦可多人共同撰写。起草人署名于文末或简背，以示负责，如：

御史大夫吉昧死言：丞相相上大常书言大史丞定言：元康五年五月壬子日夏至，宜寝兵。大官抒井，更水火，进鸣鸡，谒以闻，布当用者。・臣谨案：比原泉御者，水衡抒大官御井，中二千石、二千石令官各抒别火。　　《合校》10・27

官先夏至一日，以除燧取火，授中二千石、二千石官在长安、云阳者，其民皆受，以日至易故火，庚戌寝兵不听事尽甲寅五日。臣请布，臣昧死以闻。　　《合校》5・10

制曰：可。

元康五年二月癸丑朔癸亥，御史大夫吉下丞相，承书从事下当用者，如诏书。　　《合校》10・33

二月丁卯，丞相相下车骑将军、将军、中二千石、二千石、郡大守、诸侯相，承书从事下当用者，如诏书。少史庆，令史宜王、始长。　　《合校》10・30

三月丙午，张掖长史延行大守事、肩水仓长汤兼行丞事下属国、农、部都尉、小府、县官承书从事下当用者，如诏书。　　/守属宗、助府佐定。　　《合校》10・32

闰月丁巳，张掖肩水城尉谊以近次兼行都尉事下候、城尉，承书从事下当用者，如诏书。　　/守卒史义。　　《合校》10・29

闰月庚申，肩水士吏横以私印行候事下尉、候长，承书从事下当用者，如诏书。

令史得。　　《合校》10・31

以上八简为“更水火诏书”及其转发文，逐级下达，前七简为抄件，末简为正件。[⑨]可见各机构相应的责任人及文件起草人。以下试将简牍常见的各级机构文书起草人列如下（仅引机构名及起草人名）：

[丞相] 少史庆，令史宜王、始长 《合校》10·30

[大鸿胪] 掾勤、卒史钦、书佐□ 《合校》203·22

[大医令] 掾未央、属顺、书佐临 《合校》18·5

以上为朝廷诸府文书起草人。

[凉州刺史] 从事史贺音 《新简》EPT54·5

[领河西五郡大将军张掖属国都尉] 掾阳、守属恭、书佐丰 《新简》EPF22·70、71

以上为州府、大将军莫府文书起草人。

[张掖大守] 掾习，属沈，书佐横、实、均 《合校》16·4

[张掖大守] 掾段昌，卒史利，助府佐贤世 《新简》EPT52·96

[酒泉库令以近次兼行大守事] 掾胜胡、卒史广 《合校》303·12

[张掖库宰行大尹文书事] 兼掾义、兼史曲、书吏迁金 《新简》EPT59·160

[张掖大尹] 掾戎、兼属护、书佐定 《新简》EPT59·338

以上为太守府文书起草人。新莽时称“太守”为“大尹”。

[居延都尉] 掾盛、守属业、书佐宫 《新简》EPT20·5

[居延都尉] 掾弘、兼属骏、书佐晏 《新简》EPT50·16

[居延都尉] 掾定、守卒史奉亲 《新简》EPT51·190

[辅平居成尉] 掾闳、兼史宪、书吏获 《新简》EPT65·23A、B

[玉门都尉] 掾安、守属贺、书佐通成 《敦》2055

[玉门都尉] 卒史山、书佐遂昌 《敦》1741

[玉门都尉] 掾恩、属汉昌 《敦》1254

以上为都尉府文书起草人。新莽称“书佐”为“书吏”。

[居延令] 掾党、守令史赏 《新简》EPF22·35

[居延令] 守令史诩、佐褒 《合校》170·3

[觻得丞] 掾晏、令史建 《合校》15·19

以上为县廷文书起草人。

[甲渠候] 掾褒、令史谭、尉史宗 《合校》160·6

[甲渠障候] 掾谭、令史嘉 《新简》EPF22·54

[甲渠守候] 掾谭 《新简》EPT68·3

[甲渠障候] 令史博，尉史昌、严 《合校》35·22

[甲渠障候] 尉史充 《新简》EPT56·65

[甲渠障候] 士吏宣、令史起 《合校》139·36、142·33

[甲渠障候] 士吏彊、令史宣 《合校》甲附36

[甲渠障守候] 尉史昌 《合校》35·8

[殄北守候] 尉史宣、博 《合校》157·5

[肩水候] 守令史禹 《合校》7·7

[肩水候]　令史拓、尉史义　《合校》10・35A、B

以上为候官文书起草人。

[左前候长]　候史充国　《合校》10・34A

[甲渠候长]　候史定　《合校》265・15

以上为候官下属诸部之文书起草人。

据上表所列，文件多由文职秘书人员起草，但在屯戍机构中，士吏等武职官吏也参与文件的起草。《汉官仪》："尚书郎主作文书起草，夜更直五日于建礼门内。"知皇室文书通常由尚书郎起草。

鉴于文书工作的重要性，秦汉对秘书工作者有文化水平方面的要求，《张家山汉简・二年律令・史律》："试史学童以十五篇，能讽书五千字以上，乃得为史。有（又）以八体试之，郡移其八体课大史，大史诵课，取最一人以为其县令史，殿者勿以为史。三岁壹并课，取最一人以为尚书卒史。"即成绩优秀者方能担任高级秘书工作。简牍亦见秘书及其后备人才能力水平的档案：

肩水候官候史大夫尹□，劳二月廿五日，能书会计治官民，颇知律令，文，年廿三岁，长七尺五寸，觻得成汉里。　《合校》306・19

……□力勤事，毋官，可补造史，唯……　《合校》479・5

首例为候史档案，记载全面，"能书会计"表明其具备写作计算能力。次例谓某人积极肯干，未任职，今推荐其任"造史"职（新莽称"令史"为"造史"）。普通小吏的人事档案往往也记载是否具备文书工作能力，如：

居延甲渠候史居延孤山里不……　史　《新简》EPT51・9A

居延甲渠塞有秩候长昭武长寿里公乘张忠，年卅三，河平三年十月庚戌除，史。　《新简》EPT51・11

居延甲渠箕山隧长居延累山里上造华商，年六十，始建国地皇上戊三年正月癸卯除，史。　《额》2000ES9S：2

玉门千秋隧长敦煌武安里公乘吕安汉，年卅七岁，长七尺六寸，神爵四年六月辛酉除，功一，劳三岁九月二日，其卅日　《敦》1186A

父不幸死，宪定功一，劳三岁八月二日，讫九月晦庚戌，故不史今史。　《敦》1186B

居延甲渠第二队长居延广都里公乘陈安国，年六十三，建始四年八月辛亥除，不史。　《新简》EPT51・4

初元四年二月辛丑除，见，不史。　《合校》37・39

以上六例所见，前四例署"史"，后二例署"不史"即指是否具备文字工作能力。"史"乃指具备文字工作能力，凡具备此能力的小吏，需要时可随时调任史职，如《合校》3・19："居延击胡隧长孤山里公乘乐熹，年卅，徙补甲渠候史代张赦……"。在任史官亦有不断提高文化水平的问题，所以简牍中屡见《苍颉》、《急就》等识字课本及九九术等应用数学供人们学习。

总之，秦汉文书大多是由秘书人员起草的，但亦有少量是责任人亲手写的，如《新简》EPT49・45B："手书大将军檄"、《新简》EPT65・458："尉手记晓劝农掾得"等。手、亲手，《汉书・薛宣传》："宣察谌有改节敬宣之效，乃手自牒书，条其奸臧……"。或许有人怀疑上引二简或仅为责任人抄写而非起草，《敦》208A："敦德尹书草"则明白宣示所书为草稿。

二、审核与批注

草稿写成后当送给文件责任人审核，《合校》28·16："掾褒奏草"、《新简》EPT31·1："令史谭奏草"即秘书给责任人报送草稿的记载，至三国吴简仍见此类做法，《吴简》[一]4378、4379 皆见"……掾史周□白草"语。如果责任人对所送草稿不满意，可亲自动笔或退回修改，如《新简》EPT17·5："告主官掾更定此草，急言府。即日庭隧……"简牍所见经审核确定的账簿称"定簿"，《新简》EPT51·306："张掖居延甲渠候官阳朔三年吏比六百石定簿"即是。

汉简中常见经责任人签名的草稿，如：

永始四年五月甲辰，甲渠障候护敢言之……　《新简》EPT50·5

三月癸未，甲渠守候博移居延，写移……　《新简》EPT48·7

建世二年正月甲戌，甲渠守候诚……　《新简》EPF22·335

汉元始廿六年十一月庚申朔甲戌，甲渠障候获敢言之……　《新简》EPF22·460A

建武四年五月辛巳朔戊子，甲渠塞尉放行候事敢言之。诏书曰：吏三百石……　《新简》EPF22·45

建武四年五月辛巳朔戊子，甲渠塞尉放行候事敢言之。诏书曰：吏民毋得伐树木……　《新简》EPF22·48A

上引六例中，候名"护、博、诚、获、放"之字迹皆有别于其本文，字体较大且草率，为第二次书写笔迹。其中第五、六例之候名"放"之笔画下端压在其下"行"字笔画上端。此类字当为文件责任人之签名，即草稿经审核通过后责任人之亲笔签名，具签发意义。

批注是对草稿、发文或收文所作的说明，也是第二次书写的。对草稿的批注当如前文曾引《新简》EPT17·5所云"告主官掾更定此草"。出现最多的批注文字是写在收文或其封检上的收文登记（详下节"收发与经手人"）。此外尚有关于其他事项的说明，如：

二月庚辰，甲沟候长戎以私印行候文书事敢言之。谨写移，敢言之。

●候君诣府　阳史阳　《新简》EPT48·25

此例所见为发文底稿。"●候君诣府"字迹与本文异，为第二次书写之批注文字，目的在于说明甲沟候长戎代行候文书事的原因。当为代行人所书，故尊称其首长为"君"。

建武三年三月丁亥朔己丑，城北隧长党敢言之。乃二月壬午病加两脾雍种、匈胁丈满，不耐食《新简》EPF22·80

饮，未能视事，敢言之。　《新简》EPF22·81

三月丁亥朔辛卯，城北守候长匡敢言之。谨写移隧长党病书如牒，敢言之。　今言府，请令就医。　《新简》EPF22·82

以上三简组成一册书，含城北隧长党病假书抄件及城北守候匡的转发呈文，出土于甲渠候官遗址。"今言府，请令就医。"是第二次书写的批示文字，当为候官负责官员所为，意为继续上报都尉府，又指示让病者就医，体现对报告的处置意见。

牒书吏迁斥免给事补者四人，人一牒。

建武五年八月甲辰朔丙午，居延令、丞审告尉谓乡移甲渠候官，听书从事，如律令。　《新简》EPF22·56A

甲渠●此书已发，传致官亭间相付前。　《新简》EPF22·56B

甲渠候官尉史郑骏，迁缺。　《新简》EPF22・57

故吏阳里上造梁普，年五十，今除补甲渠候官尉史，代郑骏。　《新简》EPF22・58

甲渠候官斗食令史孙良，迁缺。　《新简》EPF22・59

宜谷亭长孤山里大夫孙况，年五十七，董事，今除补甲渠候官斗［食］令史，代孙良。　《新简》EPF22・60

以上五简构成一份官吏任免书。其中《新简》EPF22・56B“甲渠・此书已发，传致官亭间相付前。”为批注文字，意谓收到此件并拆封后，再传至各亭间传阅公布，最后才归档。此批注当为甲渠候官负责官员所为。

史冯白：吞远候长章檄言遣卒范诩、丁放、张况诣官，今皆到。・奏发书檄皆见　《新简》EPT59・36

此文为史冯关于入官府戍卒到达情况的汇报。“皆见”为第二次书写的批注文字，当指已见到赴官报到的所有戍卒，乃审核性批注。

简牍文书所见批注现象很多，以上仅举数例说明。此类批注的特点是用语简约，意义却深刻，所以一定要联系文件本身及当时的社会环境去理解。

三、收发与经手人

收、发是文书工作流程的两个重要环节。关于收、发的记录或见写在本文的批注，或见于单独设立的登记簿上，前者如：

甘露二年四月庚申朔辛巳，甲渠障候汉疆敢言之。谨移四月行塞临赋吏三月奉秩别用钱簿一编，敢言之。书即日餔时起候官　《新简》EPT56・6A

令史齐　《新简》EPT56・6B

此例所见“书即日餔时起候官”为第二次书写的批注文字，表明该文正件已于甘露二年四月辛巳日餔时从候官发出，今所见为该文底稿，故发文记录署其上。

元康四年六月丁巳朔庚申，左前候长禹敢言之。谨移戍卒贳卖衣财物爰书名籍一编，敢言之。《合校》10・34A

印曰蔺禹

六月壬戌金关卒延寿以来　候史充国　《合校》10・34B

此例所见“印曰蔺禹”、“六月壬戌金关卒延寿以来”为收文登记之书于原文简背者，笔迹异于原文。记来文印信、收文时间及传递人身份名字。

元延元年十月甲午朔戊午，橐佗守候护移肩水城官：吏自言丙啬夫荦晏如牒。书到，验问收责，报，如律令。　《合校》506・9A

水肩塞尉印　即日啬夫□发

十月壬戌卒周平以来　尉前　佐相　《合校》506・9B

此例情形与前例大致同，只是所记事项更多，如“即日啬夫□发尉前”指当日（十月壬戌）由啬夫□当着塞尉的面拆封。更多的批注式收文记录见于封检、封函中：

印破

肩水候官吏马驰行　　[封泥槽]

十二月丙寅金关卒外人以来　　《甲乙编》20・1

张掖候塞尉

甲沟以邮行　已奏　　[封泥槽]

□□□卒同以来　　《新简》EPT59・367

上引二例中，除“肩水候官吏马驰行”、“甲沟以邮行”为封检原文外，其余皆为后书批注文字。首例所见“印破”乃指来件封泥上的印信已毁损。次例署“已奏”，当指来文主件已呈送给负责官员收阅。

张掖居城司马

甲渠障候以邮行

九月戊戌隧卒同以来・二事　　《新简》EPT43・29

东门辅

甲渠官　闰月乙亥第七卒以来

诚北部迹簿　　《新简》EPT51・129

上引二例所见封函文，除“甲渠障候以邮行”、“甲渠官”为原件文字外，其余皆为第二次书写的收文记录，形式与前述封检同。首例批注“二事”，指来文涉及两件事。次例批注含“诚北部迹簿”指来文主件为诚北部日迹巡逻的统计。单独设立之收文、发文登记形式如下：

不侵守候长成赦之责广地隧长□丰钱八百，移广地候官。　・一事一封　八月壬子尉史并封。　《合校》58・11

遣尉史承禄便七月吏卒病九人饮药有廖名籍诣府，会八月旦。　・一事一封　七月庚子尉史承禄封。　《合校》311・6

以上二例为发文记录。通常分三栏，首栏为事项概述；中栏为事类数、封缄数、封缄方式，如上例又《合校》33・2：“一事集封”、《合校》136・39“二事集封”、《合校》45・25“二事二封”等；末栏为封缄日期与经手人。

书三封：其一封吕宪印、一封王建国、一封李胜，十月癸巳令史弘发。　《合校》180・39，190・33

书五封、檄三：二封王宪印、二封吕宪印、一封孙猛印、一封王彊印、一封成宣印、一封王充印，二月癸亥令史唐奏发。　《合校》214・24

以上二例为收文记录，亦分三栏：首栏述来文数量、品种；中栏记来文印信；末栏为拆封日期及经手人。发，拆封，与发文记录之“封”字相对。

从上文所见收、发文记录表明：当时经手收、发文的也是各级机构的秘书人员，秦代亦然，只是秦简所见署名者未挂具体职名，如：

卅三年四月辛丑朔丙午，司空腾敢言之：阳陵孝里士五（伍）衷有赀钱千三百卌四。衷戍洞庭郡，不智（知）何县署，今为钱校券一，上谒言洞庭尉，令衷署所县责以受（授）阳陵司空，[司空] 不名计，问何县官计，付署计年为报。已訾责（债）其家，[家贫] 弗能入，乃移戍所，报署主责发，敢言之。

四月己酉，阳陵守丞厨敢言之。写上谒报，报署金布发，敢言之。　儋手。

卅四年八月癸巳朔甲午，阳陵守丞欣敢言之。至今未报，谒追，敢言之。　堪手。　《里耶发掘报告》[9]4 正面（彩版二十五左 3）

卅五年四月己未朔乙丑，洞庭假尉觿谓廷、迁陵丞：阳陵卒署迁陵，以律令从事，报之。　嘉手。
以洞庭司马印行事

敬手[12]　《里耶发掘报告》[9]4 背面（彩版二十六左 3）[11]

上引木牍围绕土伍衷欠赀钱事，形成四份文件，发文时间各不相同，年序跨卅三、卅四、卅五三个年头，责任人与经手人各不相同。卅三年四月丙午文件的责任人为 [阳陵] 司空腾，经手人为署名于牍背下端的“敬”。手，经手、亲手。“敬手”指此件由名“敬”的人经手，经手的事务或包括起草与发文。“四月乙酉”当指“卅三年四月己酉”，由于此前已见年序，故转发时省略之。卅三年四月己酉文件的责任人是阳陵守丞，经手人名“儋”。由于前两份文件发出后没有得到答复，卅四年八月甲午阳陵守厨又再发文追问此事，经手人名“堪”。牍背卅五年四月乙丑文件是洞庭假尉觿对木牍正面所见三份文件的处置，经手人名“嘉”。当时洞庭郡府当已查出士伍衷正屯戍迁陵县，故移文迁陵丞，责其处理这件衷欠赀钱事，未见对阳陵方面的直接答复。有的文件尚详载收文时间及传递人等，如：

卅二年正月戊寅朔甲午，启陵乡夫敢言之：成里典、启陵邮人缺，除士五（伍）成里匄、成，[成] 为典，匄为邮人，谒令、尉以从事，敢言之。　《里耶发掘报告》[8]157 正面（彩版二十一之中）

正月戊寅朔丁酉，迁陵丞昌却之启陵：廿七户已有一典，今有（又）除成为典，何律令？应尉已除成、匄为启陵邮人，其以律令。气手。正月戊戌日守府快行。

正月丁酉旦食时，隶妾冉以来。　欣发。　壬手。《里耶发掘报告》[8]157 背面（彩牍二十之中）

此牍所见，包含三种不同笔迹：卅二年正月甲午文件为其一，责任人启陵乡夫，经手人为牍背署名之“壬”。其二为正月丁酉文件，责任人迁陵县丞昌复文并把前述文件退回启陵乡，经手人名“气”，此件次日由名“快”者开始传递。其三为“正月丁酉旦食时”的收文记录，记收文到达时间及送达人。文中“欣”为记录人又是拆封人。

从上述二例与汉简的比较可看出，秦文件经手人仅署名加“手”字，如“堪手”、“嘉手”之类。而汉文件经手人皆署具体职官加人名，如《合校》160・6“掾褒、令史谭、尉史宗”之类。秦汉文件采取经手人署名的做法，达到了明确工作责任，便于监督检查的目的，从而保障文书工作能准确无误的高效率运行。

（本文为 2008 年参加韩国成均馆大学出土资料国际学术研讨会论文）

注释：

① 睡虎地秦墓竹简整理小组：《睡虎地秦墓竹简》，文物出版社 1990 年版，本文简称《睡简》。

② 甘肃省文物考古研究所等：《居延新简》，中华书局 1990 年版，本文简称《新简》。

③ 谢桂华等：《居延汉简释文合校》，文物出版社 1987 年版，本文简称《合校》。

④ 张家山汉墓竹简整理小组：《张家山汉墓竹简》[247 号墓]，文物出版社 2001 年版，本文称《张家山汉简》。

⑤ 参见拙文《汉简所见“行书”文书述略》，刊于《初学录》，49 至 77 页。

⑥ 甘肃省文物考古研究所:《敦煌汉简》，中华书局 1991 年版，本文简称《敦》。

⑦ 中国社会科学院考古研究所:《居延汉简甲乙编》，中华书局 1980 年版。

⑧ 王国维、罗振玉:《流沙坠简》，中华书局 1993 年影印版。

⑨ 此例所见八简组成的册书，为大庭脩先生所复原，见大庭脩:《秦汉法律史的研究》，第 235 至 244 页。

⑩ 魏坚主编:《额济纳汉简》，广西师范大学出版社 2005 年版，本文简称《额》。

⑪ 湖南省文物考古研究所:《里耶发掘报告》，岳麓书社 2007 年版。

⑫ 此二字原释文漏释，今据图版补。

汉简“会计”考

汉简中屡见“会计”一词，如《合校》179·4：“肩水候官执胡隧长奚路人，中劳三岁一月，能书会计治官民，颇知律令，文，年卌七岁，长七尺五寸，氐池宜药里，家去官六百五十里。”①《合校》13·7：“肩水候官并山隧长公乘司马成，中劳二岁八月十四日，能书会计治官民，颇知律令，武，年卅二岁，长七尺五寸，觻得成汉里，家去官六百里。”从简文中可以看出，“能书会计”是担任中低级官吏的必备条件，专职文书工作的官员尤其如此，《新简》EPT50·lA 引《苍颉》：“苟务成史，计会辨治”即证。②何谓“会计”？许慎《说文解字》云：“会，计也。”“计，会也。”“会”、“计”互训，意义相同。《周礼·司会》：“掌国之官府郊野县都之百物财用，凡在书契版图者之贰，以逆群吏之治，而听其会计。”贾疏：“云而听其会计者，谓群吏以会计文书送于司会者，司会皆听而断之。”又：“以参互考日成，以月要考月成，以岁会考岁成。”贾疏：“以参互考日成者，司会钩考之官以司书之等相参交互考一日之成，一日之中计算文书也。以月要考月成者，月计曰要，亦与诸职参互考一月成事文书也。以岁会考岁成者，岁计曰会，以一岁之会计考当岁成事文书。”《孟子·万章》：“孔子尝为委吏矣，曰：会计当而已矣。”清焦循《正义》云：“零星算之为计，总合算之为会。”知西周至战国间，“会计”一词已经连用，而且当时的会计不仅有算的一面，也有管的意义。到了汉代，会计在国家经济生活中具有重要的反映和监督作用，这些作用主要是通过记录、计算、考核钱物的收支实现的。当然，当时的所谓“会计”包含今天意义的会计和统计两个方面的内容。关于这方面的情形，传世古籍中记载甚少，而出土简牍中有着丰富的实例，今笔者试结合二者所见，考述于下。

账簿设置与核算项目

设置账簿是在经济活动中，将每笔收支事项有规则地记录下来，用适当的方式加以归类整理的会计方法。汉简所见账簿的种类很多，其称谓如（为便于讨论，分类列出）：

钱谷类

钱出入簿　《新简》EPT65·501，《合校》28·4，28·1

见钱出入簿　《合校》269·3

奉出入簿　《合校》284·3

赋钱簿　《新简》EPT59·584，EPF22。54A

赋钱出入簿　《新简》EPT4·79，《合校》35·8A

奉禄簿　《新简》EPT5·47

吏奉秩别用钱簿　《新简》EPT56·6A

稍入簿、稍入钱出入簿　《新简》EPT5·124A、B

偿及当还钱簿　《合校》67·6

钱簿　《合校》203·47

吏员秩别用钱度簿　《合校》514・2

车用釭锏直簿　《疏》302[③]

车用釭锏费直簿　《疏》303

谷出入簿　《合校》11・27A、33・9、82・6，101・1、113・16A、135・7、136・16、303・38、甲附9AB，《敦》1312，[④]《新简》EPT43・63、EPT5・157A、EPT52・203、EPT 52・473、EPT53・222、EPT59・319、EPT65・139、EPF22・456

当食案及谷出入簿　《合校》136・48

谷簿　《合校》5・16、204・3、395・16A，《新简》EPT56・109、EPF22・429，《敦》292

临渠官种簿　《新简》EPT56・29

当食者案及谷薄　《合校》286・7

糒簿　《敦》1292

食簿　《合校》148・4、273・20、272・23、273・26、275・4、275・11、275・17、308・9

廪亭别名籍出入簿　《合校》67・41

逋贷谷已人未备簿　《合校》145・10

茭出入簿　《合校》4・10、142・8，《新简》EPT56・254

茭积别簿　《新简》EPT5・9

省卒伐茭簿　《合校》55・14

省卒茭日作簿　《新简》EPT52. 51

省卒伐茭积作簿　《新简》EPT50・138

盐出入簿　《新简》EPT7・13

财物什器类

财物出入簿　《合校》37・18、169・18、286・28、479・16，《新简》EPT10・27、EPT50・35

财物簿　《新简》EPT50・28、EPF22・55A、EPF22・626

财用券墨　《新简》EPT2・9A

铁器簿　《合校》520・1，《敦》1295A、1064，《新简》EPT52・488

铁器出入簿　《合校》310・19

什器簿　《合校》81・3

船出入簿　《新简》EPF25・1

受枭蒲及适椠诸物出入簿　《新简》EPT59・229

驿马阅具簿　《合校》502・7

出席簿　《合校》EPT59・74

物故衣出入簿　《合校》56・40A

折伤牛车出入簿　《新简》EPT52・394

兵器守御器类

兵簿　《合校》58・24、120・31、521・11，《新简》EPT43・70、EPT59・303、EPW・112A，《敦》187

兵弩簿　《新简》EPT65・126

完兵簿　《新简》EPT48・141

完兵出入簿　《新简》EPF22・460A

全兵簿　《新简》EPF25·5、7

折伤兵簿　《合校》311．19,《新简》EPT48·141、EPT52·453

兵折伤敝绝簿　《疏》120

折伤兵出入簿　《新筒》EPF25·2

假兵簿　《合校》117·6

官兵，卒留兵簿　《新简》EPT56·105

吏假兵名及兵☐伤别簿　《合校》174·31

兵完坚折伤簿　《疏》389

被兵簿　《新简》EPF22·455、EPT50·175AB、EPT56·91,《合校》403·2、18·14B、198·19、311·35

吏卒被兵及留兵簿　《新简》EPT53·36

亭隧被兵簿　《合校))329·1

被兵隧别簿　《新简》EPT53·189

正月尽三月见官兵釜硙四时簿　《合校》128·1

官兵釜硙月言簿　《合校》128·1

官兵物月言簿　《合校》128·11

守御器簿　《合校》126·11，506·1,《新简》EPT55·1,《疏》268、654,《敦》665

其他类

赀直伐阅簿　《新简》EPT7·9

累重赀直伐阅簿　《新简》EPT65·482，EPT43·73

伐阅訾直累重官簿　《新简》EPT17·3

伐阅官簿累重赀直　《新简》EPT6·78

劳边使者过界中费⑤

上述账簿中，以钱谷和兵器，守御器类的名目最多。钱谷是会计核算的主要对象，具有普遍性，边塞如此，内地亦然。项目设置中钱、谷通常是分立的两大项，而且每一大项中又根据不同的用途或不同的外在特征分别立户。例如有关金钱的账簿不仅有“钱出入簿”，还按用途区别出“赋钱出入簿”、“稍入钱出入簿”等，其中以“赋钱出入簿”为主项，这是由于它所占的比例最大的缘故，桓谭《新论》：“汉定以来，百姓赋敛，一岁为四十余万万，吏俸用其半。”有关粮食的账簿，不仅有“谷出入簿”还有“糒簿”、“临渠官积簿”等。即使同一账簿，实际计算中往往还区别具体的对象，如“谷出入簿”中区分粮食的具体品种，《居延新简》EPT52·586A：“……今余谷千九百五十一石二斗二升：其二百卌五石米糒，四百卌三斗三升少粟。”又《合校》177·16：“士吏、吏卒十四人，用谷廿七石六斗，其十六石粟，十一石六斗麦。”糒，干粮，《汉书·李广传》：“大将军使长史持糒醪遗广。”它是当时必备的。大多数情况下糒的核算归入“谷簿”里（如上引《新简》EPT52·586所见），有时亦单立账簿，如上文所引《敦》1292见“糒簿”。茭，茭草，可用于喂牲口或作燃料，《书·费誓》：“峙乃刍茭。”当时茭的使用量很大，大多是就地伐取，涉及收割、存放、使用等过程，故账簿分类也较细，不仅设“茭出入簿”，还设“伐茭蒲”、“菱积别簿”等。汉简所见账簿中兵器和守御器通常也是分立的。兵器和守御器虽然都属于用于御敌作战的装备，但它们的配置与拥有方式有区别，兵器通常是配备给个人的作战武器，如《合校》273·21：“卒淮阳郡长平北庄里丁舍人，三石弩一，稾矢五十，宝矢百五十《新简》EPT51·372：“戍卒东郡须昌上里徐何，布方一完。”《新简》EPT51·112：“戍卒东郡清西成里驺毋害，六石具弩一完，兰、冠各一完，稾矢铜鍭五十完。”而守御器是放置在防御工事上，集体使用，不专属某人，如金关出土的《橐他莫当隧守御器簿》EJT37·1537—1558含长斧、长椎、长棓、连梃、长枓、枪、瓦斗、瓦箕、汲器等五十余种，即是。[⑥]关于兵器的账簿，有“完兵出入簿”、“折伤兵出入簿”、“兵折伤敝绝簿”，按完损程度划分。这种划分不仅有经济方面的意义，在军事实际中也很有必要，因为只有完整无损的兵器在作战中才能发挥作用，故可知会计核算项目完全是依据客观需要设立的。铁器属管制物品，故单立账簿“铁器簿”、“铁器出入簿”。“什器”之“什”乃指十人，当时十人用一车装载辎重，车上配备的器具即“什器”，汉简所见如《合校》85·4：“付什器：……具桶六枚、钩十枚、斤二枚、斧二枚……”，又《合校》85·28：“入什器：车伏一枚、高果一枚、车放安一枚……具四分桶一枚。”枲，蒲、适，椠均为制作简牍的材料。枲，麻绳，用以编联简册，蒲、适、椠均为简材，《论衡·量知》：“断木为椠，析之为板，力加刮削，乃成奏椟。”《太平御览》卷六〇引扬雄《答刘歆书》见“铅掐松椠”。《汉书·路温舒传》：“父为里监门，使温舒牧羊，温舒取泽中蒲，截以为牒，编用写书。”简材的使用量很大，故立账核算，其购买记录如《合校》55·5：“出钱六十二，买椠二百。”《新简》EPT52·277：“出钱二百，买木一，长八尺五寸，大四韦，以治罢卒籍，令史护买。”值得一提的是，当时已经产生用于核算专门费用的会计账簿，如《劳边使者过界中费》：

•劳边使者过界中费
粱米八斗　　直百六十
即米三石　　直四百五十
羊二　　直五百
酒二石　　直二百八十
盐豉各……斗　　直卌
酱将畺　　直五十
•往来过费凡直千四百七十
•肩水具吏廿七　率人五十五　　《释粹》74EJT21．2—10[⑦]

这份账簿，不仅准确记载使用实物的种类和数量，还列出每类所值金额，最后以总金额反映总开支。

记账与结算法

汉简所见账簿有固定的格式，使用统一的会计记录符号，今试举几种主要类型：

支出账
出转钱万五千　给吞远仓　十月丙戌吞远候史彭受令史　　《合校》133·13
出钱四千三百卌五　糴得粟五十一石，石八十五　　《合校》276·15
出钱千三百卌七　赋就人会水宜禄里兰子房一两　　《合校））506·27
买綈七百廿七匹　出钱九十二糴粟　出钱二百一糴糜　出钱二十买席
出钱八十买肠　出钱九十五口　偿稚翁七十　出钱十八买刀　出钱百买臼　凡用钱
六百八十五　　《敦》1407
出钱十五万四千二百　给佐史八十九人积二百五十七月禄。　　《新简》EPT59·181

以上为货币支出账，分多栏：首栏为支出数额，次栏为支出方向、用途，第三栏为其他说明，如《合校》133·13："十月丙戌吞远候史彭受令史"注明货币来源。

出谷百口口一石一斗，其廿五石七斗三升少粟、廿四石四斗六升大麦，二月以食戍卒八十口人，人廿九日，积二千六口廿口六升大。《合校》甲附2

出粟小石九石六斗／鸿嘉二年六月辛卯，甲渠候官令史　传柱马食。　《新简》EPT4·91

出粟五石二斗二升　以食使车师成君率八十七人　丙申一日积八十七人，人六升。　《敦》1926，1935

出麦廿七石五斗二升　以食斥候驿马二匹五月尽八月　《合校》303·2

出糜大石一石七斗四升　以食吏一人闰月甲戌尽壬寅廿九日，积廿九人，人六升。　《合校》148·46

出糜大石一石七斗四升，始元三年五月乙未朔以食吏一人尽癸亥廿九日，积廿九人，人六升。　《合校》273·13

出茭三石　四月庚辰，候长霸以食橐他六匹行塞至廪，宿匹二钧。　《合校》285·11

出茭一钧七斤半斤　以食长罗侯垒尉史官橐他一匹，三月丁未发至煎都行道食，率三食，食十二斤半斤。　《敦》066

以上为粮草支出账，通常分两栏：首栏为支出粮草的品种和数量，次栏为支出去向及对象。凡云"出谷"者一般在账簿中还注明其中所含品种及数量，如《合校》甲附2所见"出谷百……其廿五石七斗三升少粟、卌四石四斗六升大麦"。其他器物支出账，如：

出臧中六尺十枚

三月二十六日出席簿　凡六尺二十枚

出臧中延十五枚

又新口下六尺三。　《新简》EPT59·74

收入账

入三千　第四隧长口望三百　第五隧长张临三百　第六隧长徐武三百　第九隧长张口口百　临桐隧长王审三百　鸿嘉二年1—二月壬申，候长弘受。　《新简》EPT50·12

入钱六千一百五十，其二千四百受候长　二千八百五十受吏三月小畜计　九百部吏社钱。　《合校》254·1

入钱九百五十一　五月庚辰佐博受尉史徐口▨　《合校》284·19

以上为现钱收入账，首栏为收入数额，次栏以下为其来源及经手人。

入谷六十三石三斗三升少　其卅三石三斗二升穬程、卅石粟……　《合校》303·50

入余谷四千九百卅七石二斗八升，今卌石七斗四升。其二百廿五石米糒，口六石八升大……四千口百二石七斗二升大粟……　《新简》EPT44·43

入粟大石二十五石，车一两，输甲沟候官，始建国五年六月，令史　受訾家当遂里王护。　《合校》16·2

入粟大石廿五　车一两　正月癸卯甲渠官掾谭受訾家茂陵东进里赵君壮，就人肩水里郅宗。　《新简》EPT59·100

入郡仓居摄三年正月癸卯转一两半两，麦小石五十六石二斗五升，居摄三年四月壬辰，大煎都步昌候史尹钦，隧长张博受就人敦煌利成里张贺，字少平　《敦》283

人糜小石十四石五斗　始元三年正月丁酉朔丁酉，第二亭长舒受代田仓监𫶧　《合校》148·47

人麋小石十二石为大石七斗，征和五年正月庚申朔庚，通泽第二亭长舒受部农

第四长朱　《合校》273・9

以上为粮食收入账，大多分两栏：首栏书收入粮食的品种及数额，次栏以下则书收入来源及经手人等。与支出账同，凡谷物均分别署明其所含品种及数额。其他收入账又：

人盐八斗七升　给鉼庭部卒卅人闰月食，阳朔五年正月辛亥第卅三卒夏奇、第卅四卒范客子受守阁卒音。　《合校》28・13

人小畜鸡一、鸡子五枚　元康四年二月己未朔己巳佐建受左后部如意隧长奉亲，卒外人输，子元受。　《合校》10・12

以上收入账，同时亦是收入凭据。

入出账

入麋大石八石七斗为小石十四石五斗　二年八月辛亥朔辛亥第二亭长舒受第六长延寿，以食吏卒五人，人六升，辛亥尽己卯廿九日积百卌五人。　《合校》275・21

入钱四百六十八凡见八千一百六十四

出八百赋士吏辛卯

出九百廿一赋尉史辅　　出千以赋卒

出二百十一钱内中　　钱二千九十二　出口百卌

徐任正月廿二日至　《合校》173．15A

余钱千八十口　余七千六百九十七

出二千四百口口之辅各二月奉

出▨口口奉

出▨七十口岁隧长邢齐奉　《合校》173・15B

十一月己卯掾彊所收五年余茭钱二千五十五。

亭口　元年茭钱万四千五百廿八。●凡万六千五百八十三。

回　出钱五千七百廿五口收掾车给官费。

口口　出钱三千八百六十六口居延责钱。

出钱千县所口口。

凡出万五百九十一。

今余钱五千九百九十二。

出钱四百五十一,十一月壬辰付令史根口口口。

出钱三百,十一月壬辰付士吏口口口口口。　《合校》209・2A

口杜狂受钱六百・出钱二百廿糴粱粟二石，石百一十，出钱二百一十糴黍粟二石，石百五，出钱百一十粗大麦一石，石百一十，出钱百一十五糴麴五斗，斗廿三。

出钱六买燔石十分，出钱廿五糴豉一斗。　●凡出六百八十六　《合校》214・4

受甲渠君钱千。

出二百五十买羊一。

出百八一卜买鸡五只。

出一七十二买骆四于。

出百六十八糴米七斗。　●凡出八百六钱

出百卅沽酒一石三斗。　　今余钱二百　　《新简》EPT51·223

以上为入出账，即账簿中不仅登录收入品名、数额与来源，亦反映支出数额与用途，收支不平衡产生的结余数等也在账面署明。入出账中通常是收入项目在前，支出项目在后，是较完整的会计账。

序时流水账

光　光　四月十三日乙亥

乙亥出麦一石，又驿小史一石十六。

丙子出麦八斗、茭十九。

丁丑出麦二斗、茭廿。

戊寅出麦石二斗，茭十五。

己卯出麦九斗、茭廿。

庚辰出麦石二斗、茭廿一。

辛巳出麦石二斗，又一石小史。

壬午出麦石二斗、茭廿五。

癸未出麦石二斗、茭廿。

甲申出麦石二斗、茭廿二。

乙酉出麦石二斗、茭二。

丙戌出麦石二斗、廿六。

丁亥出麦九斗廿五　小史凡三石。

戊子出麦石二斗、廿四

己丑出麦石二斗　廿八　几十五日

庚寅出麦

辛卯出麦　《合校》562·1A

闰月二日有黄米四参。

月二日又舂一石米六斗　计讫二日算。

出二半月三日。

出二半月六日。　　出二半月十三日。

出二半月七日。　　出二半十四日。

出二半月八日。　　出二半十五日。

出二半月九日。　　出二半十六日。　　《新简》EPT56·76A

以上二例为序时流水账，通常按日排列。汉简所见还有表格式的序时账，如：

郅宾

一日　二日　三日　四日　五日　六日　七日

二斗　二斗　二斗　二斗　二斗　二斗　二斗

八日　九日　十日

……　　《敦》1048

郅宾

十一日　十二日　十三日　十四日　十五日　十六日……

一斗　　一斗　　二斗　　二斗　　二斗　　一斗　　《敦》1049

上述序时账尚见于《敦》1046、1047、1050、1084简，当为册账，由多根简组成，所见仅为其中一部分。账薄中是否有会计记录符号“出、入”之类尚不明，或出于册书首尾已有此类符号。

据上所见，当时最基本的会计记录符号为“出”、“入”二字。“出”表示付出，“入”表示收入。“出”与“入”是一对正、反动词。与“入”相搭配的通常是“受”字，“入”在账簿中指收入钱、粮、物等，居主要位置，而“受”常指所收钱、粮、物受自何处何人，居从属位置，是对前者的说明。在“入出账”中仅出现“受”字时，则“受”字兼有二字的作用，如《新简》EPT51．223：“受甲渠君钱千”即表明收入数为千钱。又表明它受自甲渠君。账簿凡属承受前期余数时亦常用“受”字作动词，如《合校》509・8：“受六月余河内廿两帛卅六匹二丈二尺二寸少半寸，直万三千五十八。”《合校》273・22：“受征和三年十一月簿余谷小石五十九石二斗。”与“出”相搭配的动词则较多，它往往是依据付出物的不同属性而定。出钱账“出”字与“给”、“付”、“赋”搭配；出粮草账多与“以食”搭配，文末注明平均食量，如《合校》148・46：“人六升”、《敦》2066：“率三食，食十二斤半斤。”

从入出账中可以看出，当时的结算是根据本期收入、支出和结余这三者之间的关系，通过“入－出＝余”的公式进行的，人们通常称之为“三柱式结算法”。[⑧]这种结算方法，除上文所引外，又如《新简》EPT51・5：“从史弘受钱千二百，出钱七百廿糴粟六石，今余钱四百八十。”《新简》EPT51・214：“徐充国……积三月奉钱千八百。出钱三百一十偿第卅隧卒王弘，出钱千一十偿第卅三隧卒陈第宗钱，出钱八就十月尽十二月，月钱七分。凡出钱千三百廿八。今余钱四百七十二。”

对上期结余数，汉简所见大多作为本期收入立账，如《合校》112・20：“受四月余谷万一千六百五十二石二斗三升少……”又《新简》EFT44・43：“入余谷四千九百卅七石二斗八升……”《新简》EPT51・192：“受正月余袭二百卌二领，其二领物故，今余袭二百卌领。”《合校》521・9：“受九月余槀宝矢铜鍭二万完▨”但上文所见《合校》209・2及下文所引《永元器物簿》中，已在同一账面上区分了上期结余，说明当时有了“四柱结算法”的萌芽。

从上文所引账簿中也可以看出，当时在会计核算中实物量度与货币量度两者兼用。钱出入簿以货币量度，而实物出入簿则多以实物量度。由于汉代货币流通量比较多，在社会经济生活中发挥了重要作用，因此在会计核算中以货币作为计量单位的情形不断增多，汉简所见如《合校》90・56,303・30：“出广汉八稯布十九匹八寸大半寸，直四千三百廿，给吏秩百（石）一人元凤三年正月尽六月积六月。”不同的物品，统一以货币量度显然便利结算，《合校》326・6AB：“汲桐二直卅，枲长弦四直百……出火革二直十。凡直四百廿四，交钱二百卌。凡六百六十。”又《合校》19・26，90・45，90・64，192・27，192．39：“介千秋入谷六十石六斗六升大直二千一百廿三●入钱千二百●凡钱三千三百廿三。”当时也有以粮食作为计量单位的，如《新简》EPF22・457A：“……肉五十斤直七石五斗，酒二石三斗直四石六斗，凡直十二石一斗。”在使用货币为计量单位时通常只写数词而不书量词，这是由于当时的货币是法定统一的。只有在特殊情形下，如新莽时期币制混乱，以货币为计量单位时往往还在数词前署写货币品种、名称并加量词，如《新简》EPT59・215：“第十八隧长张护　十月禄大黄布十三枚　十二月丁丑候长良取。卩”

经济凭证和会计报告是我国古代单式簿记的方法体系中的重要组成部分，传世古籍尚缺记载，汉简中却多见，试述如下。

经济凭证

汉简所见经济凭证形式繁多，常见的有以下几种：

一、具有经济凭证作用的官方律令文书

汉代各级官吏的俸禄、口粮都有规定的数额，这些数额都是由朝廷或级别较高的官府拟定，然后以一定的书面形式颁布。这些律令文书便成为有关当局据以发放俸禄或口粮的数额方面的书面依据，史籍所见如《史记·汲黯传》集解引如淳曰："律，真二千石俸月二万，二千石月万六千。"《汉书·宣帝纪》如淳注："律，百石奉月六百。"它具有经济凭证的作用。当俸禄或口粮配给的数额发生变化时，必须颁布新的律令文书，与之相应的旧的律令文书随之失去经济凭证的作用，例如《汉书·宣帝纪》：神爵三年八月诏曰，"吏不廉平则治道衰。今小吏皆勤事而奉禄薄，欲其毋侵渔百姓难矣。其益吏百石以下奉十五。"《汉书·成帝纪》：绥和元年，"益大司马、大司空奉如丞相。"注："律：丞相、大司马、大将军奉钱月六万，御史大夫奉月四万也。"《后汉书·光武帝纪》：建武二十六年正月，"诏有司增百官奉。其千石已上，减于西京旧制；六百石已下，增于旧秩。"即是，居延新简中有一份完整的关于俸禄配额的指令：

建武三年四月丁巳朔辛巳，领河西五郡大将军张掖属国都尉融移张掖居延都尉。

今为都尉以下奉行如差。司马、千人、候、仓长、丞、塞尉职间，都尉以便宜财予。从史、田吏如律令。　《新简》EPF22·70

六月壬申，守张掖居延都尉旷、丞崇告司马、千人官谓官、县：写移书到，如大将军莫府书律令。掾阳、守属恭、书佐丰。　《新简》EPF22·71A

已雠　《新简》EPF22·71B

居延都尉　奉谷月六十石　《新简》EPF22·72

居延都尉丞　奉谷月卅石　《新简》EPF22·73

居延令　奉谷月卅石　《新简》EPF22·74

居延丞　奉谷月十五石　《新简》EPF22·75

居延左右尉　奉谷月十五石　《新简》EPF22·76

•右以祖脱谷给，岁竟壹移计。　《新简》EPF22·77

居延城司马、千人、候、仓长、丞、塞尉　《新简》EPF22·78

•右职间，都尉以便宜予；从史令田。　《新简》EPF22·79

领河西五郡大将军张掖属国都尉融即新莽末年割据河西的大军阀窦融。建武三年窦融虽然已启用汉光武年号，河西地区仍完全由其控制，故上述向居延地区颁布的文书，具有地方法令效力，是当时该地区向官吏发放俸禄的唯一依据，具经济凭证作用。

汉简所见有关钱粮及其他物资的调拨，有严格的交接手续，亦须具备书面凭证，最常见的有调拨通知书，如：

▨月禄、调给有书，今调如牒。书到，付受相与校计　《新简》EFT65·50A

建武四年口口壬子朔壬申，守张掖……旷、丞崇渭城仓：居延、甲渠、卅井，殄北言

吏当食者，先得三月食。调给

有书。为调如牒。书到，付受与校计，同月出入毋令谬，如律令。　《新简》EPF22·462A

掾阳、守属恭、书佐参　《新简》EPF22·462B

新始建国地皇上戊三年五月丙辰朔乙巳，裨将军辅平居成尉伋、丞　谓城仓：闲

田、延水、甲沟、三十井、殄北卒未得

……付受相与校计，同月出入毋令缪，如律令。　　《新简》EPT65・23A

甲沟　掾闳、兼史宪、书吏获　　《新简》EFF65・23B

建……居延……卅井……

口口口官奴婢捕虏。乃调给有书，今调如牒。书到，付受相与校计，同月出入毋

令缪，如律令。　　《新简》EPF22・580

以上四例皆为调拨通知书。第一例所调为官吏俸禄，第二、三例所调为口粮，第四例所调未详，有可能是对官奴婢捕虏的购赏之类。四例中以第二例的内容最完整，据此可窥见调拨文书的一般格式及调拨过程：文中“旷”为人名，职守张掖居延都尉，“崇”为其丞。城仓、居延、甲渠、卅井、殄北皆为县级机构，其中城仓为粮仓，是供粮部门，其余为用粮部门。显然，粮食的转移出入是在粮仓与用粮部门之间发生的。简文云“居延、甲渠、卅井、殄北言吏当食者”，表明调拨过程是先由用粮部门申报名单，经审核后，上级机构才下达调拨通知。简云“为调如牒”，知除上引所见文书主件，另有附件详细开具调拨数量。调拨交接涉及供粮、用粮两个部门，故简云“书到，付受与校计，同月出入毋令缪”。收到调拨通知书后，调拨生效，供求双方严格施行，避免出错。上述四例中，每例皆署“调给有书”字样，表明无书面凭证不能实现调拨，足见调拨通知书有着不可替代的经济凭证作用。

以上四例是都尉府开具的调拨通知，调拨在其下属部门之间进行。级别较低的县级机构同样可对其下属开具调拨通知，如《合校》160・6：“口月戊申，甲渠候显谓鉼庭候长仁：写移书到，以河平四年、永始元年久次见茭如调付居延，付受同月出入毋令缪，已付言，如律令。／掾褒、令史谭、尉史宗。”简文所见调拨行为不是在本机构内部发生，而是由甲渠调往居延，二者平级，鉼庭是甲渠的下级，故此调拨通知属调出凭证。

调书是常规的调拨通知，临时性的支出与支取情况复杂，书面凭证的形式也不拘一格，例如：

十一月辛丑，将兵护民田官居延都尉章▨

候官。写移书到，以簿余谷道里便廪，毋留如律

[令]……　　《新简》FPT57・IOA

章曰居延都尉印

十一月丙午游击卒始以来　　《新简》EFT57・10B

此例出土于破城子甲渠候官遗址，故简文所云候官当指甲渠候官，则此件即居延都尉向甲渠候官发出的向某些人供应粮食的通知，简云“以簿余谷道里便廪”，表明它是正常廪食范围之外的临时支出，“毋留如律令”是汉代通行证文末常见语，表明禀食对象是过路人。其实，秦汉的某些通行证“传”也起着支取凭证的作用，如：

元延二年七月乙酉，居延令尚、丞忠移过所县道河津关：遣亭长王丰以诏书买骑

马酒泉、敦煌、张掖郡中，当舍传舍，从者如律令：／守令史诩、佐褒。

七月丁亥出　　《合校》170・3A

居延令印

七月丁亥出　　《合校》170・3B

此例所见为公差通行证。“舍传舍”是经济待遇之一，应劭《风俗通义》云：“诸侯及使者有传信，乃得舍于传耳。”包含供应伙食等。《秦简・仓律》：“公使有传食：”《传食律》云：“御史卒人使者，食粺米，酱四分升一，菜羹，给之韭葱。其有爵者，自官士大夫以上，爵食之。使者之从者，食粝米半斗；仆少半斗。”“不更以下到谋人，粺米……斗，酱半升，菜羹、刍稿各半石。宦奄如不更。”“一上造

以下到官佐、史毋爵者，及卜、史、司御、寺、府，粝米一斗，有菜羹，盐廿二分升二。”据张家山出土汉简所见，汉代亦有类似的规定，标准与秦代不尽同。由此可见，当时的公差通行证“传”，亦具备经济凭证的作用。

二、券约

券约是制约当事各方的经济凭证，秦汉时期曾广泛应用，体现当时重证据、执凭证的风气，简牍常见者有如下数种。

债券：

建昭二年闰月丙戌，甲渠令史董子方买鄣卒欧威裘一领，直七百五十，约至春钱毕已。旁人杜君隽。《合校》26・1

七月十日，鄣卒张中功贳买皂布单衣一领，直三百五十三候史张君长所，钱约至十二月尽毕已，旁人临桐史解子房知券……　《合校》262・29

元康二年十一青月丙申朔壬寅，居延临仁里耐长卿贳买上党潞县直里常寿，字长孙青复绔一两，直五百五十，约至春钱毕已，姚子方▨　《新简》EPT57・72

以上三例为债券，简之左侧皆有刻齿，简文见“买”或“卖”字样，当属债券。据敦煌汉简所见，买券与卖券通常成双配对，契口相合，例如：

神爵二年十月廿六日，陵胡隧长张仲【孙】买卒宽德布袍一领，贾钱▨　《敦》1601A

神爵二年十月廿六日，广汉县廿郑里男子节宽德【卖】布袍一陵胡隧长张仲孙所，贾钱千三百，约至正月□□，任者……　《敦》1708A

正月责付□□十，时在旁候史张子仲、戍卒杜忠知券，□沽旁二斗。　《敦》1708B

以上二简即组成一份完整的券契，含买券与卖券，彼此相互制约。前者由债务人陵胡隧长张仲孙所持，后者由债权人节宽德所持。《说文・刀部》：“券，契也。……券，别之书，以刀判契其旁，故曰契券。”段玉裁注云：“两家各一之书牍，分刻其旁，使可两合以为信，故契券有左右之名。”《周礼・地官・质人》郑注：“书契，取予市物之券也。其券之象，书两札，刻其侧。”债券的凭证作用得到法律保护，也是执法的依据，《周礼・秋官・朝士》：“凡有责者有判书以治则听”，注：“郑司农云，谓若今时辞讼有券书者为治之。”《士师》：“凡以财狱讼者，正之以傅别约剂”，注：“傅别，中别手书也。约剂，各所持券也。故书别为辨。郑司农云，傅或为付，辨读为风别之别，若今时市买为券书以别之，各得其一，讼则案券以正之。”发生民事纠纷，皆有券才受理。故凡债券皆需写明债务人与债权人的职务姓名、债务关系成立的时间、债的标的物及价格、清偿的期限等。为强化债券的凭证作用，大都署有担保人“任者”及见证人“旁人”，并沽酒酬劳之。一些买卖契约中还设从契约，注明特殊要求，如《合校》273・12：“……石十石，约至九月糶必以（毕已）。即有物故知（接）责家中见在者。”《敦》1149：“元平元年七月庚子，禽寇卒冯时卖橐络留枚杨卿所，约至八月十日与时小麦七石六斗，过月十五日，以日斗计，盖卿任。”前者署明一旦债务人死亡，其家人见在者须继承债务。后者署明一旦债务人不能按时清偿，超过月十五日后，每日加罚一斗小麦的钱。

合约：

中舨

共侍约　　《散》805A

□三月辛卯，中舨舨长张伯、□兄、秦仲、陈伯等七人相与为舨约。入舨钱二百、约二，会钱备，不北勿与同舨。即舨直行，共侍。非前谒，病不行者罚日卅，毋人者以庸贾。器物不具，物责十钱∠共事已，器物毁伤之及亡，舨共负之。非其器物擅取之，罚百钱。●舨吏令会，不会会日，罚五十。会而计不具者，罚比不会。为舨吏□器物及人。

●舨吏李仲　　《散》805B

"舨"通"般"、"班"，古籍所见"鲁般"亦写作"鲁班"。班，犹今言班子。则简文所见"舨"为若干人组成的劳动组合，为他们共同进行某项经济活动而设，故需明确班中每个人的义务与经济责任，为避免空口无凭，订立书面合约，详尽规定对各种违约行为的惩罚。类似的劳动合约，亦见于居延汉简，如：

☑……二百廿四

□万二千三百四

□万二千三百四

直三万二千三百

河平五年正【月】辛亥，属闵立等五家共为广地候官……

不毕者□□共为毕已之。立等五家受库……　　《合校》29·10

☑禄福王里成次卿、子男君郭……凡直钱万一百

●期十一月五日毕输及实积。即不□□有□□……

□归县致……　　《合校》29·12

以上二例简文多残缺，未能肯定是否为合约本文，但据残文已能说明劳动合约之存在。前一例所见立等五家为某库运输物品是团体行为，故需"共为毕已之"。后一例所见"期十一月五日毕输及实积"，是对完成经济责任的期限提出要求。"即不……"或为对违约的若干规定。

偿债保证书是保障偿还债务的约定文书，汉简中常见，如：

臧翁卿钱六百。臧□以付　翁卿，以印为信。　　《合校》14·19A

……敢言之。□□□

移卿在所。负卒史幹　卿钱千。唯卿卿以　　《合校》282·4A、282·11A

七月奉钱千　付幹　卿。以印为信。　　《合校》282·4B、282·11B

初元四年正月壬子，箕山隧长明敢言之。赵子回钱三百，唯官　　以三月奉钱三……　　《合校》282·9A

以付乡男子莫，以印为信，敢言之。　　《合校》282·9B

阳朔元年七月戊午，当曲隧长谭敢言之。负故止害隧长宁常交钱六百，愿以七月奉钱六百偿常，以印为信，敢言之。　　《新简》EPT52·88A

甲渠官　　《新简》EPT52·88B

以上四例中，最后一例文字完整，简侧有刻齿，属契券以类，当为一式多份，债权人、债务人皆持有。与前文所引债券不同处在于：债券未写明偿还金出自何处，而偿债保证书则明确偿还金从债务人俸禄中扣取。据其他简文所见，债务之偿还还在官方监督下兑现，或由官方以上述保证书为凭证强制执行，如《合校》6·17："临桐隧长口仁，九月奉钱六百以偿朱子文，文自取。"《合校》285·12："百。记到，持由三月奉钱诣官，会月三日有【月】。"表明以俸禄抵债之实现。《合校》279·17："出吞远士

吏平四月奉，四月庚戌令史博付仓曹史孙卿，偿具丽卒陈……”

三、具有原始凭证作用的名籍

汉简所见许多名籍与经济收支直接相关，有明确的对应关系。《合校》67・41：“廪亭别名籍、出入簿”、《合校》174・34：“五凤四年八月尽五年四月吏假兵名及兵口伤别簿”、《合校》33・9：“甲渠候官建昭三年十月当食案及谷出入簿。”这种同一事类名册与账簿共存入档的现象不是偶然的，二者有着依存关系，即前者是后者的依据，它起着原始凭证的作用（详下文）。籍作为原始凭证，应用范围广泛，如《合校》7・7A：“地节二年六月辛卯朔丁巳，肩水候房谓候长光：官以姑臧所移卒被兵本籍为行边兵丞相史王卿治卒被兵，以校阅亭隧，卒被兵皆多冒乱不相应或易处不如本籍。今写所治亭别被兵籍并编。移书到，光以籍阅具卒兵，兵即不应籍，更实定，此籍随即下，所在亭各实弩力石射步数，令可知，赍事诣官，会月十八日夕，须以集为丞相史王卿治事，课后不如会日者。必报，毋忽如律令。”此简所云被兵本籍，是最原始的配备武器装备的底册，起着凭证作用，故日后审核便以它为依据。《合校》89・2：“尉史临白：故第五隧卒司马谊自言除沙殄北，未得去年九月家属食。谊言部，以移籍廪。令史田忠不肯与谊食”表明籍可用做廪食凭证。《合校》183・15B：“会壬申旦府对状．毋得以它为解，各署记到起时令可课。告肩水候官：候官所移卒责不与都吏口卿所举籍不相应，解何？记到，遣吏抵校，及将军未知，不得白之。”简文所云举籍是都吏行塞视察所制债务名单，显然起凭证作用，故此后上报的名单与之不符，便责令下级重新审核。

籍的分类设置与会计账簿的分类设置相对应，亦侧重于钱、粮、物三个方面，名目如：

受奉赋名籍　《合校》511・40
吏受奉名籍　《合校》154・34、254・4
吏奉赋名籍　《合校》73・16
受禄钱名籍　《新简》EPF25・14
赋就人钱名　《合校》506・26
受庸钱名籍　《新简》EPT59・573
（以上是有关钱的支出）
食名籍　《合校》75・9
廪名籍　《合校》125・36、177・14、255・34，《新简》EPT65・243B
廪卒名籍　《新简》EPT59・358
吏卒廪名籍　《合校》176・38、190・10、193・7、203・6、203・25、287・9，《新简》EFT59・656
戍卒家属在署廪名籍　《合校》191・10
卒家属廪名籍　《合校》276・4
廪亭别名籍　《合校》67・41
廪盐名籍　《合校》141・2
卒所赍承名籍　《新简》EPT57・65
罢卒留兵名籍　《新简》EPT57・94
吏肄射伤弩名籍　《新简》EPT58・32

戍卒被兵名籍　《新简》EPl58・33

戍卒物故衣名籍　《新简》EPT59・47

受阁卒市买衣物名籍　《新简》EPT65・56

以上仅举例，并非汉简所见全部名籍。显然，吏奉赋名籍之类与赋钱出入簿、赋钱簿对应，廪名籍、食名籍之类与谷出入簿、月食簿对应；被兵名籍之类与被兵簿、全兵簿对应。依此类推，其他账簿与名籍之间也有这样的对应关系。例如：

尉史李崇　十月禄大黄布十三枚　十二辛未自取。卩　《新简》EPT59・194

尉史吕普　十月禄大黄布十三枚　十二月辛未自取。卩　《新简》EPT59・195

士吏张桐　十月禄大黄布十三枚　十二月辛未自取。卩　《新简》EPT59・196

三墧隧长石隆　十月禄大黄布十三枚　十二月丁丑隧长况取。卩　《新简》EPT59・209

口口口长赐林　十月禄大黄布十三枚　十二月丁丑候长良取。卩　《新简》EFT59・198

口口口口刘武　十月禄大黄布十三枚　十二月丁丑候长况取。卩　《新简》EFT59・199

俱起隧长邹阳　十月禄大黄布十三枚　亖年正月己丑侯长阳取。卩　《新简》EPT59・202

平虏隧长郑钦　十月禄大黄布十三枚　亖年正月己丑候长诩取。卩　《新简》EPT59・203

木中隧氏王当　十月禄大黄布十三枚　亖年正月己丑候武取。卩　《新简》EPT59・204

万年隧长范护　十月禄大黄布十三枚　亖年正门已丑候长诩取。卩　《新简》EPl59・205

•右第十部士吏以下吏十一人，用大黄布亖十三枚。　《新筛》EPT59・220

•右第十桼部候长以下吏九人▨　《新简》EVl59・223

•右吞远部士吏以下吏九人，用大黄布百一十桼枚。今▨　《新简》EPT 59 228

•最候以下吏百桼人 用人黄布千三百▨　《新简》EPT59・226A

十二月二十二日赋吏二十六人。

十二月十桼日赋吏十三人。　《新简》EPT59・226B

以上为吏奉赋名籍本文，原册见《新简》EPT59・191—228，凡 37 枚，今摘录其中 14 枚。此册内容为新莽某年发放十月份俸禄的名单及其统计。凡吏俸赋名籍格式，一般分三栏：首栏署领款人职务、姓名；次栏署所发俸禄的月份、货币名称及数额；末栏署领取人及领取时间。三栏末往往还有审核符号“卩”之类。在集成若干单人名籍的基础上，即产生《新简》EPT59・220、223、228 等每个部领取俸禄的合计数。在各部合计数的基础上，又产生候（相当地方县令长）以下 107 名官员领取俸禄的总计数。虽然出土简牍中未见与上册直接相关的账簿，但仔细考察与发放俸禄有关的账簿，可发现单人名籍与流水账对应，如《合校》220・11，220・2：“出钱六百，给止害隧长李谭十二月奉，十二月戊午令史敞付谊▨”、《合校》196・8：“出钱六百，赋乐哉隧长夏安四月奉，五月丁酉▨”，此流水账亦分三栏，以出钱数额为主项所含事项与相应名籍同，其间必有依存关系。而某些合计账，如《合校》161・5：“出赋钱八万一百，给佐史八十九人十月奉。”之类则与名籍册中的合计、合计简对应。对有些赋钱簿而言，相应名籍的编制不可或缺，如《合校》311・34：“出十二月吏奉钱五千四百。候长一人、候史一人、隧长六人。五凤五年正月丙子，尉史寿付第八隧长商奉世、卒功孙辟非。”与所有账簿一样，此账以出钱数额为主项，但支出对象仅笼统署“候长一人、候史一人、隧长六人”，具体发给哪些人，只有从相应的吏奉赋名籍中才能了解，如此则名籍的原始凭证作用更显重要。

再考察廪食名籍的情况：

城北候长窦何　十一月食一斛五斗　同　十月丙寅掾谭取。卩　《新简》EPT65・8A、B

第二十三隧长董放　　十一月食一斛五斗　　舒　　十月乙亥守尉史王阳取。卩　　《新简》EPT65・9

推木候长王宏　　十一月食一斛五斗　　同　　十月丙寅掾谭取。卩　　《新简》EPT65・10

第十桼候长赵彭　　十一月食一斛五斗　　十月丙寅妻取。卩　　《新简》EPT65・11

以上名籍册由九支简组成，今仅录其中四简。

第六隧长皇隆　　正月食三石　　正月辛巳自取。　　《新简》EPF22・83

第十三隧长王习　　正月食三石　　正月辛巳自取。　　《新简》EPF22・84

不侵隧长石匡　　正月食三石　　正月辛巳自取。　　《新简》EPF22・85

鉼庭候长陈宗　　正月食三石　　正月壬午自取。　　《新简》EPF22・86

第一隧长召蒲　　二月食三石　　二月辛亥自取。　　《新简》EPF22・87

第三隧长薛寄　　二月食三石　　二月辛亥自取。　　《新简》EPF22・88

以上名籍册由41支简组成，今仅录其中6简。此册之末2简皆署“●凡出谷卅九石”字样。

令史郑丰　　十二月食三石三斗三升少　　十一月丙寅□□□　　《合校》254・33

鄣卒李就　　盐三升　　十二月食三石三斗三升少　　十一月庚申自取。　　《合校》254・24

●凡吏卒十七人　　凡用盐五斗五升　　用粟五十六石六斗六升大。《合校》254・25

以上三简字迹同，属同一册，据廪食总数，原册当有十八支简，今剩三简，最后一简为合计简。

从上引三卷廪食册可看出，廪食名籍也有固定的格式，一般分为三栏：第一栏为受粮人职务、姓名；第二栏署发放某月粮食的数量（如加廪盐则此栏再分为两栏，如上引《合校》254・24所见）；第三栏为领取日期及领取人（受粮人与领取人可以是同一个人、也可以是两个人）。其他文字，如“同”、“舒”及核对符号“卩”等为第二次书写。

和赋钱名籍与赋钱簿的关系一样，廪食名籍与廪食簿的对应关系也很明显，如《合校》88・26：“出糜大石一石七斗四升，始元二年七月庚子朔以食吏一人尽戊辰廿九日积廿九人，人六升。”之类是给个人廪发粮食的账簿，它自身没有写具体人名，所以只有从相应的名籍中才能知道粮食发给何人。另一类合计账，如《合校》160・8：“出粟卅石，三月以食卒十五人。”《合校》177・16：“士吏吏卒十四人，用谷廿七石六斗，其十六石粟、十一石六斗麦。”《合校》甲附2：“出谷百□□一石一斗，其廿五石七斗二升少粟、卌四石四斗六升大麦，二月以食戍卒八十□人。人廿九日，积二千六□廿□六升大。”与上引廪食名籍中之合计数“●凡出谷卅九石”、“●凡吏卒十七人　凡用盐五斗九升　用粟五十六石六斗六升大”之类对应。对同一事类而言，簿、籍所显示的数据当相符。

再举有关财物名籍的简例：

出五石具弩一　　假亭隧建武留年四月十六日胡虏犯塞入，吏格斗失亡。　　《新简》EPF22・318

出稾矢铜鍭六十　　假亭隧建武留年四月十六日胡虏犯塞入，吏格斗失亡。　　《新简》EPF22・319

第七隧长徐循　　今年四月中休□持隧六石具弩一、稾矢铜鍭卌十枚，迺六月一日胡虏　　《新简》EPF22・433

持循、弩箭去。审。　　《新简》EPF22・434

以上四简，前二简为支出账，用以报损。后二简为丢失弩箭的名籍。就事件而言，前二简与后二简没有直接关系。但从制度而言，前者必然有后者为凭证，否则责任人无法明确。

前文仅举钱、粮、物三类名籍与账簿之间的关系，二者相互依存，而以名籍为原始凭证。

汉简所见名籍凡与经济事务相关者，文末多有核对符号，用的最多的是“卩”，这类符号是文殊写毕后第二次书写的，前文所引《新简》EPT59・194—205、EPT65・8—11等所见即是，此类审核，确保了名籍作为原始凭证的准确无误，前文所引《新简》EPF22·434之报损名籍文末署“审”，亦是对损失数量及事件真实性的审查评语。

汉简所见经济凭证，大多数为自制凭证，一般都是以实际发生的经济业务为依据直接填制的，但也有少量外来凭证。如《合校》5·12：“人狗一枚，元康四年二月己未朔己巳，佐建受右前部，禁奸卒充输，子元受，致书在子元所。”此简为收入账，简文所云“致书”则为送达通知书，是由付方书写的，显然可做为填写此账的原始凭据之一。“致”之名目，又见《新简》EPT59·330：“元始二年二月吏卒廪致”，是有关部门送达的给吏卒发放粮食的通知，是发放粮食的凭证。同样，《新简》EPT51·340：“十月尽十二月吏奉用钱致”是给官吏发放俸禄的外来凭证。汉简所见外来凭证，大多是上级机构制定而送达下级机构的。

会计报告

前文已阐明，汉代“会计”一词实际包含今天意义的会计与统计两个方面的内容，当时的会计报告亦如此。它甚至更接近于今日的统计报告，本文姑且还用“会计报告”称之。

汉代的会计报告仍处在文字叙述式编制阶段，它用文字来表述需要上报的经济事项，有一定的格式，但与一般的公文没有太大的区别。汉代的会计报告可分为专项报告及综合报告二大类。专项报告有呈报单一物品的，也有呈报同类多种物品的。综合报告的内容则较复杂。

汉简所见典型的专项会计报告，如《合校》128·1所见：

广地南部言永元五年六月官兵釜磑月言簿

承五月余官弩二张、箭八十八枚、釜一口、磑二合。

今　　余官弩二张、箭八十八枚、釜一口、磑二合。

　　赤弩一张，力四石，木关。

　　陷坚羊头铜鍭箭卅八枚。

　　故釜一口，鍉有锢口呼长五寸。

　　磑一合，上盖缺二所各大如疎。

●右破胡隧兵物

　●赤弩一张，力四石五，木破，起繴往往绝。

　　盲矢铜鍭箭五十枚。

　　磑一合敝尽不任用。

●右涧上隧兵物

●凡弩二张、箭八十八枚、釜一口、磑二合。　毋入出。

永元五年六月壬辰朔一日壬辰，广地南部

候长信叩头死罪敢言之。谨移六月见官兵物

月言簿一编。叩头死罪敢言之。

……

●广地南部言永元七年四月尽六月见官兵釜磑四时簿。

承三月余官弩二张、箭八十八枚、釜一口、磑二合。

●赤弩一张，力四石，木关。

陷坚羊头铜鍭箭卅八枚。

故釜一口，鍉有固呼长五寸。

硙一合，上盖缺二所各大如疎。

●右破胡隧

●赤弩一张，力四石五，木破，起繄往往绝。

盲矢铜鍭箭五十枚。

硙一合敝尽不任用。

●右涧上隧

永元七年六月辛亥朔二日壬千，广地南部候

长　叩头死罪敢言之。谨移四月尽六月见官兵釜

硙四时簿一编。叩头死罪敢言之。

上引十四支简。原属一完整简册，该册由七十七支简组成，编绳尚存，二简无字，包括三份“月言簿”、二份“四时簿”及其呈文。上引第一至第十六简为一“月言簿”及呈文，其中第一简“广地南部言永元五年六月官兵釜硙月言簿”为标题，第二至第十三简为账簿本文，第十四至第十六简为呈文。可以看出，账簿与呈文的结合构成一份完整的会计报告。“四时簿”的情形也大致如此。因此，定期上报各种账簿（含呈文），从广义而言，皆可称之会计报告，它与《周礼》所见“日成”、“月要”、“岁会”乃一脉相承。狭义的会计报告所附账簿皆经累计或综合，汉简及史籍所见称之为“集簿”，如《合校》126·42A：“元康三年十月尽四年九月吏已得奉一岁集”、《合校》310·19：“第五丞别田令史信元凤五年四月铁器出入集簿。”《后汉书·百官志》注引胡广曰：“秋冬岁尽，各计县户口垦田，钱谷入出，盗贼多少，上其集簿。丞尉以下，岁诣郡，课校其功。”江苏连云港尹湾汉墓出土木牍，首次向世人展示郡级“集簿”的完整面貌，为研究汉代的会计制度提供了极珍贵的史料，录如下：

集簿　（位于木牍上端）

县邑侯国卅八。县十八，侯国十八，邑二。其廿四有堠。都官二。

乡百七十，口百六，里二千五百卅四，正二千五百卅二人。

亭六百八十八，卒二千九百七十二人，邮卅四，人四百八。如前。

界东西五百五十一里，南北四百八十八里，如前。县三老卅八人，乡三老百七十人，孝弟、力田各百廿人，凡五百六十八人。

吏员二千二百三人。大守一人，丞一人，卒史九人，属五人，书佐十人，啬夫一人，凡廿七人。

都尉一人，丞一人，卒史二人，属三人，书佐五人，凡十二人。

令七人，长十五人，相十八人，丞卌四人，尉卌三人，有秩卅人，斗食五百一人，佐史亭长千一百八十二人，凡千八百廿人。

侯家丞十八人，仆、行人、门大夫五十四人，先马、中庶子二百五十二人，凡三百廿四人。

户廿六万六千二百九十，多前二千六百廿九，其户万一千六百六十二获流。

口百卅九万七千三百卌三，其四万二千七百五十二获流。

提封五十一万二千九十二顷八十五亩二□……人，如前。

（以上为木牍正面）

口国邑居园田廿一万一千六百五十二□□十九万百卅二……卅五万九千六……长生。

种宿麦十万七千三百□十□顷，多前千九百廿顷八十二亩。

男子七十万六千六十四人，女子六十八万八千一百卅二人，女子多前七千九百廿六。

年八十以上三万三千八百七十一，六岁以下廿六万二千五百八十八，凡廿九万六千四百五十九。

年九十以上万一千六百七十人，年七十以上受杖二千八百廿三人，凡万四千四百九十三，多前七百一十八。

春种树六十五万六千七百九十四亩，多前四万六千三百廿亩。

以春令成户七千卅九，口二万七千九百廿六，用谷七千九百五十一石八斗口升半升，率口二斗八升有奇。

一岁诸钱入二万万六千六百六十四万二千五百六钱。

一岁诸钱出一万万四千五百八十三万四千三百九十一。

一岁诸谷入五十万六千六百卅七石二斗二升少，□升。出卌一万二千五百八十一石四斗□□升。

据同墓出土之其他简牍所示，此牍为东海郡上报朝廷之年度综合报告副本，内容全面，含县、邑、侯国、都官、乡、里、亭、邮、郡界、县乡三老、吏员、户、口、提封、邑居园田、宿麦、男女老幼、种树、新立户、钱谷出入数等，皆为当时国家统计必须掌握的基本事项，其中关于钱谷出入的记载已是严格意义上的会计报告。上引集簿中，不仅有具体准确的数量，还有对比数、平均数及对其产生原因的简单说明等，如"户廿六万六千二百九十，多前二千六百廿九，其户万一千六百六十二获流"。"多前……"即比上年多出的数量。"……获流"，指流民定居的数量。"率口二斗八升有奇"乃指平均每人消耗粮食的数量。但此集簿毕竟高度概括，故需若干分集簿补充说明，连云港尹湾汉墓出土木牍2至6号即是。因牍文字数甚多，于此不一一列出，仅简述如下。

牍2号为吏员集簿，详载全郡自太守至基层官吏的具体数量，而且是分别郡守、都尉、诸县、诸侯国、诸盐铁官逐一列出。摘引如：

大守吏员廿七人：大守一人秩□□□□，大守丞一人秩六百石，卒史九人，属五人，书佐九人，用筭佐一人，小府啬夫一人，凡廿七人。

此行牍文所载为太守府吏员数，总数与总集簿所见合。

都尉吏员十二人：都尉一人秩真二千石，都尉丞一人秩六百，卒史二人，属三人，书佐四人，用筭佐一人，凡十二人。

此行牍文所载为都尉府吏员数，总数亦与总集簿所见合。

海西吏员百七人：令一人秩千石，丞一人秩四百石，尉二人秩四百官，官有秩一人，乡有秩四人，令史四人，狱史三人，官啬夫三人，乡啬夫十人，游徼四人，牢监一人，尉史三人，官佐七人，乡佐九人，亭长五十四人，凡百七人。

"海西"为东海郡县名，见《汉书·地理志》。此行牍文所载为海西县吏员总数，牍2所载与海西并列之诸县凡二十一，格式同。

昌虑吏员六十五人：相一人秩四百石，丞一人秩二百石，尉二人秩二百石，乡有秩一人，令史四人，狱史二人，官啬夫二人，乡啬夫二人，游徼二人，牢监一人，尉史人，官佐七人，乡佐一人，亭长十九人，侯家丞一人秩比三百石，仆、行人、门大夫三人，先马、中庶子十四人，凡六十五人。

"昌虑"为侯国名，此行牍文所载为昌虑侯国吏员数，牍2所载与昌虑并列诸侯国凡十八，格式同。

伊卢盐官吏员卅人：长一人秩三百石，丞一人秩二百石，令史一人，官啬夫二人，佐廿五人，凡卅人。

牍文所载此盐官下尚有"北蒲盐官"与"郁州盐官"，但吏员中仅见丞未设长，或属伊卢盐官所辖而别治者。

下邳铁官吏员廿人：长一人秩三百石，丞一人秩二百石，令史三人，官啬夫五人，佐九人，亭长一人，凡廿人。

牍文所载此铁官下尚有“□铁官”，其吏员中见丞未设长，或亦属下邳铁官而别治者。

此牍之最末一行署“●最凡吏员二千二百二人”，与总集簿所载“二千二百三人”仅差一人。

牍3、4号为吏员升迁的具体名单，牍文如“建阳丞京兆尹奉明王丰，故戊校前曲候令史，以功迁”之类。牍5为吏员徭使、告、宁、死、缺、劾名单，牍文如“海西丞周便亲十月七日输钱齐服官”、“费长孙敞十月五日送卫士”、“郡乡侯相李临八月晦告病”、“襄贲左尉陈褒十一月廿日兄死宁”、“铁官长庄仁死”、“曲阳长陈宫有劾”之类。以上三牍皆为对总集簿的深层说明。

牍6号自名“武库永始四年兵车器集簿”（文略）是关于武库兵器、车马器的专项报告，详载该武库所有此类物品的具体数量乃至质量，为总集簿所未见，当属另一系列，或由于武库直属朝廷管辖故报告单列。

综言之，尹湾汉墓所见集簿，展示了汉代会计报告的许多细节，表明它不仅包含今天意义的会计、统计报告，还包括吏政、民政、狱政的内容。

（本文原载于《出土文献研究》第三、四辑）

注释：

① 谢桂华、李均明、朱国炤：《居延汉简释文合校》，文物出版社 1987 年版。本文简称《合校》。

② 甘肃省文物考古研究所、甘肃省博物馆、文化部古文献研究室、中国社会科学院历史研究所：《居延新简》，文物出版社 1990 年版。本文简称《新简》。

③ 林梅村、李均明：《疏勒河流域出土汉简》，文物出版社 1984 年版。本文简称《疏》。

④ 甘肃省文物考古研究所：《敦煌汉简》，中华书局 1991 年版。本文简称《敦》。

⑤ 见甘肃省文物考古研究所：《居延新简释粹》，兰州大学出版社 1998 年版，第 129 页。

⑥《居延新简释粹》，第 74 页。

⑦《居延新简释粹》，第 129 页。

⑧ 参见郭道扬：《中国会计史稿》（上），中国财政出版社 1982 年版，第 213 页。

汉代统计中的指标与数列

——从尹湾、居延、敦煌出土简牍谈起

统计是随着人类社会生产实践和国家管理的需要而产生和发展起来的，起源甚早，甲骨文所见，殷商时期已有统计的原始记录。①早期的统计与会计合二而一，统称“会计”，汉代尚如此。②但据简牍所见，严格意义的统计和会计在汉代广义“会计”的内部有了一定的分工，统计诸要素形成并趋于完备，一些要素在当时有了特定的称谓，如平均数称“率”，逐次累计数称“与此”，合计数称“最、凡”等。更多的要素虽已在实践中运用，但在现存史籍中尚未找到其特定的称谓，为便于说明，本文姑且借用现代统计学的概念称之。尹湾、居延、敦煌出土简牍所见涉及汉代统计的资料非常丰富，绝大部分为传世古籍所缺，弥足珍贵，篇幅所限，本文仅述其与统计指标及数列相关者，其他要素拟另文阐述。

统计指标

统计指标是反映同类社会经济现象某种综合数量特征的概念和数值，由指标名称和指标数值构成。指标名称（本文称“指标项目”）由统计研究的目的确定，它与经济管理、监督的需要息息相关，与所处时代的政治经济水平相适应，不同级别不同部门设立的指标项目不尽相同。连云港尹湾六号汉墓出土一号木牍为东海郡的综合统计报告，所设指标项目完整而成体系，是研究汉代统计不可多得的珍贵资料，节录如下：

（一）集簿（位于木牍正面上端）

县邑侯国三十八。县十八，侯国十八，邑二……

乡百七十口百六，里二千五百三十四……

亭六百八十八，卒二千九百七十二人，邮三十四，人四百八，如前。

界东西五百五十一里……

县三老三十八人，乡三老百七十人……

吏员二千二百三人，大守一人，丞一人，卒史九人，属五人，书佐十人，啬夫一人，凡二十七人。

都尉一人，丞一人，卒史二人，属三人，书佐五人，凡十二人。

令七人，长十五人，相十八人，丞四十四人，尉四十三人，有秩三十人，斗食五百一人，佐使亭长千一百八十二人，凡千八百四十人。

侯家丞十八人……

户二十六万六千二百九十，多前二千六百二十九……

口百三十九万七千三百四十三，其四万二千七百五十二获流。

提封五十一万……如前。

□国邑居园田……

尹湾汉墓出土《集簿》

种宿麦……

男子七十万六千六十四人，女子……

年八十以上……六岁以下……

年九十以上……年七十以上，受杖……凡万四千四百九十三，多前七百一十八。

春种树六十五万六千七百九十四亩，多前四万六千三百二十亩。

以春令成户七千三十九，口二万七千九百二十六，用谷七千九百五十一石八斗□升半升，率口二斗八升有奇。

一岁诸钱入二万万六千六百六十四万二千五百六钱。

一岁诸钱出一万万四千五百八十三万四千三百九十一。

一岁诸谷入五十万六千六百三十七石二斗二升少□升。

出四十一万二千五百，八十一石四斗□□升。[③]

此牍自称"集簿"，尹湾六号汉墓出土六号牍尚见"武库兵车器集簿"，《合校》310·19见"第五丞别田令史信元凤五年四月铁器出入集簿"。[④]集，汇总、合计。凡集簿所见数值皆为合计之数，《汉官解诂》："秋冬岁尽，各计县户口垦田，钱谷出入，盗贼多少，上其集簿。"牍文所见"户二十六万六千二百九十"、"口百三十九万七千三百四十"为全郡户、口数，是统计总体数值，由大量的同质的不同个体汇总而来，不是个别单位数值的体现，牍文其他数值亦如此。

上引一号集簿所设指标项目近六十，大致有五大类，每类又分若干组，如：

一、行政区划、人员：县、邑、侯国、乡、里、亭、邮、郡界。

二、吏员、教化人员：县、乡三老，太守府、都尉府吏员，县、邑、侯国吏员。

三、户口：户，口，男女，年七十以上、八十以上、九十以上、六岁以下。

四、田地：提封，侯国邑居园田，种宿麦、种树。

五、钱谷：钱出入，谷出入。

每组又分若干指标项目，如太守府吏员组之项目有太守、太守丞、卒史、属、书佐、啬夫等。

牍文所见项目划分亦见于史籍，如《汉书·地理志》"东海郡，户三十五万八千四百一十四，口百五十五万九千三百五十七"，数值与牍文不合乃统计年代不同而致。又，《汉书·百官表》："凡县、道、国、邑千五百八十七，乡六千六百二十二，亭二万九千六百三十五。"《汉书·食货志》："以为地方百里，提封九万顷，除山泽邑居参分去一，为田六百万亩。"足证此类项目数值皆为当时封建国家必须掌握的基本数据，则上引集簿所见指标项目当为国家统计所设基本项目。

逐阶上报是汉代统计工作的主要形式，上引一号木牍所见是在各县邑、侯国、都官上报的基础上汇总的，已经过分组归纳，其证可从尹湾一号与二号木牍的对比中得出。二号木牍是东海郡吏员的统计报告，有关吏员的基本数据虽与一号集簿合，但所设指标项目不尽相同，节录如下：

（二）□都尉县乡……

大守吏员二十七人：大守一人秩□□□□，大守丞一人秩六百石，卒史九人，属五人，书佐九人，用算佐一人，小府啬夫一人，凡二十七人。

都尉吏员十二人：都尉一人秩真二千石，都尉丞一人秩六百石，卒史二人，属三人，书佐四人，用算佐一人，凡十二人。

海西吏员百七人：令一人秩千石，丞一人秩四百石，尉二人秩四百石，官有秩一人，乡有秩四人，令史四人，狱史三人，官啬夫三人，乡啬夫十人，游徼四人，牢监一人，尉史三人，官佐七人，乡佐九人，亭长五十四人，凡百七人。

……

二号木牍凡47行，以上仅引前4行，将一号与二号木牍作比较，可发现一号木牍太守府所属“书佐十人”，二号木牍作“书佐九人、用算佐一人”；一号木牍都尉府所属“书佐五人”，二号木牍作“书佐四人、用算佐一人”。显然，一号木牍已将二号木牍所见“书佐、用算佐”统称为“书佐”，知“用算佐”亦为“书佐”，只不过他们是专门从事会计、统计工作的书佐，故称。这样便实现了统计指标项目的合并。指标项目合并的现象在居延汉简中亦多见，如《合校》59·40，220·12“祭长史君百石吏十二人，斗食吏二人，佐史八十八人，钱万”。其实，屯戍组织中候官一级的百石吏包含候长、士吏，佐史包含候史、隧长等，由于他们秩级相同，便以秩级标志立项，从而去繁就简。

指标项目的设立与国家的经济政策直接相关。一号集簿关于人口、年龄结构的统计项目见“六岁以下”、“年七十以上”、“年八十以上”、“年九十以上”皆与征税、免税及优待老人有关，《汉书·昭帝纪》：“毋收四年、五年口赋”，如淳注：“《汉仪注》民年七岁至十四出口赋钱，人二十三。二十钱以食天子，其三钱者，武帝加口钱以补车骑马，”七岁始纳税，则六岁以下为免税年龄，故专门立项。“年七十以上”之类则为优惠高龄之等次，《王杖诏书令》：“制诏御史：年七十以上，人所尊敬也，非首（手）杀、伤人，毋告劾也，毋所坐。年八十以上，生日久乎？……制诏御史：年七十以上杖王杖，比六百石，入官府不趋，吏民有敢殴辱者，逆不道，弃市。令在兰台，第四十三。”《续礼仪志》：“仲秋之月，县道皆案户比。民年始七十者，授之以王杖，餔之糜粥，八十、九十，礼有加赐。”《汉书·文帝纪》：“有司请令县道，年八十已上，赐米人月一石，肉二十斤，酒五斗。其九十已上，又赐帛人二疋，絮三斤。赐物及当禀鬻米者，长吏阅视，丞若尉致。不满九十，啬夫、令史致。二千石遣都吏循行，不称者督之。刑者及有罪耐以上，不用此令。”《汉书·武帝纪》：“民年九十以上，已有受鬻法，为复子若孙，令得身帅妻妾遂其供养之事。”《汉书·贾山传》：“陛下即位，礼高年，九十者一子不事，八十者二算不事。”师古注：“一子不事，蠲其赋役。二算不事，免二口之算赋也。”显然，皇帝下诏礼赐高年布帛酒食的数量，须根据相关的统计做预算，故统计指标有依年龄档次立项者。

汉代统计已采用综合指标法，就其作用和计算方法而言，主要有总量指标与平均指标。总量指标用来表明在一定时间、地点、条件下的某种社会现象的总规模、水平或总量，都用绝对数表示，如上引一号木牍所见总量指标数值皆为西汉末东海郡某年的统计数值，受地域与时间的严格限制。总量指标按其说明内容不同，可分为总体单位总量与总体标志总量。一号木牍所见绝大多数为总体单位总量，它用来说明总体本身的规模，如牍文“县十八”表明东海郡属县的规模数值为十八；亦见总体标志总量，如牍文“一岁诸钱入二万万六千六百六十四万二千五百六钱”、“一岁诸钱出一万万四千五百八十三万四千三百九十一”，用以说明总体某一数量标志的规模与水平。居延汉简所见如《新简》EPT43·32：“临木隧卒三人。卒陈卢癸未日迹尽壬辰积十日，毋人马兰越塞天田出入迹。卒汜□癸巳日迹尽壬寅积十日，毋人马兰越塞天田出入迹。卒□汉癸卯日迹尽壬子积十日，毋人马兰越塞天田出人迹。凡积三十日。”此例为某月“卒日迹簿”，“积三十日”是三位戍卒某月日迹的总天数，非戍卒总数，故知其为总体标志总量。

总量指标按其反映的时间状况不同，可分为时期指标与时点指标。

时期指标反映现象在一段时期内发展过程的总量，如一号木牍“……用谷七千九百五十一石八斗□升半升”、“一岁诸钱入二万万六千六百六十四万二千五百六钱”、“一岁诸钱出一万万四千五百八十三万四千三百九十一”、“一岁诸谷入五十万六千六百三十七石二斗二升少□升，出四十一万二千五百八十一石四斗□□升”。所见指标数值可以累计，数值增减的量与时间的长短呈正比。

时点指标反映现象在某一瞬间的总量，如一号牍所见县邑侯国乡里亭邮、户口、田地等大部分指标皆是。对时点指标这一瞬间的选择，当局通常有规定，如《续礼仪志》：“仲秋之月，县道皆案户比。”“仲秋之月”即时点范围（由于当时科技水平及通讯交通的限制，对时点的选择，仅能规定范围）。《新简））EPT52·488：“甲渠候官建始四年十月旦见铁器簿”，以“建始四年十月旦”为时点标准。汉代统计诸时点指标中，以统计户籍、人口对时点的要求最严，《周礼·小司徒》：“大比则受邦国之比要”，注：“大比，谓使天下更简阅民数及其财物也。受邦国之比要，则亦受乡遂矣。郑司农云，五家为比，故以比为名。今时案比是也。要谓其簿。”疏：“汉时八月案比而造籍书。周以三年大比，未知定用何月，故司农以汉法八月况之云。要谓其簿者，谓若今时之造籍，户口地宅具陈于簿也。”表明汉代曾以法律形式规定每年八月为全国统计户籍人口的时点范围。

综合指标法的另一重要内容为平均指标。平均指标反映总体各单位之间，某一数量标志不同数值的一般水平，汉简通常以“率”表示，例（一）所见“率口二斗八升有奇”即是，居延、敦煌汉简中亦多见，如：

（三）垦田簿署岁上中下度得谷口率，其有灾害者署顷亩口率。　《合校》113·6，139·24

（四）……其四人养，一人作长，右解除八人，定作二十七人，伐茭千二百一十五束，率人伐四十口。　《新简》，EPT40·154[⑤]

（五）四百二十人代运薪上转薪立强落上，蒙涂辎车袤二百六十一丈，率人日涂六尺二寸，奇六尺。《新简》EPT59·15

（六）……二万三千六百四十尺，率人八百一十六尺。　《合校》182·27

（七）初作，其九人养，二人作长。今年卒多病，率日二十人病；定作六十　《合校》286·2

（八）……岁一，定作□万一千六百五十束，率人茭六十三束。多三百八束，为千六百一十七石二钧，率人茭　《敦》816[⑥]

（九）壬寅茭千二十束六人，率人茭百七十束。　《敦》1401

（一〇）若干人画天田，率人画若干里若干步。　《敦》1584

（一一）三十二人画天田三十二里，率人画三步，凡四编。　《敦》1674

（一二）六人画沙中天田六里，率人画三百步。　《敦》1714

（一三）丁未六人作墼四百二十，率人七十，初作　《敦》1731

（一四）三人马矢涂□上内地：广七尺、长十四丈，积七百二十八尺，率人二百四十尺□□　《敦》1760

（一五）……涂亭东涯，高四丈二尺、广丈六尺，积六百七十二尺，率人二百二十三尺有奇。　《敦》1777

据上所见，汉代平均指标的数值通常以整数表示，余数称“奇”，列于整数之后，如例（五）“率人日涂六尺二寸，奇六尺”。大多情形下则仅称“有奇”，将余数忽略不计，如例（一）、（一五）所见。也有较精确者，如《新简》EPT58·39：“用积徒千一十三人少半人，率亭二十六人大半人。”《新简》EPT58·40：“……徒万七千一百八十八人大半人，率亭一百五十二人少半人。”数值精确至2/3、1/3数量单位。

上述所见平均指标皆取算术平均数，计算方法简单，以例（一二）明之，六里除以六人，即得出每人一里（三百步）的结论。不排除汉代平均指标已采用中位数和众数的可能。汉代平抑物价，称物价之

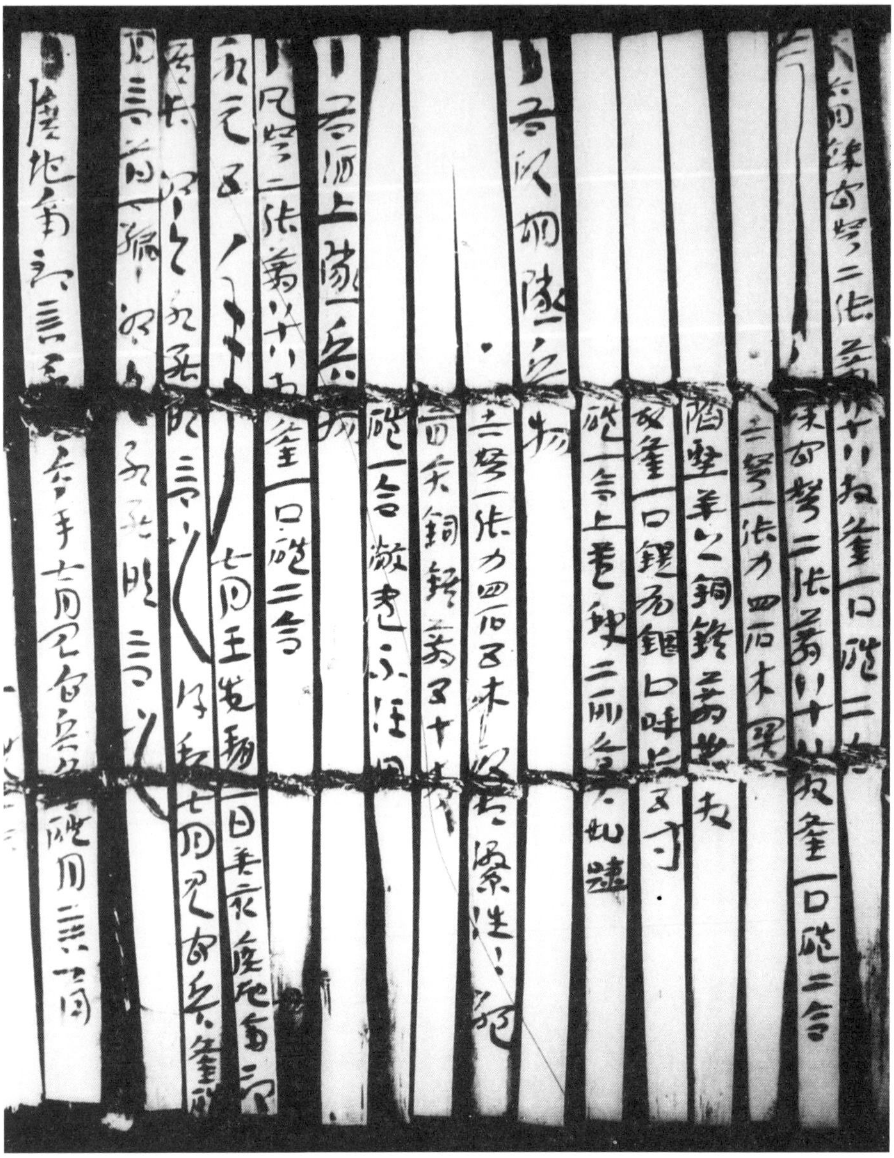

东汉永元器物簿（局部）

平均数为“平贾”，如《合校》4·1：“二月戊寅，张掖大守福、库丞承喜兼行丞事敢告张掖农都尉、护田校尉府卒人谓县：律曰臧它物非钱者以十月平贾计。案戍田卒受官袍衣物贪利贵贾贳予贫困民，吏不禁止，浸益多，又不以时验问。”或称“平”，《汉书·景武昭宣元成功臣表》：“梁期侯任当千嗣，太始四年，坐卖一匹，贾钱十五万，过平，臧五百以上，免。”受到时间、地点及数量条件的限制，物价之平均指标极难以算术平均数取得，故一般只能将其大致分为上中下价，然后排除上下而取其中价，其实施如《汉书·食货志》：“诸司市常以四月中月实定所掌，为物上中下之贾，各自用为其市平，毋拘它所。众民卖买五谷布帛丝绸之物，周于民用而不售者，均官有以考检其实，用其本贾取之毋，令折钱。万物仰贵，过平一钱，则以平贾卖与民。”或取物价中最普遍出现的数值，即众数。

汉代统计指标之计量单位主要有自然单位，如与人有关之户口数、吏员数以人为单位，车辆以两或乘为单位；度量衡单位，如顷、亩、石、斗、丈、尺之类；价值单位，称钱或某种钱若干枚之类。以上为常见者，历代一脉相承，人们都较熟悉。值得一提的是汉代还有一种特殊的计量单位“算”，如：

（一六）万岁候长充　受官钱定课四千，负四算；毋自言堂煌者第一，得七算，相除定得三

算　　第　《合校》206・4

（一七）市阳二月百一十二算，算十钱，千一百二十，正偃付西乡佐赐，口钱卩市阳三月百九算，算九钱，九百八十一，正偃付西乡偃、佐赐（此牍几十七行字，今引其中二行）　《散》806[7]

（一八）甲渠候鄣：大黄力十石弩一，右渊强一分，负一算。八石具弩一，右弭生，负一算。六石具弩一，空上蜚，负一算。六石具弩一，衣不足，负一算。坞上望火头三，不见所望，负三算。樵上望火头三，不见所望，负三算。□托弦一，脱，负二算。凡负十一算　《合校》52・17，82・15

（一九）……弦毋巨，负兰算。……辟一，箭道不端政（正），负五算　《合校》265・1

（二〇）……军玉门塞外海廉渠尽五月，以……九月都试骑士，驰射，最率人得五算半算……　《新简》EPT52・783

汉简中有关计量单位"算"的记载比比皆是，以上仅引五例，可以看出"算"能替代各种计量单位，如例（一六）、（一七）之"算"替代价值单位；例（一八）至（二〇）之"算"所替代更抽象，它好比今日考核之打分，以分计功，但"算"所计还包括物品的质与量，也包括政绩、能力等。"算"或作"筭"，本义为算筹，《说文》："筭长六寸，所以计历数者，从竹、弄。言常弄乃不误也。"段注："汉志云：算法用竹，径一分，长六寸，二百七十一枚而成六觚，为一握，此谓筭筹，与算数字各用，古书多不别。"简文所见"算"、"筭"皆可通用。"一算"指一个等份，它是抽象的，所以"算"的定量作用是有条件的，其数值因事而异。以"算"替代价值单位的数值为例，例（一六）一算为千钱，例（一七）一算分别为十钱与九钱，古籍所见亦然，如《汉书・高帝纪》："初为算赋"，如淳注："《汉仪注》民年十五以上至五十六出赋钱，人百二十为一算，为治库兵车马。"《汉书・成帝纪》：建始二年，"减天下赋钱，算四十。"《汉书・武帝纪》：元狩四年，"初算缗钱"，李斐曰："缗，丝也，以贯钱也。一贯千钱，出算二十也。"至于"算"对政绩、能力的计量作用，更是因时因地而异，其准确必须结合具体条件才能确定。

统计数列

人们通常把按照某种规律排列的一列数，叫做数列。汉代统计中数列的应用非常广泛，它是按统计研究的目的设定的，在相同或相距不太长的年代里，数列常常相类，举例如：

职官数列（据简文排列，有关数值已省略）

太守、太守丞、卒史、属、书佐、啬夫

都尉、都尉丞、卒史、属、书佐

令、长、相、丞、尉、有秩、斗食、佐

侯家丞、仆、行人、门大夫、先马、中庶子 [见例（一）]

候、尉、士吏、令史、尉史、候史　《新简》EPT5・47

候史、隧长　《新简》EPT5・17　《合校》85・2

百石吏、斗食吏、佐史　《合校》214・37

职官数列通常由高职向低职次第排列，与《汉书・百官表》等史籍叙述职官的顺序同。"百石"、"斗食"、"佐史"乃秩级，同一秩级含若干职称（统计中亦称之为组别），同秩级的不同职称，在数列中亦有一定之规，如汉简所见士吏与候长皆百石秩，在数列中士吏必居候长前，在一般文书中亦遵循此规则，如《合校》210・27："右庶士士吏、候长十三人"，《合校》267・25："……下部士吏放、候长弘等承书从事下 [当用者]"。职官数列由低职向高职排列者尚少见，

亲属数列（大多为廪食名籍，有关粮食数量已省略）

妻大女年三十四、子使女年十、子未使女年六。　《合校》203・?

父大男年五十、母大女年四十八、妻大女年二十二。　《新简》EPT65・478

母大女年六十七、弟大女年十八、弟使女年十三。　《合校》254・11

母大女年四十、弟使女年十一。　《新简》EPT25・17

妻大女年四十二、子大男年十九、子小男年十二、子小女年九、子妻年十五。　《合校》29・2

妻大女年二十八、弟大女年二十三、子使男年十。　《合校》203・32

弟大男年十九、弟使男年乇、妻大女年十九　《合校》133・20

上述亲属数列，先直系，后旁系，再按辈分、年龄依次排列，其大致顺序为：父、母、妻（兄弟）、兄弟（妻）、子女。兄弟及子女二人以上者又按年龄由大至小排列。唯兄弟与妻的排列先后不固定，原因未详，或时代不同而致。

弩具数列（有关数值已省略）

具弩、弩幡、稾矢、兰、冠　《新简》EPT48・17

弩、弩幡、栗矢、兰、兰冠　《新简》EPT51・68

六石具弩、三石具弩、弩幡、稾矢、兰、兰冠、有方　《新简》EPT53・3

三石具弩、弩幡、稾矢、六石具弩、弩幡、稾矢、兰、兰冠、靳幡　《新简》EPT57・47

六石具弩、系承弦、枲长弦、弩幡、幡、靳干、有方　《新简》EPT8・2—3

弩具数列通常按弩、弩幡、系承弦、枲长弦、稾矢、宝矢、兰、兰冠的顺序排列，一般是主件在前，配件在后，其中只有系弦和枲弦的位置不甚固定。

以上数列，统计学称之为品质分配数列。此类数列简牍所见甚多，于此不一一赘述。简牍所见分配数列中，还见主项与辅项的划分，如：

（二一）十一月丁巳卒二十四人。其一人作长，三人养，一人病，二人积苇，右解除七人。定作十七人，伐苇五百□，率人伐三十，与此五千五百二十束。　《合校》133・21

上引例（二一）之“解除七人”含“一人作长，三人养，一人病，二人积苇”，乃为辅项，而其主项即“定作十七人，伐苇五百□”。由此可见，“解除”诸事大多是为主项服务的辅助性工作，为实现主项预期效果而设，累计数中通常不显示。

按时间顺序排列的一列数，叫时间数列。简牍所见时间数列多为时期数列，常见于序时账，如：

（二二）四月乙卯卒王宫迹尽甲子积十日。

四月乙亥卒许柱迹尽甲申积十日。

四月乙丑卒邓禄迹尽甲戌积十日。

凡迹积三十日毋人马兰越寒天田出入迹。　《新简》EPT4・83

以上二例为统计之原始资料，有关数值皆按时间顺序列出，可以累计，知其为时期数列。时间数列为人们观察经济现象的发展趋向提供了依据，汉简所见与发展趋向相关的概念还有如下几种。

“与此”。

“与此”所系数值为逐次累计数，见例（二一），又：

（二三）二十三日戊申卒三人　伐蒲二十四束，大二韦，率人伐八束。

与此三百五十一束。　《合校》161・11

（二四）三月甲辰卒十四人

其一人养。

定作十三人，除沙三千七百七十石，率人除二百九十石。

与此七万六千五百六十石。　　《新简》EPT51・117

以上诸例皆为日作统计。以（二三）为例，戊申日三人伐蒲二十四束，则三百五十一束约当半个月的工作量，知“与此”后之数值为累计数，但此数与简牍常见表示合计的“最”、“凡”不同。“最”、“凡”是有关数值的一次性合计，而“与此”是逐次累计，假设某群人一天伐蒲十束，第二天伐蒲十束，第二天的“与此”数为二十束；第三天再伐八束，那么该天的“与此”数当为二十八束，知“与此”犹今统计之向上累计。“与此”的本义是参与此数，《汉书・食货志》：“今一夫挟五口……为钱千三百五十，除社闾尝新春秋之祠，用钱三百，余千五十。衣，人率用钱三百，五人终岁用千五百，不足四百五十。不幸疾病死丧之贾，及上赋敛，又未与此。”简牍所见即由此引申。

“如故”、“如前”、“多前”。

“如故”、“如前”、“多前”乃指与前期数值的比较，犹今言增长量，即报告期水平减去基期水平所得的差，如例（一）所见“亭六百八十八，卒二千九百七十二人，邮三十四，人四百八，如前”、“界东西五百五十一里，南北四百八十八里，如前”、“户二十六万六千二百九十，多前二千六百二十九，其户万一千六百六十二获流”、“种宿麦十万七千三百……顷，多前千九百二十顷八十二亩”、“男子七十万六千六十四，女子六十八万八千一百三十二人，女子多前七千九百二十六”等。增长量的确定，为朝廷及各级地方政府制定计划及预算提供了依据。

如上所见，统计指标与数列在汉代已被普遍应用，是汉代统计的重要方法。当时的统计报告多有平均指标的记载，表明当时尤为注重效率，至今仍有借鉴意义。

后记：简牍释文“二十”原作“廿”、“三十”原作“卅”、“四十”原作“卌”，今为便于排版而改。

（本文原载《秦汉史论丛》第七辑）

注释：

①《前编》（三，二三，六）：

五十犬　五十羊　五十豚

三十犬　三十羊　三十豚

二十犬　二十羊　二十豚

十五犬　十五羊　十五豚

② 参见拙文《汉简“会计”考》（上，下），刊于《出土文献研究》三、四辑。

③ 出土于江苏连云港市东海县尹湾六号汉墓。

④ 谢桂华、李均明、朱国炤：《居延汉简释文合校》，文物出版社 1987 年版，本文简称《合校》。

⑤ 甘肃省文物考古研究所、甘肃省博物馆、文化部古文献研究室、中国社会科学院历史研究所：《居延新简》，中华书局 1994 年版，本文简称《新简》。

⑥ 甘肃省文物考古研究所：《敦煌汉简》，中华书局 1991 年版，本文简称《敦》。

⑦ 李均明、何双全：《散见简牍合辑》（本文简称《散》），文物出版社 1990 年版。

张家山汉简所反映的二十等爵制

二十等爵制是秦汉史研究的老课题，论述者已多，史料之应用几近穷极。近年简牍新史料的出土，极大地补充传世文献之不足，从而为这一课题的深入研究提供新的契机。其中张家山汉简所见内容最丰富，尤能清晰地反映汉初二十等爵的恢复与发展，爵位的名称、等序，有爵者的权益，爵位的赐夺、继承、转移及爵位与加减、赎免刑罚的关系等。今试探讨于下，不妥之处，祈求方家指正。

一、爵位的等序与权益

汉高祖刘邦统一中国前后曾广泛实行赐爵制，其做法大致分为两个阶段[①]，统一前博采各诸侯国爵制，不拘一格用人，团结各路兵马。屠狗者樊哙，“却敌，斩首十五级，赐爵国大夫”，“斩首二十三级，赐爵列大夫”，“斩首十六级，赐上间爵”，“斩首十四级，捕虏十一人，赐爵五大夫”，“斩候一人，首六十八级，捕虏二十七人，赐爵卿”。[②]沛厩司御夏侯婴，以军功逐次赐爵七大夫、五大夫、执帛、执至列侯。[③]其他将领如贩缯者灌婴、将军郦商、魏五大夫传宽等也是以战功加爵升官。所赐爵如“执帛”、“执”之类皆为楚爵名。统一后则全面继承秦制，确立二十等爵的名称与等序。张家山汉简所见主要反映统一后的爵制，有关爵名等序及权益的法律条款如：

（一）关内侯九十五倾，大庶长九［十］顷，驷车庶长八十八顷，大上造八十六顷，少上造八十四顷，右更八十二顷，中更八十顷，左更七十八顷，右庶长七十四顷，五大夫二十五顷，公乘二十顷，公大夫九顷，官大夫七顷，大夫五顷，不更四顷，簪袅三顷，上造二顷，公士一顷半顷，公卒、士五（伍）、庶人各一顷，司寇、隐官各五十亩。不幸死者，令其后先择田，乃行其余。它子男欲为户，以为其□田予之。其已前为户而毋田宅，田宅不盈，得以盈。宅不比，不得。　《二年律令·户律》[④]

（二）宅之大方三十步。彻侯受百五宅，关内侯九十五宅，大庶长九十宅，驷车庶长八十八宅，大上造八十六宅，少上造八十四宅，右更八十二宅，中更八十宅，左更七十八宅，右庶长七十六宅，左庶长七十四宅，五大夫二十五宅，公乘二十宅，公大夫九宅，官大夫七宅，大夫五宅，不更四宅，簪袅三宅，上造二宅，公士一宅半宅，公卒、士五（伍）、庶人一宅，司寇、隐官半宅。欲为户者，许之。　《二年律令·户律》

以上爵名，与《汉书·百官公卿表》所载爵制相同，印证了《汉旧仪》所云：“汉承秦爵二十等以赐天下。”

例（一）、（二）所见二十等爵中，有若干爵级之间所受田、宅数量存较大落差，如“右庶长七十六宅，左庶长七十四宅”，二爵间受宅数量仅差二宅；“五大夫二十五宅，公乘二十宅”，二爵间受宅数量仅差五宅。而左庶长与五大夫虽亦相邻，二者间受宅数量之落差却达49。公乘与公大夫间爵级亦相邻，而受宅数量落差亦达十一宅。落差大的爵级之间显然彼此属于不同的档次。根据这些现象，可把二十等爵划分为四个大的档次，即：

彻侯、关内侯为最高，属“侯”档。

大庶长以下至左庶长次之，属“卿”档。《史记·傅靳蒯成列传》：傅宽以魏

五大夫，“斩首十二级，赐卿爵。”《汉书·晁错传》：“郡县之民得买其爵，以自增至卿。”“卿”非指某一级爵名，而是包含若干爵级的爵档，《汉书·樊哙传》王先谦补注引钱大昭曰：“卿则左庶长以上，封君则大庶长之属矣。”所云“卿”是也，所云“封君”则与简文异。

五大夫、公乘属第三。

公大夫以下至公士属第四。第三、四档为“大夫、士”之类。

上述四档的划分与刘劭《爵制》所载稍异。刘劭云：“秦依古制，其在军赐爵为等级，其帅人皆更卒也。有功赐爵，则在军吏之例。自一级以上至不更四等，皆士也。大夫以上至五大夫五等，比大夫也。九等，依九命之义也。自左庶长以上至大庶长，九卿之义也。关内侯者，依古圻内子男之义也……列侯者，依古列国诸侯之义也……吏民爵不得过公乘者，得贳与子若同产，然则公乘者，军吏爵之最高者也。”⑤简文第三档仅含五大夫、公乘二爵，《爵制》则含大夫至五大夫五爵。简文第四档含公士至公大夫七爵，而《爵制》仅含公士至不更四爵。

简文“公卒”当不在二十等爵的范围之内，或如《商君书·境内篇》：“军爵，自一级已下至小夫，命曰校徒操出。”属小夫之类。⑥

上述以爵位受田、宅的划分是最基本的划分方式，涉及其他事项的划分范围与此相类或更细致，如：

（三）赐棺享（椁）而欲受赍者，卿以上予棺钱级千、享（椁）级六百；五大夫以下棺钱级六百、享（椁）级三百；毋爵者棺钱三百。　《二年律令·赐律》

（四）赐不为吏及宦皇帝者，关内侯以上比二千石，卿比千石，五大夫比八百石，公乘比六百石，公大夫、官大夫比五百石，大夫比三百石，不更比有秩，簪褭比斗食，上造、公士比佐史。毋爵者，饭一斗、肉五斤、酒大半斗、酱少半升。司寇、徒隶，饭一斗，肉三斤，酒少半斗，盐廿分升一。　《二年律令·赐律》

（五）……使非吏，食从者，卿以上比千石，五大夫以下到官大夫比五百石，大夫以下比二百石；吏皆以实从者食之。诸吏乘车以上及宦皇帝者，归休若罢官而有传者，县舍食人、马如令。　《二年律令·传食律》

从以上诸例可看出：二十等爵中，“五大夫”属划等中的临界性爵级，涉及具体权益时，大多属下，如例（三）“五大夫下”、例（五）“五大夫以下到官大夫”等。有时亦上挂，如《二年律令·贼律》：“所殴詈有秩以上，乃吏以县官事殴詈五大夫以上，皆黥为城旦舂。”《二年律令·赐律》：“赐衣者六丈四尺、缘五尺、絮三斤，襦二丈二尺、缘丈、絮二斤，绔（）二丈一尺、絮一斤半，衾五丈二尺、缘二丈六尺、絮十一斤。五大夫以上锦表，公乘以下缦表，皆帛里；司寇以下布表……”传世文献所见如《汉书·食货志》：“令民人粟受爵至五大夫以上，乃复一人耳，此其与骑马之功相去远矣。”其他爵级如“大夫”等虽然也有类似的现象，皆不如“五大夫”那么突出。

“五大夫”以下属编户民，《二年律令·户律》：“自五大夫以下，比地为伍，以辩□为信，居处相察，出入相司。有为盗贼及亡者，辄谒吏、典。田典更挟里门籥（钥），以时开；伏闭门，止行及作田者；其献酒及乘置乘传，以节使、救水火，追盗贼，皆得行，不以律，罚金二两。”普通百姓应尽之义务，五大夫皆须承担，社会地位显然与左庶长以上者有很大差别，如《二年律令·户律》规定：“卿以

上所自田户田，不租，不出顷刍。”而五大夫不可免。此与前人之说亦有异，刘劭《爵制》云“吏民爵不得过公乘”，钱大昭《汉书辨疑》：“自公士至公乘，民之爵也，生以为禄位，死以为号谥，凡言民爵，即此。自五大夫至彻侯，则官之爵。”此说把五大夫归入官爵，而简文所见五大夫纳入编户民范围，当为民爵。这类区别也体现五大夫在等级划分中的临界状态，故易上下浮动。

商鞅变法时，官与爵挂勾，关系密切，《韩非子·定法》：“商君之法曰：斩一首者爵一级，欲为官者，为五十石之官；斩二首者爵二级，欲为官者，为百石之官，官爵之迁，与斩首之功相称。”至汉代，官、爵逐渐分离，汉高祖时，“行赏而授位也，爵以功为先后，官用能为次序。”[⑦]爵为功而设，而官以才能担任。《二年律令·赐律》：“吏官庳（卑）而爵高，以宦皇帝者爵比赐之。”官卑而爵高的现象，表明了官、爵分离的顷向，但官、爵挂勾的痕迹尚存，律文中常有以爵级比附官秩的规定，如前文例（四）、（五）所见。但须分清，爵位虽可享受相应官秩的物质利益，却不具有相应官秩的权力。

据上例（一）至（五）所见，有爵者享有相应的权益，乃继承秦之“令有军功者，各以率受上爵，明尊卑爵秩等级，各以差次；名田宅臣妾衣服，以家次”[⑧]的传统。即可占受田、宅及接收衣物棺椁膳食等赏赐。此外，尚有减免徭赋租税等，如：

（六）大夫以上[年]九十，不更九十一，簪袅九十二，上造九十三，公士九十四，公卒、士五（伍）九十五以上者，禀米月一石。　《二年律令·傅律》

（七）大夫以上年七十，不更七十一，簪袅七十二，上造七十三，公士七十四，公卒、士五（伍）七十五，皆受仗（杖）　《二年律令·傅律》

（八）大夫以上年五十八，不更六十二，簪袅六十三，上造六十四，公士六十五，公卒以下六十六，皆为免老。　《二年律令·傅律》

上述规定中，例（六）所见“年九十”以上的高龄人口必然极少，故仅具象征意义。例（七）所见受杖事属荣誉待遇，实际意义有限。例（八）、（九）所见则具有较大的实效性，因为免老者免服徭役，爵位越高，免老的年龄越小，一生中服徭役的时间亦越短。睆老也是对老龄人的优惠，可以说是免老之前的过渡阶段，《二年律令·徭律》：“睆老各半其爵徭，□入独给邑中事。”凡属睆老范围的人，可减半服徭役。

又，各爵级人士的直接继承人傅籍的年龄不同，如：

（一〇）不更以下子年二十岁，大夫以上至五大夫子及小爵不更以下至上造年二十二年，卿以上子及小爵大夫以上年二十四岁，皆傅之。公士、公卒及士五（伍）、司寇、隐官子，皆为士五（伍）。寿（畴）官各从其寿（畴）有学师者学之。　《二年律令·傅律》

爵位越高，其继承人傅籍的年龄越大。傅籍年龄的延迟与免老年龄的提前，即意味着承担徭役总量的减少。爵级不同，承担徭役的程度也不同，例如：

（一一）发传送县官，车牛不足，令大夫以下有訾（赀）者，以赀共出车及益，令其毋訾（赀）者共出牛食、约、载具。吏及宦皇帝者不与给传送……免老、小未傅者、女子及诸有除者，县道勿敢徭使。节（即）载粟，乃发公大夫以下子、未傅年十五年以上者。补缮邑□，除道桥，穿波（陂）池，治沟渠，堑奴苑；自公大夫以下，勿以为徭……

“自公大夫以下”之“下”，整理小组云：“‘下’疑为‘上’字之误。”则公大夫以上爵位可免服徭役。赀家出车、牛运送粮食的记载亦见于居延汉简，《合校》16·2：“入粟大石二十五石，车一两，输甲沟候官。始建国五年六月，令史受訾家当遂里王护。”[⑨]《新简》EPT59·100：“入粟大石廿五石，车一两，正月癸卯，甲渠官谭受訾家茂陵东进里赵君壮，就人肩水里郅宗。”[⑩]律文明确规定大夫以下爵级皆有此义务，而官大夫以下则无。除以上所述权益外，犯罪时可相应减、免、赎刑罚亦为有爵者的特权。

二、爵位的拜赐与削夺

汉高祖刘邦在统一战争过程中广泛采用斩首赐爵制，以战功作为赐爵的重要依据。统一后，此原则亦延伸治安事务，例如：

（一二）徼外人来入为盗者，要（腰）斩。吏所兴能捕若斩一人，拜爵一级。不欲拜爵及非吏所兴，购如律。　　《二年律令·盗律》

（一三）……能产捕群盗一人若斩二人，拜爵一级。其斩一人若爵过大夫及不当拜爵者，皆购之如律。所捕、斩虽后会□□论，行其购赏。斩群盗，必有以信之，乃行其赏。　　《二年律令·捕律》

（一四）捕从诸侯来为间者一人，拜爵一级，有（又）购二万钱。不当拜者，级赐万钱，有（又）行其购。数人共捕罪人而当购赏，欲相移者，许之。　　《二年律令·捕律》

（一五）捕盗铸钱及佐者死罪一人，予爵一级。其欲以免除罪人者，许之。捕一人，免除死罪一人，若城旦舂、鬼薪白粲二人，隶臣妾、收人、司空三人以为庶人。其当刑未报者，勿刑。有（又）复告者一人身，毋有所与。诇告吏，吏捕得之，赏如律。　　《二年律令·钱律》

斩首赐爵源自秦制，《韩非子·定法篇》："商君之法曰，斩一首者，爵一级；欲为官者为五十石之官。斩二首，爵二级，欲为官者，为百石之官。"汉初仍实行斩首赐爵的原则，但还根据斩、捕方式及对象的身分加以区别，如例（一二）所见凡在官吏率领的行动中斩、捕境外人盗者一人，拜爵一级；例（一三）所见活捉群盗（团伙犯罪）一人或斩杀二人，拜爵一级；例（一四）所见活捉诸侯间谍一人，拜爵一级，又加赏钱二万。例（一五）所见活捉所见犯死罪之盗铸钱者一人，拜爵一级。显然，被捕、斩者的物件不同，捕、斩者所受奖励有别，其中尤以活捉诸侯国的间牒所获奖赏最多，这与当时异姓诸侯的反叛对中央朝廷造成直接威胁的形势直接相关。其实，视斩、捕对象的身分地位赐爵的做法曾实行于统一战争中，典型者如《史记·樊郦滕灌列传》："所将率五人共斩项籍，皆赐爵列侯。"由于项羽是楚汉战争中一方阵营的首领，故斩之者虽多人，每人都可直接登达列侯爵位。又，在平时的治安行动中，由于活捉犯人能获得更多的信息，以便辑拿同案犯，故活捉犯人所受奖励通常多于斩首，与大规模军事行动中采取的做法不尽一致。

由于战争而引发百姓的逃亡，户口大量流失，统一后汉高祖采取了普赐民爵吸引户口的重要举措，五年五月"诏曰：'诸侯子在关中者，复之十二岁，其归者半之。民前或相聚保山泽，不书名数，今天下已定，令各归其县，复故爵田宅，吏以文法教训辨告，勿笞辱。民以饥饿自卖为人奴婢者，皆免为庶人。军吏卒会赦，其亡罪而亡爵及不满大夫者，皆赐爵为大夫。故大夫以上赐爵各一级，其七大夫以上，皆令食邑，非七大夫以下，皆复其身及户，勿事。'又曰：'七大夫、公乘以上，皆高爵也。诸侯子及从军归者，甚多高爵，吾数诏吏先与田宅，及所当求于吏者，亟与。爵或人君，上所尊礼，久立吏前，曾不为决，甚亡谓也。异日秦民爵公大夫以上，令丞与亢礼。今吾于爵非轻也，吏独安取此！且法以有功劳行田宅，今小吏未尝从军者多满，而有功者顾不得，背公立私，守尉长吏教训甚不善。其令诸吏善遇高爵，称吾意。且廉问，有不如吾诏者，以重论之'。"[11]此举，无疑使汉朝廷直接掌握的户口迅速增多，《史记·高祖功臣侯者年表》："天下初定，故大城名都散亡，户口可得而数者十二三，是以大侯不过万家，小者五六百户。后数世，民咸归乡里，户益息，萧、曹、绛、灌之属或至四万，小侯自倍，富厚如之。”在初期阶段，普赐民爵与律文规定之斩捕赐爵相辅相成，起着调整平衡各种社会关系的作用，但赐爵制从此亦向着轻滥的方向发展，有甚者如允许以钱买卖爵位，汉惠帝时，“民有罪，得买爵三十级以免死罪”，又六年“令民得卖爵”[⑫]。

爵位之拜赐遵循一定的程序，除前例（一三）所见“斩群盗，必有以信之，乃行其赏”之外，又如：

（一六）……受（授）爵及除人关于尉……　《二年律令·置吏律》

（一七）当拜爵及赐，未拜而有罪者，勿拜赐。　《二年律令·爵律》

（一八）诸诈伪为自爵、爵免、免人者，皆黥为城旦舂。　《二年律令·爵律》

拜爵程序中，最重要并且不可缺的是“必有以信之”，即捕人或斩人，当有人证、物证。秦时的规定如“以战故，暴首三日，乃校三日，将军以不疑致士大夫劳爵。夫劳爵，其县过三日有不致士大夫劳爵，罢其县四尉，訾由丞尉”[⑬]。汉代的做法未必尽同，而必须经过验证是肯定的。例（一六）所见规定授人爵位须申报县尉。例（一七）所见规定爵位未正式拜赐而犯罪时，取消除赐资格，与秦律之规定稍异，《秦简·秦律十八种·军爵律》：“从军当以劳论及赐，有罪法耐迁者，皆不得受其爵及赐。其已拜，赐未受而死及法耐迁者，鼠（予）赐。”汉律之规定当严于秦律。例（一八）所见凡以欺骗手段获得爵位及享用其权益者，将被判服徒刑“城旦”并附加肉刑“黥”。

爵位作为统治者掌控吏民的工具，可拜赐亦可削夺，即所谓“爵者，上之所擅，出于口而亡穷”。[⑭]王粲《爵论》云：“古者爵行之时，民赐爵则喜，夺爵则惧，故可以夺赐而法也。”[⑮]律文所见削夺爵位通常与当事人的失职及违法行为相关，如：

（一九）……与盗贼遇而去北，及力足以追捕之而□□□□□□［逗］留畏弗敢就，夺其将爵一络（级），免之，毋爵者戍边各一岁。　《二年律令·捕律》

（二〇）博戏而夺钱财，若为平者，夺爵各一级，戍二岁。　《二年律令·杂律》

（二一）大史、大卜谨以吏员调官史、卜县道官，官受除事，勿环。吏备（惫）罢、佐劳少者，毋敢亶（擅）史、卜。史、卜受调书大史、大卜而、留，及亶（擅）不视事盈三月，斥勿以为史、卜。吏壹弗除事者，与同罪；其非吏也，夺爵一级。　《二年律令·史律》

夺爵之事亦见于秦律，如《秦简·法律答问》：“战死事不出，论其后。有（又）后察不死，夺后爵，除伍人；不死归者，以为隶臣。”汉代之削夺爵，亦屡见史载，如《汉书·冯唐传》：“（文帝时）云中守尚坐上功首虏差六级，陛下下之吏，削其爵，罚作之。”《汉书·景帝纪》：元年秋七月“吏迁徒免罢，受其故官属所将监治送财物，夺爵为士伍，免之。无爵，罚金二斤，令没入所受。有能捕告，畀其所受臧。”师古注：“谓夺其爵，令为士伍，又免其官职，即今律所谓除名也。谓之士伍者，言从士卒之伍也。”从律文及史籍所载，知汉初之削夺爵已成为处罚之一种方式，并纳入刑罚体系中。

三、爵位的继承与转移

爵位的继承是汉初二十等爵制的重要内容之一，律文规定甚详，如：

（二二）□□□□为县官有为也，以其故死若伤二旬中死，皆为死事者，令子男袭其爵。毋爵者，其后为公士。毋子男以女，毋女以父，毋父以母，毋母以男同产，毋男同产以女同产，毋女同产以妻。诸死事当置后，毋父母、妻子、同产者，以大父、毋大父以大母与同居数者。　《二年律令·置后律》

（二三）□□□及（？）爵，与死事者之爵等，各加其故爵一级，盈大夫者食之。 《二年律令·置后律》

（二四）疾死置后者，彻侯后子为彻侯，其毋（嫡）子，以孺子[子、良人]子。关内侯后子为关内侯，卿侯（后）子为公乘，[五大夫]后子为公大夫，公乘后子为官大夫，公大夫后子为大夫，官大夫后子为不更，大夫后子为簪袅，不更后子为上造，簪袅后子为公士，其毋（嫡）子，以下妻子、偏妻子。《二年律令·置后律》

（二五）不为后而傅者，关内侯子二人为不更，它子为簪袅；卿子二人为不更，它子为上造；五大夫子二人为簪袅，它子为上造；公乘、公大夫子二人为上造，它子为公士；官大夫及大夫子为公士；不更至上造子为公卒。当士（仕）为上造以上者，以（嫡）子；毋（嫡）子，以扁（偏）妻子、孽子，皆先以长者。若次其父所，所以未傅，须其傅，各以其傅时父定爵士（仕）之。父前死者，以死时爵。当为父爵后而傅者，士（仕）之如不为后者。 《二年律令·置后律》

上述律文关于继承爵位的规定，包括继承人的确定、继承爵位的等级、继承人的顺序、继承的时间等。继承关系的成立基于三种情况：一如例（二二）所见因公殉职者，其子男可继承父亲的原爵级，如父亲为无爵者，可赐爵为公士；在特定的条件下，如例（二三）所见继承人原已有爵位，且与传给人爵位相等时，则可在原爵位的基础上加赐一级，满大夫级者换为供食。二如例（二四）所见，传给人因病死亡，直接继承人可按规定继承规定的爵级。三如例（二五）所见，继承人达到申报户籍年龄时，可按规定继承一定的爵级。继承关系成立的前提不同，待遇亦有别。

继承爵位的级别：死事者子男袭原爵，如子男原有爵与传给人同，加爵一级；毋爵者后为公士。疾死者除彻侯及关内侯之继承人承袭原爵外，卿侯（包括左庶长至大庶长间爵级）之继承人皆受公乘爵，五大夫以下之继承人皆受降二级之爵位，上造以下之继承人则无爵可受。

爵位继承人的顺序，按子男、子女、父、母、兄、弟、姐、妹、妻、祖父、祖母依次排列，前者不存则后者补上。子男、子女的顺序，以嫡长子为第一。母嫡长子者，彻侯以孺子子、良人子递补；彻侯之下爵位则以继母之子、妾之子递补。同辈兄弟姐妹间依年龄从大到小排列，同母者优先。[16]嫡长子之外，其他庶子可继承较低爵位，如例（二五）所见“不为后而传者，关内侯子二人为不更，它子为簪袅”之类，通常是庶子二人继承较低爵位，余子继承更低爵位。

继承爵位的时间，通常是传给人死事、疾死之后及继承人傅籍之时，其中当以傅籍时继承爵位者居多。律文规定了两个政策界线：一是以继承人傅籍时传给人的爵级确定继承关系。二如果传给人已死亡，则以死时爵级确定继承关系。另有特殊情况，如《二年律令·置后律》：“死，其寡有遗腹产，乃以律为置爵、户后。”即传给人死亡，其妻尚怀子未产，待其子出生后确定继承关系。

爵位的继承亦遵循一定的程序和限制，如：

（二六）尝有罪耐以上，不得为人爵后。诸当拜爵后者，令典若正、伍里人毋下五人任占。 《二年律令·置后律》

（二七）□先以长者、有爵者即之。爵当即而有物故，夺□，以其数减后爵。其逢贼杀，勿为置后。《二年律令·置后律》

律文表明，继承人须经过同里典、正乃至伍五人以上担保方可成立，实质是对继承人身份、年龄等的核实过程。曾犯过“耐”以上罪者及自杀者的后代无资格继承爵位。[17]

爵位之转移多以转移权益的形式见存，如例（一四）“数人共捕罪人而当购赏，欲相移者，许之。”又例（一五）所见捕盗铸钱及佐者死罪一人，可获爵一级，亦允许以此爵抵免他人之罪，“捕一人，免除死罪一人，若城旦舂、鬼薪白粲二人，隶臣妾、收入、司空三人以为庶人。”史籍所载则有爵级的直接转移，如《续汉书·百官志》注引刘劭《爵制》：“……吏民爵不得过公乘者，得贳与子若同产。”此类转移，目的是为避免过多的人获得高爵。

四、爵位与增减及赎免刑罚

汉初之爵位与刑罚的增减及赎免有直接的关系。增罪主要是针对加害于高爵（被害者爵位高于加害者）的行为，律文之规定如：

（二八）斗而以及金铁锐、锤、椎伤人，皆完为城旦舂。其非用此物而盱人，折枳、齿、指，体，断决鼻、耳者，耐。其毋伤也，下爵殴上爵，罚金四两。殴同死〈列〉以下，罚金二两；其有及□，罚金四两。　《二年律令·贼律》

（二九）以县官事殴若詈吏，耐。所殴詈有秩以上，及吏以县官事殴詈五大夫以上，皆黥为城旦舂。长吏以县官事詈少吏□者，亦得毋用此律。　《二年律令·贼律》

例（二八）所见为相互殴斗产生的轻微犯罪，被害方与加害方爵位相同或更低，加害方罚金二两；而被害方爵位高于加害方时，加害方罚金四两，显然是加重惩处。例（二九）所见官员因公事而谩骂五大夫以上爵位者，皆黥为城旦舂。“黥城旦舂”是徒刑中最重者，而因公事谩骂低级官吏仅“耐”之（剃去须鬓），量刑程度不同。凡此类加刑，皆意在维护爵位等级制度。减、免刑罚是有爵者特权的体现，今见主要条款如：

（三〇）上造、上造妻以上，及内公孙、外公孙、内公耳玄孙有罪，其当刑及当为城旦舂者，而以为鬼薪白粲。　《二年律令·具律》

（三一）公士、公士妻及□□行年七十以上，若年不盈十七岁，有罪当刑者，皆完之。　《二年律令·具律》

（三二）吏民亡，盈卒岁，耐；不盈卒岁，（系）城旦舂；公士、公士妻以上作官府，皆偿亡曰……《二年律令·亡律》

（三三）罪人完城旦舂、鬼薪以上，及坐奸府（腐）者，皆收其妻、子、财、田宅。其子有妻、夫，若为户、有爵，及年十七以上，若为人妻而弃、寡者，皆勿收。坐奸、略妻及伤其妻以收，毋收其妻。《二年律令·收律》

例（三一）所见律文未讳“盈”字，当颁布于汉惠帝前。公元前195年四月汉高祖死，五月惠帝即位，颁诏赐民爵及减免刑罚，曾重申上述律文所见，文云“赐民爵一级。中郎、郎中满六岁爵三级，四岁二级。外郎满六岁二级。中郎不满一岁一级。外郎不满二岁赐钱万。宦官尚食比郎中。谒者、执。执戟、武士、驺双外郎。太子御乘赐爵五大夫，舍人满五岁二级……减田租，复十五税一。爵五大夫、吏六百石以上及宦皇帝而知名者有罪当盗械者，皆颂系。上造以上及内外公孙耳孙有罪当刑当为城旦舂者，皆耐为鬼薪白粲。民年七十以上若不满十岁有罪当刑者，皆完之。”[18]但减刑的范围仅及爵公士以上者，未涉及公士以上妻。公士为二十等爵之最低一级，故知凡有爵者皆具减刑特权。此制亦承于秦，《商君书·境内篇》：“爵自二级以上，有罪以减，年五十六免。无爵为士伍，年六十乃免者，有罪，各尽其刑。”内公孙犯罪得比公士减刑的法律亦见秦简，《睡虎地秦墓竹简·法律答问》：“内公孙毋（无）爵当赎刑，得比公士赎耐不得？得比焉。”汉初律文则把比公士的范围扩大到例（三〇）所见“内公孙、外公孙、内公耳玄孙”，吕后时再扩大至“吕宣王内孙、外孙、内耳孙玄孙，诸侯王子、内孙耳孙，彻侯子、内孙”等。[19]律文所云“有罪当刑”之“刑”乃指肉刑，与“完”相对应，“完”即指不加肉刑。律文所见有爵者之减免刑所涉及肉刑、徒刑，未言及死刑。例（三二）所见“公士、公士妻以上作官府，皆偿亡日”，指有爵者及其妻可在官府服徒刑，劳作环境相对好一些，也是减刑的一种形式，亦源于秦律，《秦简·法律答问》：“将上不仁邑里者纵之，可（何）论？当系作如其所纵，以须其得；有爵，作官府。”例（三三）所见犯罪判鬼薪以上者，皆没入其妻、子、财产、田宅，如其子女已成家立户及有爵则可免于连坐，也是一种减免刑罚的形式。

在一些特定的情况下，不许按上述条款减、免刑罚，如：

（三四）贼杀伤父母，牧杀父母，欧〈殴〉詈父母，父母告子不孝，其妻子为收者，皆锢，令毋得以爵偿、免除及赎。　　《二年律令·贼律》

（三五）□杀伤其夫，不得以夫爵论。　　《二年律令·贼律》

上述二条款涉及杀、伤罪，并有违伦理，尤其不孝为严重罪行，通常处以极刑，故其妻、子当连坐者皆不和以爵偿、免。妻杀伤其夫，同样因有违伦理而不得按前例（三〇）至（三三）条款减免刑。

（三六）八年十月己未，安陆丞忠刻（劾）狱史平舍匿无名数大男子种一月，平曰：“诚智（知）种无[名]数，舍匿之，罪，它如刻（劾）。”种言如平。问：平爵五大夫，居安陆和众里，属安陆相，它如（辞）。鞫：平智（知）种无名数，舍匿之，审。当：平当耐为隶臣，锢，毋得以爵、当赏免。令曰：诸无名数者，皆令自占书名数，令到县道官，盈卅日，不自占书名数，皆耐为隶臣妾，锢，勿令以爵、赏免。舍匿者与同罪，以此当平。南郡守强、守丞吉、卒史建舍治。　　《奏谳书》

（三七）七年八月己未，江陆丞言：醴阳令恢盗县官米二百六十三石八斗。恢秩六百石，爵左庶长□□□□从史石盗醴阳已乡县官米二百六十三石八斗，令舍人士五（伍）兴、义与石卖，得金六斤三两、钱万五千五十，罪，它如书。兴、义言皆如恢。问：恢盗臧（赃）过六百六十钱，石亡不讯，它如（辞）。鞫：恢，吏，盗过六十六十钱，审。当：恢当黥为城旦，毋得以爵减、免、赎。律：盗臧（赃）直（值）过六百六十钱，黥为城旦；令：吏盗，当刑者刑，毋得以爵减、免、赎，以此当恢。恢居郦邑建成里，属南郡守。南郡守强、守丞吉、卒史建舍治。　　《奏谳书》

以上二例为司法实践中产生的法律文书。例（三六）所见，不仅隐匿户口者本身不能以爵减免刑，其包庇之官吏也不能以爵、赏免。原因在于汉初实行二十等爵制，恢复秦民故爵的重要目的之一是吸引户籍人口，必然不能允许与此宗旨相悖的行为存在，所以即使爵为五大夫的狱史平也不能例外，表明法律对执法官的要求或更为严格。例（三七）所见对醴阳令恢的判决是依据《盗律》：“盗臧（赃）直（值）过六百六十钱，黥为城旦。”及《令》：“吏盗，当刑者刑，毋得以爵减、免、赎。”二条款执行的。知吏之坚守自盗不在以爵减免赎的范围内。汉律中亦当有专门针对主守盗的条款，《汉书·刑法志》：“守县官财物而即盗之。”师古注：“即今律所谓主守自盗者也。”

综上可知，汉高祖刘邦统一中国至吕后时的十余年间，二十等爵制曾得以恢复、发展及认真执行。汉文帝以后，二十等爵制朝着轻、滥的方向发展，实效性逐渐减弱，往往成为统治者的权宜之计，典型者如晁错向汉文帝的建议：“今募天下入粟县官，得以拜爵，得以除罪。如此，富人有爵，农民有钱，粟有所渫……令民入粟受爵至五大夫以上，乃复一人耳，此其与骑马之功相去远矣。爵者，上之得擅出于口而亡穷；粟者，民之所种，生于地而不乏。夫得高爵与免罪，人之所甚欲也。使天下[人]人粟于边，以受爵免罪，不过三岁，塞下之粟必多矣。”[20]汉文帝采纳了晁错的提案，于是“令民入粟边，六百石爵上造，稍增至四千石为五大夫，万二千石为大庶长，各以多少级数为差”[21]。此后，西汉之历代皇帝普赐民爵，有爵者之权益几乎丧失殆尽，故如王粲《爵论》所云："今爵废矣，民不知爵者何也，夺之，民亦不惧，赐之，民亦不喜，是设空文书而无用也。"[22]东汉以降，二十等爵制名存实亡。

（本文原载于《中国史研究》2002 年第 2 期）

注释：

① 参见高敏《论两汉赐爵制度的历史演变》，载高敏著《秦汉史论集》，中州书画社 1982 年版，第 33 至 57 页。

②《史记・樊郦滕灌列传》。

③《史记・樊卿滕灌列传》。

④ 张家山汉墓竹简整理小组：《张家山汉墓竹简》，文物出版社 2001 年版。

⑤《续汉书・百官志》，刘昭补注，引刘劭《爵制》。

⑥ 俞越：《诸子平议》："出字疑当作士，古书士、出字多误。"

⑦《汉书・外戚恩泽侯表》。

⑧《史记・商君列传》。

⑨ 谢桂华、李均明、朱国照：《居延汉简释文合校》（以下简称《合校》，文物出版社 1987 年版。

⑩ 甘肃省文物考古研究所、甘肃省博物馆、中国文物研究所、中国社会科学院历史研究所：《居延新简》（以下简称《新简》），中华书局 1994 年版。

⑪《汉书・高帝纪》。

⑫《汉书・惠帝纪》。

⑬《尚君书・境内》。

⑭《汉书・食货志》。

⑮《艺文类聚》卷五一封爵部引王粲《爵论》。

⑯《二年律令・置后律》："同产相为后，先以同居，毋同居乃以不同居，皆先以长者。其或异母，虽长，先以同母告。"

⑰ "耐"为剃去犯人须鬓的刑罚，常与徒刑复合使用。参见于振波《秦汉法律与社会》第三章《秦汉刑制的演变》第二节《秦律中之肉刑与徒刑的关系》。

⑱《汉书・惠帝纪》。

⑲《二年律令・具律》。

⑳《汉书・食货志》。

㉑《汉书・食货志》。

㉒《艺文类聚》卷五一封爵部引王粲《爵论》。

汉代烽隧守御术略考

汉代烽隧犹今边防哨卡，陈梦家先生称之为“基层的哨所。”[①]《说文》：“𤒞，塞上亭守烽火者。”《汉书·匈奴传》：“建塞徼，起亭燧。”今内蒙古额济纳旗甲渠塞遗址所见烽隧间距1300米、卅井塞遗址所见烽隧间距2000米左右。[②]据简文所见，每座烽隧之乘员少者二人，多者五六人，以三人居多，而人多者常为诸部候长、候史所在。众所周知，烽隧的主要功能是瞭望放哨通烽火，对此撰文者已多，不再赘述。而对烽隧如何守御自保，关注者不多，今试为解析，望大家指正。

一、烽隧的基础建筑

烽隧之建筑与功能相关，从大处观察主要有两大部分构成，一是高高的土台，简文称“堠”（或作“墷”），俗称烽火台；二是与烽火台相连的封闭围墙，简文称“坞”，围墙内为生活区，筑有房舍。汉代烽火台通常以夯土或土坯构筑（敦煌一带所见有以一层沙砾间隔一层芦苇垒成者），少量以石条砌成，通常为基础大而顶台稍小，凡有条件者筑于自然高台上，筑于平地者则较高。今存完整且较高的汉代烽火台，如《居延汉简甲乙编·障隧述要》所载A12烽台，高5至7米、基座5米×5米[③]；A17烽隧，台高6米，基座9.4米×9.4米；T124烽隧，台高6米，基座7米×7米；P8烽隧，台高6米，基座11米×9米；T158烽隧，台高8至9米，基座7米×7米；T183烽隧，台高8米，基座6.5米×6.5米；F179障，障高9.5米，基座21米×21米，与烽台不同，障通常为空心，可住人，此障墙厚5.6米。又《疏勒河流域汉代长城考察报告》所述1号烽隧，台高9米，基座7米×4.1米[④]；5号烽隧，台高9.3米，基座4.8米×5.7米；8号烽隧，台高7.8米，基座5.1米×5.6米；9号烽隧，台高7.2米，基座4.3米×6.37米；17号烽隧，台高8.4米，基座6.4米×6.85米；19号烽隧，台高7.5米，基座9.4米×7.8米；25号障，障高9.7米，基座15.7米×15.3米，墙厚5.1米；82号烽隧，台残高9.1米，基座6.2米×6.2米；163号烽隧，台残高8.5米，基座4米×3.4米。简牍所载烽台高度，见《新简》EPT52·27：“堠高四丈，上堞高五尺，为四陬埤垷。”[⑤]汉代四丈合今近10米。《敦》1589：“二人削除亭东面广丈四尺、高五丈二尺。”[⑥]五丈二尺合今约12米。又《敦》1777：“□□□涂亭东涯高四丈二尺、广丈六尺，积六百七十二尺。”四丈二尺合今近11米。传世文献见《墨子·杂守》：“筑邮亭圜之，高三丈以上，令倚杀。”“倚杀”指收分，即基座大而顶台小的结构。台顶通常筑有女墙，简文所云“堞高五尺”即是。五尺合今近1.2米。遗址所见保存较好的女墙，如《疏》45号烽隧，女墙高1.3米；《疏》34号、56号、77号烽隧，女墙高皆为1.6米，厚0.9至1.6米不等。台顶尚存建筑墙面，当即简文所谓“候楼”，《新简》EPT59·661：“堠上候楼一”，候楼当为戍卒值勤瞭望的哨棚，《疏》29号烽隧所见候楼，以土坯砌成，四壁保存较完整，南北24米，东西长2.37米，残高0.8米；又45号烽隧所见候楼，平面为 2.1 米 ×2.7 米。登台之设施有台阶、脚窝等，上段通常以绳索攀顶，人登上后便收回绳索，如《甲乙编·障隧述要》所见 T162、A32 烽台皆有登顶绳索残段，编者认为这些绳索或为“绳梯的残迹”。

坞墙是烽隧建筑的另一重要部分。经科学发掘的坞墙，典型者如甲渠第四隧，坞东西长 21 米、南北最宽 15.2 米，分东西两坞，西坞年代较早，残高 0.7 米，设二间居室，东坞为后建，残高 1.15 米，设三间居室。[⑦]敦煌马圈湾烽隧所见坞墙分四期，其中第一期夯筑，北墙长 6.2 米，东墙长 11.1 米，南墙长 8.7 米，墙厚 1.2 米，残高 0.87 米，有过厅及三间房屋基址。[⑧]今见较高坞墙，如《疏》59 号烽隧，坞墙残高 1.2 米，厚 1.7 米；新编 1 号烽隧之东坞墙残高 2.4 米；77 号烽隧之西坞墙残高 2.2 米、厚 2.2 米，南坞墙残高 1.7 米、厚 2.2 米。《合校》175·19A：“长十丈七尺坞。坞高丈四尺五寸，按高六尺，御□高二尺五寸，任高二丈三尺。”[⑨]则坞墙高度达 3.3 米左右。《新简》EPT59·83A：“丈五尺、厚四尺，用三千二百……”丈五尺合今近 3.5 米，所指亦应为坞墙之高度。据坞上亦设有转射的情形看，坞亦当有女墙。坞大多仅设一门出入，且为双重结构，如马圈湾所见“堡门西开，宽 0.76 米，有双重门。”《疏》3 号烽隧亦见重门结构，绝非偶然，战时两门之间可填土坯封堵。《墨子·备城门》云：“凡守围城之法，城厚以高，壕池深以广。”烽隧建筑亦尽可能遵守这一原则，以便阻滞敌人的进攻、便利己方之防守。因自然条件限制，今见普通烽隧周围未设壕池，但布有尖桩，如甲渠候官坞“四周三米以内的地面埋设四排尖木桩，完整者高 33 厘米、间距 70 厘米左右，三角形排列，此即史书和汉简所谓的‘虎落’、‘强落’。”[⑩]第四隧坞墙外亦见类似木尖桩，只是桩距比前者大些。《墨子·备蛾傅》：“城下足为下锐鑱杙，长五尺，大围半以上，皆剡其末，为五行，行间广三尺，貍三尺，犬牙树之。”

以上所述为烽隧之基础建筑，显然是适合于防御及居住的堡垒，以下结合守御术再论及其附属设施与器具。

二、守御术与器具

诸隧戍卒的主要任务是瞭望放哨，巡逻侦察以便及时发现敌情并准确传递相关信息。同时亦具备一定的战斗力以自保，经长期实践，逐步形成了适合当地环境及敌情的守御战术。

从战略层面上，朝廷常常依据形势的变化发布相关诏令，指导边塞防御及进行战争动员，如：

（一）……得、仓丞吉兼行丞事敢告部都尉卒人。诏书清塞下，谨候望，备烽火。虏即入，料度可备中，毋远追为虏所诈。书已前下。檄到，卒人遣尉丞、司马数循行，严兵□　　《合校》12·1A

……禁止行者，便战斗具，驱逐田牧畜产，毋令居部界中，警备毋为虏所诳利。且课毋状不忧者，劾尉丞以下，毋忽如法律令，敢告卒人。/掾延年、书佐光、给事□　　《合校》12·1B

……都尉事、司马丞登行丞事谓肩水候官。写移檄到，如大守府檄书律令。/卒史安世、属乐世、书佐延年。　　《合校》12·1C

……行曹谓□□□长充、宗。官写移檄到，警备□□□，毋为虏所乘□，毋忽如律令。　　《合校》12·1D

此例为强化边塞警戒而颁布的檄文，源自朝廷颁发的清塞诏，即边塞形势恶化，朝廷及时下令强化警戒，防遭袭击。各级指挥又依诏书精神进行动员，鼓舞士气，完善装备，严密措施。下传的这些檄文俗称“警檄”，皆有严励的警示语气，强调事情的紧迫与严重，如上例所见“疑虏有大众不去，欲并入为寇。”又《合校》278·7B：“已先闻知，失亡重事，毋忽如律令。”《新简》EPF22·168：“方循行考察不以为意者，必举白，毋忽如律令。”清塞诏令及相关檄文旨在对大局的掌控，具体的措施尚待基层烽隧来落实。

烽隧是边塞防御链中的一环，以点连成线，但在环外，尚有都尉派出的侦察骑兵四出游弋，使之能更远距离地侦知敌情，《合校》303・23：“出谷卌七石七斗：其卅七石七斗麦、十石粟，以食肩水斥候骑士十九人、马十六匹、牛二九月十五日食。”所见“斥候骑士”即侦察骑兵。侦察骑兵的座骑则称“候马”，《合校》491・1：“以食候马积千二百三匹，匹一斗二升。”又《合校》497・2：“……以食候马、传马、萃马。”对大局的掌控及远距离侦察为烽隧守御赢得了准备的时间。

瞭望、巡逻及利用警犬则是烽隧直接侦知敌情的手段。《合校》403・19，433・40，564・28：“……火四所大如积薪，去塞百余里，臣熹愚……”知侦测距离达百里。《合校》407・3，564・13：“惊（警）檄曰：甲申，候卒望见塞外东北”，此为瞭望所发现；《新简》EP48・55A：“蚤食时到第五隧北里所见马迹入河，马可二十余骑……”则为巡逻时所见。警犬是每座烽隧必备的，缺少或驯养不周皆为失职，《新简》EPT53・3、4：“河平元年九月戊戌朔丙辰，不侵候长、士吏猛敢言之。将军行塞，举驷望隧长杜未央所带剑刃生，狗少一。未央贫急，软弱，毋以塞举，请斥免，谒言，敢言之。”《合校》68・95：“狗一不入笼，少一。”又《合校》68・105：“狗少一。”亦透露每座烽隧所养警犬不止一只。狗之嗅觉皆敏锐，故历代皆用以警戒，《墨子・备穴》：“穴垒之中各一狗，狗吠即有人也。”《通典・守拒法》：“置警犬于城上，吠之处，即需加备。”一旦发现敌情，烽隧系统即联动，传递信息，准备作战。

具体守御过程则有赖于建筑工事及相对先进的器具，并由远及近发挥不同的优势。当时的先进武器是横弓着臂的弩机。弩常和有方（带双刺的类矛长兵器）配合使用，弩用于远距离射杀，有方用于近身拼博。《墨子・号令》：“诸男子有守于城上者，什六弩、四兵。”所谓“兵”指兵器，常指长兵，有方之类即是。弩与有方皆常见于汉简，《新简》EPT51・68：“戍卒魏郡清渊乘车里董市利：四石具弩一，弩幡一，稾矢五十，兰、冠各一。”《新简》EPT53・5：“戍卒东郡临邑马□里樊非人：三石具弩一，幡一完，稾矢铜鍭五十，其十斥呼、卌完，兰、兰冠各一。”《新简》EPT48・17：“甲渠候长觻得延寿里赵猛：六石具弩一，完。系承弦一，完。枲长弦一，完。稾矢铜鍭五十，其十二斥呼，卅八完。兰、兰冠各一，完。”《新简》EPT51・372：“戍卒东郡须昌上里徐何：有方一，完。”一弩通常配五十支箭，见上引数例，又《汉书・刑法志》：“操十二石之弩，负矢五十个。”与普通的弓相比，弩具有射程远和准确性高的优势，有较强的威慑力，故在较远的距离即可以之向敌示威，《敦》1582：“其一骑引弓乡亭，隧张弩乡虏，虏即去……”在这次弓弩对峙中，弩显然占了上风。弩之射程达百步以上，《合校》515・46：“三石具弩，射百廿步。”《合校》510・26：“五石具弩，射百廿步。”《合校》36・10：“官第一六石具弩一，今力四石卌三斤，射百八十五步，完。”汉未央宫遗址出土骨签所见，则有射程超四百步者，如《骨签》3：06962：“射四百二步。”[11]《墨子・备城门》：“二步一木弩，必射五十步以上。”又《敦》390：“●虏去亭□若□百步内，以□弓，弩三石传□□追人。”综合分析之，距敌百步当进入弩之射击准备阶段，而五十步以内当为射击之最佳距离。烽隧配置的弩机大多可以转射支撑，故烽台及坞之女墙上通常设有转射，《新简》EPT48・18A：“转射□十五，三西面，二北面，十南面。”所云为女墙四面的转射数量。转射的大致形制是在四根方木构成的Ⅱ形方框，正中竖装一圆柱形木柱，柱中部凿有用以射击及瞭望的方孔，可左右转动，可支撑弩机及荫蔽射击手。《墨子・备城门》：“转射机，机长六尺，貍一尺，两材合而为之辒，辒长二尺；中凿夫之为通臂，臂长至桓，二十步一，令善射之者，佐一人，皆勿离。”

简文所见烽隧周围发生的小规模冲突，多以弓弩对射的方式进行，《新简》EPT65・52：“第十隧：

矢百五，正月十日吏卒五人格射胡虏尽十六日积三日□。”《新简》EPT65·161：“……吏卒　人格射胡虏……”，亦见战斗消耗弩、矢的记录，《新简》EPF22·318：“出五石具弩一，假亭隧，建武六年四月十六日胡虏犯塞入，吏格斗失亡。”《新简》EPF22·319：“出稾矢铜鍭六十，假亭隧，建武六年四月十六日胡虏犯塞入，吏格斗失之。”以弓弩格斗的形式，汉烽隧显然占有较大优势。

逼近烽隧之攻击，只有人数较多的集群之敌才能实施，危害也较大，对此烽隧也有较多的守御方式与器具，从守御器具的组合可窥见其一斑。

（二）●槖他莫当隧始建国二年五月守御器簿　　EJT37·1538

布纬三、糒九斗。　转射十一。　小积薪三。　EJT37·1552

惊（警）米一石。　深目六。　大积薪三。　EJT37·1539

惊（警）糒三石。　草烽一。　汲器二。　EJT37·1541

马矢槖一。　布表一。　储火罂二。　EJT37·1545

芀槖一。　布烽三。　坞户上下级各一。　EJT37·1549

[出火遂]二具。　烽干二。接楪四。　EJT37·1558，1556

茹十斤。　鼓一。木椎二。　EJT37·1547

长斧四。　沙二石。瓦帚二。　EJT37·1540

长椎四。　马矢二石。桯苣六。　EJT37·1554

长棓四。　木薪二石。小苣二百。　EJT37·1553

连梃四。　芮薪二石一。狗二。　EJT37·1555

长枓二。　枪四十。狗笼二。　EJT37·1550

弩长臂二。　羊头石五百。坞户关二。　EJT37·1557，1551

木面衣二。　破釜一。铁戊二。　EJT37·1548

烽火幂板一。　烟造一。　籥一。　EJT37·1544

皮冒、草萆各一。　瓦枓二。　EJT37·1542

承累四。　瓦箕二。　EJT37·1543

●槖他莫当隧始建国二年五月守御器簿　　EJT37·1546

始建国二年五月丙寅朔丙寅，槖他守候义敢言之。谨移莫当隧守御器簿一编，敢言之。　EJT37·1537A

令史恭　EJT37·1537B ⑫

以上一册书，内容为槖他莫当隧守御器具的登录账。

（三）守御器簿

长斧四皆缺敝。　芀马矢槖各一，毋。　芮薪、木薪各二石。

长椎四。　茹十斤。　瓦箕、枓各二，斗少一。

长棓四。　出火遂二具。　沙、马矢各二石。

长杆二。　皮冒、革萆各一，毋冒。　羊头石五百。

木面衣三。　承垒三。　枪四十。

弩长臂三。　破釜一。　小苣三百。

程苣九。　狗笼二。　狗二。　□户壄三百。

转射□。　户关二。　户上下合各一。

深目四。　　接楪四。　　储水罂二。

布烽三。　　木椎二。　　汲落二。

不具一。

布表一。　　户戊二。　　大积薪三。

鼓一。　　簏一。　　药盛橐四。　　《甲乙编》506・1

以上二例皆为烽隧守御器簿，所见守御器与《墨子・备城门》诸篇所见相类，包括作战器具、通讯器材等。以下仅择与守御过程直接相关者进行论述。

当敌人已突进至烽台或坞墙附近而尚未攻门登城时，烽隧人员当主要以枪及羊头石攻击之。枪，类今运动用的标枪，两头削尖，从上往下投掷，无疑能充分发挥其势能，有一定杀伤力，守御器簿所见，每隧常备四十支枪，《墨子・备城门》："枪二十枚，周置二步中。"岑仲勉注："古人以木之两端尖者为枪，周置犹云分置，就一丈二尺内地分置之，不堆放一处以便取用。"[13]《新简》EPT48・18A："枪百，大三韦，长八尺。"知当时投枪长度合今近2米。简文所云"枪百"当为候官障所备，故数量多于普遍烽隧所见。羊头石，石大如羊头者，用于从城上往下投砸攻城之敌。每隧常备羊头石五百枚，《新简》EPT65・353："羊头石千五十。"数量多于一般烽隧，亦当为候官障所备。《墨子・备城门》："二步积石，石重中钧以上者多百枚。毋石以亢、疾犁、壁皆可善方。"岑仲勉注："中，半也。三十斤为钧，中钧为十五斤。"以石御敌，亦见《汉书・晁错传》："高城深堑，具蔺石，布渠答。"服虔注："蔺石，可投人石也。"如淳曰："城上雷石也。"由于烽台及坞墙周围皆佈有"强落"一类木尖桩，迟滞了敌方的行动，故敌方亦不易躲避枪与羊头石的打击。

门常常被认为是守御作战的薄弱部位，故设计多精巧，常为双重结构。《新简》EPT26・16："……户上县户毋户……"，"县"通"悬"，"县户"当为悬门，《通典・守拒法》："城门，悬板木为重门。"《墨子・备城门》："凡守城之法，备城门为悬门，沈机长二丈，广八尺，为之两厢如门扇数。令相接三寸，施土扇上。堑长以力为度，堑之末为之悬，可容一人所。"烽隧之悬门，形制当小些。专为门防，汉简中尚有"辟门蒺藜"的记载（见《新简》EPT48・18A），为护门障碍物之类，《通典・守拒法》："拒马枪，以木径二尺，长短随事，十字凿孔，纵横按木检，长一丈，锐其端，可以塞城门巷要路，人马不得奔驰。"汉代烽隧所备辟门蒺黎之形制未必与此同，但作用当同。与门防相关者尚见封门用的土坯，《新简》EPT48・18A见"关门　五百。"前引简例亦见"□户　三百"，墼为土坯，形制较大，用于封门，可阻敌冲撞，今甲渠候官、第四隧遗址皆见土坯封门的迹象。

一旦敌方已攀爬傅城，情势危急，即采用尽可能有效的手段将敌击落，以保住最后的防线。此时之攻击器具主要为长斧、长椎、长棓、连梃等，《墨子・备城门》："城上二步置连梃、长斧、长椎各一物"，又"长斧柄长八尺"。斧柄长八尺，知其非一般工具，而是作战器具，可直接击敌，亦可砍断敌之攀城器具如绳索、云梯之类。长椎、装有锤首的长柄器具，《墨子・备城门》："长椎，柄长六尺，头长尺，兑其两端，三步一。"岑仲勉注："椎即锥，头端是尖的，故云'锐其端'，'两'字疑衍文。"长棓，长棒，《六韬・军用篇》："方首铁棓，维盼重十二斤，柄长五尺以上，千二百枚，一名天棓。"棒首或如《六韬》所云裹以铁。连梃，多节棍，岑仲勉注《墨子・备城门》："连挺即连梃，《通典》云：'连梃如打禾连枷状，打女墙外上城敌人。'今俗打禾杆分两节，可以施转，取其用力省而打击重，且可于爬城敌人相距七八尺时用之。"多节棍便于击打处于死角之敌，故每隧必备。

除上述直接击打爬城之敌的方法外，尚见其他辅助手段，如以沙、屎、水、火泼向爬城之敌、阻其进一步行动，前引守御器簿见每隧备沙及马矢（屎）各二石，又《合校》213・50："干马矢三石，[沙]

三石。”《墨子·备城门》亦云“城上繁下矢、石、沙、炭以雨之，薪火，水汤以济之。”《通典·守拒法》：“灰麸糠秕，因风于城上掷之，以眯敌目。因以铁汁洒之。”守御器簿所见芮薪、木薪亦可用于火攻烧敌，相关器具如瓦箕、料可用做泼撒沙、屎、灰、炭的工具，《墨子·备城门》：“置器备杀沙砾、铁，皆为坏斗。”岑仲勉注：“此节言散沙砾之器。砂砾等所以迷敌目，但用器杀（即撒）布，然后程功多，坏斗皆粗烧之瓦斗也。”

对于已爬上城之敌，则有方与佩剑等为与敌格斗武器，但此时城防优势已尽失，胜负完全取决于个人能力。

烽隧仅为基层哨所，防御能力有限，对敌之真正反击通常由集群的团队担当，如《合校》57·29：“本始元年九月庚子，虏可九十骑入甲渠止北隧，略得卒一人，盗取官三石弩一、稾矢十二、牛一、衣物去。城司马宜昌将骑百八十二人从都尉追。”每当遭到敌方大规模攻击时，烽隧呈弱小态势，多被摧毁，《敦》1369：“官。乃丙子，虏可二百余骑燔广汉塞，格至其夜过半时，虏去……”建武年间，匈奴对甲渠塞的全面攻击导致该塞瘫痪最为典型，录有关简文于下：

（四）甲渠障守候君免冠叩头死罪。奉职数毋状，罪当

万死，叩头死罪死罪。十月廿八日胡虏犯塞略得吏士。毋状，当伏重诛，靡为灰土，叩头死罪。

夏良叩头言掾厶坐前毋恙，起居安平甚善。先日欲诣门

下，迫烽起，草草不及诣门下，毋状，叩头叩头。得掾明时数

又壬午言虏燔烧孝隧。其日出时乘障□□张骏等候望

□寘虏且围守。其晨时，孝、护桃（逃）下隧奏候官，言虏

卌余骑皆衣铠负鲁攻隧，又攻坏燔烧第十一隧以北

见塞外虏十余辈从西方来，入第十一隧天田，屯止虏四、五

攻坏燔烧第桼隧以南尽昏，寘烟火不绝，又即日平旦

万岁部以南烟火不绝，虏或分布在块间，虏皆

第八隧，攻候障，君与主官谭等格射各十余发，虏复从塞

百骑，亭但马百余匹，橐他四十匹，皆备，贺併塞来，南燔

乏卒，以障中□米糒给孤单卒，有万分，恐不能自守，唯

恐为虏所攻得。案官中候以下……

力羸奈何反遣吏去而从后逐之。时烽起至今绝留府。叩头死罪死罪，敢言之。

攻居隧不居隧，尽坏坞

将军哀贯贷罪法，复令见日月，叩头死罪死罪。

□白起居毋它，叩头叩头，一日厚赐，叩头叩头谨言□。　　《新简》EPF22·36—56

以上为一册书，按出土顺序排列，有脱简，故未重排。尚见一柧与此内容相类，见“建武八年十一月”等字样，则知事件发生于东汉初建武八年间，此后甲渠塞便无屯戍活动的迹象，直至东汉中期才恢复，但规模缩小。此事件充分证明烽隧候望体系在防御作战中的脆弱性，尽管如此，由于它所掌握的信息已很快上报，且又在一定的时间内阻滞了敌方的行动，为此后的反击作战争取了宝贵的布署与动员时间。

（本文原载于《秦汉研究》第二辑）

注释：

① 陈梦家：《汉简缀述》，中华书局 1980 年版，第 55 页。

② 同上，第 3 页。

③ 中国社会科学院考古研究所：《居延汉简甲乙编》，中华书局 1980 年版。

④ 岳邦湖、钟圣祖：《疏勒河流域汉代长城考察报告》，文物出版社 2001 年版，本文简称《疏》。

⑤ 甘肃省文物考古研究所、甘肃省博物馆、中国文物研究所、中国社会科学院历史研究所：《居延新简》，文物出版社 1990 年版，本文简称《新简》。

⑥ ⑧ 甘肃省文物考古研究所：《敦煌汉简》，中华书局 1991 年版，本文简称《敦》。

⑦ ⑩ 甘肃居延考古队：《居延汉代遗址的发掘和新出土的简册文物》，刊于甘肃文物工作队、甘肃省博物馆编：《汉简研究文集》，甘肃省人民出版社 1984 年版，第 476 至 498 页。

⑨ 谢桂华、李均明、朱国炤：《居延汉简释文合校》，文物出版社 1985 年版，本文简称《合校》。

⑪ 中国社会科学院考古研究所：《汉长安城未央宫——1980 至 1989 年考古发掘报告》，中国大百科全书出版社 1996 年版。

⑫ 排列顺序参照初师宾：《汉边塞守御器备考略》所引，刊于《汉简研究文集》，144 至 146 页。

⑬ 参见岑仲勉：《墨子城守各篇简注》，中华书局 1987 年版。

汉边塞“县索”考

现存汉边塞遗址，遗存物主要是突出于地面的塞墙，俗称“长城”，历经两千余年的风化坍塌，大多仅留下痕迹而已。至于长城沿线的其他附属设施，能留存至今的就更少了。但从边塞遗址出土的简牍中，却能给我们提供许多前所未知的信息，汉边塞沿线设有“县索”便是一例。

居延汉简中关于“县索”的记载很多，如《居延汉简释文合校》52·20：“县索四里二百一十步。县索二里五十步币绝，反□币。”① “县”通“悬”，悬挂。索，绳索。则“县索”为悬挂着的绳索。悬挂着的绳索达汉里四里二百一十步之长，当为一种界限阻隔标志。当时烽火台之间的距离为二至五汉里不等，《居延汉简释文合校》515·49：“登山隧南到要虏五里。”《居延新简》EPT5·159：“亭间道里簿”见某隧“去第四隧九百奇百一十步。”②即两隧间相距三里一百一十七步。《居延新简》EPT5·17；“甲渠第廿六隧北到第廿七隧二里百八十一步。”那么，前文所云“县索四里二百一十步”恰为两隧间的距离，而悬索悬挂其间。问题是如此长的悬索是以什么形式架起来的呢？1999年内蒙古额济纳旗甲渠候官第十七隧遗址出土的一枚木简给我们提供了第一手资料，简文云：“……葆塞天田延袤三里七十［步］，用柃柱五百一十枚，用绞千七百五十二丈。”“天田”、“柃柱”与“县索”是紧密相关的边塞设施，《居延新简》EPT59·23：“第三隧长见，卒一人见，候史见。天田皆画、县索完、柃柱完。”“天田”是长城沿铺设的沙土带，宽约五至七米，凡人马越过，皆能留下足迹，《汉书·晁错传》：“为中周虎落”，苏林注：“作虎落于要塞下，以沙布其表，旦视其迹，已知匈奴来入，一名天田。”虎落与天田不尽相同，但苏林所云“以沙布其表，旦视其迹”恰为天田之制，唐代称之为“土河”，《通典·守拒法》：“土河，于山口贼路横断道，凿阔二丈、深二尺，以细沙、散土填平，每日检行，扫令净平，人马入境，即知来入多少。”“县索”的走向当与天田同，故简文所云“用柃柱五百一十七枚，用绞千七百五十二丈”当布设于“延袤三里七十［步］”之“葆塞天田”沿线。“柃柱”为柱形物，用以架设悬索。简文载“三里七十步”的距离用“柃柱”五百一十七枚，据《敦煌汉简》1714：“六人画沙中天田六里，率人画三百步”，知当时每汉里为三百步，则“三里七十步”合九百七十步。汉代以六尺为步，而每尺合今约23厘米，则“九百七十步”合今1338.6米。综合换算之，则两根“柃柱”的间距约合今2.58米。绞，绳索；或为“绳”字异体。“绞千七百五十二丈”合今4029.6米（按一丈十尺，一尺23厘米计），将其悬挂于1338.6米的517根“柃柱”间，则可形成上中下并行的三道悬索（含一定的下垂因素），恰与《居延新简》EPT59·6所见“县索三行”的记载合。

综上，“县索”为悬挂在间隔2米半左右的立柱上的三道绳索，沿着“天田”绵延布设，其外观犹今边界上架设的铁丝网，用以阻隔人马跨越，是明显的界标。

“县索”须保养维护，保持“柃柱”直立不倾倒，绳索紧绷不松缓、断绝，否则为失职。上级官员视察边塞，即把“县索”是否松缓及币绝作为考核内容之一，《居延新简》EPT59·6所见对甲渠候官下属烽隧的检查，存在问题包括“县索三行一里卌六步币绝，不易，负十算。”及“县索缓一里，负一算。”对悬索断绝的处分重于悬索松缓者，而后者多见于简文，如《居延新简》EPT51·108为一写在木觚上的“行罚檄”，处罚理由包括“县索缓”，又见《居延新简》EPT51·403：“呼涂古□不承已……天田不画□□县索[缓]。”涉及“柃柱”者见《居延新简》EPT52·595：“□□易折，柃柱毋……”

悬索使用一些时日后，自然要腐朽，故需经常保养更换，制绳便成为边塞戍卒主要勤务之一，《居延汉简释文合校》143·3、217·24：“·凡积九十人，其十人养，定作十六人，得绳千六百丈，率人廿丈。与此三千二百丈。”绳索可用以编联简册，但一次批量制造达三千二百丈之绳索（合今7360米），断非用于编册，当用作“县索”才合理。类似记载又见《居延新简》EPT52·29：“己卯卒十人：一人养，定作九人。六人伐兹其。三人绳，得绳百一十丈，合百八十丈。”柃柱虽较耐用，亦有更换时候，故简文中也有采伐统计的记载，如《居延汉简释文合校》31·6、31·9：“伐柃柱马六……”，又《居延新简》EPT40·159：“……与此柃柱百五十枚。”

边塞烽隧之间，非必全线筑塞墙，《汉书·赵充国传》：“今留步士万人屯田，地势平易，多高山远望之便，部曲相保，为堑垒木樵，校联不绝，便兵弩，饬斗具。”皆视具体环境而定，有些地段或仅设“天田”与“柃柱”即可。居延都尉下辖卅井塞设有“县索关”，见《居延新简》EPF16·6：“·匈奴人渡三十井县索关门外道上隧天田失亡，举一烽，坞上大表一，燔二积薪；不失亡，毋燔薪，它如约。”所在以悬索为界限标志。

（本文原载于《中国文物报》2005年5月6日）

注释：

① 谢桂华、李均明、朱国炤：《居延汉简释文合校》，文物出版社1987年版。

② 甘肃省文物考古研究所、甘肃省博物馆、中国文物研究所、中国社会科学院历史研究所：《居延新简》，中华书局1994年版。

汉长安城未央宫遗址出土骨签琐议

中国社会科学院考古研究所编著《汉长安城未央宫——1980至1989年考古发掘报告》一书[①]，全面介绍了80年代该所对西安市汉长安城未央宫遗址进行勘探和发掘的情况。尤为突出的是书中报道汉未央宫之中央官署遗址出土了总数达六万枚以上的骨签（其中刻有字者约五万七千枚，无字者近万枚），公布了其中四百三十四枚骨签照片，其余大部"将以专刊形式另外发表"。[②]关于骨签的形制与刻文，《报告》中已做了较详尽的介绍与考证，本文仅据已发表的释文及照片作些补遗，望大家指正。

一、骨签文字与配对形式之关系蠡测

关于骨签的形制，《报告》云："骨签的文字均刻于平面之上。骨签中腰一侧有一半月形凹槽，凹槽在骨签侧边位置因骨签种类不同而各异，一般是有一行刻字者凹槽在骨签右侧。原来的骨签大多数是两个一对，包括了两种类型。每对骨签由半月形凹槽位置相反的两个骨签组成。两个骨签背面相对捆繫，捆签的绳子通过半月形凹槽，能捆得牢，绳子不易滑脱。每对骨签的大小、颜色、形制相同（但半月形凹槽位置相反）。在发掘中，我们还发现一些骨签背对背粘在一起，如3：12731与3:12732；3:12736与3:12737；3:12739与3:12740；3:12743与3:12744等，但捆签的绳子已朽没。"[③]

《报告》已透露，骨签之多数是两个成对的，而这一现象与刻文内容是有关系的。为便于叙述，今按刻文内容将已发表的骨签分类概括如下：

（一）兵器名称、代号及数量类骨签

1．兵器名称类骨签

（1）"服"类骨签。（例如《签》3:13357"服弩力六石"）
（2）"力"类骨签。（例如《签》3:07188"力六石一钧"）
（3）"大黄"类骨签。（例如《签》3:13142"大黄廿石"）
（4）"乘舆"类骨签。（例如《签》3:06250"射散百步"）

2．代号及数量类骨签

（1）"甲"类骨签。（例如《签》3:12688"甲一"）
（2）"乙"类骨签。（例如《签》3:53042"乙八十四"）
（3）"丙"类骨签。（例如《签》3:00193"丙百七十一"）

（4）“丁”类骨签。（例如《签》3:54607“丁十六”）

（5）“第”类骨签。（例如《签》3:14659“第二”）

（二）“工官”类骨签

（1）“河南工官”类骨签。（例如《签》3:05247“元年河南工官令霸、丞广成、作府渠，工惠造。”）

（2）“南阳工官”类骨签。（例如《签》3:04839“二年南阳工官令捐、护工贺、守丞万年、作府啬夫甫、亭长纳，工腩造。”）

（3）“颍川工官”类骨签。（例如《签》3:13448“二年颍川工官令贯、丞广凌、守丞诅、佐中，冗工甲、工反造。”）

此外，《报告》还设“中央官署”类，其格式及内容与“工官”类大致相同。

上述骨签，如按内容划分，可归纳为四大类：

第一大类是关于弩弓弹力的内容，包括《报告》所见第一大类中第一小类之第一、二、三、四等项。

第二大类是关于弩弓发矢射程的内容，包括《报告》所见第一大类中第一小类之第五项。

第三大类是关于弩弓等器物的序号，包括《报告》所见第一大类中第二小类之各项。

第四大类是关于弩弓等器物的制作时间、监制及制造者，包括《报告》所见第二大类中之各项。

从已发表的照片中可看出：这四大类骨签中，第一、三大类皆居右签，第二、四大类皆居左签。据其内容，当以第一大类与第二大类配对，第三大类与第四大类配对，理由是其意义贯通。

例如第四大类详载器物制作的年份、工官、监制及制作者，表明其来源；第三类署序号，明确具体之个体。则第三类与第四类都是确定具体物件的依据。从器铭中可以看出这两项内容是贯通的，如《报告》第85页载弩机栓塞铭文“南阳工官第五百卅八”、“河内工官二万一千”、“河内工官第八百廿八丁”、“河内工官第七百六十七丙”，序码形式包括《报告》所见签文中之代号及数量。只是器铭关于工官的记载是省略的，不如签文那样详细；而关于序码的记载是相同的。今记载河南、南阳、颍川工官所制器之签文，皆以制作工官、年份居左签，序码居右签，两者当配对。不同的工官，载文之孰左孰右或可不相同，如《签》3・3：12460之右工室骨签见年份、工官居右签，但内容之配对连贯方式当同。

第一大类与第二大类都是关于器物性能的记录，通过测试而得，内容亦密不可分。弹射力与射程是弓弩性能的两个基本要素，这些要素在设计阶段当已有规定，但骨签所见是对成品进行实测的记录。弹射力的记载如《签》3:04210“力六石一钧廿斤”、《签》3:08375“力六石一斤”，射程之记载如《签》3:34707“射三百廿一步”、《签》3:34398“射三百八十九步”，数据精确至一斤、廿四斤、廿一步、八十九步之类，绝非设计时划分等级所用，只能是实测的结果。对弓弩的此类测试屡见于居延汉简，如《居延汉简释文合校》（以下简称《合校》）14・26A：“服胡隧戍卒……一，今力五石廿九斤，射百八十步，辟木郭。”[④]《合校》36・10：“官第一六石具弩一，今力四石卌三斤，射百八十五步，完。”《合校》36・11：“官六石第一弩，今力四石卌斤，伤两渊，可缮治。”《合校》510・30：“五石具弩，射百廿步。”这些简例表明，对弹射力与射程的测试通常是同一次完成，故连贯记录。骨签的情况亦当如此，所以记录弹射力的半签当与记录射程的半签配对，其内容才算完整。

《报告》云每对骨签的大小、颜色、形制相同，知其可能从同一件牛骨片解而来。又从骨签顶端的圆弧考察左右签相合时才形成完整的圆弧。那么，它们是一开始就分别为两片，还是制成后才锯为左、右的呢？《签》1·3:01258 第一行末字“缓”右旁笔画已被锯掉而不完整，故有可能是制成后才锯为左、右两半。

二、服弩

《签》3:13359“服弩力六石”。

《签》3:14921“服弩力八石”。

《签》3:00348“服力六石”。

《签》3:14849“服力九石”。

《签》3:00761“服五石”。

《签》3:00041“服六石”。

“服力六石”为“服力六石弩”之省文，“服五石”为“服力五石弩”之省文。《报告》认为“服”通“箙”，是用以盛箭矢的器具，可备一说。而笔者认为：“服”是佩带、执持的意思。“服弩”犹言“服兵”、“服剑”之类，乃指随身佩带之弩。《吕氏春秋·顺民》：“服剑臂刃”，高诱注：“服，带。”[⑤]《银雀山汉墓竹简·孙膑兵法·势备》：“黄帝作剑，以阵象之……何以知剑之为阵也？旦暮服之，未必用也。”[⑥]《国语·吴语》：“夜中，乃令服兵擐甲”，注：“服，执也”。居延汉简屡见之“被兵”通常作佩带兵器解，有时亦用“服兵”称之，如《居延新简》EPT53·131：“神爵四年□□□□服兵隧名”即是。[⑦]足证“服弩”是用于随身佩带之弩，有别于设置在工事或弩床之上需多人操作之强弩。

三、燥

《燥》3:01219“乘舆六石燥”。

《燥》3:01223“乘舆燥六石”。

《燥》3:01838“乘舆燥八石”。

《燥》3:40842“乘舆十二石燥”。

凡冠以“乘舆”二字，皆属皇室物品，蔡邕《独断》：“天子车马衣服器械百物曰乘舆。”《尹湾汉墓简牍·武库永始四年兵车器集簿》见“乘舆弩、乘舆铁鞮瞀、乘舆盾、乘舆矛、乘舆铍、乘舆鼓、乘舆兵车”等五十余种皇室兵车器。[⑧]

“燥”当为“燥弩”之省称。“燥”通“噪”，鸣叫。《银雀山汉墓竹简·孙膑兵法·官一》：“燥战以错行”，整理小组注：“燥，借为噪。噪战，擂鼓呐喊之战。”应玚《驰射赋》：“旝动鼓震，噪声雷溃。”[⑨]燥弩乃为发射鸣矢之弩。《流沙坠简·器物类第二十》王国维考证云：“《庄子·在宥篇》：‘焉知曾史之不为桀跖嚆矢也’，郭象注：‘嚆矢，矢之猛者。’《释文》引向秀注‘嚆矢，矢之鸣者’，向说是也。字又作骹，《唐六典武库令》注引《通俗文》：‘鸣箭曰骹’，《汉书·匈奴传》：‘冒顿乃作鸣镝’，应劭曰：‘髐箭也’。”[⑩]王国维认为敦煌汉简所见“稾矢”即向箭，当非是，但所引文献皆证向箭之存在。劳干先生云：“大凡鸣镝之制，在于简鏃之后，更作壶形而穿孔于其上，故其制较复杂而制作较难。”[⑪]说是。向箭常被用作指示方向的领头箭，用于狩猎或作战，《汉书·匈奴传》：“冒顿乃作鸣镝，习勒其骑射，令曰：‘鸣镝所射而不悉射者斩。’行狩猎，有不射鸣镝所射斩之。已而，冒顿以鸣镝自射善马，左右或莫敢射，冒顿立斩之。居顷之，复以鸣镝自射其爱妻，左右或颇恐，不敢射，复斩之。顷之冒顿出猎，以鸣镝射单于善马，左右皆射之。于是冒顿知其左右可用，从其父单于头曼猎，以鸣镝射头曼，其左右皆随鸣镝而射杀投曼，尽诛其后母与弟及大臣不听从者。于是冒顿自立为单于。”所述虽为极端行为，从中却可看出鸣镝之功用。

四、御弋

《签》3:01700“乘舆御弋六石”。

《签》3:44488“乘舆御弋七石”。

《签》3:11358“乘舆御弋十石”。

《签》3:11620“乘舆御弋廿石”。

“御弋”当为“御弋弩”之省称。御，驾驭控制。弋，弋射，指以繫连绳索的箭射猎。《玉篇·弋部》：“弋……缴射也。”《诗·郑风·女曰鸡鸣》：“将翱将翔，弋凫与雁”，郑玄笺：“弋，缴射也。”孔颖达疏：“缴射，谓以绳繫矢而射也。”《吕氏春秋·处方》：“韩昭厘侯出弋”，高诱注：“弋，猎也。”《汉书·扬雄传》：“驰弋乎神明之囿。”弋射可用宫，亦可用弩。以弓弋射，如《白孔六帖》卷85《网罟罝罗》四：“楚人以弱弓微缴加归雁，虽有矰缴安所施。”日本学者林巳奈夫著《汉代的文物》图8—56引有成都杨子山《缴射画像砖》[12]，刘志远等先生著《四川汉代画像砖与汉代社会》一律将此砖称为“弋射收获”画像砖。[13]画像砖分上下两部分，上半为弋射画像，下半是收获穀物图，林巳奈夫仅引上半。弋射画像间二人持弓瞄准飞行中的雁群，每人旁侧皆置四轴缴索，索头连着箭矢。以弩弋射，如《淮南子·原道》：“强弩弋高鸟，走犬逐狡兔。”汉简亦见“弋弩”，如《合校》510·30：“左弋弩，力六石廿”。骨签所见御弋自六石至廿石，当非常弓之弹力所能及，固无疑为弋弩。

五、文字校释

《报告》所见骨签释文大部准确。由于刻文磨灭及笔画较随意等原因对释文的辨认也造成一定的困难，所以仍有一些释文或可商榷，今笔者试为校补。校补主要依据已公布之照片，对于未公布照片者则依《报告》隶定的文字架构并参照年代相同的签文进行综合分析来确定，供大家参考。

《签》3:04684“工玥”，《签》3:01505、3:11286“令玥”之“玥”当释“朔”。“朔”字的这种写法常见于居延汉简，如《居延汉简甲乙编》(以下简称《甲乙编》) 178·6[14]、《甲乙编》35·8、《甲乙编》128·1所见即是。

《签》3:15632、3:03174、3:10826、3:10950、3:02244、3:13601、3:13358、3:08265、3:02632、3:07103、3:08934、3:08194、3:08937、3:08181、3:13690、3:14050、3:13274、3:13355、3:12460、3:01277、3:31746、3:28591、3:32859、3:06449、3:05399、3:15023、3:13168、3:14466、3:08721、3:0078、3:0096等所见“佐”皆当释为“佐”。“佐”为“佐之草体，见于《甲乙编》161·5简等”。

《签》3:07658、3:04345、3:13358、3:05399、3:15632、3:12706“冗工”当释“冗工”。《签》3:01595“向工”亦当释“冗工”。

《签》3:15632、3:17840“作府啬夫侍𬊈成”之“𬊈”，《签》3:1562“工脱𬊈”之“𬊈”，又《签》3:13601、3:06725 所见“𬊈”皆当释“乐”。《甲乙编》212·60 所见“乐”写作“𬊈”，是“𬊈”的再简化。

《签》3:06441、3:09109、3:13358“作府啬夫日”、《签》3:31746 所见“作府啬夫月”皆当释“作府啬夫丹”。《签》3:08500“丞月”当释“丞丹”。

《签》3:03174“工芫迪”当释“工共建”。

《签》3:01505“作府雀”当释“作府产”。

《签》3:01258“作府天”当释“作府夫”。

《签》3:11031、3:10950“守令□”可补释为“守令元”。

《签》3:13601“工官令若秦”当作“工官守令若秦”。

《签》3:02632“尣□”当释“充昌”。

《签》3:12682“工官令□军”当释“工官令罢军”。

《签》3:08934“作府啬夫犸”当释“作府啬夫猜”。“作府啬夫猜”见于《签》3:08506、3:13476。

《签》3:08721“伕彭视”，《签》3:08194“伕㪍视”，《签》3:08937“伕彭洹”皆当释“佐彭祖”。

《签》3:08721“作府啬夫定主”当释“作府啬夫御主”。

《签》3:08194“护工卒史鬼去”，《签》3:06549“护工卒史富夫”，《签》3:08937“护工卒史惠夫”皆当释“护工卒史鬼夫”。

《签》3:08047“令史克”当释“令史充”。

《签》3:08500“护工卒史□”可补释为“护工卒史寿”。

《签》3:02018“工官令冒”当释“工官令广”。

《签》3:14050“令史式”当释“令史武”。

《签》3:08192“掾西”当释“掾武”。

《签》3:13959“作府啬夫胜”当释“作府啬夫凌”。

《签》3:13944“令狄”当释“令秋”。

《签》3:13944、3:13602、3:13274 所见“作府啬夫叐”皆当释“作府啬夫友”。

《签》3:13602“冗工𠯑”当释“冗工有”。

《签》3:13274“护工卒史□”可补释为“护工卒史春”。

《签》3:13469“工隰”当释“工归”。

《签》3:00667“啬夫□”可补释为“啬夫庆”。

《签》3:00359“工易”当释“工幼”。

《签》3:12460“工陋更主”当释“工师更生”。工师，工官之技术指导。

以上仅为点滴体会，深入的研究，当然有待于全部资料公布后方能进行。

（本文原载于《台大历史学报》第二十三期，今稍有修订）

注释：

① 中国社会科学院考古研究所编着：《汉长安城未央宫——1980至1989年考古发掘报告》上、下册，中国大百科出版社1996年版。以下简称《报告》。骨签文字释文见《报告》上册第92至116页，图版见《报告》下册，图版第107至143页。

② 见《报告》第91至123页。本文凡引用骨签文字，签号前加篇名《签》，下同。

③ 见《报告》第91至92页。

④ 谢桂华、李均明、朱国照：《居延汉简释文合校》，文物出版社1987年版。以下简称《合校》。

⑤ 吕不韦着，高诱注、陈奇猷校释：《吕氏春秋》，（台北）华正书局1988年版，第479页。

⑥ 银雀山汉墓竹简整理小组：《银雀山汉墓竹简·孙膑兵法》，文物出版社1985年版。

⑦ 甘肃省文物考古研究所、甘肃省博物馆、中国文物研究所、中国社会科学院：《居延新简》，中华书局1994年版。

⑧ 连云港市博物馆、东海县博物馆、中国文物研究所、中国社会科学院历史研究所：《尹湾汉墓简牍》，中华书局1997年版。

⑨ 严可均校释：《全后汉文》（收入《全上古三代秦汉三国六朝文》，中华书局1995年版），卷42，第3页。

⑩ 罗振玉、王国维：《流沙坠简》，中华书局1993年版。

⑪ 劳干：《居延汉简考释之部·居延汉简考证》，（台北）中央研究院历史语言研究所专刊第40号，1960年版，第49页。

⑫ 林巳奈夫：《汉代的文物》（日本）京都大学人文科学研究所，1977年版插图，第174页。

⑬ 刘志远、余德章、刘文杰：《四川汉代画像砖与汉代社会》，文物出版社1983年版，第39至40页。

⑭ 中国社会科学院考古研究所：《居延汉简甲乙编》，中华书局1980年版，本文简称《甲乙编》。

简牍所反映的汉代诉讼关系

诉讼是司法机关于当事人之间，依法定程序解决各种违法、争议、纠纷等社会冲突的活动，《说文》："诉，告也。""讼，争也。"要言之，原告起诉，被告争辩，而后由司法官裁决，即为诉讼。诉讼的实质是国家行使统治权以维护社会的稳定和统治者的利益。规范诉讼关系的法律为诉讼法，它通过对诉讼活动及其运行程序的规定，明确诉讼各方的权利和义务，确保实体法的实施。我国古代的诉讼法没有形成独立的法典，但相应地集中在综合性法典的若干律章，如秦汉律中的《囚律》、《捕律》，唐律中的《断狱律》等，当然其他律章也有与诉讼相关的条款。关于汉代的诉讼关系，传世古籍中仅有零星的记载，而近年出土的简牍中有较多资料，其中江陵张家山二四七号汉墓简牍《二年律令》及《奏谳书》所见尤为珍贵。今试以简牍所见，结合传世文献所载，勾勒汉代诉讼关系的基本轮廓。

一、涉讼各方

司法机关与司法官是接受案件、主持诉讼、负责审判的承担者，对诉讼的实施具有决定性意义。汉代采取政法合一体制，司法官由行政长官担任，中央至地方实行朝廷、郡、县道三级管辖，州刺史开始时只起监督作用，后来才逐渐掌握司法权。

县道是具有裁判权的司法基层，乡以下仅有听讼权而无裁决权，律文规定如：

（一）诸欲告罪人，及有罪先自告而远其县廷者，皆得告所在乡，乡官谨听，书其告，上县道官。廷士吏亦得听告。　　《二年律令·具律》①

（二）县道官守丞毋得断狱及瀐（谳）。相国、御史及二千石官所置守、叚（假）吏，若丞缺，令一尉为守丞，皆得断狱、瀐（谳）狱，皆令监庳（卑）官，而勿令坐官。　　《二年律令·具律》

上述二例表明，原告可就近至乡政府控诉、犯罪嫌疑人亦可到乡政府投案，乡官认真听讼，然后将所获情况以书面形式上报县廷。县廷下属的士吏（常派驻各乡）也有听讼权。暂时代理县道丞职位者无裁决及奏谳的权力，则县道政府中具有裁判权的官员为真令、长、丞。郡以上机构的守丞有裁判权，真丞不在时，以尉一人为守丞行使司法权。

县道的裁决权限于徒刑以下，死罪之终审权由郡政府掌握，如：

（三）县道官所治死罪及过失、戏而杀人，狱已见，勿庸论，上狱属所二千石官。二千石官令毋害都吏复审，问（闻）二千石官，二千石官丞谨掾，当论，乃告县道官以从事。彻侯邑上在所郡守。　　《二年律令·兴律》

据此律规定，县道仅需将死罪囚的案件做初步清理，呈送给所属郡二千石官。然后由二千石官派遣都吏复审，再判决，判决结论由县道执行。彻侯邑的级别与县道同，故遇上述情形，亦呈送在所郡守处理。

朝廷派驻各地的直属机构，无独立司法权：

（四）都官自尉、内史以下毋治狱，狱无轻重关于正；郡关其守。　　《二年律令·置吏律》

都官是朝廷的派出机构，与之有关的官司，在京畿地区的直接交由廷尉正审理，在各地的交由郡守处理。

三级司法机关中，郡与县道是重要的司法审级，大多数案件在这二级解决，皆设法庭，秦代已然，《秦简·法律答问》："'辞者辞廷。'今郡守为廷不为？为（也）。"②汉承之。

朝廷设廷尉专主司法。廷尉所审理大多是涉及危害国家安全的恶性案件及各地报来的疑难案件。对疑难案件的批复称"廷报"，如《奏谳书》1至7简之结论："●廷报：当要（腰）斩。"《奏谳书》17至27简之结论："十年八月庚申朔癸亥，大（太）仆不害行廷尉事，谓胡啬夫灋（谳）狱史，灋（谳）固有审，廷以闻，当黥为城旦，它如律令。"又下文例（二九）见："廷报曰：取（娶）亡人为妻论之，律白，不当灋（谳）。"

皇帝是国家最高的行政长官，也是最高的立法者及司法官，具有至高无上的权力。秦汉皇帝多见亲自审理案件者，如《汉书·刑法志》：秦始皇"专任刑罚，躬操文墨，书断狱，夜理书，自程决事，日县石之一。"服虔注："县，称也。石，百二十斤也。始皇省读文书，日以百二十斤为程。"汉代诸帝之制诏判决亦俯拾皆是，《奏谳书》："九●相国下〈上〉内史书言，函谷关女子传，从子虽不封二千石官，内史奏。诏曰：入，令吏以县次送至徙所县。县问，审有引书，毋怪，□□□等出。●相国、御史复请，制曰：可。"为女子名厕者之入关事宜，皇帝竟两次批示，或为重要人物，亦见皇帝介入司法之深度。皇帝的裁决为终审结果，具有最高的法律效力。

原告为控诉方。一般而言，凡合法权益受到侵犯或与他方发生纠纷而无法解决者，皆有资格成为原告，但也有例外，如：

（五）年未盈十岁及毄（繫）者、城旦舂、鬼薪白粲告人，皆勿听。　　《二年律令·告律》

（六）子告父母，妇告威公，奴婢告主、主父母妻子，勿听而弃告者市。　　《二年律·告律》

年未盈十岁者未具备完全责任能力，故无资格任原告，其犯罪，尚可减免刑，《二年律令·具律》："有罪年不盈十岁，除；其杀人，完为城旦舂。"普通罪免刑，死罪减刑。在押罪犯，已丧失政治权利，故无权起诉，但论断前不在此限，如《二年律令·钱律》："盗铸钱及佐者，智（知）人盗铸钱，为买铜、炭，及为行其新钱，若为通之，而能颇相捕，若先自告，告其与，吏捕，颇得之，除捕者罪。"在特定的法律关系中，如子女与父母之间、儿媳与公婆之间、奴婢与主人及主人的父母妻子儿女之间，前者不许告发后者，告者反而被判死刑，这是封建礼法"亲亲兼容隐"在诉讼关系中的体现，《汉书·宣帝纪》："诏曰：'父子之亲，夫妇之道，天性也。虽有患祸，犹蒙死而存之。诚爱结于心，仁厚之至也，岂能违之哉！自今子首匿父母，妻匿夫，孙匿大父母，皆勿坐。其父母匿子，夫匿妻，大父母匿孙，罪殊死，皆上请廷尉以闻。'"子告父母之类恰恰与之相抵触，故为汉律所禁止。

被告为辩护方。被告是由于原告的起诉而涉入诉讼过程，通常要力图为自己行为的合法性辩解并接受审判机关的审查。就法律地位而言，除皇帝之外，所有的人都可能成为被告，但对老小欠缺刑事责任能力者宽宥之，《汉书·刑法志》："至孝宣元康四年，又下诏曰：'朕念夫耆老之人，齿堕落，血气既衰，亦无暴逆之心，今或罗于文法，执于囹圄，不得终其年命，朕甚怜之。自今以来，诸年八十非诬告杀伤人，它皆勿坐。'至成帝鸿嘉元年，定令：'年未满七岁，贼杀人及犯殊死者，上请廷尉以闻，得减死。'合于三赦幼弱老眊之人。此皆法令稍定，近古而便民者也。"

上文所云裁判方之司法机关、控诉方之原告、辩护方之被告为诉讼之主体，与判决结果有直接的利害关系。

此外，尚有在诉讼过程中从事一定的诉讼行为并对诉讼结果产生一定影响的非主体各方，如证人、翻译等：

（七）建武四年三月壬午朔已亥，万岁候长宪敢言之。官记曰：第一隧长秦恭时之俱起隧取鼓一，持之吞远隧。李丹、孙诩证知状。验问，具言前言状。●今谨召恭诣治所验[问] 《新简》EPF22·329[③]

此例所见李丹、孙诩即证人，供述有关事实。汉律对证人之供述有严格的规定，如：

（八）证不言请（情），以出入罪人者，死罪，黥为城旦舂；它各以其所出入罪反罪之。狱未鞫而更言请（情）者，除。吏谨先以辩告证。 《二年律令·具律》

此律规定，因证辞不实，而致人死罪，证者黥为城旦舂；致人他罪则反坐之。但案件审理结束前允许改变证辞，使之符合事实，亦免坐罪。

涉及少数民族人士的案件，尚需翻译参与诉讼过程，汉律亦专门为之做了严格规定，如：

（九）译讯人为诈伪，以出入罪人，死罪，黥为城旦舂；它各以其所出入罪反罪之。 《二年律令·具律》

翻译参与审讯而造假，不如实翻译，惩罚办法与证不言情同。

证人与翻译虽然参与诉讼过程，但他们与判决结果没有直接的利害关系，从根本上来讲，他们主要是在履行一种社会责任。

二、告劾

告劾，告发、起诉，《汉书·淮南王传》："擅罪人，无告劾繫治城旦以上十四人。"《急就篇》："诛罚诈伪劾罪人。"师古注："劾，举案之也。"原告的合法权益受侵害或发生争议时，向司法机关提出诉讼请求的行为即告劾。告劾通常以书面形式进行，汉简常见之"劾状"即是，其本文如：

（一〇）建武六年三月庚子朔甲辰，不侵守候长业敢 《新简》EPT68·54

言之。谨移劾状一编，敢言之。 《新简》EPT68·55

乃今月三日壬寅，居延常安亭长王闳、闳子男同、攻虏亭长赵 《新简》EPT68·59

常及客民赵闳、范翕等五人俱亡，皆共盗官兵， 《新简》EPT68·60

臧（赃）千钱以上，带大 《新简》EPT68·61

刀剑及铍各一，又各持锥、小尺白刀、箴各一，兰越甲渠当 《新简》EPT68·2

曲隧塞，从河水中天田出。●案：常等持禁物 《新简》EPT68·63

兰越塞，于边关徼逐捕未得，它案验未竟。 《新简》EPT68·64

建武六年三月庚子朔甲辰，不侵守候长业劾移 《新简》EPT68·54

居延狱以律令从事。 《新简》EPT68·58

状辞曰：公乘居延中宿里，年五十一岁，姓陈氏 《新简》EPT68·68

今年正月中，府[遣]业守候长，署不侵部，主领吏 《新简》EPT68·69

迹候备寇虏盗贼为职。乃今月三日壬寅，居延常安亭长 《新简》EPT68·70

王闳、闳子男同、攻虏亭长赵常及客民赵闳、范翕等 《新简》EPT68·71

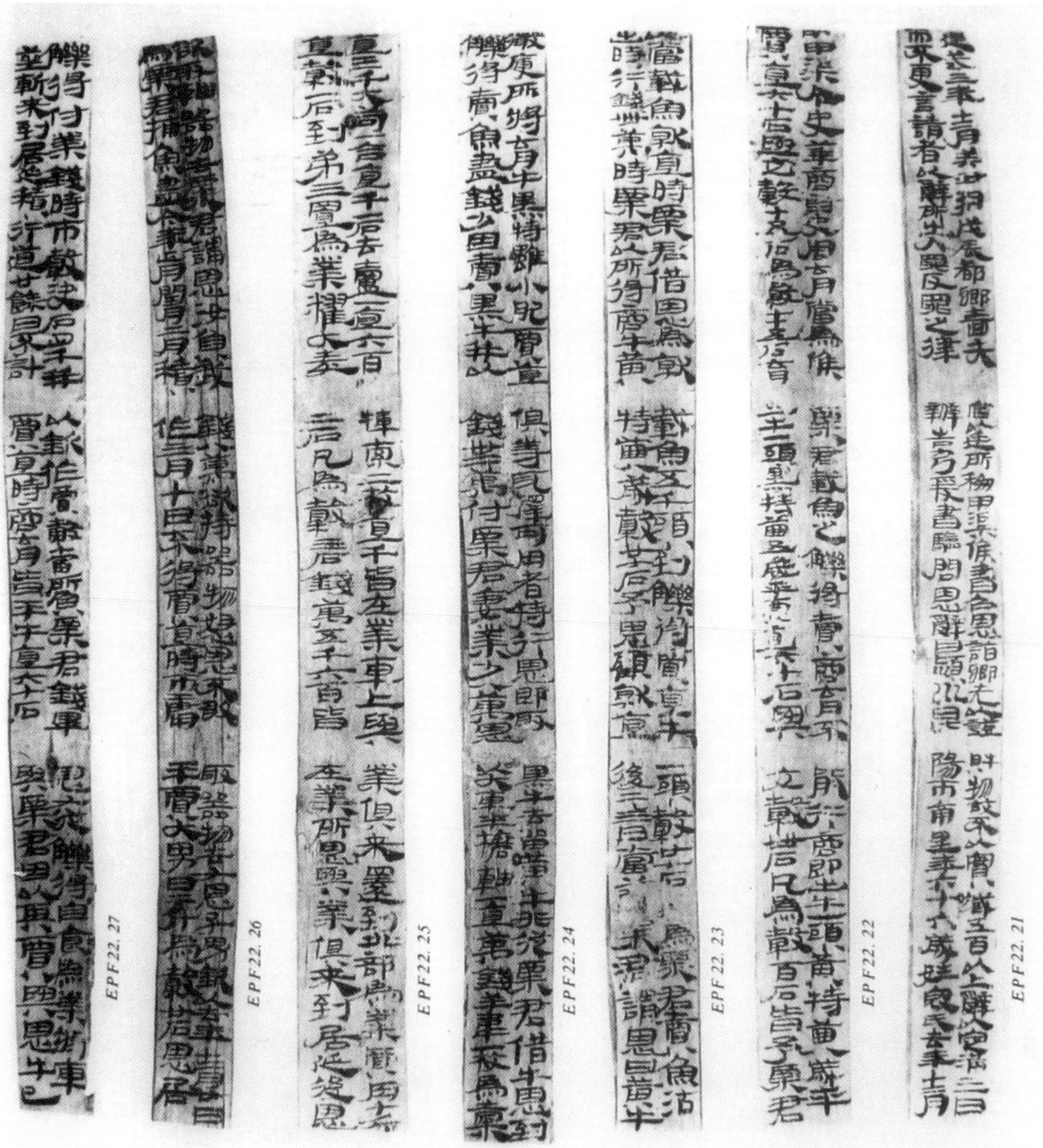

居延新简《债寇恩事爰书》册

五人俱亡，皆共盗官兵，臧（赃）千钱以上，带大刀、剑及铍各一　　《新简》EPT68・72

又各持锥、小尺白刀、箴各一，兰越甲渠当曲隧塞，从河　　《新简》EPT68・73

水中天田出。案常等持禁物兰越塞，　　《新简》EPT68・74

于边关徼逐捕未得，它案验未竟。以此　　《新简》EPT68・75

知而劾无长吏使，劾者状具此。　　《新简》EPT68・76

三月已酉，甲渠守候　移居延，写移如律令。掾谭、令史嘉　　《新简》EPT68・56

劾状通常由呈文、劾文、状辞组成。此例所见前二简为呈文，含起诉时间（年、月、朔干支、日干支）、起诉人（所在机构、职务、姓名）、文件名称及数量，又《新简》EPT68·54、58与之相呼应，署明呈送时间、方向、机构。文末一简为转呈文，即劾状送交起诉人所在机构后，由所在机构转呈具备审判权的所在县道。《新简》EPT68·59至64为劾文，所载为被告的犯罪事实及原告的调查处理。《新简》EPT68·68至76为状辞，内容包括原告身份的说明（爵位、籍贯、年龄、姓氏、所在机构、职务等）及被告的犯罪事实、原告的调配查情况，关于被告犯罪事实的叙述多与劾文相同或更详尽。

凡起诉书，原告的身份都必须明确，否则不予受理，《二年律令·具律》："毋敢以投书者言毄（繫）治人。不从律者，以鞫狱故不直论。"投书，匿名信。知匿名信不能作为审理及裁决案件的依据。

简牍劾状所涉，大多为公诉案件，形式上以个人名誉而不是由监察机关提出，只不过起诉人所维护的不仅是个人利益，而主要的是国家的整体利益，颇具时代特色。以个人名誉提起公诉的条件有二。一是被告在公诉人的人事管辖范围之内，纠举犯罪是这些官吏的义务。二是被告的犯罪行为发生在公诉人的地域管辖范围之内。如果官吏对上述两种情况下发生的犯罪不纠举，轻为失职，重则坐罪，即使在不知情的情况下发生，也须承担一定的责任，如：

（一一）盗贼发，士吏、求盗部者，及令、丞、尉弗觉智（知），士吏、求盗皆以卒戍边二岁，令、丞、尉罚金各四两。令、丞、尉能先觉智（知），求捕其盗贼，及自劾，论吏部主者，除令、丞、尉罚。一岁中盗贼发而令、丞、尉所（？）不觉智（知）三发以上，皆为不胜任，免之。　　《二年律令·捕律》

印证于史籍，如《汉书·咸宣传》："于是作沉命法，曰：'群盗起不发觉，发觉而捕弗满品者，二千石以下至小吏主者皆死。'"《后汉书·陈忠传》："臣窃见元年以来，盗贼连发，州郡督录怠慢，长吏防御不肃，宜纠增旧科，以防来事。自今强盗为上官若它郡所纠觉，一发，部吏皆正法，尉贬秩一等，令长三月奉赎罪；二发，尉免官，令长贬秩一等；三发以上，令长免官。使可立科条，处为诏文，切敕刺史，严加纠罚。"

知而不举劾则为见知故纵，《晋书·刑法志》："律之初制，无免坐之文，张汤、赵禹始作监临部主见知故纵之制。其见知而故不举劾，各与同论，失不举劾，各以赎论。"

汉代劾状中屡见"劾无长吏使"一语，指起诉行为不是受上级官员的唆使而产生。在当时政、法合一的体制下，诉讼过程极易被行政官员所左右，故规定长吏不得干预告劾有积极意义。长吏唆使下级诬告，当坐罪，《汉书·赵广汉传》："初广汉客私酤酒长安市，丞相史逐去客。客疑男子苏贤言之，以语广汉。广汉使长安丞按贤，尉史禹故劾贤为骑士屯霸上，不诣屯所乏军兴。贤父上书讼罪，告广汉，事下有司复治。禹坐腰斩。请逮捕广汉。有诏即讯，[辞]服，会赦，贬秩一等。"由于赵广汉唆使长安丞及尉史禹诬告，故一并坐罪。《唐律·斗讼》："诸教令人告，事虚应反坐，得实应赏，皆以告者为首，教令为从。"唐代以所告是否符合事实决定对指使者的奖惩，并非一概否定。

自诉亦是告劾的重要形式，下文例（二三）"候粟君所责寇恩事"、例（二九）"胡丞熹敢灋（谳）之，十二月壬申，大夫诣女子符，告亡……"即是。属民事法律关系的诉讼，多通过自诉途径。自诉案件中，起诉人不一定要亲自写诉状，而可由官方据原告口述整理成文，如例（一）所见。

自告、自出，即自首，也是启动诉讼案件的要素，汉律提倡之，罪犯可借以减刑，《二年律令·具律》："……其自出者，死罪，黥为城旦舂；它罪，完为城旦舂。"《二年律令·亡律》："诸亡自出，减之；毋名者，皆减其罪一等。"《汉书·衡山王赐传》："有司求捕与淮南王谋反者，得陈喜于孝家，吏劾孝首匿喜。孝以为陈喜雅数与王计反，恐其发之，闻律先自告除其罪，即先自告所与谋反者枚赫、陈喜等。廷尉治，事验。王闻，即自杀。孝先自告反，告除其罪。"师古注："先告有反谋，又告人与已反，而自得除反罪。"

凡有举报，官吏必须及时上报县廷，违者严惩，《二年律令·捕律》："群盗、盗贼发，告吏，吏匿弗言其县廷，言之而留盈一日，以其故不得，皆以鞠狱故纵论之。"汉律中专设《告律》，对告劾中的违法行为及政策界限作规定，除前文例（五）、（六）所见，又：

（一二）诬告人以死罪，黥为城旦舂；它各反其罪。告不审及有罪先自告，各减其罪一等，死罪黥为城旦舂，城旦舂罪完为城旦舂，完为城旦舂罪……鬼薪白粲及府（腐）罪耐为隶臣妾，耐为隶臣妾罪耐为司寇，司寇、䙴（迁）及黥顮（颜）頯罪赎耐，赎耐罪罚金四两，赎死罪赎城旦舂，赎城旦舂罪赎斩，赎斩罪赎黥，赎黥罪赎耐，耐罪……金四两罪罚金二两，罚金二两罪罚金一两。令、丞、令史或偏（徧）先自得之，相除。　《二年律令·告律》

（一三）杀伤大父母、父母，及奴婢杀伤主、主父母妻子，自告者皆不得减。告人不审，所告者有它罪与告也罪等以上，告者不为不审。　《二年律令·告律》

（一四）奴婢自讼不审，斩奴左止（趾），黥婢顮（颜），畀其主。　《二年律令·告律》

据上引三例所见，诬告反坐，各按所告罪减刑一等执行。自告可减刑，但杀伤父母等长辈及奴婢杀伤主人、主人的父母妻子儿女例外。奴婢自诉不合实情，受刑后归还给主人。

告劾通常是逐级进行，但紧急且危害性大的案件可越级直报朝廷，称"上言变事"，《新简》EPT52·46："粪土臣德昧死再拜，上言变事书，印曰臣德，其丁丑合蒲……曰：昌言变事，自书所言一卷。已覆而休，言未满半日。"《汉书·韩信传》："信初之国，行县邑，陈兵出入。有变告信欲反，书闻。"师古注："凡言变告者，谓告非常之事。"《汉书·黥布传》："赫上变事，乘传诣长安。布使人追，不及。赫至，上变，言布谋反有端，可先未发诛也。"《汉书·梅福传》："诸上变事求假轺传诣行在所，条对急政。"

三、逮捕

逮捕是强制行为，与告劾常交叉进行，或先劾后捕，或先捕后劾。《汉书·高帝纪》："贯高等谋逆发觉，逮捕高等。"师古注："逮捕，谓事相连及者皆捕之也。一曰在道守禁，相属不绝，若今之传送囚耳。"王先谦补注："刘攽曰：予谓逮者其人存，直追取之；捕者其人亡，当讨捕也。故有或但言逮，或但言捕，知异物也。一云逮易辞，捕加力也。逮呼名召之，捕加束缚矣。"张家山汉简《二年律令·捕律》是规范逮捕行为的法律，除上文所见例（一一）、（一二）之外，又：

（一五）□□□□发及斗杀人而不得，官啬夫、士吏、吏部主者，罚金各二两，尉、尉史各一两；而斩、捕、得、不得、所杀伤及臧（赃）物数属所二千石官，二千官上丞相、御史。能产捕郡盗一人若斩二人，㓨（拜）爵一级。其斩一人若爵过大夫及不当㓨（拜）爵者，皆购之如律。所捕、斩虽后会□□论，行其购赏。斩群盗，必有以信之，乃行其赏。　《二年律令·捕律》

（一六）捕从诸侯来为间者一人，㓨（拜）爵一级，有（又）购二万钱。不当㓨（拜）爵者，级赐万钱，有（又）行其购。数人共捕罪人而当购赏，欲相移者，许之。　《二年律令·捕律》

（一七）捕盗贼、罪人，及以告劾逮捕人，所捕格斗而杀伤之，及穷之而自杀也，杀伤者除，其当购赏者，半购赏之。杀伤群盗、命者，及有罪当命未命，能捕群盗、命者，若斩之一人，免以为庶人。所捕过此数者，购如律。　《二年律令·捕律》

（一八）数人共捕罪人而独自书者，勿购赏。吏主若备盗贼、亡人而捕罪人，及索捕罪人，若有告

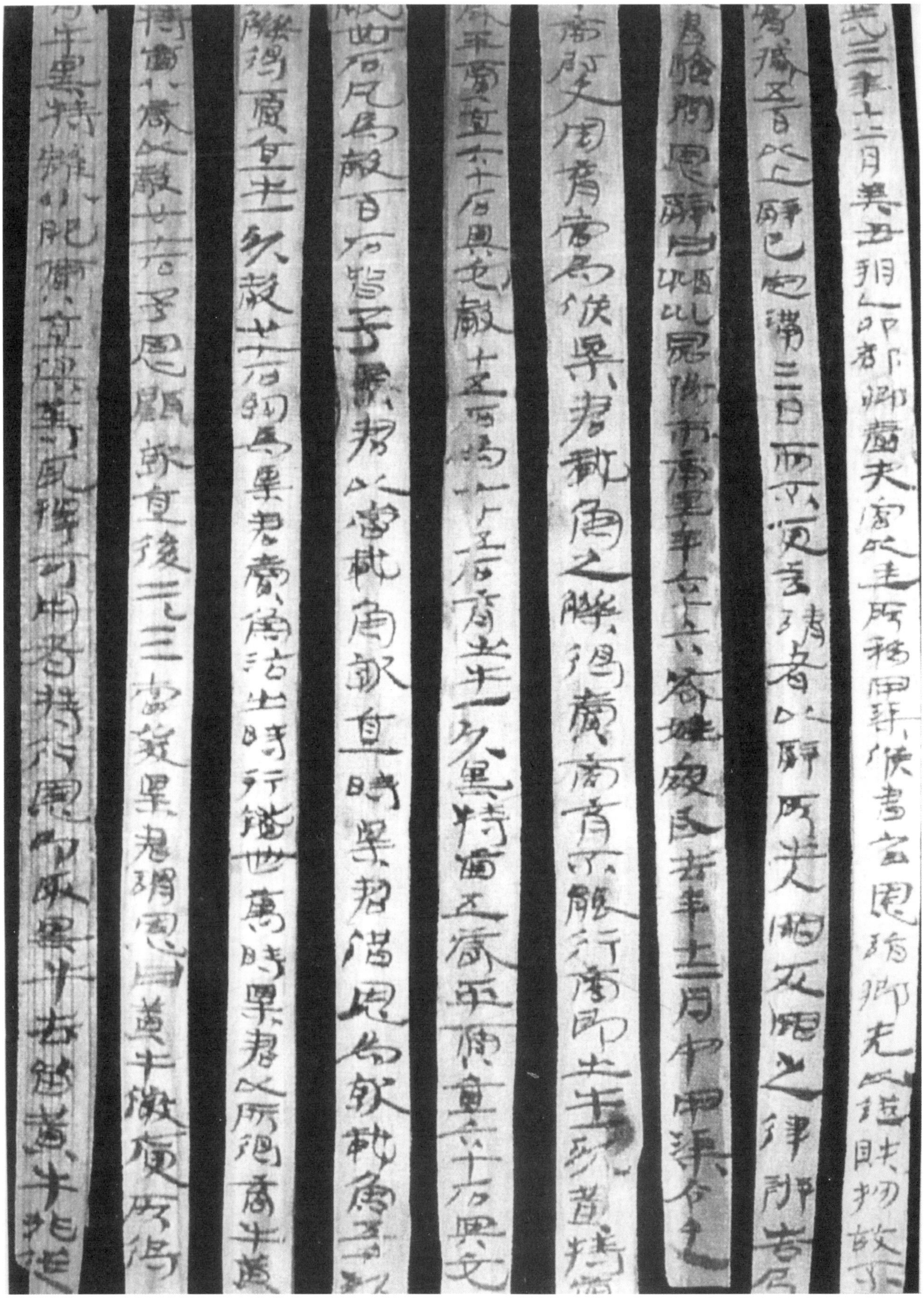

居延新简《债寇恩事爰书》册

劾非亡也，或捕之而非群盗也，皆勿购赏。捕罪人弗当，以得购赏而移予它人，及诈伪，皆以取购赏者坐臧（赃）为盗。　　《二年律令·捕律》

《捕律》所规定，主要是关于吏卒抓捕罪犯的奖惩。从例（一七）所见“捕盗贼、罪人，及以告劾逮捕人”句，知抓捕行为有未劾而主动出击及经告劾而逮捕的区别，《捕律》所见大多为前者，史载如《汉书·尹赏传》：“选守长安令。杂举长安中轻薄少年恶子得数百人，赏一朝会长安吏，车数百两，分行收捕，皆劾以为通行　食群盗。”亦为先捕后劾。先劾后捕如例（一七）“以告劾逮捕人”，又《汉书·武五子传》：“扬州刺史柯奏贺与故太守卒史孙万世交通……有司案验，请逮捕。制曰：‘削户三千。’后薨。”《汉书·周勃传》：“其后有人上书告勃欲反，下廷尉，逮捕勃治之。”《汉书·萧望之传》：“案望之大臣，通经术，居九卿之右，本朝所仰，至不奉法自修，踞慢不逊攘，受所监臧二百五十以上，请逮捕繫治。”表明凡称“逮捕”者，多为先劾后捕。简牍所见“逮书”是实施逮捕的凭证，犹今逮捕证，如：

（一九）狱所逮一牒：河平四年四月癸未朔甲辰，效谷长增谓县（悬）泉啬夫、吏：书到，捕此牒人，毋令漏泄，先阅知，得遣吏送……（正面）/ 掾赏、狱史庆（背面）《悬泉汉简》I0210 ①：54[4]

简牍所见还有一种涉及范围更广泛的追捕文书，类今通缉令，如：

（二〇）元康四年五月丁亥朔丁未，长安令安国、守狱丞左、属禹敢言之：谨移髡钳亡者田敖等三人年、长、物色，去时所衣服。谒移左冯翊、右扶风、大常、弘农、河南、河东、颍川、南阳、天水、陇西、安定、北地、金城、西河、张掖、酒泉、敦煌、武都、汉中、广汉、蜀郡……　《悬泉汉简》II0111 ④·3

（二一）十月己卯，敦煌大守快、丞汉德敢告部都尉卒人，谓县：督盗贼史赤光、刑（邢）世写移今□□□□□部督趣。书到，各益部吏□泄□捕部界中，明白大编书乡亭市里□□□□，令吏民尽知□□　　《悬泉汉简》I0309 ③：222

凡通缉类文书，须如例（二一）所云“明白大编书乡亭市里”即以宽大的木匾公布于人员往来频繁的乡亭市里交通要道上，以便一目了然，人人皆知。涉及重大案件，常由朝廷有关机构以请诏形式发布文告，如：

（二二）甘露二年五月己丑朔甲辰朔（朔字衍），丞相少史充、御史守少史仁以请诏有逐验大逆无道故广陵王胥御者惠同产弟故长公主弟卿大婢外人，移郡大守：逐得试知外人者，故长公主大奴千□等曰：外人，一名丽戎，字中夫，前太子守观奴婴齐妻，前死。丽戎从母捐之字子文私男弟偃，居主为市里弟。捐之姊子，故安道侯奴林取不审县里男子游为丽戎婿，以牛车就载籍田仓为事。始元二年中，主女孙为河间王后，与捐之偕之国。后丽戎、游从居主□□弟，养男孙丁子□。元凤元年中，主死，绝户。奴婢没入诸官。丽戎、游俱亡。丽戎脱籍，疑变更名字，远走绝迹，更为人妻，介罪民间，若死，毋从知。丽戎此时年可二十三四岁，至今年可六十所。为人中状，黄色，小头，黑发，隋面，拘颐，常戚额，如颛状，身小长，讬瘦少言。书到，二千石遣毋害都吏　　《释粹》EJT1·1[5]

严教属县官令以下，啬夫、吏、正、父老杂验问乡里吏民赏取婢及免奴以为妻，年五十以上，刑状类丽戎者，问父母昆弟，本谁生子，务得请（情）实，发生从迹，毋督聚繁扰民。大逆同产当坐，重事，推迹未穷，毋令居部界中不觉。得者书言白报，以邮亭行，诣长安传舍。重事当奏闻，必谨密之，毋留，如律令。六月，张掖大守毋适、丞勋敢告都尉卒人，谓县，写移书到，趣报，如御史书律令，敢告卒人。/ 掾□、守卒史安国、佐财。　　《释粹》EJT1·2

请诏是大臣写具体内容后，请示皇帝制诏予以公布的文书形式。上例所引未见批示文，故文末仅称

"御史书"。

皇帝制诏下发的通缉令则称"名捕诏书",简牍屡见此类诏书之行下文及"名捕名籍",如《新简》EPT5·16:"……朔乙酉,万岁候长宗敢言之:官下名捕诏书曰:清河不知何七男子共贼燔男子李……强盗兵马及不知何男子凡六十九人,黠谋更□□□怨攻盗贼燔人舍,攻亭……。"《合校》114·21:"名捕平陵德里李蓬,字游君,年卅二三,坐贼杀平陵游徼周勑,攻郜□市,贼杀游徼业、谭等,亡为人奴……"《合校》183·13:"诏所名捕平陵长雚里男子杜光,字长孙,故南阳杜衍……初亡时驾騩牡马,乘阑轝车,黄车茵,张白车篷,骑騩牡马。因坐役使流亡□户百廿三,擅置田监史,不法不道。丞相御史□执金吾家属所二千石奉捕。"[⑥]

简牍中亦属见跨郡追捕罪犯的记载,如《悬泉汉简》II0114③·447正面:"黄龙元年四月壬申,给事廷史刑(邢)寿为诏狱,有逮捕弘农、河东、上党、云中、北地、安定、金城、张掖、酒泉、敦煌郡,为驾一封轺传。外二百卅七。御史大夫万年谓胃成,以次为驾,当舍传舍,如律令。"背面:"护郡使者视事史治,承合檄诣郡,告治所张掖觻得吏马行。"又《悬泉汉简》I0110①:5:"永始二年三月丙戌朔庚寅,乐涫长崇、守丞延移过所,遣□佐王武逐杀人贼朱顺敦煌郡中,当舍传舍,从者如律令。"此二简所见为有关人员追捕罪犯时使用的通行证,涉及之地域达二至十郡。

为抓捕罪犯,有关人员可依法出入常人不能随意逾越的关塞院垣,《二年律令·杂律》:"捕罪人及以县官事征召人,所征召、捕越邑里、官市院垣,追捕、征者得随意出入。"又《二年律令·法关令》:"□、相国、御史请缘关塞县道群盗、盗贼及亡人越关、垣离(篱)、格堑、封刊,出入塞界,吏卒追逐者得随出入服迹穷追捕。令将吏为吏卒出入者名籍,伍人阅具,上籍副县廷。事已,得道出入所。出入盈五日不反(返),伍人弗言将吏,将吏弗劾,皆以越塞令论之。"

四、讯鞫

讯鞫是对案件的审理,包括讯问当事人和证人、收集和审查证据等。讯鞫过程产生的书面笔录,简牍自称之为"爰书"。"爰书"名目繁多,今见如"验问爰书"、"自证爰书"、"吏民相牵证任爰书"、"殴杀爰书"等。[⑦]这些爰书产生于讯鞫的不同阶段或不同场合,内容包括原告、被告、证人言辞及现场情况的记录等。《史记·酷吏列传》:"劾鼠掠治,传爰书,讯鞫论报",《集解》引苏林曰:"谓传囚也。爰,易也。以此书易其辞处。鞫,穷也。"《索隐》引韦昭云:"爰,换也。古者重刑,嫌有爱恶,故移换狱书,使他官考实之,故曰'传爰书'也。"《汉书·张汤传》引师古注:"爰,换也。以文书代换其口辞也。"爰书本文如:

(二三)建武三年十二月癸丑朔戊辰,都乡啬夫官以廷所移甲渠候书召恩诣乡。先以"证财物故不以实,臧五百以上,辞以(已)定,满三日而不更言请(情)者,以辞所出入罪反罪之"律辨告。乃爰书验问,恩辞曰:颍川昆阳市南里,年六十六岁,姓寇氏,去年十二月中,甲渠令史华商、尉史周育当为候粟君载鱼之得卖。商、育不能行,商即出牛一头,黄,特,齿八岁,平贾直六十石,与交谷十五石,为七十五石。育出牛一头,黄,特,齿五岁,平贾直六十石,与交谷卅石,凡为谷百石,皆予粟君,以当载鱼就直。时粟君借恩为就,载鱼五千头到觻得,贾直牛一头,谷廿七石,约为粟君卖鱼沽出时行钱卌万。时粟君以所得商牛,黄,特,齿八岁,谷廿七石予恩顾就直。后二三日当发,粟君谓恩曰:黄牛微瘦,所将育牛,黑,特,虽小肥,贾直俱等耳,择可用者持行。恩即取黑牛去,留黄牛,非从粟君借牛。恩到觻得卖鱼尽，钱少，因卖黑牛，并以钱卅二万付粟君妻业。少八万，恩以大车半轴一直万钱，羊韦一枚为橐直三千，大笥一合直千，一石去卢一直六百，𦅾索二枚直千，皆在业车上，与业俱来。还到北部为业买肉十斤直一石，到第三置为业籴大麦二石，凡为谷三石、钱万五千六百，皆在业所。恩与业俱来到居延，后恩欲取轴器物去。粟君谓恩：汝负我钱八万，欲持器物，怒，恩不敢取器物去。又恩子男钦以去年十二月廿日为粟君捕鱼尽今年正月、闰月、二月作作三月十日，不得贾直，时市庸平贾大男日二斗，为谷廿石，恩居觻得付业钱时，市谷决四千，并以钦作贾谷当所负粟君钱毕。恩又从觻得自食为业将车茎斩来到居延，行道廿日不计贾直。时商、育皆平牛直六十石与粟君，因以其贾与恩牛。已决，不当予粟君牛，不相当谷廿石。皆证，它如爰书。　　《新简》EPF22・21—28

此例所见为《候粟君所责寇恩事》册中的一份爰书，同册中另两份爰书未录。上引爰书所涉为民事诉讼案件[⑧]，属验问爰书，是都乡啬夫讯问被告寇恩的笔录。爰书所见，凡讯问皆有以法律辩告的程序，如此例所见“先以‘证财物故不以实，臧五百以上，辞以（已）定，满三日而不更言请（情）者，以辞所出入罪反罪之’律辨告”。又《新简》EPT53・181：“先以‘证财物不以实’律辨［告］。”《新简》EPT52・417：“先以‘证不［言］请（情）’律辨告。”《汉书・高帝纪》：“吏以文法教训辨告，勿笞辱。”师古注：“辨告者，分别义理以晓喻之。”于当时而言，口供是判决的重要依据，故要求口供属实，不能做假供，讯问开始后三日之内可更改口供，过时则作为正式供辞，不实反坐。《史记・酷吏列传》集解引张晏曰：“讯考三日后问之，知与前辞同不也。”《国语・齐语》：“索讼者，三禁而不可上下。”韦昭注：“三禁，禁之三日，使审实其辞也；而不可上下者，辞定不可移也。”《后汉书・孔融传》：“又袁术僭逆，非一朝一夕，日磾随从，周旋历岁。汉律与罪人交关三日已上，皆应知情。”则表明每次讯问，三日之内当有确定的供词。

从张家山汉简《奏谳书》中可窥见汉代诉讼的一般过程，其中关于讯鞫的记载尤为详尽，例如：

（二四）●十年七月辛卯朔癸巳，胡状、丞憙敢灋（谳）之。刻（劾）曰：临菑（淄）狱史阑令女子南冠缴（缟）冠，详（佯）病卧车中，袭大夫虞传，以出关。●今阑曰：南齐国族田氏，徙处长安，阑送行，取（娶）为妻，与偕归临菑（淄），未出关得，它如刻（劾）。●南言如刻（劾）及阑。●诘阑，阑非当得取（娶）南为妻也，而取（娶）以为妻，与偕归临菑（淄），是来诱及奸，南亡之诸侯，阑匿之也，何解？阑曰：来送南而取（娶）为妻，非来诱也。吏以为奸及匿南，罪，毋解。●诘阑：律所以禁从诸侯来诱者，令它国毋得取（娶）它国人也。阑虽不故来，而实诱汉民之齐国，即从诸侯来诱也，何解？阑曰：罪，毋解。●问，如（辞）。●鞫：阑送南，取（娶）以为妻，与偕归临菑（淄），未出关，得，审。疑罪，毄（繫），它县论，敢灋（谳）之。●人婢清助赵邯郸城，已即亡，从兄赵地，以亡之诸侯论。今阑来送徙者，即诱南。●吏议：阑与清同类，当以从诸侯来诱论。●或曰：当以奸及匿黥舂罪论。

十年八月庚申朔癸亥，大（太）仆不害行廷尉事，谓胡啬夫灋（谳）狱史阑，灋（谳）固有审，廷以闻，阑当黥为城旦，它如律令。　　《奏谳书》17—27

从此例可看出审讯的一般程序：首先是司法官围绕告劾的内容进行讯问，被告初步回答所问，司法官接着针对被告的口供进行诘问，然后被告申辩，司法官再诘问，经多次反复，直至澄清事实，被告服罪。

口供之外，汉代诉讼尚重视证据，包括现场勘验、证人证言、书证、物证等。

现场勘验是确定案发地点、被害者状况的直接证据，尤多用于致人非命的刑事案件。《秦简・封诊式》中收录一则现场勘验细节，文云：“贼死。爰书：某亭求盗甲告曰：‘署中某所有贼死、结发、不智（知）可（何）一男子一人，来告。' 即令令史某往诊。令史某爰书：与牢隶臣某即甲诊，男子死（尸）在某室，南首，正偃。某头左角刃痏一所，北（背）二所，皆从（纵）头北（背），袤各四寸，相耎，广各一寸，皆臽中类斧，脑角出（頔）皆血出，柀（被）污头北（背）及地，皆不可为广袤；它完。衣布禪裙、襦各一。其襦北（背）直痏者，以刃夬（决）二所，应痏。襦北（背）及中衽□污血。男子西有桼秦綦履一两，去男子其一奇六步，一十步；以履履男子，利焉。地坚，不可智（知）贼迹。男子丁壮，析（皙）色，长七尺一寸，发长二尺；其腹有久故瘢二所。男子死（尸）所到某亭百步，到某里士五（伍）丙田舍二百步。●令甲以布裙狸（埋）男子某所，侍（待）令。以襦、履诣廷。讯甲亭人及丙，智（知）男子可（何）日死，闻（号）寇者不殴（也）？" 勘验详记死状、伤口部位尺寸、衣着及四周迹象、讯问知情人等。汉代亦当如此，简牍所见每起死亡事故，皆须检验是否有被害迹象，如《新简》EPT58·46："……死亭东内内，东首，正偃，冒冥，口吟，两手卷，足展，衣……当时死，身完，毋兵刃木索迹，实疾死。审，皆证。" 又《新简》EPT57·85："……士吏强兼行候事敢言之。爰书：戍卒颍川郡长社临利里乐德、同县安平里家横告曰：所为官牧橐佗，戍夜僵卧草中以□行。谨案：德、横□到橐佗。尉辟推，谨毋刀刃木索迹。德、横皆证所言。它如爰书，敢[言之]。"

《奏谳书》所收古代案例，不仅有对现场的勘验，还在现场进行演示检验，以证实司法官推断的结论是否准确，如：

（二五）●异时卫法曰：为君、夫人治食不谨，罪死。今宰人大夫说进炙君，炙中有髮长三寸；夫人养婢媚进食夫人，饭中有髮长半寸，君及夫人皆怒，劾，史猷（猷）治曰：说毋罪，媚当赐衣。君曰：问史治狱非是。史曰：臣谨案说所以切肉刀新磨（？）甚利，其置枹（庖）俎。夫以利刀切肥牛肉枹（庖）俎上，筋腸尽斩，炙膊大不过寸，而髮长三寸独不斩，不类切肉者之罪。臣有（又）诊炙肉具，桑炭甚美，铁卢（炉）甚磬。夫以桑炭之磬铗□而肉颇焦，髮长三寸独不焦，有（又）不类炙者之罪。臣有（又）诊夫人食室，涂溉（墍）甚谨，张帷幕甚具，食室中毋蔡，而□毋道入。臣有（又）诊视媚卧，莞席敝而经绝，其莞淬（碎），媚衣褎（袖）有敝而絮出，淬（碎）莞席丽其絮，长半寸者六枚。夫以卫夫人有一婢，衣褩（敝）衣，使卧席，卧席淬（碎）者丽衣，以为夫人炊，而欲蔡毋入饭中，不可得已。臣操褩（敝）席丽媚衣絮者，愿与饭中蔡比之。●此以下□八月（？）君出饭中蔡比之，同也。史犹（猷）曰：炙中髮，臣度之，君今旦必跂〈疏（梳）〉而炙至，肉前，炙火气□人而暑，君令人扇，而故能蜚（飞）入炙中。君曰：今旦寡人方蔬（梳），扇而炙来，然且与子复诊之。君備（俛）视席端，有隨（鬌）髮长二寸以上到尺者六枚。君复置炙前，令人道后扇，髮蜚（飞）入炙中者二枚。君曰：善弋（哉）！亟出说而赐媚新衣，如史犹（猷）当。　《奏谳书》162—173

此例所见史猷即依据现场的环境推断事故产生的原因，并进行了演示，以实验的结果证明其推论之正确，使当事人心服口服。对汉代人具有实践指导意义，故成为判例。

证人证言亦是对案件进行裁决的重要依据之一，考虑其真实性，尚提倡众证定罪，即对一事件要求二人以上作证，如《新简》EPT51·228："建始元年四月甲午朔乙未，临木候长宪敢言之。爰书：杂与候史辅验问隧长忠等七人。先以'从所主及它部卒买□三日而不更言请书'律辨告，乃验问，隧长忠、卒赏等辞皆曰名郡县爵里年姓官除各如牒。忠毋从所主卒及它□。" 此例中，戍卒赏等六人作证，证隧长忠未有讯问所杀犯罪行为。又《新简》EPF22·329："建武四年三月壬午朔已亥，万岁候长宪敢言之。官记曰：第一隧长秦恭时之俱起隧取鼓一，持之吞远隧，李丹、孙诩证知状。验问，具言前言状。" 证人或还须到案发地或罪犯拘押地作证，属地传讯，如《合校》181·2："元延二年八月庚寅朔甲午，都乡啬夫武敢言……褒葆俱送证女子赵佳张掖郡中。谨案户……留如律令，敢言之。”此为护送证人前往作证的通行证，表明汉代诉讼中，证人的作用相当重要。

物证和书证也是汉代诉讼取证的重要对象。张家山汉简《奏谳书》收录一宗秦代以物证侦破抢劫伤人的案例：被害女子婢冣返家途中遭袭击，钱被抢走，身背留有凶手刺人的一把刀，现场还有凶手遗留的一枚契券，“视刀，铁环长九寸，婢偾所有尺半荆券一枚，其齿类贾人券。”经曲折的侦察过程，终于发现犯罪嫌疑人及物证，围绕物证，狱史展开一系列的讯问与比对，最后破案。以下摘录本案发现犯罪嫌疑人后的情况：

（二六）……（孔）衣故有带，黑带，带有佩（佩）处而毋佩（佩）也。瞻视应对冣（最）奇，不与它人等。孔曰：为走士、未尝佩（佩）鞞刀、盗伤人，毋坐也。举闒疑孔盗伤婢，即譺问黔首：有受孔衣器、钱财，弗诣吏，有罪。走马仆诣白革鞞系绢，曰：公士孔以此予仆，不智（知）安取。孔曰：未予仆鞞，不智（知）去故。举闒以婢北（背）刀入所诣鞞中，祇。诊视鞞刀，刀环哙旁㦰（残），㦰（残）傅鞞者处独青有钱（残），类刀故鞞也。诘讯仆、孔，改曰：得鞞予仆，前忘，即曰弗予。孔妻女曰：孔雅佩（佩）刀，今弗佩（佩），不智（知）存所。诘讯女、孔，孔曰：买鞞刀不智（知）何人所，佩（佩）之市，人盗绀（排）刀，即以鞞予仆，前曰得鞞及未佩（佩），谩。诘孔：何故以空鞞予仆，谩曰弗予？雅佩鞞刀，有（又）曰未尝？孔毋解。即就讯磔，恐欲笞，改曰：贫急毋作业，恒游旗下，数见贾人券，言雅欲剽（剽）盗，详（佯）为券，操，视可盗，盗置券其旁，令吏求贾市者，毋言。孔见一女子操簦但（掸）钱，其时吏悉令黔首之田救夆（螽），邑中少人，孔自以为利，足刺杀女子夺钱，即从到巷中，左右瞻毋人，以刀刺夺钱去走。前匿弗言，罪。问如辞（辞）。臧（赃）千二百钱，已亥（核），孔完为城旦。孔端为券，贼刺人，盗夺钱，置券其旁，令吏勿智（知），未尝有。黔首畏害之，出入不敢，若思（斯）甚大害也。顺等求弗得，乃令举闒代，毋征物，举闒以智訮（研）詗求得，其所以得者甚微巧，卑（俾）令盗贼不敢发。六年八月丙子朔壬辰，咸阳丞穀、礼敢言之。令曰：狱史能得微难狱，上。今狱史举闒得微难狱，为奏廿二牒，举闒毋害谦（廉）絜（洁）敦　，守吏也，平端，谒以补卒史，劝它吏，敢言之。　《奏谳书》197—228

狱史举闒从追查作为凶器的刀与走马仆提供的无刀刀鞘的关系着手。以刀插入鞘中，证其为同套刀具；又取得犯罪嫌疑人妻女及走马仆的证言，故能多次推翻犯罪嫌疑人的狡辩，致其最终招供认罪，举闒也因功迁升为卒史。此例对汉初破解疑难案件无疑有借鉴意义，故被录入《奏谳书》中。汉代搜索物证之记载，如《汉书・孝宣许皇后传》：“父广汉，为宦者丞。上官桀谋反时，广汉部索。其殿中庐有索长数尺可以缚人者数千枚，满一箧缄封。广汉索不得，他吏往得之，广汉坐论为鬼薪，输掖庭。”

书证是具有法律效力的凭证文书，较典型者如买卖契约，《合校》26・1：“建昭二年闰月丙戌，甲渠令史董子方买鄣卒□威裘一领，直七百五十，约至春钱毕已，旁人杜君。”《合校》262・29：“七月十日，鄣卒张中功贳买布单衣一领，直三百五十，三堠史张君长所，钱约至十二月尽毕已，旁人临桐史解子房知券。”此类契约称“券书”或“书契”，一般是一式两份，《周礼・地官・质人》郑注：“书契，取予市物之券也。其券之象，书两札，刻其侧。”《汉元光四年李德买地铅券》有“皆执券约”语，表明债权人与债务人皆执其中一份契券。产生民事纠纷时，这些契券即成为有法律效力的书证。《史记・高祖本纪》：“常从王媪、武负贳酒，醉卧，武负、王媪见其上常有龙，怪之。高祖每酤留饮，酒雠数倍，及见怪，岁竟，此两家常折券债。”折券债即意味着债务关系中权利与义务的中止。再者为“传别”，《周礼・天官・小宰》：“听称责以传别。”郑注：“传别，谓大手书于一札，中字别之。”又《士师》：“凡以财狱讼者，正之以传别约剂。”注：“传别，中别手书也。约剂，各所持券也。故书别为辨。郑司农云，传或为付，辨读为风别之别，若今时市买为券书以别之，各得其一，讼则案券以正之。”

遗嘱也是民事关系的重要书证，汉代称“先令”，皇帝所制则称“遗诏”。汉代遗嘱抄件如《散》1078—1094：“元始五年九月壬辰朔辛丑□，高都里朱凌居新安里，甚疾其死，故请县乡三老，都乡有秩、佐、里师田谭等为先令券书。凌自言……五年四月十日，妪以稻田一处、桑田二处分予弱君，波（陂）田一处分予仙君。于至十二月，公文伤人为徒，贫无产业。于至十二月十一日，仙君、弱君各归田于妪，让予公文。妪即受田，以田分予公文：稻田二处，桑田二处，田界易如故，公文不得移卖田予他人。时任知者里师、伍人谭等及亲属孔聚、田文、满真。先令券书明白，可以从事。”⑨汉律之规定，如《二年律令·户律》：“民欲先令相分田宅、奴婢、财物，乡部啬夫身听其令，皆参辨券书之，辄上如户籍。有争者，以券书从事；毋券书，勿听。所分田宅，不为户，得有之，至八月书户，留难先令，弗为券书，罚金一两。”此事表明，在民事诉讼中，书证往往具有不可替代的作用。

秦汉时为取得口供，允许使用刑讯。《史记·李斯列传》：“赵高治斯，榜掠千余，不胜痛，自诬服。”上文例（二六）所见，狱史以“即就讯磔，恐欲笞”相威，致被告认罪。秦律规定在反复诘问无效时，即采用刑讯，《秦简·封诊式》：“讯狱。凡讯狱，必先尽听其言而书之，各展其辞，虽智（知）其訑，勿庸辄诘。其辞已尽书而毋（无）解，乃以诘者诘之。诘之有（又）尽听书其解辞，有（又）视其它毋（无）解者以复诘之。诘之极而数池，更言不服，其律当治（笞）谅（掠）者，乃治（笞）谅（掠）。治（笞）谅（掠）之必书曰：爰书：以某数更言，毋（无）解辞，治（笞）讯某。”刑讯拷打之随意性极大，常致人非命，故汉帝曾多次下诏规范限制之，《汉书·刑法志》：“景帝元年，下诏曰：‘加笞与重罪无异，幸而不死，不可为人。其定律：笞五百曰三百，笞三百曰二百。’犹尚不全。至中六年，又下诏曰：‘加笞者，或至死而笞未毕，朕甚怜之。其减笞三百曰二百，笞二百曰一百。’又曰：‘笞者，所以教之也，其定棰令。’丞相刘舍、御史大夫卫绾请：‘笞者，垂长五尺，其本大一寸，其竹也，末薄半寸，皆平其节。当笞者笞臀。毋得更人，毕一罪乃更人。’自是笞者得全，然酷吏犹以为威。”《后汉书·章帝纪》：元和元年，“诏曰：‘律云，掠者唯笞榜立。又《令丙》，棰长短有数。自往者大狱以来，掠考多酷，钻钻之属，惨苦无极，念其痛毒，怵然动心。《书》曰，鞭作官刑。岂云若此？宜及秋冬理狱，明为其禁。”注：“《苍颉篇》曰，掠，问也。《广雅》曰，榜，击也，音彭。《说文》曰，笞，击也。立谓立而考讯之。钻钻音其廉反。《说文》曰，钻，銸也。《国语》曰，中刑用钻凿。皆谓惨酷其肌肤也。”

五、论报

诉讼经讯问审理认定基本事实后，便进入判决阶段：裁定当事人的法律责任，包括刑事责任、民事责任或行政责任。

汉代诉讼大体能以事实为依据，以法律为准绳进行判决，对每一宗案件能明确其适用的法律条款，典型的案例如：

（二七）●●八月十月已未，安陆丞忠刻（劾）狱史平舍匿无名数大男子种一月，平曰：诚智（知）种无[名]数，舍匿之，罪，它如刻（劾）。种言如平。问：平爵五大夫，居安陆和众里，属安陆相，它如辞（辞）。鞫：平智（知）种无名数，舍匿之，审。当：平当耐为隶臣，锢，毋得以爵、当赏免。●令曰：诸无名数者，皆令自占书名数，令到县道官，盈卅日，不自占书名数，皆耐为隶臣妾，锢，勿令以爵、赏免，舍匿者与同罪。以此当平。南郡守强、守丞吉、卒史建舍治。八月四月甲辰朔乙巳，南郡守强敢言之，上奏七牒，谒以闻，种县论，敢言之。　　《奏谳书》63—68

（二八）●七年八月己未，江陵丞言：醴阳令恢盗县官米二百六十三石八斗。恢秩六百石，爵左庶长□□□□从史石盗醴阳己乡县官米二百六十三石八斗，令舍人士五（伍）兴、义与石卖，得金六斤三两、钱万五千五十，罪，它如书。兴、义言皆如恢。问：恢盗臧（赃）过六百六十钱，石亡不讯，它如辞（辞）。鞫：恢，吏，盗过六百六十钱，审。当：恢当黥为城旦，毋得以爵减、免、赎。律：盗臧（赃）直（值）过六百六十钱，黥为城旦；令：吏盗，当刑者刑，毋得以爵减、免、赎。以此当恢。恢居丽邑建成里，属南郡守。南郡守强、守丞吉、卒史建舍治。　　《奏谳书》69—74

例（二七）所见，判决结论为："当：平当耐为隶臣，锢，毋得以爵、当赏免。"适用法律为："●令曰：诸无名数者，皆令自占书名数，令到县道官，盈卅日，不自占书名数，皆耐为隶臣妾，锢，勿令以爵、赏免，舍匿者与同罪。"例（二八）所见，判决结论为："恢当黥为城旦，毋得以爵减、免、赎。"适用法律为："律：盗臧（赃）直（值）过六百六十钱，黥为城旦。"（此律见《二年律令·盗律》，条文较长，此处仅引用其中一段）[11]又："令：吏盗，当刑者刑，毋得以爵减、免、赎。"涉一律一令，前者是普遍适用的法律，后者是专门对官吏的法令。判决时傅所当律令的案例，又见《奏谳书》75—98："律：贼杀人，弃市。●以此当苍。律：谋贼杀人，与贼同法。●以此当信。律：纵囚，与同罪。●以此当丙、赘。当之：信、苍、丙、赘皆当市。"《奏谳书》屡见之"当"字，指判决结论，史籍亦见此用法，如《汉书·李寻传》："……上以其言亡验，遂下贺良等吏，而下诏曰：'贺良等反道惑，奸态当穷竟。'皆下狱，光禄勋平当、光禄大夫毛莫如与御史中丞、廷尉杂治，当贺良等执左道，乱朝政，倾覆国家，诬罔主上，不道。贺良等皆伏诛。"《汉书·张释之传》："释之奏当：'此人犯跸，当罚金。'……上良久曰：'廷尉当是也。'"师古注："当谓处其罪也。"

凡是无对应法律条款可适用及无判例可缘用者，通常免予追究，即所谓"阙疑从去"，《汉书·冯野王传》："大将军凤[风]御史中丞劾奏野王赐告养病而私自便持虎符出界归家，奉诏不敬。杜钦奏记[于]凤[曰]：罚疑从去，所以慎刑，阙难知也。今释令与故事而假不敬之法，甚违阙疑从去之意。"师古曰："假托法律而致其罪也。"

比较复杂的疑难案件，判决时通常还有合议或移它处论的过程，以避免判决结论之片面性，例（二四）见"吏议：阑与清同类，当以从诸侯来诱论。●或曰：当以奸及匿黥舂罪论。"又：

（二九）●胡丞熹敢灋（谳）之，十二月壬申，大夫诣女子符，告亡。●符曰：诚亡，詐（诈）自以为未有名数，以令自占书名数，为大夫明隶，明嫁符隐官解妻，弗告亡，它如符。解曰：符有名数明所，解以为毋恢人也，取（娶）以为妻，不智（知）前亡，乃疑为明隶，它如符。诘解：符虽有名数明所，而实亡人也。●律：取（娶）亡人为妻，黥为城旦，弗智（知），非有减也。解虽弗智（知），当以取（娶）亡人为妻论，何解？解曰：罪，毋解。●明言如符、解。问解故黥劓，它如辞（辞）。●鞫（鞫）：符亡，詐（诈）自占书名数，解取（娶）为妻，不智（知）其亡，审。疑解罪，毄（繫），它县论，敢灋（谳）之。吏议：符有[名]数明所，明嫁为解妻，解不智（知）其亡，不当论。●或曰：符虽已詐（诈）书名数，实亡人也。解虽不智（知）其请（情），当以取（娶）亡人为妻论，斩左止（趾）为城旦。●廷报曰：取（娶）亡人为妻论之，律白，不当灋（谳）。　　《奏谳书》28—35

此例经合议，对案件的判决形成两种意见：一认为解未知符为逃犯，娶之为妻当无罪。二认为解虽不知情，依法律规定仍当以娶逃犯为妻罪论处。廷尉批复同意第二种意见。合议制度当曾普遍实行，只是如果参议者最后能得出一致的结论时，“当”之即可，有关文件不必再署“议”字之类。“它县论”指其他问题已由本县论处。

汉律要求司法官公正办案，不得出入罪人，《二年律令·具律》云：“劾人不审，为失；其轻罪也而故以重罪劾之，为不直。”具体的惩罚如：

（三〇）鞠（鞫）狱故纵、不直，及诊、报、辟故弗穷审者，死罪，斩左止（趾）为城旦，它各以其罪论之。其当毄（繫）城旦舂，作官府偿日者，罚岁金八两；不盈岁者，罚金四两。□□□□两，购、没入、负偿，各以其直（值）数负之。其受赇者，驾（加）其罪二等。所予臧（赃）罪重，以重者论之，亦驾（加）二等。其非故，而失不□□以其赎论之。爵戍四岁及城旦舂六岁以上罪，罚金四两。赎死、赎城旦舂、鬼薪白粲、赎斩宫、赎劓黥、戍不盈四岁，毄（繫）不盈六岁，及罚金一斤以上罪，罚金二两。毄（繫）不盈三岁，赎耐、赎䙴（迁）、及不盈一斤以下罪，购、没入、负偿、偿日作县官罪，罚金一两。

□□□□□以其罪论之。完城旦舂罪，黥之。鬼薪白粲罪，黥以为城旦舂。其自出者，死罪，黥城旦舂；它罪，完为城旦舂。　　《二年律令·具律》

上述规定，即为保证诉讼过程之公正而设，如出现不法行为，将按条款处罚相关司法官。

六、奏谳

奏谳是有关疑难案件的请示报告，《汉书·刑法志》：“高皇帝七年，制诏御史：‘狱之疑者，吏或不敢决，有罪者久而不论，无罪者久繫不决。自今以来，县道官狱疑者，各谳所属二千石官，二千石官以其罪名当报之。所不能决者，皆移廷尉，廷尉亦当报之。廷尉所不能处，仅具为奏，传所当比律令以闻。’上恩如此，吏犹不能奉宣。故孝景中五年复下诏曰：‘诸狱疑，虽文致于法而于人心不厌者，辄谳之。’其后狱吏复避微文，遂其愚心。至后元年，又下诏曰：‘狱，重事也。人有愚智，官有上下。狱疑者谳，有令谳者已报谳而后不当，谳者不为失。’自此之后，狱刑益详，近于五听三宥之意。”这段记载，详述了奏谳的目的及其达到的效果。张家山汉简《奏谳书》所见凡二十余宗案列，大多为汉初的奏谳，少部分是战国至秦时疑难案件的判例，显然都被作为汉初裁决疑难案件的参考。汉初之《奏谳书》除前文所见例（二四）、（二七）、（二八）、（二九）外，又如：

（三一）●汉中守灊（谳）：公大夫昌苔（笞）奴相如，以辜死，先自告。相如故民，当免作少府，昌与相如约，弗免，已狱治不当为昌错告不孝，疑罪。●廷报：错告，当治。　　《奏谳书》49、50

（三二）●●北地守灊（谳）：女子甑、奴顺等亡，自处□阳，甑告丞相自行书顺等自赎，甑所臧（赃）过六百六十，不发告书，顺等以其故不论，疑罪。●廷报：甑、顺等受、行赇狂（枉）法也。《奏谳书》51、52

（三三）●●北地守灊（谳）：奴宜亡，越塞道，戍卒官大夫有署出，弗得，疑罪。●廷报：有当赎耐。　　《奏谳书》53

（三四）●●蜀守灊（谳）：佐启、主徒令史冰私使城旦环为家作，告启，启詐（诈）簿曰治官府，疑罪。●廷报：启为伪书也。　　《奏谳书》54、55

（三五）●●河东守灊（谳）：邮人官大夫内留书八日，詐（诈）更其徼（檄）书辟留，疑罪。●廷

报：内当以为伪书论。　　《奏谳书》60

例（三一）至（三五）所见为诸郡上报廷尉的奏谳报告。而前引例（二四）、（二九）是县道上报之奏谳报告，或经郡府转呈，最后由廷尉批复；例（二七）、（二八）是县道上报郡府的奏谳书，郡府已裁决，故未见廷尉批复文。县道之奏谳书与诸郡之奏谳书内涵有较大区别：县道之奏谳书含讯问、审理详情（包括原告、被告的供辞，司法官的诘问，现场调查等）；而诸郡之奏谳书仅载被告犯罪的简要情况及廷尉的批复文。则《奏谳书》所见并不是最原始的奏谳报告，而是作为判例编成册，故许多奏谳之后尚有廷尉的批复文。从《奏谳书》诸例中可看出奏谳的成因有二：一、对定罪及适用刑罚未能定论，如例（三一）至（三三）所见。二、经吏议，对定罪及适用刑罚有不同意见，如例（二四）、（二九）等，故上报廷尉裁决。只有廷尉不能解决的案件，才报请皇帝制诏。

七、乞鞫

被告对一审判决不服而提出上诉，古代称“乞鞫”。张家山汉简《奏谳书》中有一则案例，详载“乞鞫”形成的原因、经过、复查的细节及翻案的结论，所述虽为秦代事，汉初仍作为判例，尚具法律效力，非常珍贵，录于下：

（三六）四月丙辰，黥城旦讲乞鞫，曰：故乐人，不与士五（伍）毛谋盗牛，雍以讲为与毛谋，论黥讲为城旦。覆视其故狱：元年十二月癸亥，亭庆以书庆雍廷，曰：毛买（卖）牛一，质，疑盗，谒论。毛曰：盗士五（伍）牝牛，毋它人与谋。牝曰：不亡牛。毛改曰：乃已嘉平可五日，与乐人讲盗士五（伍）和牛，牵之讲室，讲父士五（伍）处见。处曰：守枅（汧）邑南门，已嘉平不识日，晦夜半时，毛牵黑牝牛来，即复牵去。不智（知）它。和曰：纵黑牝牛南门外，乃嘉平时视，今求弗得。以毛所盗牛献和，和识，曰：和牛也。讲曰：践更咸阳，以十一月行，不与毛盗牛。毛改曰：十月中与谋曰：南门外有纵牛，其一黑牝，类扰易捕也。到十一月复谋，即捕而纵，讲且践更，讲谓毛勉独捕牛，买（卖），分讲钱。到十二月已嘉平，毛独捕，牵买（卖）雍而得。它如前。诘讯毛于诘，诘改辞（辞）如毛，其鞫曰：讲与毛谋盗牛，审。二月癸亥，丞昭、史敢、铫、赐论，黥讲为城旦。今讲曰：践十一月更外乐，月不尽一日下总咸阳，不见毛。史铫初讯谓讲，讲与毛盗牛，讲谓不也，铫即磔治（笞）讲北（背）可□余，北（背）□数日，复谓讲盗牛状何如？讲谓实不盗牛，铫有（又）磔讲地，以水责（渍）讲北（背）。毛坐讲旁，铫谓毛，毛与讲盗牛状何如？毛曰：以十月中见讲，与谋盗牛。讲谓毛弗与谋。铫曰：毛言而是，讲和弗□。讲恐复治（笞），即自诬曰：与毛谋盗牛，如毛言。其请（情）讲不与毛谋盗牛。诊讲北（背），治（笞）紖（朋）大如指者十三所，小紖（朋）瘢相质五（伍）也，道肩下到要（腰），稠不可数。毛曰：十一月不尽可三日，与讲盗牛，识捕而复纵之，它如狱。讲曰：十月不尽八日为走马都魁庸（佣），与偕之咸阳，入十一月一日来，即践更，它如前。毛改曰：诚独盗牛，初得□时，史腾讯毛盗牝牛，腾曰：谁与盗？毛谓独也，腾曰非请（情），即笞毛北（背），可六伐。居（？）八九日，谓毛：牝不亡牛，安亡牛？毛改言请（情），曰：盗和牛，腾曰：毛不能独盗，即磔治（笞）毛北（背）殿（臀）股，不审伐数，血下污池（地）。毛不能支治（笞）疾痛，即诬指讲。讲道咸阳来。史铫谓毛：毛盗牛时，讲在咸阳，安道与毛盗牛？治（笞）毛北（背）不审伐数。不与讲谋，它如故狱。和曰：毛所盗牛雅扰易捕。它如故狱。●处曰：讲践更咸阳，毛独牵牛来，即复牵去。它如[故]狱。魁都从军，不讯，其妻租言如讲。●诘毛：毛笱（苟）不与讲盗牛，覆者讯毛，毛何故不蚤

（早）言请（情）。毛曰：覆者初讯毛，毛欲言请（情），恐不如前言，即复治（笞），此以不蚤（早）言请（情）。●诘毛：毛笱（苟）不与讲盗，何故言曰与谋盗？毛曰：不能支疾痛，即诬讲，以彼治罪也。诊毛北（背）笞紉（胑） 瘢相质五（伍）也，道肩下到要（腰），稠不可数，其殿（臀）瘢大如指四所，其两股瘢大如指。腾曰：以毛讞（谩），笞。它如毛。铫曰：不智（知）毛诬讲，与丞昭、史敢、[赐]论盗牛之罪，问如讲。昭、敢、赐言如铫，问如辞（辞）。●鞫之：讲不与毛谋盗牛，吏笞谅（掠）毛，毛不能支疾痛而诬讲，昭、敢、赐论失之，皆审。●二年十月癸酉朔戊寅、廷尉兼谓汧啬夫：雍城旦讲乞鞫曰：故乐人，居汧畦中，不盗牛，雍以讲为盗，论黥为城旦，不当。覆之，讲不盗牛。讲毄（繋）子县，其除讲以为隐官，令自常（尚），畀其於於。妻子已卖者，县官为赎。它收已卖，以贾（价）畀之；及除坐者赀，赀□人环（返）之。腾书雍。　　《奏谳书》99—123

要言之，盗贼名毛者盗牛被抓后，诬告故乐人讲与共谋。即审问讲，讲起初不承认，经刑讯逼供，诬服共盗，被判黥城旦刑。后讲不服而上诉，廷尉覆治，经仔细调查，认定原判失误，为讲平反，并由官方赔偿其损失，赎回已被出卖的妻子儿女。讲上诉的时间是在一审判决之后，与《秦简·法律答问》“以乞鞫及为人乞鞫者，狱已断乃听，且未断犹听殹（也）？狱断乃听之”的规定合。由此例亦可知上诉案之复审权掌握在郡以上机构手中。汉承秦制，规定更详，如：

（三七）罪人狱已决，自以罪不当欲气（乞）鞫者，许之。气（乞）鞫不审，驾（加）罪一等；其欲复气（乞）鞫，当刑者，刑乃听之。死罪不得自气（乞）鞫，其父、母、兄、姊、弟、夫、妻、子欲为气（乞）鞫，许之。其不审，黥为城旦舂。年未盈十岁为气（乞）鞫，勿听。狱已决盈一岁，不得气（乞）鞫。气（乞）鞫者各辞在所县道，县道令、长、丞谨听，书其气（乞）鞫，上狱属所二千石官，二千石官令都吏覆之。都吏所覆治，廷及郡各移旁郡，御史、丞相所覆治移廷。　　《二年律令·具律》

此律规定，一审判决后，允许被告上诉，但上诉不实加罪一等。当施刑者，行刑后才允许上诉，前例（三六）所见秦案，被告也是被处以“黥”刑（刺脸）后才上诉的，最后虽得以平反，所受损害已不可挽回，只能除以为隐官。被判死罪的犯人不得自己上诉，但允许其父母、兄弟、妻子儿女等直系亲属代为上诉，史载如《汉书·王嘉传》：“张敞为京兆尹，有罪当免，黠吏知而犯敞，敞收杀之。其家自冤，使者覆狱，劾敞贼杀人。”年十岁以下儿童尚无刑事责任能力，故不得替人乞鞫。又此律规定上诉的期限在判决后的一年之内，满一年后不得再上诉，比《周礼·朝士》注所云“徒论决满三月，不得乞鞫”长许多。从律文中亦可看出，上诉案的裁决权在郡守二千石以上，县道仅受理而不裁决。又上诉案的审理也经过合议：即诸郡移旁近郡，御史、丞相移廷尉。特殊重大的上诉案，由朝廷出面处理，如《后汉书·彭城靖王恭传》：“元初三年，恭以事怒子酺，酺自杀。国相赵牧以状上，因诬奏恭祠祀恶言，大逆不道。恭上书自讼。朝廷令考实，无征。牧坐下狱，会赦免死。”

八、执行

执行是诉讼的最后一道程序，一般情况下，判决生效后及时执行，但秦汉之死刑通常至秋冬行刑。

行刑不仅是对罪犯的惩罚，也是对潜在犯罪者的警示，故简牍所反映的汉代死刑通常公开进行，如死刑“弃市”的称谓即取自当众处死的意思，《二年律令·贼律》：“以城邑亭障反，降诸侯，及守乘城亭障，诸侯人来攻盗，不坚守而弃去之若降之，及谋反者，皆要（腰）斩。其父母、妻子、同产，无少长皆弃市。”《史记·高祖本纪》索隐：“按《礼》云：刑人于市，与众弃之。故今律谓绞刑为弃市也。”

《汉书·景帝纪》:“改磔曰弃市，勿复磔。”应劭注:“先此诸死刑皆磔于市也。谓之弃市者，取刑人于市，与众人弃之也。”则磔亦行刑于市。又《二年律令·贼律》:“伪写皇帝信玺、皇帝行玺，要(腰)斩以匀(徇)。”《汉书·高帝纪》:“杨熊走之荥阳，二世使使斩之以徇。”师古注:“徇，行示也。《司马法》曰‘斩以徇’言使人将行示众士以为戒。”《二年律令·贼律》:“子贼杀伤父母，奴婢贼杀伤主、主父母妻子，皆枭其首市。”《汉书·陈汤传》“枭俊禽敌之臣”，师古注:“枭谓斩其首而县之也。”从以上记载可知汉代各种死刑皆示众执行，意在阻吓可能的犯罪者。

汉代断狱行刑讲究时节，秋冬行而春乃止，《合校》482·19:“……刺史治所，迫断冬狱……”《汉书·王温舒传》:“尽十二月，郡中无犬吠之盗。其颇不得，失之旁郡，追求，会春，温舒顿足曰:‘嗟呼，令冬月益展一月，卒吾事矣!’其好杀行威不爱人如此。”师古注:“立春之后，不复行刑，故云然。”《后汉书·陈龙传》:“汉旧事，断狱报重，常尽三冬之月。”《后汉书·章帝纪》:元和二年，诏曰:“《春秋》于春每月尽‘王’者，重三正，慎三微也。律十二月立春，不以报囚。《月令》冬至之后，有顺阳助生之文，而无鞠狱断刑之政。朕咨访儒雅，稽之典籍，以为王者生杀，宜顺时气。其定律，无以十一月、十二月报囚。”注:“报犹论也。立春阳气至，可以施生，故不论囚。”

一定条件下，刑罚可中止或减缓强度执行。《新简》EPF22·163—165:“建武五年八月甲辰朔，甲渠鄣候敢言之。府下赦令诏书曰:其赦天下自殊死以下诸不当得赦者，皆赦除之。上赦者人数，罪别之，会月廿八日。谨案毋应书，敢言之。”赦即免除刑罚的执行。汉帝每遇践阼、改元、立后、建储、大丧、帝冠、封禅、巡狩、克捷、年丰、祥瑞、灾异等常大赦天下。赦令中对赦的范围有时尚作限定，如简文“其赦天下自殊死以下”，殊死指身首分离之腰斩、磔等，此类罪不得赦，又如《新简》EPT59·42:“翟义、刘宇、刘璜及亲属当坐者、盗臧、证臧，它皆赦除之。”此为对某些人群及罪别进行限制，不予大赦。再者为弛刑，《合校》227·8:“髡钳城旦孙□坐贼伤人，初元五年七月庚寅论，初元五年八月戊申以诏书施刑。故骑士居延广利里……完城旦钱万年坐兰渡塞，初元四年十一月丙申论，初元五年八月戊申以诏书施刑。”弛刑者不着刑具，《汉书·宣帝纪》注引李奇曰:“弛，废也。谓若今徒解钳釱赭衣，置任输作也。”师古曰:“弛刑，李说是也。若今徒囚但不枷锁而责保散役之耳。”高官、高爵、老幼鳏寡妇女亦为宽宥对象，《汉书·惠帝纪》:“爵五大夫、吏六百石以上及宦皇帝而知名者，有罪当盗械者，皆颂繫。”如淳注:“盗者逃也，恐其逃亡，故着械也。颂者容也，言见宽容，但处曹吏舍，不入狴牢也。”师古注:“盗械者，凡以罪着械皆得称焉，不必逃亡也。”《汉书·刑法志》:“孝景后三年，复下诏曰:‘高年老长，人所尊敬也。鳏寡不属逮者，人所哀怜也。其着令:年八十以上、八岁以下及孕者未乳、师、朱儒当鞠繫者，颂繫之。”《汉书·平帝纪》:“其明敕百僚:妇女非身犯法及男子八十以上，七岁以下家非坐不道、诏所名捕，他皆无得繫;其当验问者即验问。定着令。”

简牍资料反映了汉代诉讼关系的各个方面，两汉各个不同时期的规定必然有些变化，但其基本轮廓当如前文所述，从而奠定了此后一千多年间中国古代诉讼制度的基础。

(本文原载于《文史》第60辑)

注释：

① 张家山二四七号汉墓竹简整理小组：《张家山汉墓竹简》，文物出版社 2001 年版。本文主要引用本书所录《二年律令》和《奏谳书》，以下不一一说明。

② 睡虎地秦墓竹简整理小组：《睡虎地秦墓竹简》，文物出版社 1990 年版，本文简称《秦简》。

③ 甘肃省文物考古研究所、甘肃省博物馆、中国文物研究所、中国社会科学院历史研究所：《居延新简》，中华书局 1994 年版，本文简称《新简》。

④ 胡平生、张德芳：《敦煌悬泉汉简释粹》，上海古籍出版社 2001 年版，本文简称《悬泉汉简》。

⑤ 甘肃省文物考古研究所：《居延新简释粹》兰州大学出版社 1988 年版，本文简称《释粹》。

⑥ 谢桂华、李均明、朱国照：《居延汉科释文合校》，文物出版社 1987 年版，本文简称《合校》。

⑦ 李均明、刘军：《简牍文书学》，广西教育出版社 1999 年版。

⑧ 张建国：《帝制时代的中国法》，第三部分《居延新简》"粟君债寇恩"民事诉讼个案研究，法律出版社 1999 年版。

⑨ 李均明、何双全：《散见简牍合辑》，文物出版社 1990 年版，本文简称《散》。

⑩ 此律全文为："盗臧（赃）直（值）过六百六十钱，黥为城旦舂。六百六十到二百廿钱，完为城旦舂。不盈二百廿到百一十钱，耐为隶臣妾。不盈百一十钱到廿二钱，罚金四两。不盈廿二钱到一钱罚金一两。"

⑪ 汉代"弃市"当为绞刑，参见张建国：《秦汉弃市非斩刑辨》，载《帝制时代的中国法》160 至 166 页。

⑫ 此简为草稿用简，故空日干支与甲渠鄣候名。

通道厩考

——与敦煌悬泉厩的比较研究

金关简首册屡见“通道厩”的称谓及相关资料[①]，乃以往新旧居延汉简所未闻，弥足珍贵。它对研究汉代交通体系的结构乃至金关的功能皆有帮助。但目前有关信道厩的记载尚不够全面，而将之与敦煌悬泉置出土的厩置资料结合起来进行比较，则能勾勒出较为清晰的轮廓，今试述如下，如有不妥，望大家批评指正。

金关与通道厩

金关简首册所见“信道厩”的记载如下：

（一）壬□通道厩佐敢言之谨移谷出入簿……　《金关》73EJT10:3

（二）通道厩元凤五年十月谷出入簿　《金关》73EJT10:62

（三）通道厩佐谨元凤五年十一月谷出入簿　《金关》73EJT10:107[②]

（四）通道厩斗□元凤六年四月谷出入簿　《金关》73EJT10:137[③]

（五）通道厩佐元凤五年十二月谷出入簿　《金关》73EJT10:150

（六）元凤五年十二月乙巳朔癸亥通道厩佐敢言之谨移谷出入簿一编敢言之　《金关》73EJT10:200

（七）元凤六年正月乙亥朔癸卯通道厩佐敢言之谨移谷出入簿一编敢言之　《金关》73EJT10:209

（八）通道厩佐元凤五年十二月谷出入簿　《金关》73EJT10:295

（九）通道厩佐元凤六年四月谷出入簿　《金关》73EJT10:328

以上九简皆出土于1973年发掘的金关遗址10号探方（此探方所出简牍与通道厩关系最密切），皆存“通道厩”的称谓，其中有六简为“谷出入簿”的标题简，另外三简则是呈送“谷出入簿”的上行文，表明此探方中有许多与谷出入相关的简牍应当是从属于这些标题和呈文的附件。按一般的规律而言，附件的数量当远远多于标题或呈文，而且它们都是很有用的实质性资料，值得关注。

“通道”具交通要道之义，《汉书·鼂错传》：“平地通道，则以轻车材官制之。”《汉书·陈汤传》：“老弃敦煌，正当西域通道。”“通道厩”位于沿额济纳河（古弱水）东岸的交通线上，道路两边都是大沙漠，是河西走廊通向漠北的唯一孔道，故此厩取名“通道”十分贴切。以道路命名之厩，又见《汉书·谷永传》“敕过交道厩者勿追”，晋灼曰：“交道厩去长安六十里，近延陵。”河西走廊为最繁忙的丝路通道，悬泉汉简见“郡当西域空道，案厩置九所，传马员三百六十匹……”[④]，可见其规模之一斑。通道厩所在为支线，固然不如前者繁忙，但同样重要。

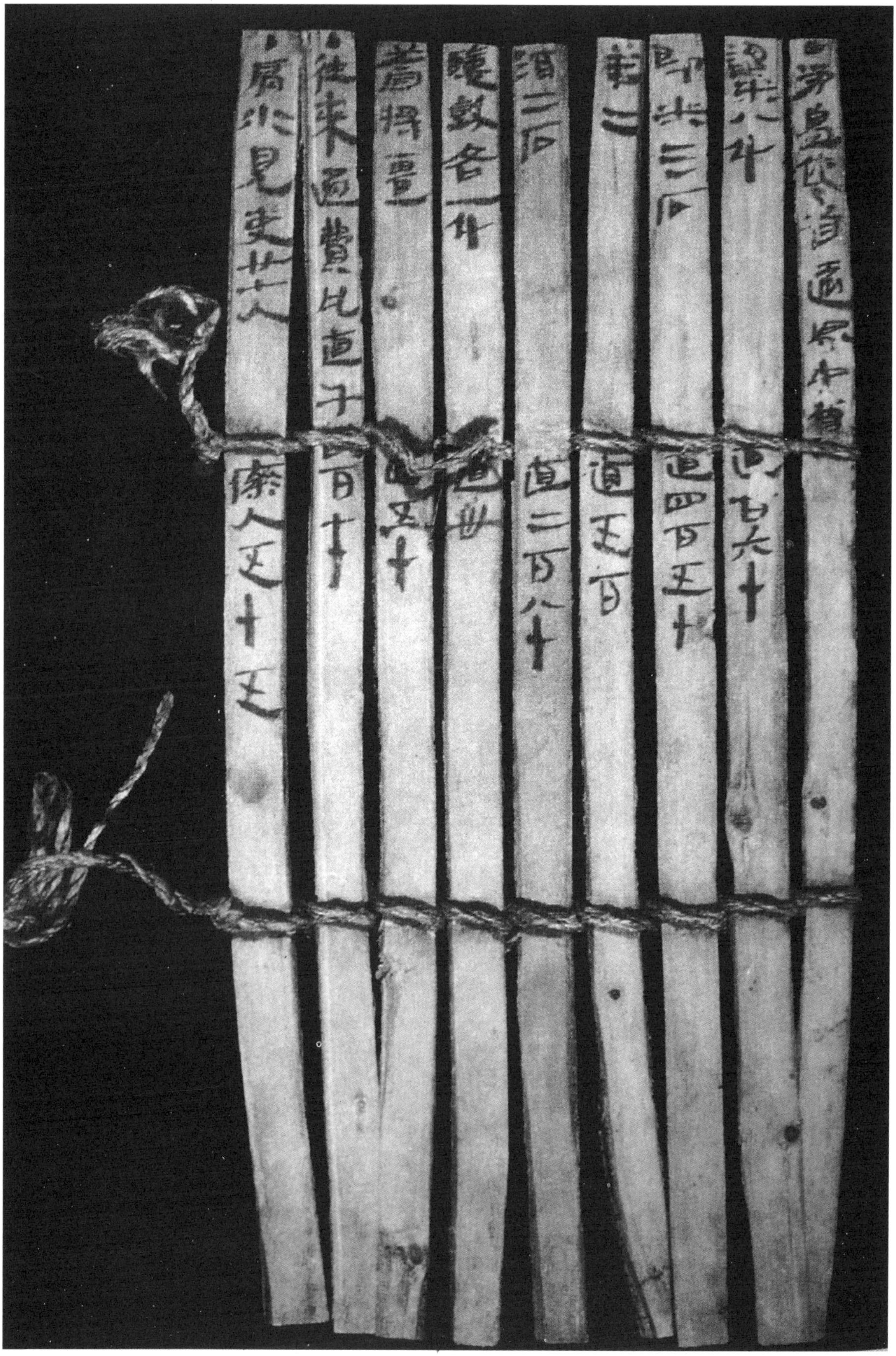

金关汉简

金关遗址的发掘者早已注意“通道厩”的存在，发掘简报中即云：“金关地区早在武帝时期即有政治军事活动。昭帝时，已称金关或金关燧，同时又名通道厩（见 73EJT10，元凤四至六年通道厩“财物出入”、“谷出入”簿简册），这与金关地处交通要道，现存大量厩圈遗址等情况相符。可见，当时这里至少有三个单位，兼有关卡、斥候、驿厩等多种职能。屯戍的衰落，约在王莽末年。建武初年，活动相当冷落。”[⑤]

简文可证，昭帝时期金关与通道厩已同时存在。除上引九例既见昭帝之元凤五年、元凤六年信道厩的记载，以下三例又见同时期或稍早的简有“金关”的称谓：

（十）始元七年闰月甲辰，居延与金关为出入六寸符券，齿百，从第一至千，左居官，右移金关，符合以从事。●第八　《合校》65・7[⑥]

（十一）始元七年闰月甲辰，居延与金关为出入六寸符券，齿百，从第一至千，左居□□□□□□□合以从事。●第十八　《合校》65・9

（十二）元凤四年二月癸卯，居延与金关为出入六寸符券，齿百，从第一至千，左居官，右移金关，符合以从事。齿九百五十五。　《释粹》例 92（74・E・J・T26：16）[⑦]

以上三例中，“始元”乃稍早于“元凤”的汉昭帝年号，此外亦见昭帝“元凤”年号，表明“金关”与“通道厩”是同时存在的两种称谓，并非同一事物在不同时期的不同叫法，而且此状况贯穿始终。

20 世纪 70 年代对金关遗址的发掘，弄清了关门的形制，在其旁的院落发现了较多的马厩，报告云：“……坞墙和房屋（F6—9）、马厩（F4 、5 、10—13）是同时期的”[⑧]，结合简文所见考察，足以证明“金关”和“通道厩”在同一个地点，这是当时驿站建筑的常见结构。

悬泉置所见马厩遗址与悬泉置亦同在一处，只是规模比通道厩要大得多，《悬泉研究》载“马厩：在坞院南墙外依墙搭建。由东西两部分构成。靠东一组前、后两间，前间为 11×11 米；后间为 11×6 米。靠西为一大通间，与西南角楼相连，东西长 28 米、南北宽 14.5 米、墙基宽 0.5 米、残高 1 米，用土坯砌筑。厩内残留部分木桩，坚硬的马粪土层厚达 0.5 米。马粪上层上部有 0.5 米厚草木灰均匀堆积”。[⑨]

通道厩的成员

厩啬夫。

通道厩是与金关主管出入的关门、主管接待的传舍等并列的机构，皆设啬夫，如：

（十三）关啬夫居延鉼庭里薛安世　《金关》73EJT4:89

（十四）五凤元年十一月乙卯朔辛酉，肩水候福谓关啬夫光：候行塞，光兼行候事，真官到　《金关》73EJT8:8

（十五）肩水金关遣传舍啬夫福将　《金关》73EJT10:163A

从例（十四）可看出金关由肩水候直接领导。而金关诸啬夫中，关啬夫的地位最高，故以近次可直接兼行候事，则通道厩之长官不得高于此，但亦以啬夫为职称。金关简见厩啬夫的称谓，如《金关》73EJT5:7：“广利里宋德自言：以故吏请诏诣居延将□／二月丁亥，厩啬夫福兼行尉事，敢言”，此“厩啬夫”为金关厩啬夫的可能最大。由厩啬夫兼行尉事而非候事亦表明其地位低于关门啬夫。悬泉汉简亦见厩啬夫之设置，如：

（十六）出粟四斗五升，送军候候令史二百。建始二年十一月丙戌，县泉厩啬夫欣付遮要徒贾尊。《悬泉研究》Ⅱ 90DXT0111 ③:29

（十七）阳朔元年三月戊申朔戊申，县泉厩啬夫某敢言之。谨移三月旦见传马如牒，敢言之。　《悬泉研究》Ⅱ 90DXT0112 ③:128[⑩]

史籍所载厩啬夫如《汉书·田广明传》："守尉魏不害与厩啬夫江德、尉史苏昌共收捕之。"以上所见厩皆为县级机构属下之厩，其长皆称"啬夫"，秩斗食，主管一厩全面事务。只有县级以上的大厩才设令，如《汉书·孝武皇后传》："迁未央厩令。"《后汉书·和帝纪》："诏有司省减内外厩及凉州诸苑马"，注："《说文》曰：厩，马舍也。《汉官仪》曰：未央大厩、长乐、承华等厩令，皆秩六百石"。稍小者设长，如《后汉书·百官四》："太子厩长一人，四百石。本注曰：主车马。"《后汉书·马融传》："出为河间王厩长"。

厩佐。

厩佐为厩啬夫助手，简文常见，除上引例（一）至（九）所见，又：

（十八）厩佐徐中公　《金关》73EJT7:84

（十九）出粟小石三石 以食厩佐一月食　《金关》73EJT10:95

悬泉汉简屡见厩佐的记载，今择三例列于下：

（二十）出粟三石，建始五年正月庚申，悬泉厩佐霸付敦煌厩佐宋昌，以食迎都护柱马。　《悬泉研究》Ⅰ 90DXT0110 ②:34[⑪]

（二十一）出縻二石三斗，永始五年七月甲戌，遮要厩佐□付县泉御田千秋。　《悬泉研究》Ⅱ 90DXT0115 ③:115[⑫]

（二十二）入合板檄一，金城大守章，诣使者凉州刺史治所。武威以西，吏马行三月。辛丑日桑榆时，御董明受鱼离厩佐宝未央。　《悬泉研究》Ⅱ 90DXT0115 ④:210[⑬]

厩佐是管理者之一，要经办许多具体事务，包括文书的撰写上报，例（一）至（九）所见，即由厩佐直接上报"谷出入簿"，而无须经厩啬夫转手。又据例（十九）至（二十一）所见，具体的谷出入事宜亦由厩佐负责。例（二十二）甚至见厩佐参与文书传递事务。只有县级以上大厩，才设厩丞，《后汉书·百官二》："未央厩令一人，六百石。本注曰：主乘舆及厩中诸马。长乐厩丞一人"。厩啬夫与厩佐或可通称为"厩吏"，《金关》73EJT9:13 见"肩水厩吏徐少孺"，《悬泉研究》Ⅱ 90DXT0214 ②:239 见"遮要厩吏并"。[⑭]

厩御。

御为古代六艺之一，技艺要求比较高。《周礼·大司徒》："三曰六艺：礼、乐、射、御、书、数。"《说文》："御，使马也。从彳，从卸。驭，古文御。从又、马。"此乃本义，引申指驾驭车马的人，《汉书·卫青霍去病附荀彘》"荀彘，太原广武人，以御见，侍中"，师古注："以善御得见，因为侍中。御谓御车也。"《史记·陈涉世家》："腊月，陈王之汝阴，还至下城父，其御庄贾杀以降秦。"金关汉简屡见与御有关的活动，如：

（二十三）出粟小石九石 以食御同等三人，人一月食　《金关》73EJT10:74

（二十四）出粟小石六石 以食御□等二人，人一月食　《金关》73EJT10:91

（二十五）……石 以食御一人一月食　《金关》73EJT10:93

御为厩之骨干，通称"厩御"，见《金关》73EJT6:18："付厩御张□□百五十束付厩御张□百五十束付厩御梁□　二百五十束付厩御☐"。上引例（二十三）至（二十五）所见御受廪一月食，显然是常驻人员而非过往者（过往者仅食一餐或至多数日食），当为通道厩之御而非过客。“御”又称“司御”，例见：

（二十六）牒书除为司御三人，人一牒。

元凤四年四月甲寅朔甲寅，尉史真敢言之。牒书□□□谒署，敢言之　《金关》73EJT10:311

（二十七）司御者三人□　《金关》73EJT10:260

《悬泉研究》Ⅱ 90DXT0113 ③ :106 亦见“司御十人”[15]，数量较多，或为一所厩御的编制。司御三人左右应是金关厩御的常规编制，与下例（三十七）至（三十九）所见该厩有四匹左右传马的规模相符。《史记·夏侯婴传》“汝阴侯夏侯婴，沛人也，为沛厩司御”，《索隐》：“案《楚汉春秋》云滕公为御也。”此见“司御”简称为“御”。悬泉汉简亦屡见御的踪迹，以下仅举三例：

（二十八）出粟六斗，马三匹，送史曹卫卿、书佐宋卿。绥和二年八月壬辰，遮要置啬夫嘉付县泉御忘。　《悬泉研究》Ⅱ 90DXT0213 ② :33[16]

（二十九）五凤五年三月赋御名籍　《悬泉研究》Ⅱ 90DXT0114 ④ :238[17]

（三十）出西书三封，合檄二封，行书一，渊泉长印，廿七日起书；一檄，左丞长印；书一封，农史印；廿八日起，诣府；檄，冥安长印，廿八日起，诣龙勒。建武廿八年八月廿九日夜鸡后鸣时，石靡御付县泉御钱建。　《悬泉研究》Ⅱ 90DXT0215 ① :26[18]

从上述简文可知御之业务范围甚广，其中驾驭车马送往迎来为其主要工作。传递信件也是经常性的业务。由于御常与高官使者接触，直接参与其活动，故责任重大，金关简所见广陵王胥御者惠及其家属因广陵王反叛事受牵连而坐罪即例。[19]

厩卒、徒。

（三十一）……以食通道卒三人，人一月食。　《金关》73EJT10:97

（三十二）□卒□□遂主传马三匹。　佐一人、徒四人。　《合校》3·33

“通道卒”乃“通道厩卒”之简称。例（三十二）所见徒多少与传马相关，或指厩徒。郝树声、张德芳综合悬泉汉简所见资料，得出结论云：“悬泉置有厩，厩有厩啬夫、厩佐、厩御、厩徒、马医等。亦应是悬泉置的一个内设机构，其职责主要是饲养马匹。”[20]通道厩的情况亦相类，只是规模要小一些，不一定设马医。

通道厩的功能

厩是两汉交通体系中的重要环节，专司给有一定地位与需要的人提供交通工具及驾驭人员，亦负责相关粮草的供给管理等，《史记·田儋传》“至尸乡厩置”，集解引臣瓒曰：“厩置，置马以传驿也。”厩有等级大小之别，但其功能大致相同。除史籍常见的大厩、未央厩、家马厩之外，悬泉汉简屡见之扶风厩对研究诸厩的功能有重要参考价值，列二例于下：

（三十三）甘露二年十一月丙戌，富平侯臣延寿、光禄勋臣显，承诏侍御史曰：穿治渠军□候丞□、万年、□光、王充诣校尉作所，为驾二封轺传，载从者各一人，轺传二乘。传八百卌四。

御史大夫定国下扶风厩，承书以次为驾，当舍传舍，如律令。　《悬泉研究》Ⅱ 90DXT0214 ③ :73[21]

（三十四）甘露二年三月丙午，使主客郎中臣超承制诏侍御史曰：顷都内令霸、副侯忠，使送大月氏诸国客，与斥候张寿、候尊俱。为驾二封轺传，二人共载。

御属臣弘行御史大夫事，下扶风厩，承书以次为驾，当舍传舍，如律令。　《悬泉研究》V92DXT1411

②:35[22]

“以次为驾”指按设置厩置的路段逐段提供交通工具。御史大夫之所以把文件先发给扶风厩，因为它是提供交通工具的首发厩。“为驾二封轺传”之类是按享用人员的等级与需要对号的。《汉书·平帝纪》“在所为驾一封轺传”，如淳曰：“律诸当乘传及发驾置传者，皆持尺五寸木传信，封以御史大夫印章。其乘传参封之。参，三也。有期会累封两端，端各两封，凡四封也。乘置驰传五封也，两端各二，中央一也。轺传两马再封之。一马一封也。”悬泉汉简所见除上引“为驾二封轺传”外，尚见“为驾一封轺传”、“为驾乘传”等，是不同等级的人员享用的不同待遇。《史记·孝文本纪》“太仆见马遗财足，余皆给传置”，《索隐》：“故乐产亦云传置一也。言乘传者以传次受名，乘置者以马取匹。如淳云：‘律：四马高足为传置，四马中足为驰置，下足为乘置。一马二马为轺置，如置急者乘一马曰乘也。’”按不同方式分类。

悬泉置配备较多的传马与传车，郝树声、张德芳综合悬泉汉简所见，归纳云“一般情况下，悬泉置有传车十乘。所谓十五乘者可能包括了那些‘敝尽’不能用者，只是为上报而清点充数。至于传马，按简 5—简 8 的记载，额定四十匹。但各个时期变化比较大，少的时候只有 20 多匹，多的时候达 50 多匹。”[23]

通道厩传车之配置未见明确的记载，仅《金关》73EJT1:54：“弘农郡陕□□里蔡青，葆养车骑马一匹，騩，牡，左剽，齿五岁，高五尺一寸半，名曰张中，大奴□昌。ㄢ”此车与马或为配套设置，其为传车的可能很大。

金关简所见传马的记载则较多，其中包括路过的传马及金关厩自用的传马，后者如：

（三十五）出谷小石卅四石四斗一升：其四石六斗五升粟，廿九石七斗六升麦，其四百一十八石六斗粟，以食传马六匹一月，其二匹县马。　《金关》73EJT10:67

（三十六）出糜小石十二石，以食传马二匹一月食。　《金关》73EJT10:80

（三十七）……小石四石，以食传马四匹一月食。　《金关》73EJT10:92

（三十八）出粟小石廿四石，以食传马四匹一月食。　《金关》73EJT10:171

（三十九）出粟小石廿四石，以食传马四匹一月食。　《金关》73EJT10:296

以上传马整月受廪，必非路过者，而是常备自用的。例（三十五）所见“以食传马六匹”，但“其二匹县马”，则自有马为四匹，与以下例（三十七）至（三十九）所见数量同，可见一般情况下，通道厩备有四匹左右传马，规模远小于悬泉厩。据以上账目，驻厩传马平均日食二斗，少于以下所见出行中传马日食四斗的标准。

庞大的使节队伍乃至本郡官员出行，常常自备车马，但厩置须为之提供粮草，如：

（四十）使者一人、吏八人、假司马一人、厩御一人、骑士廿九人、民四人，●凡卌四人。传车二乘、官马卌五、马七匹、轺车五乘。候临。元康二年七月辛未，啬夫成、佐通内。　《金关》73EJT3:98

这支由四十四人组成的使节队伍返回，肩水候亲临金关迎接，关啬夫与关佐亲自接纳。文中所见厩御及传车不一定属于通道厩的，但往下再走是否要通道厩派出尚未可知。队伍通过时至少是马匹所需粮草当由通道厩供应。类似的情况见下例：

（四十一）出糜小石五六斗，史田□□张掖传马二匹，往来五日食，积十五匹，匹食四斗。　《金关》73EJT10:78[24]

（四十二）出粟小石十三石二斗，以食居延卒史单卿、士吏得骑马廿二匹，匹三日食，食二斗。　《金关》73EJT10:79

（四十三）出粟小石六石，以食廷史田卿乘张掖传马三匹，往来五日食，积十五匹，匹食四斗。　《金关》73EJT10:83

（四十四）……以食护府卒史徐卿府乘张掖传马二匹，南北五日食，日食四斗。　《金关》73EJT10:147[25]

以上四例皆为金关供给过往传马及骑马用食的记录，当为通道厩“谷出入簿”的组成部分。简文所见马都是公用马而非私马，供应的标准是传马日食四斗、骑马日食二斗。

金关简见草料的大量屯积，《金关》73EJT2:26：“出茭千束，付从吏丁当。凡出茭五千二百束。今余茭廿五万四百卌束。其十一万束□毋□□□”。居延新简亦见驿置积茭的记载，《居延新简》EPT48:60：“伐茭千石积吞远置”[26]。从悬泉及早期居延汉简的记载看，这些草料除供本单位使用外，也提供给过往传马等，如：

（四十五）出茭三百一十五石，以食传马卌二匹。十一月己卯尽戊申卅日，积千二百六十匹，匹一钧。　《悬泉研究》Ⅱ 90DXT0113 ④ :69[27]

（四十六）出茭三百六十石，以食传马卌八匹，积千四百卌匹，匹一钧。　《悬泉研究》Ⅰ DXT910309 ③ :332[28]

（四十七）……丙辰　出茭卌束食传马八匹。出茭八束食牛。　《合校》32・15

（四十八）出茭食马三匹。给尉卿募卒吏四月十六日食。吏一人，马一匹；卒一人，马一匹。　《合校》290・12

（四十九）前过北，初食用茭四百九十二束，夜用二百五十束。　《合校》560・25A

以上五例皆为给传马或其他马提供草料的账本，每匹马日食茭一钧。其中例（四十九）可确定为供给过往者。

有迹象表明，通道厩可能亦给过客本人供应粮食。《金关》探方 10 凡与谷出入相关者，其标题或呈文仅见属于“通道厩”（如例一至九所见）而未有其他单位或部门，所以这些账本大多属于通道厩的可能性很大。以该探方 67 至 97 号简为例：此间除 72 号简不是谷出入簿外，其余皆是。而其中除上引例（三十五）至（三十七）及例（四十一）至（四十三）等廪食传马的流水账外，不乏供应过客者，如：

（五十）出粟小石六石六斗　以食御史张酒泉卒史二人。　《金关》73EJT10:75[29]

（五十一）出粟小斗二斗　以食护府卒史徐卿御一人案事居延南北五日食，日食二斗。　《金关》73EJT10:81

通道厩在迎送这些客人时，亦供应其饮食的可能是存在的。

厩的本义即马舍，养马是厩的重要功能之一，《史记・鲁周公世家》：“厩无食粟之马。”《汉书・贡禹传》：“而厩马食粟，苦其大肥，气盛怒至，乃日步作之。”为其写照。上引例（三十五）至例（三十八）有“以食传马的记载”，《金关》73EJT1:54 有“葆养车骑马”的记载，这些都应是通道厩所为。关于厩置养马事，悬泉汉简有许多具体实例，如：

（五十二）元康五年三月癸未朔癸未，悬泉厩佐禹敢言之。爰书：厩御延寿里王延年告曰所葆养传马一匹，骊，牡，左剽，齿九岁，高五尺八寸半寸，名曰野卌，病中不能饮食，日加益笃，今死。即与啬夫弘、佐长富杂诊马死都吏毋危前，身完，毋兵刃木索迹，病死，审证之。它如爰书，敢言之。　《悬泉研究》Ⅰ 91DXT0309 ③：275[30]

此例所见，传马病死的报告由厩佐上呈，知传马由该厩负责管理。每匹传马皆取名备案，登记项目包括颜色、性别、标识、年龄、身高、名字等，除此例所见，又《悬泉研究》Ⅰ 91DXT0309 ③：277：

“传马一匹，駹，牡，左剽，齿九岁，高□尺五寸半寸，名曰海山。”[31]文中写明厩御是具体的养马人，则厩御集养马与用马于一身，人马配套，责任明确。《金关》73EJT10：99见“廪过客传马、御及当食者凡”，亦从一个侧面表明传马与厩御不可分割的关系。传马为服役中的马，当为壮马，其标准如《悬泉研究》Ⅱ 90DXT0115③：79-82：“……马齿五岁以上至十二岁，高五尺八寸以上，丰厚任用者。”[32]即年龄在5至12岁、身高合今1.34米以上的壮马。《金关》73EJT10:173：“传马一匹，騩，牡，齿十二岁五尺八寸”已达其下限。传马的完好率是上级最关心的事，上引Ⅱ 90DXT0115③：79-82亦见“……甘露二年七月戊子朔壬寅，敦煌大守千秋、长史奉熹、丞破胡谓县：律曰：诸乘置，其传不为急及乘传者驿驾□令葆马三日。三日中死，负之。郡当西域空道，案厩置九所，传马员三百六十匹，计以来死者三百六十八匹，过员八匹。令、长、丞不忧亲严教主者吏马饮食不得度，病不以时医治，马死者以故众多，甚毋状，县泉置尤剧，已论丞、啬夫……”。过度使用导致损耗率的增大，但仍须按法律规定处置，故日常保养更显重要，亦必然要落实到诸厩，通道厩当不例外。简文所云“丞”或指县丞，“啬夫”则指悬泉置啬夫。

迎送载客是厩置的经常性业务。例（四十）所见使节队伍中含随行厩御一人，他不仅是驾车人，还是行程的导引者，此类角色屡见于悬泉汉简，如：

（五十三）甘露元年七月甲午朔甲午，广至置丞彊友移县泉书曰：遣啬夫禹、御笥……福持传马送丞相史任卿所，送敝车过，廪穬麦小石七石六斗……啬夫禹。　《悬泉研究》Ⅰ 90DXT0114③：25[33]

（五十四）甘露三年十月辛亥朔，渊泉丞贺移广至、鱼离、县泉、遮要、龙勒，厩啬夫昌持传马送公主以下过，廪穬麦各如牒，今写券墨移书到，受簿入，十一月报，毋令缪，如律令。　《悬泉研究》Ⅱ 90DXT0114③：522[34]

（五十五）广至移十一月谷簿，出粟六斗三升，以食县泉厩佐广德所将助御、效穀广利里郭市人等七人送日逐王，往来三食，食三升。校广德所将御故廪食县泉而出食，解何？　《悬泉研究》Ⅰ 91DXT0309③：167-168[35]

以上三例皆与派人护送过客及廪食出行者有关，简文透露：负责具体传送事宜的是厩啬夫、厩御及其他勤杂人员。前二例更明确署明“持传马送”，即使用传马护送，所护送皆为达官贵人，一般出行者当无权享用。凭郡级以上机构颁发的专门通行证方可乘用传车，如前例（三十三）及例（三十四）所见，又《悬泉研究》V92DXT1412③:1：“甘露五年二月癸酉……敦煌大守使守属吕辅趣军食郡中，以令为驾一封轺传。甘露五年□□癸酉朔甲申，敦煌大守千秋、长史奉熹谓□□，以次为驾，当舍传舍，如律令。二月丁亥，东。丙申，西。”[36]

诸厩亦承担传递文书邮件的任务，除前例（二十二）、（三十）所见，又如：

（五十六）封书二（三），其一冥安长印，诣敦煌；一封大司农丞印，诣敦煌；一封弘农大守章，诣敦煌大守府。甘露五年正月甲午夜半时，县泉御受鱼离御虞临。　《悬泉研究》Ⅱ 90DXT0114③:519[37]

（五十七）出东檄书一封、书四封，诣王路四门。始建国二年十一月癸亥日餔食时，县泉置御建付鱼离置御。　《悬泉研究》Ⅰ 90DXT0114①:114[38]

（五十八）西诏一封，檄二。诏书一封，车骑将军印，诣都护；合檄一，酒泉丞印，诣大守府；一檄，龙勒守尉业庆印，诣贼曹敞。二月戊子日入时，鱼离御便以来，实时付遮要。　《悬泉研究》Ⅱ 90DXT0115②:58[39]

厩御驾车驭马经常往来于交通线，顺带传递邮件乃举手之劳。金关亦承担大量传递邮件的任务，如《金关》73EJT2:23：“其四封长掖长史：三诣居延都尉，一诣居延。一封酒泉大守章，诣居延都尉。封张掖大守章，诣居延都尉。一封张掖都尉章，诣橐佗。二封觻得令印：一诣肩水候官，一诣居延。一封昭武置丞，诣居延。一檄，会水北界邮印，诣居延。 十月丙寅失中时，□受沙头卒 付莫当。”简文未署明金关之具体传递人，但厩御亦承担此类工作乃情理之中事。

综上，昭帝时，金关与通道厩已同时见存，此后长期并存。通道厩是金关的一个部门，首长为啬夫，与关门啬夫、传舍啬夫等并列，秩斗食。厩佐为啬夫助手，负责日常事务管理。厩御为骨干，承担主要业务。厩卒则从事勤杂事务。信道厩的规模远小于敦煌悬泉厩，但其功能大致相同：负责车马的保养与使用；负责传送持有规定凭证的过客；负责供给过客传马所需粮草；承担一部分传递邮件的任务。

（本文原载于《出土文献》第二辑）

注释：

① 甘肃省简牍研究中心等：《肩水金关汉简》【一】，中西书局 2011 年版，以下简称《金关》。

② 按："谨"下原简脱"移"字。

③ 本文释文凡与原书不同者皆为笔者据图版校改，以下不再一一说明。

④ 郝树声、张德芳：《悬泉汉简研究》，甘肃文化出版社，2009 年版，第 21 页，本文引文简称《悬泉研究》。

⑤ 甘肃居延考古队：《居延汉代遗址的发掘和新出土的简册文物》，刊于《汉简研究文集》，甘肃人民出版社 1984 年版，第 483 至 488 页。

⑥ 谢桂华、李均明、朱国照：《居延汉简释文合校》，文物出版社 1987 年版，本文简称《合校》。

⑦ 甘肃省文物考古研究所：《居延新简释粹》，兰州大学出版社 1988 年版，本文简称《释粹》。

⑧《居延汉代遗址的发掘和新出土的简册文物》，第 485 页。

⑨《悬泉汉简研究》，第 11 页。

⑩《悬泉汉简研究》，第 28 页。

⑪《悬泉汉简研究》，第 52 页。

⑫《悬泉汉简研究》，第 61 页。

⑬《悬泉汉简研究》，第 84 页。

⑭《悬泉汉简研究》，第 87 页。

⑮《悬泉汉简研究》，第 45 页。

⑯《悬泉汉简研究》，第 26 页。

⑰《悬泉汉简研究》，第 46 页。

⑱《悬泉汉简研究》，第 95 页。

⑲ 详见《金关汉简》73EJT1:1。

⑳《悬泉汉简研究》，第 28 页。

㉑《悬泉汉简研究》，第 147 页。

㉒《悬泉汉简研究》，第 148 页。

㉓《悬泉汉简研究》，第 34 页。

㉔按：原简“五”下脱“石”字。

㉕按：原简“府乘”当为“所乘”之误。

㉖甘肃省文物考古研究所等:《居延新简——破城子与第四隧》，中华书局1990年版。

㉗《悬泉汉简研究》，第34页。

㉘《悬泉汉简研究》，第35页。

㉙按：原简“御史张”下或脱“卿”字。

㉚《悬泉汉简研究》，第43页。

㉛《悬泉汉简研究》，第43页。

㉜《悬泉汉简研究》，第21页。

㉝《悬泉汉简研究》，第22页。

㉞《悬泉汉简研究》，第236页。

㉟《悬泉汉简研究》，第265页。

㊱《悬泉汉简研究》，第49页。

㊲《悬泉汉简研究》，第48页。

㊳《悬泉汉简研究》，第79页。

㊴《悬泉汉简研究》，第84页。

尹湾汉墓出土“武库永始四年兵车器集簿”初探

“武库永始四年兵车器集簿”为尹湾六号汉墓出土之第6号木牍墨书标题真迹。[①]该牍两面书字，正面6栏、背面5栏，每栏23至26行、每行4至24字不等。栏间有一以刀刻划的栏线，每行首字与栏线对齐，致栏首整齐划一。

永始，西汉成帝年号。永始四年，公元前13年。集，集中、集合、汇总。“集簿”犹今统计报告。“武库永始四年兵车器集簿”是迄今所见有关汉代武库器物最完备的统计报告，指标项目甚多，数列明确，对我们深入了解汉代武器装备的情况，提供了不可多得的第一手资料，弥足珍贵。为便于了解该簿兵车器的种类和组合情况，谨按原牍所见次第排列于下（顺序号为笔者所加）。

（一）武库永始四年兵车器集簿。

（二）（乘与）弩万一千一百八十一。

（三）（乘与）素木弩檠五十。

（四）（乘）与弩弦卌六。

（五）（乘）与弩糸纬卅八。

（六）乘与弩矢三万四千二百六十五。

（七）乘与弩缇幡卅四。

（八）乘与弓矢五百一十。

（九）乘与腹䣛□器六百六十三。

（十）乘与甲三百七十九。

（十一）乘与铁□□二百九十三。

（十二）乘与铁□百廿九具。

（十三）乘与铁股衣二百廿五两，一奇。

（十四）乘与铁鞮瞀六百七十八。

（十五）乘与铁募一。

（十六）乘与铁□二百一十九两。

（十七）乘与铁罢七十四两，一奇。

（十八）乘与盾二千六百五十。

（十九）乘与剑四。

（二〇）乘与铜戈五百六个三。

（二一）乘与矛二千三百七十七。

（以上为正面第一栏）

（二二）乘与□□三千一百五十。

（二三）乘与铁□铦（？）千一百五。
（二四）乘与钑九百卌三。
（二五）乘与铍千四百廿一。
（二六）乘与曲旃三百七十一。
（二七）乘与麾七百一十八。
（二八）乘与麾柎百六十四。
（二九）乘与车童百二。
（三〇）乘与终干百卅九。
（三一）乘与羽旌三百一十五。
（三二）乘与旌千一百五十。
（三三）乘与五采羽三万一千六百五十八□。
（三四）乘与幡胡锯齿六百口。
（三五）乘与鼓、鼓鼙八百廿四。
（三六）乘与木枹千三百廿五。
（三七）乘与钲车、鼓车、武麾车十八乘。
（三八）乘与车披具万一千三百卅二具。
（三九）乘与纶组八十八。
（四〇）乘与黄韦箙百九十七合。
（四一）乘与□千六百廿八。
（四二）乘与鼓二百一十五。
（四三）乘与淳于、钲、铎卅四。
（以上为正面第二栏）
（四四）乘与□卌一。
（四五）乘与鼓上华卌五。
（四六）乘与兵兰二百廿六。
（四七）乘与鼓枹百廿七。
（四八）乘与鼓柎五十六。
（四九）乘与兵车廿四乘。
（五〇）乘与钘二百卅六。
（五一）乘与木钲椎廿一。
（五二）乘与韦□廿六。
（五三）乘与有方、矛、□戈槀刃三百八十七。
（五四）乘与口桃口五百卅八。
（五五）乘与车口胶廿四。
（五六）乘与口口口八个一。
（五七）乘与口口七十五。
（五八）●右乘与兵车器五十八物十一万四千六百九个三。
（五九）弩五十二万六千五百廿六。

（六〇）弩檠廿六万三千七百九十八。
（六一）弩纬三万四千卌一。
（六二）弩弦八十四万八百五十三。
（六三）弩继六万九千八十八。
（六四）弩矢千一百卌二万四千一百五十九。
（六五）弩犊丸廿二万六千一百廿三。
（六六）弩兰十一万八百卅三。
（六七）弩兰冠四万五千三百七十四。
（以上为正面第三栏）
（六八）弩……。
（六九）弩……十九。
（七〇）弩……千九百卅一。
（七一）弩……七百六十六。
（七二）弩……二万三百七十二。
（七三）弓七万七千五百廿一。
（七四）弓弦三千九百八十七。
（七五）弓矢百十九万八千八百五。
（七六）弓犊丸五万二千四百一十九。
（七七）弓□□三千九百五十五。
（七八）弓衣七十二。
（七九）□七十四。
（八〇）甲十四万二千三百廿二。
（八一）铠六万三千三百廿四。
（八二）鞮瞀九万七千五百八十四。
（八三）革□□二万六百八十一。
（八四）马甲、鞮瞀五千三百卅。
（八五）□面衣□□八十八。
（八六）□巾帻、股甲衣口口口万五百六十三。
（八七）□革札廿四。
（八八）□□□二。
（八九）甲□一。
（九〇）□□□五。
（九一）□□□五两。
（九二）□□□十二两。
（以上为正面第四栏）
（九三）……
（九四）□□□□木□三。
（九五）盾九万九千九百一。

（九六）镶一。

（九七）剑九万九千九百一。

（九八）剑带三万七千六百一十六。

（九九）泾路匕首二万四千八百四。

（一〇〇）铁□三。

（一〇一）剑杖、木杖廿八。

（一〇二）锯口刀三万九十八。

（一〇三）连弩车五百六十四乘。

（一〇四）戟六个六百卌四。

（一〇五）有方七万八千三百九十二。

（一〇六）矛五万一百七十八。

（一〇七）铍四十四万九千八百一。

（一〇八）铩二万四千一百七十。

（一〇九）□□千八。

（一一〇）铁□铦一百六十五。

（一一一）铜戈六十九。

（一一二）钘万四千三百卌一。

（一一三）钘□□三百廿三。

（一一四）□万三千九百卌九。

（一一五）□万七千八百八十九。

（一一六）□三千三百七十七。

（一一七）……

（以上为正面第五栏）

（一一八）……百十五。

（一一九）车童七百七十口。

（一二〇）□□钜□七万三千三百廿七。

（一二一）终干千四百一十七。

（一二二）幡胡口口锯齿十六万四千一十六。

（一二三）□□百廿六。

（一二四）□二万七百九十三。

（一二五）弓弩□五千三百五个九。

（一二六）旌千七百卌一。

（一二七）羽二百三万七千五百六十八。

（一二八）鼓鼙四千七百廿五。

（一二九）旄□万一百七十一。

（一三〇）鼓柎百廿。

（一三一）鼓枹四千二百廿三。

（一三二）鼓口八百廿一。

（一三三）淳于、钲、饶、铎千八十。
（一三四）□四百卅三。
（一三五）质卌四。
（一三六）铁斧百卅二。
（一三七）鞶柎卌四。
（一三八）革口百廿三。
（一三九）钲、淳于椎六百一十四。
（一四〇）□万八百卌一。
（一四一）□九千六百六十五。
（以上为正面第六栏）
（一四二）刀□四千五百七十五。
（一四三）鞍荐二千八十。上马靳八百廿五。
（一四四）口五千六百九十六。
（一四五）具冲金首三。
（一四六）铁鐎斗六百廿五。
（一四七）榼四千四百廿五。
（一四八）璜四百廿三。
（一四九）径程千一百七十五。
（一五〇）铤夷千一百五十四。
（一五一）卑敛九百五十六，有奇。
（一五二）冲车卅七两。
（一五三）冲车铁提斗三。
（一五四）具冲二，有金首。
（一五五）将军鼓车十乘。
（一五六）轻车三百一乘。
（一五七）将军兵车、比二千石将口鼓车一十六乘。
（一五八）□□车百八十乘。
（一五九）钲车八乘。
（一六〇）鼓车六乘。
（一六一）战车一乘。
（一六二）□□车五百六个四乘。
（一六三）□车一乘。
（以上为背面第一栏）
（一六四）武刚强弩车十乘。
（一六五）绋毂輂车一乘。
（一六六）兵车式二两。
（一六七）戏车五百二乘。
（一六八）三轮兵车一乘。

（一六九）橐佗龟车五乘。

（一七〇）高□车十一乘。

（一七一）□輂□车七两。

（一七二）□□二千三百九十六。

（一七三）□二万八个八百八十二。

（一七四）□□□十九万四千一百卅一。

（一七五）□车□□车二千一百卅三两。

（一七六）素□重车千九百九十三乘。

（一七七）兵□车六百七十七两。

（一七八）枭□四千七百八十二。

（一七九）糸绝纬六万三千九百五十九。

（一八〇）合车二乘。

（一八一）蜚楼行临车二乘。

（一八二）连弩床一具。

（一八三）口臾连铤六十四。

（一八四）刀十五万六千一百卅五。

（一八五）□□□一。

（一八六）□刃卌四万九千四百六。

（一八七）□九万五千六百九个一。

（以上为背面第二栏）

（一八八）□□卌三万二千一百九十七。

（一八九）□十二万五千一十六。

（一九〇）鹿卢、薄卢千一百卅九。

（一九一）□□卅六。

（一九二）□车持二百八十九。

（一九三）铁疾梨九万八千一百。

（一九四）鹿革三千九百六十五。

（一九五）乌孙公主、诸侯使节九十三。

（一九六）□□石卌。

（一九七）□□□七千一百六十九。

（一九八）铁甲札五十八万七千二百九十九、革甲十四斤。

（一九九）弩口矢口百八十三。

（二〇〇）兵兰七十九。

（二〇一）□□□□札一。

（二〇二）絜（叨？）鞮百七十四。

（二〇三）车轮九十乘。

（二〇四）□□□□□九万五千三百廿三。

（二〇五）□□□□□九十两。

（二〇六）□□二。
（二〇七）□□百九十七。
（二〇八）□斗版万九百一十五具。
（二〇九）铁斧千。
（二一〇）□四百卌九。臿百八十。
（二一一）□□四。
（以上为背面第三栏）
（二一二）……
（二一三）□兵□五。
（二一四）薰毒八斗。
（二一五）□革万四千一百一十七。
（二一六）□具持九十六。
（二一七）隻上下木口口重人木口六具。
（二一八）组□百。
（二一九）□木端六。
（二二〇）犊丸盖□鐶六百九十五。
（二二一）鼓上饬十。
（二二二）杂缯锯齿百五斤。
（二二三）有方□钦犊十六万三千二百五十一。
（二二四）五采羽翳廿四。
（二二五）兰负、薪负万三千口百五十。
（二二六）钘沓七百五十一。
（二二七）镜百五十六。
（二二八）杂羽三百一十三。
（二二九）郅支单于兵九。
（二三〇）黑旄蜚乌铜鐶二百八。
（二三一）钝于兰五。
（二三二）大刀百廿七。
（二三三）铁戹弦千二百廿二。
（二三四）铁凿十九。
（二三五）□鍭百七十万一千二百八十。
（以上为背面第四栏）
（二三六）●右库兵车种百八十二物二千三百一十五万三千七百九十四。
（二三七）●凡兵车器种二百卌物三（二）千三百廿六万八千四百八十七。
（二三八）臣请寡代户者得以同居。
（二三九）毋次以不同居长者代。
（以上为背面第五栏）
上文（二三八）、（二三九）及原牍正面第三栏（四四）至（四七）下所见之“户□□”等字为第二次书写的墨迹，墨色较淡，与“兵车器集簿”无直接关系。

牍文（一）至（五八）为皇室兵器、车马器统计。“与”通“舆”。“乘舆”指皇室拥有的器物，蔡邕《独断》：“天子车马衣服器械百物曰乘舆。”《秦简·秦律杂抄》：“伤乘舆马，夬（决）革一寸，赀一盾。”整理小组注：“乘舆马，帝王驾车的马。”《汉书·昭帝纪》注：“乘舆马，谓天子所自乘以驾车舆者。”[②]《史记·吕太后本纪》：“滕公乃召乘舆车载少帝出。”《集解》蔡邕曰：“律曰‘敢盗乘舆服御物’。天予至尊，不敢渫渎言之，故托于乘舆也。乘犹载也，舆犹车也。天子以天下为家，不以京师宫室为常处，则当乘车舆以行天下，故群臣托乘舆以言之也，故或谓之‘车驾’。”据上文兵车器集簿（以下皆简称“集簿”）所见，则所有的各类皇室器物皆冠“乘舆”二字，蔡邕《独断》所解甚是。

牍文（五九）至（二三六）为库存非皇室器物的统计。（二三七）则为两大类器物的合计，即库存总数。

两大类统计中，兵器、车马器等主要器物皆依照一定的数列组合，如：

皇室器物统计中，（二）至（八）为远射兵器弩、弓及其备件，（一〇）至（一八）为甲、盾等护身器具，（一九）至（二五）为剑、戈等格斗武器。

非皇室器物统计中，（五九）至（七九）为远射兵器弩、弓及其备件，（八〇）至（九五）为甲、盾等护身器具，（九六）至（一一一）为剑、戈等格斗武器。

两相比较，器物种类的排列顺序相同。同一种类内器物的次第顺序也相类：如皇室远射兵器以“弩、弩臂、弩弦、弩纬、弩矢、弩緹幡……”组合；而非皇室远射兵器以“弩、弩臂、弩纬、弩弦、弩继、弩矢、弩犊丸、弩兰……”组合。器物的排列皆以主件居前，备件在后。上述有规律的组合，为我们判断具体器物的类别与功能提供了帮助。考古工作者对汉长安城武库遗址的发掘表明，铁铠甲集中出于第一遗址，矢镞大多出于第七遗址，印证汉代武库的武器确实是分类存放的。[③]

武库中的皇室用品与非皇室用品分别记账，不仅有政治上的意义——显示皇帝至高无上的地位，亦有经济上的原因——经费来源有区别。《汉书·毋将隆传》：“时侍中董贤方贵，上使中黄门发武库兵，前后十辈，送董贤及上乳母王阿舍。隆奏言：‘武库兵器，天下公用，国家武备，缮治造作，皆度大司农钱。大司农钱自乘舆不以给共养，共养劳赐，壹出少府。盖不以本臧给末用，不以民力共浮费，别公私，示正路也。古者诸侯方伯得颛征伐，乃赐斧钺。汉家边吏，职在距寇，亦赐武库兵，皆任其事然后蒙之。《春秋》之谊，家不臧甲，所以抑臣威！损私力也。今贤等便僻弄臣，私恩微妾，而以天下公用给其私门，契国威器共其家备。民力分于弄臣，武兵设于微妾，建立非宜，以广骄僭，非所以示四方也。孔子曰：‘奚取于三家之堂，臣请收还武库。’上不说。”上述记载表明，武库中的非皇室用品的制作费皆出自大司农掌管的经费。而皇室用品皆由少府出资，当亦包括武器装备。汉长安未央宫遗址出土骨签文字，凡皇室用品皆冠“乘舆”二字，如《签》3：37919“乘舆六石”[④]、《签》3：11358乘舆御弋十石”等，说明皇室用品与非皇室用品也是分别记账。

武库是存放武器装备及军需品的仓库，西汉时的中央武库设于长安，《汉书·高帝纪》：“二月，至长安。萧何治未央宫，立东阙、前殿、武库、大仓。”武库属中尉（执金吾）管辖，《汉书·百官表》：“中尉，秦官，掌徼循京师，有两丞、候、司马、千人。武帝太初元年更名执金吾。属官有中垒、寺互、武库、都船四令丞。都船、武库有三丞，中垒两尉。”《续汉书·百官志》亦见“执金吾属官有武库令，主兵器。”1975年，考古工作者发掘了西汉长安武库遗址，揭示出其大致规模：遗址平面呈长方形，四周筑有围墙，东西长约710米、南北宽约322米，今仅东墙与南墙保存尚好。围墙范围之内发现有库房和兵营。较大的库房如7号遗址，平面呈长方形，东西残长190米、南北宽45.7米，夯土墙厚达6.5

米，从其中出土了大量箭镞及少量其他兵器。[5]

除长安武库外，洛阳亦设直属中央的武库，《史记·吴王濞列传》：吴王刘濞叛乱时，“吴少将桓将军说王曰：‘吴多步兵，步兵利险；汉多车骑，车骑利平地。愿大王所过城邑不下，直弃去，疾西据洛阳武库，食敖仓粟，阻山河之险以令诸侯，虽毋入关，天下固已定矣。’”，洛阳武库的重要性不言而喻。故掌管洛阳武库者多为要人子弟或亲信，《汉书·魏相传》，“会丞相车千秋死，先是千秋子为洛阳武库令……武库令西至长安，大将军霍光果以责过相曰：‘幼主新立，以为函谷京师之固，武库精兵所聚，故以丞相弟为关都尉，子为武库令……。”东汉以洛阳为都城，其武库遂为中央武库，仍保持较大的规模，《东观汉纪·恭宗孝安皇帝》：“四年，武库火，烧兵物百二十五种，直千万以上。”《后汉书，五行志》亦载“元初四年二月壬戌，武库火”。洛阳武库位于东汉太仓东，《后汉书·坚镡传》：“与诸将攻洛阳，而朱鲔别将守东城者为反间，私约镡开上东门。镡与建义大将军朱乘朝而入，与鲔大战武库下”，注引《洛阳记》曰：“建始殴东有太仓，仓东有武库，藏兵之昕。”

诸郡、诸部都尉亦设武库。《史记·外戚世家》：“汉王坐河南宫成皋台”，《索隐》引《西征记》云：“武牢城内有高祖殿，西南有武库。”《后汉书·方术列传》：“时有大雀夜集于库楼上，太守廉范以问由。由对曰：‘此占郡内当有小兵，然不为害。’后二十余日，广柔县蛮夷反，杀伤长吏，郡发库兵击之。”所言为蜀郡武库。《汉书·成帝纪》：阳朔三年六月，“颖川铁官徒申屠圣等百八十人杀长吏，盗库兵，自称将军。”鸿嘉三年冬，“广汉男子郑躬等六十余人攻官寺，篡囚徒，盗库兵，自称山君。”永始三年十二月，“山阳铁官徒苏令等二百二十八人攻杀长吏，盗库兵，自称将军。”又建始元年，“立故河间王弟上郡库令为王。”《汉书·平帝纪》：元始三年，“阳陵任横等自称将军．盗库兵．攻官寺，出囚徒。”《金汉文录》卷六见“上党武库”。大将军及诸部都尉所设武库，如《汉书·杜周传》：“（王凤）奏请杜钦为大将军武库令。”《新简》EPT65·459：“甘露元年十一月所假都尉库折伤承车轴刺。”《合校》28·19：“出弓、椟丸七，付都尉库，”《合校》179·6：“校候三月尽六月折伤兵簿，出六石弩弓廿四付库，库受啬夫久廿三而空出一弓，解何？”[6]所云库皆为都尉库。

特别值得一提的是武威姑臧武库，汉简记载如下：

地节二年六月辛卯朔丁巳，肩水侯房谓侯长光：官以姑减所移卒被兵本籍为行边兵丞相史王卿治卒被兵，以校阅亭隧卒被兵皆多冒乱不相应或易处不如本籍。今写所治亭别被兵籍，并编。移书到，光以籍阅具卒兵，兵即不应籍，更实定。此籍随即下，所在亭各实弩力石射步数，令可知。赍事诣官，会月廿八日夕，须以集为丞相史王卿治事，课后不如会日者，必报，毋忽如律令。　《合校》7·7A

稾矢铜鍭五十，完。

兰、兰冠各一，完，毋勒，本受姑臧。完

糸弦一，完，毋勒。

糸纬一，完，母勒。《合校》38·39

元康二年五月己巳朔辛卯，武威库令安世别缮治卒兵姑臧，敢言之。酒泉大守府移丞相府书曰：“大守……迎卒受兵谨掖檠持，与将卒长吏相助至署所，毋令卒得擅道用弩射禽兽斗。已前□书……三。居延不遣长吏逢迎卒。今东郡遣利昌侯国相力、白马司空佐梁将戍卒……　《新简》EPT53·63[7]

●武威郡姑臧别库假戍田卒兵……　《新简》EPT58．55

上述四例表明，张掖郡居延都尉属下使用的兵器有许多是从姑臧库领取的，其使用也受姑臧库的监督，则姑臧库供应武器的范围不局限于武威郡，有可能与整个河西地区有关。可见武威姑臧库是汉朝廷设于西北的地区性大库，与中央武库遥相呼应。

尹湾汉墓 6 号牍所载武库有下述两个特点：

（1）库存量大。以常见兵器为例：（二）、（五九）项相加，弩的总数达 537707 件。（二一）、（一〇六）项相加，矛的总数达 52555 件。（一〇五）项所见有方数达 78392 件。仅这几项所见，足可装备 50 万人以上的军队，远远超出一郡武装所需。

（2）此库之官员配置与器材统计皆未见于尹湾 6 号汉墓 1 号牍《集簿》、2 号牍《东海郡吏员簿》、3 号牍《东海郡下辖长吏名籍》、4 号牍《东海郡下辖长吏不在署、未到官者名籍》、5 号牍《东海郡属吏设置簿》，说明此库不属于东海郡直接管辖，设于何处尚待考。

从上述两个特点看，此库与武威姑臧库有类似之处，即其供应范围必超出东海郡范围。亦受朝廷直接管辖，因此它有可能是汉朝设于东南地区的大武库。

武库器物种类繁多，分述于下。

弓弩类

弩是武库中数量居首位的兵器，集簿见乘舆弩 11181 件、普通弩 526526 件。《说文》：“弩，弓之有臂者。”《释名·释兵》：“弩，怒也，有势怒也。”《吴越春秋》言及弩制云：“横弓着臂，施机设纽，加之以力。”库存武器中弩的比例多于其他兵器与实际应用的情况相符，如《合校》10·37：“第廿五车父平陵里辛盈川。官具弩七、承弩二、有方三、稾矢三百五十、稾寅千五十、绀胡一、由庋一、靳干十、靳幡十、弩幡七、兰七、兰冠七、服七、承弦十四、私剑八。”这是赴役士卒行军中的兵器组合。通常每车跟随十名士卒，车上所载即十人所用。除私剑八以外，具弩（部件完备的弩）与有方（戟之类长兵器，见下文）的比例为 7:3。《合校》40·5：“右鄣吏弩十二，有力六。”这是官鄣拥有武器的情况，弩与有方的比例为 2:1。《新简》EPT53·3：“穷虏隧。六石具弩二，完。三石具弩一，完。弩幡三，完。稾矢铜鍭百五十，完。兰三，完。兰冠三，完。钉方一，完。”这是烽隧拥有兵器数，弩与有方的比例亦为 2:1。《合校》282·12：“戍卒八人。六石具弩四，糸弦、纬完。五石具弩二，糸弦、纬完。稾矢铜鍭三百，其八十六斥呼，二百一十四完……”此简下缺，但从八人中已配备六副弩看，其他兵器必不会多于弩。

汉代的弩有各种不同的规格，《合校》89·6：“大弩、小弩”，通常以弹射的力度划分，如：

三石弩。《合校》14·2：“騂北亭卒东郡博平□里皇归来。有方一，三石承弩一……”《合校》214·7：“第十三隧戍卒河南郡成皋宜武里公乘张秋，年卅四。三石具弩一，稾矢铜鍭五十。”《新简》EPT52·4：“戍卒东郡临邑马口里樊非人。三石具弩一，完。”此外又见于《合校》273·21、562·16、445·6，《新简》EPT53·3、EPT56·296，《敦》1636、1643 等。[⑧]

四石弩。《新简》EPS4T1·7：“五石具弩一，故伤一渊一胶。四石具弩一，故小伤一渊。”《敦》829：“富贵隧戍卒颖川郡陕业丘里张丁。四石具弩一，射百六十步。”

四石五弩。《合校》128·1：“赤弩一张，力四石五，木破，起繁往往绝。”

五石弩。《合校》57·14：“第十隧五石具弩一，绝费。”《合校》445·6：“海东凡六石十二，五石弩三，三石弩一。"《新简》EPT59．48："戍卒魏郡元城临河里郝更生。五石具弩一……《签》3：00761；"服五石"等。

六石弩。《合校》7·24："戍卒淮阳郡城父口上里陈广年。六石具弩一，稾矢五十。"《合校》42·22："戍卒东郡聊城宋里恭乐。六石具弩一完，弩幡一完……""六石弩"又见《合校》40·5，《新简》EPT5·17、EPT53·3，EPF8·2—3。《签》3：00041："服六石"、《签》3：13359："服弩力六石"，《签》3：37913："乘舆六石"。王国维撰《流沙坠简》时，所见简文载弩力仅至六石，故考证云："右八简所记弩自三石至六石止。荀子议兵篇称魏氏武卒操十二石之弩，则汉人用弩较战国时为弱矣。御览引晋孙盛奏事，诸违令私作角弩力七石以上一张，弃市，则晋时用弩不过六石，盖著于今或犹是汉法也。"[9]王说非也，今简牍及骨签文所见远不止于此，见下。

七石弩。《合校》353·1："夷胡隧七石具弩，伤二儰、一渊、二燕、一弭，可缮。今力三石卌六斤六两……"，《合校》511·2："七石具弩十七，毋出入。"《签》3：44488："乘舆御弋七石。"

八石弩。《新简》EPF25·5："入八石弩糸承弦二。受全兵簿。"《签》3：14921："服弩力八石。"《签》3：42069："乘舆八石。"河南灵宝张湾汉墓出土弩机，郭侧铭文见："永元六年考工所造八石机……"[10]

九石弩。《签》3：14849：4"服力九石。"《签》：3：12565："乘舆九石。"

十石弩。《签》3：11080："乘舆十石"、《签》3：11358："乘舆御弋十石。"汉简所见十石弩以上称："大黄"，《合校》52·17，82·15："甲渠候鄣。大黄力十石弩一，右渊强一分，负一算……"《合校》236·13："今毋余大黄弩"、《合校》432·2："入大黄具弩十四。"大黄，强弩名，《史记·李将军列传》："广乃令士持满毋发，而广身以大黄射其裨将，杀数人，胡虏益解。"《集解》引徐广曰："《南都赋》曰'黄间机张，善弩之名。"骃案："郑德曰：'黄肩弩，渊中黄朱之。'孟康曰：'《太公六韬》曰'陷坚败强敌，用大黄连弩。''"韦昭曰："角弩色黄而体大也。"《索隐》案："大黄，黄间，弩名也。故韦昭曰'角弩也，色黄体大'是也。"孙机先生据《考工记·弓人》"取干之道七，柘为上。"又《通典》也说制弩弓可用"黄连，桑柘"，认为"它们都是黄色的木材。大黄所呈之色，或与采用此类木材有关。"可备一说。[11]

十一石弩。《签》3：09448："乘舆力十一石。"

十二石弩。《签》3：00472："乘舆十二石。"《签》3：40842："乘舆十二石燥"。

十五石弩。《签》3：09993："乘舆十五石"。

二十石弩。《签》3：13143："大黄力廿石"、《签》3：47487："乘舆廿石"、《签》3：11620："乘舆御弋廿石"。

二十二石弩。《签》3：11078："乘舆廿二石"。

三十石弩。《签》3：13121："大黄卅石"。

四十石弩。《签》3：13547："大黄力卌石"。

汉代一石合120斤。杨泓先生据北京大学藏"武库一斤"铭西汉铜权重250克推算，

三石合90．7公斤、四石合120.9公斤、五石合151.2公斤、六石合181.4公斤、七石合211.7公斤、八石合241.9公斤。[12]

弩之射程约在百步至四百余步不等，汉简所见如：

……射百一十六步曰　《合校》149·43

三石具弩，射百廿步　《合校》515·46

五石具弩，射百廿步　《合校》510·26

富贵隧戍卒颍川郡陕业丘里张丁。四石具弩一，射百六十步。　《敦》829A、B

服胡隧戍卒一，今力五石廿九斤，射百八十步，辟木郭。　《合校》14·26A

官第一六石具弩一，今力四石卌三斤，射百八十五步，完。　《合校》36·10

☐具弩一，今力四石，射二百☐。　《合校》341·3

汉未央宫遗址出土骨签所见弩射程皆在三百步以上，所记皆当为强力弩，如：

3：06250："射三百步"。

3：10667："射三百三步"。

3：23549："射三百七步"。

3：10243："射三百八步"。

3：42094："射三百一十七步"。

3：11643："射三百廿步"。

3：32874："射三百廿二步"。

3：071 72："射三百廿六步"。

3：05232："射三百卅步"。

3：12162："射三百卅一步"。

3：19137："射三百卅五步"。

3：05738："射三百卅八步"。

3：06242："射三百卅九步"。

3：10668："射三百五十步"。

3：05710："射三百六十步"。

3：09943："射三百七十步"。

3：10659："射三百七十六步"。

3：08647："射三百八十步"。

3：34398："射三百八十九步"。

3：06962："射四百二步"。

从上例可知，弩之力度与射程并非完全成正比，如三石弩与四石弩的射程可相同，当与箭镞的轻重及弩弦的质量相关。《后汉书·陈球传》："弦大木为弓，羽矛为矢，引机发之，远射千余步。"射程超千步，当非一般弩，或属床弩之类。《淮南子·说山训》："矢之于十步贯兕甲，于三百步不能入鲁缟。"则一般的弩矢射程不超过三百步。

弩之张弦方式取决弩力之强度。强度小者以手臂引弦，强度大者以腰或足踏张弦。《秦简·秦律杂抄》："轻车、赿张、引强、中卒所载传到军，县勿夺。"《史记·苏秦列传》："韩卒超足而射"，《正义》："超足，齐足也。夫欲放弩皆坐，举足踏弩，两手引揍机，然后始发之，"《索隐》："超足，谓超腾用势，盖起足蹋之而射也，故下云蹠劲弩是也。"《汉书·申屠嘉传》："以材官蹶张"，如淳注："材官之多力，能脚踏强弩张之，故曰蹶张。"师古注："今之弩，以手张者曰臂张，以足蹋者曰蹶张。"《晋书·马隆传》尚见"腰引弩"。臂张弩之形象见河南陕县刘家渠东汉墓所出陶俑[13]，弩居右侧，俑张右臂、屈左臂引弦。腰引弩见山东嘉祥武氏祠东汉画像石，弩手坐地踏足，以腰间之绳钩弦张弓，用右手将弦引至弩机。[14]蹶张弩之形象见山东沂南东汉画像石等[15]，欲发之箭通常呈水平状衔在嘴中，唯河南方城县城关镇汉画像石墓所见蹶张形象较特别，报告云："中室南壁即东墓门内侧，两扇门扇背后分别刻执启戟门吏和蹶张”，“材官蹶张。头戴武冠，圆睁双目，斜衔一矢，裸上身，着短裤，双足踏强弩，双手奋力引弦。”[16]腰引弩与蹶张弩皆以足踏，但腰引以腰力张弦，单手牵引；而蹶张弩以双手引弦，引弓之幅度更大。

弩臂，弩之木把，与弓呈直角丁字形。弩的明显特征是横弓着臂，《释名·释兵》：“弩，怒也，有势怒也。其柄曰臂，似人臂也。”集簿见乘舆素木弩臂50件、普通弩臂263798件，其数约为完整弩具的一半，显然是备用品。屯戍遗简中亦常见此类备用弩臂，如《合校》46·3：“出六石弩辟一”，《合校》68·95：“……弩长辟二，不韦，一不事用。”《合校》78·33：“周士为取弩臂”，《合校》89·21：“长辟二，其一顿破，肩□皆破，端毋其……”，《合校》236·34：“辟弦纬簿”，《合校》506·1：“弩长臂三。”《新简》EPT50·205：“第二隧弩臂弦纬”，金关遗址出土之EJT37·1557、1551：“弩长臂二”[17]，《敦》1830：“田可。六石具弩一，完。服一，完。乃神爵三年缮辟，四年缮弦纬，毋余初置……”。弩臂之装置颇复杂，最能体现弩的发展进步。弩臂的前端通常有承弓的凹槽，将弓固定于臂前。沂南画像石所见蹶张弩之弩弓以复合弓材制成，前弓片承于臂前，后弓片则穿过弩臂，其左右与前弓片合，前后弓片间以绳约束，弩臂与弩弓便牢固地结为一体。今见汉墓出土之弩臂前端多留孔，应即后弓片、或为强化弩弓的类似材料的穿过处。关于弩臂长与弩弓长的比例，杨泓先生曾做过计量，引用实例如马王堆弓3号汉墓模型弩为1:2.1或1:2.4，乐浪汉墓群石崇里219号墓木弩为1:2.4，故云：“汉弩的弩臂与弓长之比，应约为1:2.4”。[18]

弩臂的后端设有弩机，这是弩之精巧所在，机械部件甚多，《释名·释兵》云：“钩经曰牙，似齿牙也。牙外曰郭，为牙之规郭也。下曰悬刀，其形然也。今言之曰机，言如机之巧也。亦言为门户枢机，开合有节也。”明茅元仪《武备志》解之曰：“今曰机钩，古曰牙；今日照门，古曰规；今曰匣，古曰郭；今曰拨机，古曰悬刀；今曰垫机，古无名，机匣长一寸九分，阔四分有零，高五分。机钩长七分，钩总高五分。照门总高九分。挂弦阔口深二分，阔二分。垫机长一寸三分，阔四分，厚一分。匣眼，钩眼，垫机眼，皆一分有零。拨机长一寸一分，阔四分，厚一分有零。二键长九分，大小各以眼为则。”今见出土弩机数量很多，尺寸不一，形制大致与《释名》所言同。《新简》EPT51·64：“弩鐖（机）釨”，即弩牙。弩设机郭可增强其稳定性，汉简及出土物所见机郭多为铜质，间有木郭，如《合校》14·26A：“服胡隧戍卒……今力五石廿九斤，射百八十步，辟木郭。”《合校》82·32：“六石具弩一，铜鐖郭。”《新简》EPT59·11：“六石具弩一，铜鐖郭”。今全国各地汉墓多有带铜机郭的弩机出土。[19]汉弩机的再进步是牙之上设望山。北宋沈括在《梦溪笔谈》中谈及弩机云：“其望山甚长，望山之侧为小距，如尺之有分寸。原其意，以目注镞端，以望山之度拟之，准其高下，正用算家句股法也。”望山从无到有，又从无刻度进而有刻度。[20]弩臂尚设箭道，《合校》265·1：“辟一，箭道不端政（正），负五算。”江苏盱眙东阳7号西汉墓出土漆弩箭道长50厘米、宽1厘米，与机郭面的箭道连为一体。箭道是导引箭矢准确飞行的轨道。

弩弦、纬。弩弦是弩弓上用以弹射箭矢的弦绳，《说文》：“弦，弓弦也。”《史记·李将军列传》：“度不中不发，发即应弦而倒。”纬，捆束弩弦两端的绳子。《说文》：“纬，织衡丝也。”段玉裁注：“云织衡丝者，对上文织从丝为言，故言丝以见缕，经在轴，纬在杼，木部曰：杼，机之持纬者也。引申为凡交会之称。”与弩弦交会且呈经纬状之物，唯弩弦两端之系绳，故称纬也，其形象见林巳奈夫《汉代的文物》武器、旌旗插图10—58“弩的弓的各部位名称”中的“依（纬、缘、衣弦）”，弦、纬是弩具中除箭矢之外最易消耗的备件，集簿见普通弩弦840853件，多于弩数。备用的弩弦屯戍遗简中称之为“承弦”，《流沙坠简·器物类》：“六石糸承弦一完”，王国维考证云：“承弦未详何物，但用系为之，则非弓弩两端系弦之处，亦非机牙之钩弦者，疑谓副弦也。左传子击之，郑师为承。承者，继也、副也。弦必有副所以备折绝也。太白阴经器械篇：弩二分，弦六分，副箭一百分。二千五百张弩，七千五百条弦，二十五万只箭。弓十分，弦三十分，副箭一百五十分。弓一万二千五百张，弦三万七千五百条，箭三十七万五千只，则弓弩与弦常为一与三之比例。承弦或谓是矣。”王氏说是。尹湾集簿所见弩与弦的比例近1:2，在实际运用中，比例数还大些。弦、纬亦屡见于屯戍遗简，《新简》EPF22・175—184见“弦三十枚”、“弦四十四”、“弦二十七”、“弦四十七”、“弦三十七”、“糸弦四十六”、“糸弦五十四”、“糸弦四十四”、“弦四十八”。[21]弦、纬常共存，如《合校》38・39：“糸弦一，完，毋勒。糸纬一，毋勒，”《合校》283・12：“六石具弩四，糸弦、纬完。五石具弩二，糸弦、纬完。”《新简》EPT53・117：“口具弩五，糸弦、纬完。”《新简》EPT59・11：“六石具弩一，铜鐖郭，糸弦、纬完。”马王堆3号汉墓出土之弩弓弦，由四股丝绳绞合而成，径0.5厘米，长117厘米。[22]屯戍遗简所见，尚有称做“枲长弦”者，枲麻为之，当能承受较大的张力，《合校》40・5：“六石具弩七，枲长弦廿六”，《合校》99・1：“六石具弩二……糸承弦十，枲长弦五。”《合校》255・19：“入幡十一，枲长弦三”，《新简》EPT48・17：“六石具弩一完……糸承弦一，完。枲长弦一，完。”《新简》EPF22・488：“弩幡卌四，枲长弦廿八”等。汉简见盛弦之函，如《合校》35・14：“第十二隧长徐忠。弦函破，□二不事用。”

弩矢。弩矢是弩用箭，集簿见乘舆弩矢34265支、普通弩矢11424159支，弩与弩矢的比例约为1:200。屯戍遗简所见戍卒用弩则为每弩配50支箭。箭有箭镞、箭干与箭羽。（二三五）见“口鍭百七十万一千二百八十。”当指箭镞。汉代箭镞之出土极多，铁镞与铜镞并现。汉长安武库遗址所出多铁镞，而屯戍遗简所载几乎全是铜镞，而且有稾矢与寅矢之分，如《合校》25・17：“候长一人，用稾、寅矢铜鍭百”，《合校》66・14A：“第十八。稾矢三、寅矢廿一，凡廿四。”《新简》EPT6・72：“寅矢铜鍭四百五十”，《新简》EPT57・39A：“第廿六隧寅矢铜鍭百”，《新简》EPT48・17：“六石具弩一，完……稾矢铜鍭五十，其十二斥。乎，卅八完。”《新简》EPT51・112：“六石具弩一，完……稾矢铜鍭五十，完。”《新简》EPT52・5：“三石具弩一，完……稾矢铜鍭五十、其十斥呼，卌完。”寅矢，短箭，《墨子・备穴篇》：“为短矛、短弩、寅矢。”[23]《方言》：“箭三镰，长尺六者，谓之飞寅。”稾矢，长箭，劳干先生考证云：“按《周礼・夏官》：‘稾人中士四人。’注：郑司农云，稾读如刍稾之稾，箭干谓之稾，此官主弓弩箭矢，故谓之稾人。考工记云：‘燕之角，荆之干，妢胡之笴，吴粤之金锡，此材之美者也。’注：‘荆，荆州也；干，柘也，可以为弓弩之干；妢胡，胡子之国，在楚旁；笴矢干也；《禹贡》荆州贡櫄干栝柏及箘簵楛，故书苛为笴，杜子春曰，妢读为焚，咸丘之焚，书或为妢，妢胡地名。笴也读为苛，苛读为稾，谓箭稾。’由此言之，在弓则柘干可单称为干，在矢则楛苛单称为苛，苛亦得假为稾，故稾矢应即楛矢矣。盖寅矢矢之短者，其长仅得长矢之半，故其矢材之限制，宜不若长矢之严。至若矢之长者，若矢材不选，较短矢更易屈曲斥呼，故其矢材必取箘簵楛为之，因而以稾称之。稾矢之名，义取于此。又《庄子》所称之嚆矢，或与稾通。郭象注《庄》，多取向秀，此则与向秀相违。是猛矢之义，亦必有所独得。盖大弓长矢，取其力猛，此事理之易见者，清言简约，无取繁辞也。”

《方言》云：“箭自关而东渭之矢，江淮之间谓之鍭，关西曰箭。”但据尹湾汉墓及西北屯戍遗简所见，箭多称为“矢”，极少称为“箭”。

箭镞多以铜为之，当取其不易生锈的优点，犹今尚以铜制枪弹、炮弹同理。

弩缇幡，黄红色帛质盛弩器。《急就篇》：“绛缇”，颜师古注：“缇，黄赤色也。”《后汉书・宦者列专》：“土木被缇繍”，注：“缇，厚缯也。”《说文》：“幡，载米齡也。”《广雅・释器》：“幡，齡也。”《广韵》：“布貯曰齡。”皆云“幡”为盛物器。“幡”前冠以“弩”字，则此幡为盛弩器。弩幡屡见于屯戍遗简，如《合校》10·37："第省·五车父平陵里辛盈川。官具弩七、承弩二……弩幡九"，《合校》99·1："甲渠武贤隧……六石具弩二，弩幡二。"《合校》270·26："惊虏隧长王倚。弩幡三，折伤毋里。兰冠三……"《合校》418·2"出物故戍卒魏郡内黄东郭里詹奴。三石具弩一，完。稾矢铜鍭五十，完。幡一……"《新简》EPT48·17："甲渠候长觻得延寿里赵猛。六百具弩一，完。弩幡一，完……。"《新简》EPT53·3："穷虏隧。六石具弩二，完。三石具弩一，完。弩幡三，完……"前引简例所见，弩数与弩幡数皆相等，知每一弩弩必配一弩幡，乃配套使用。《合校》83·5A则明言："具弩一，有幡。"形制未详。

弩绁，檠弩绳。集簿见弩绁69088件。《诗·小雅·角弓》："骍骍角弓，翩其反矣。"注："与也。骍骍调利也。不善绁檠巧用则翩然而反。"郑笺云："绁，息列反，弓鞑也。檠音景，弓匣也，说文云榜也，谓辅也。"《周礼·考工记·弓人》："恒角而达，辟如终绁，非弓之利也。"注："绁，弓鞑。"疏："戴震云：鞑，以竹为之。弓弛则绁之于弓里，张则去之。"诒让案："云'绁弓鞑'者，《说文·糸部》：'绁，系也。'鞑即前注所云'弓檠'。《毛诗·秦风·小戎》'竹闭'传，诂闭为绁，与此注主以鞑诂绁同。又《小雅·角弓》传云：'不善绁檠巧用，则翩然而反。'绁字又作枻。《荀子·非相篇》云'接人则用抴'，杨注云：'抴当为枻。枻者，檠枻也，正弓弩之器也。'《既夕记》云：'弓有柲'，注云：'柲，弓檠，今文柲作柴。'案：绁、抴、枻、鞑、闭、柲，柴，并声近字通。柲为弓檠，以绳缚系弓于檠，则曰绁。《诗·角弓》孔疏云：'竹闭谓之檠，绁即绲縢也。'案：孔所释最析。盖绁非弓檠之名，郑因言终绁，明其指绁于弓鞑，故云'绁弓鞑'耳。"孙诒让所言甚是，绁非檠鞑本身，而是缚弩于檠的绳索，《广雅·释器》："绁，绳也。"汉简所见弩须以檠捆缚，称为"檠持"，如《新简》EPT53·63："迎卒受兵谨掖檠持，与将卒长吏相助至署所，毋令卒得擅道用弩射禽兽斗"，《新简》EPF22·399："署第十七部候长，主亭隧七所，兵弩扁戾不檠持，毋鞍马。"弩不檠持易弯曲开裂，故为失职行为。"绁"在屯戍遗简中称为"檠绳"，如《合校》82·1："第七隧长尊。檠绳廿四，不事用。"《合校》166·1A："第十六隧惊（檠）弩青绳卅二，完。"《合校》227·73："□□卒□。檠弩绳少十一。"《合校》317·24："檠绳十四，贾廿八"，《合校》326·6A："汲桐二，直卅。桌长弦四，直百。桐绳二，困折。橐二，直百五十。檠弩绳卌二丈，直五十。葥绳廿丈，廿。服二，直廿。胶二斤，十五。杨弩绳一，直十。楯革一，直十。"知弩绁是檠弩时不可缺少的材料。用于檠弩的辅助工具还有锤等，《新简》EPT6·77见"敬弩椎梃柙角"。

弩犊丸，盛弩矢的容器，集簿见弩犊丸226123件。"犊"通"韇"、"皾"。《广雅·释器》："赎丸，矢藏也。"《后汉书·南匈奴传》："今赍杂缯五百匹，弓鞬韇丸一：矢四发，遣遗单于。"注："《方言》云：藏弓为鞬，臧箭为韇。韇丸即箭箙也。"《左传·昭公二十五年》杜注："椟丸谓箭箫。""犊丸"之"犊"字，左旁或从牛、从韦、从皮，皆与皮革有关，当为皮革制品。但亦有从木者，或亦可木制，形制待考。屯戍遗简所见皆称"弓犊丸"，如《合校》3·19："出弓椟丸七，付都尉库。"《敦》279："大煎都候长效谷常利里上造张阳，年三十六。剑一。弓二，犊丸各一。箭十二。马一匹。鞍，勒各一。"

犊丸盖口鐶，或为用于紧箍犊丸盖的金属环。犊丸盖亦称"冰"，《方言》郭璞注：春秋昭公二十五年《左传》"公徒释甲执冰而踞"，服虔注云："冰，椟丸盖也。"

弩兰，盛弩矢的容器，集簿见弩兰110833件弩兰冠，弩兰之盖，集簿见弩兰冠45374件。《说文》："兰所以盛弩矢，人所负也。"《汉书·韩延寿传》："抱矢负兰"，师古曰："兰盛弩矢者也，其形似木桶。"兰设负索，见（二二五）"兰负、薪负万三千口百五十。"屯戍遗简所见，如《合校》10·37："兰、冠七"，《合校》33·39："兰，兰冠各一，完。"《合校》349·10："兰、冠各二"，《新简》EPT6·73："兰、冠各三，冠皆币"，《新简》EPT48·17："兰、兰冠各一，完。"《合校》284·13："兰负索一，币。”《合校》418·2：“幡一，兰、莞各一，负索一，完。”《新简》EPT50·2：“兰一，负索币，负一算”。知成套之兰含兰身、兰冠、兰负索。

铁钯弦，用于张弦的钩，集簿见铁钯弦1222件。孙机先生云：“使用腰引弩时，射手自腰部以绳钩弦张弓，其绳名䋎。”《说文·糸部》：“䋎，一曰弩要钩带。”其钩在汉简中名为“钯弦铁钩”。图36—12中前一人自右侧弓弭向腰间引出的斜线和挂在腰间的钩，或即代表此二物。说是。[24]屯戍遗简所见，如《敦》2231：“……张。漆木便张一。把弦铁钩……，无次要。”《敦》827：“立徽枭把弦一，完。”《合校》482·4：“系把纮二具”。“把”、“杷”形近。《说文》：“把，握也，从手、巴声。”《广雅·释沽三》：“把，持也。”把弦，犹今言抓弦、握弦。把弦当以丝绳或麻绳牵引，前端设铁钩，钩住弦之中端以引之至弩机勾弦处。

弓。弓皆须以手引弦，故其弹力远不如弩，数量也比弩少得多。前引集簿（七三）见弓77521件，（七四）见弓弦3987件，（七五）见弓矢1198805支，（七六）见弓椟丸52419件，（七八）见弓衣72件。弓衣，弓套，《新简》EPT65·126见“弓”及“弓衣”，形制未详。集簿所见弓及其备件的数量仅为弩的七分之一，表明弓已居于次要地位。

铠甲类

铠甲之类为护身器具，《释名·释兵》：“甲，似物有孚甲以自卫也，亦曰介，亦曰函，亦曰铠，皆坚重之名也。”《韩非子·内储说上》：“夫矢来有向，则积铁以备一向；矢来无向，则为铁室以尽备之。备之则体不伤。”汉代之铠甲日趋完善，铁制品渐多，屯戍遗简所载及汉长安未央宫遗址所出即以铁铠、铁鞮瞀居多。

甲，用于抵御兵刃箭矢的皮制护身衣，集簿见乘舆甲379件、普通甲142322件。《广雅·释器》：“甲，铠也。”王念孙疏证：“《周官·司甲》注：‘甲，今时铠也。’疏云：‘今古用物不同，其名亦异，古用皮谓之甲，今用金谓之铠。……革甲亦以甲片形式编缀而成，使之便于活动，《战国策·燕策》：“身自削甲札”，注：“札，喋也，甲之革缘如之。”1955年，长沙南郊侯家塘西汉墓，发现多种规格的皮甲片，有长方形、方圆形和椭圆形等，皆为多层复合甲，最长6厘米，一般长3.3至4.5厘米。[25]屯戍遗简所见，如《合校》14·2：“革甲、鞮瞀各一”，《合校》14·22：“革甲廿，完”，《合校》99·1：“革甲、鞮瞀各四”，《合校》182·6：“革甲、鞮瞀”，《新简》EPT59·183：“木质一、白玄甲十三领、革甲六百五十、铁铠二千七百一十二。”就总量考察，汉代使用铁铠远多于革甲。

铠，护身铁衣，集簿见铠63324件。《说文》：“铠，甲也。”《尚书·费誓》：“善敹乃甲胄”，《正义》引《经典释文》曰：“皆言甲胄秦世已来始有铠、兜鍪之文。古之作甲用皮，秦汉以来用铁，铠、鍪二字皆从金，盖用铁为之，而因以作名也。”《周礼·司甲》郑注亦云“古用革渭之甲，今用金谓之铠。”乃指秦汉时铁铠的使用已很普遍。《吕氏春秋·贵卒篇》：“赵氏攻中山，中山之人多力者曰吾丘鸠，衣铁甲操铁杖以战。”则说明战国时已有铁铠。屯戍遗简所见铁铠，如《合校》3·26：“铁铠二，中毋絮，今已装。”《合校》285·13：“铁铠三百廿一”，《新简》EPT5·17：“铁铠五。”《新简》EPT20·3：“铁铠五。”《新简》EPT49·13B：“官铠、鞮瞀各一。”等。知披铁铠须以丝絮垫衬。前文所引《新简》EPT59·183同时见白玄甲、革甲、铁铠，则知三者有区别。古籍所见常称铁铠为“玄甲”，如《汉书·霍去病传》：“元狩六年薨，上悼之，发属国玄甲，军阵自长安至茂陵。”《太平御览》卷356引《东观汉记》：祭遵薨，“乃赠将军，给侯印绶，遣校尉发骑士四百人，被玄甲兜鍪，兵车军阵送葬。”《史记·卫将军骠骑列传》正义：“玄甲，铁甲也。”铁铠色黑，故称“玄甲”。而“白玄甲”之白色，未知由何种金属制成。汉铁铠屡见出土，其中1960年在内蒙古呼和浩特市郊二十家子汉代城址城外西北角第七发掘区T703窖出土的一领铠甲，所用甲片达650片左右，重约11公斤。在汉长安武库遗址的发掘中，也发现了大量的铁甲片。[26]

鞮瞀，头盔。集簿见乘舆铁鞮瞀678件、普通鞮瞀97584件。《汉书·韩延寿传》：“被甲鞮鞪居马上”，师古注：“鞮鞪即兜鍪也。”《说文》：“胄，兜鍪也。兜鍪，首铠也。”“瞀”字或作“鞪”、“鍪”，义同，而以“瞀”为正字，王国维云：“鍪字自以从目为正，此三简皆作瞀，从目与墨子之瞀字同，为古谊之仅存者矣。说文：瞀，氐目谨视也。玉篇；瞀，目不明貌。古者戴胄则掩其面，故须氐目而视，目亦为之不明，然则说文，玉篇所举正瞀字引申之谊，而鞮瞀乃其本义也。古者以革为鞮瞀，故其字或变而从革，后易以金，故又变而从金，而瞀字遂废不用。”[27]屯戍遗简所见铁鞮瞀，如《合校》3·28：“铁鞮瞀二，中毋絮，今已装。”《合校》49·26：“铁鞮瞀若干，其若干币绝可缮。”《新简》EPT5·17，“铁鞮瞀五”，《新简》EPT48·157：“第三十队鞮瞀”，《新简》EPT49·13B：“官铠、鞮瞀各一”，《新简》EPF22·313：“三月余铁鞮瞀五十六”。从简文知铁鞮瞀亦需垫丝絮作缓冲物。鞮瞀虽大多为铁质，但亦有革制品，如《合校》239·81：“革鞮瞀四”。1965年河北易县燕下都44号战国墓曾出土一件完整的铁鞮瞀，由89片铁甲缀成。[28]汉未央宫中央官署等遗址亦出土铁鞮瞀残片。

铁募，铁质臂铠，集簿仅见铁募一件。“募”通“幕”，《史记·苏秦列传》：“当敌则斩坚甲铁幕”，《索隐》引刘云：“谓以铁为臂胫之衣。”

铁股，护腿铁铠。股，大腿，《说文》：“股，髀也。”段玉裁注：“骨部曰：髀，股外也。言股则统髀，故曰髀也。”又云：“东方朔传曰：结股脚，谓跪坐之状。股与脚以厀为中。”简文所见铁股之量词称“两”，知其配双成对，分左右。

铁罢，裙铠。“罢”通“摆”，《方言》：“帬自关而东或谓之䙓。”铁罢当为保护武士下身的铠甲，形似裙而得名。江苏徐州十里铺汉画像石墓前室横额正面所刻二武士中，其一身着铠甲，手执长戟，胸铠下之左右侧有摆动着的缀甲，当为铁䙓的形象。[29]今集簿所见铁罢之量词称“两”，知其分左右。

马甲，鞮瞀，战马所披身甲与首铠，集簿见马甲、鞮瞀5330套。此马甲、鞮瞀与前文所见甲、鞮瞀分别列项，知其必为马匹所用。先秦时已有马甲，杨泓先生云：“随县擂鼓墩一号墓里出土的大量皮甲片中，就包括用来编缀马甲的甲片，据同墓随葬的竹简所记，当时的马甲有彤甲、画甲、漆甲、素甲等多种。”[30]东汉护马具见“当匈”，如《后汉书·鲍永传》：“拔佩刀截马当匈”，注云：“当匈以韦为之也。”马鞮瞀属首见。据集簿所见，则汉马已全身披挂，初显马具装雏形。

面衣，护面。屯戍遗简屡见面衣，如《合校》501·1：“守御器簿……木面衣三”《新简》EPT52·141：“行胜、帻、面衣各一”，《敦》691：“守御器……木面衣一”、金关出土简EJT37·1538—1558：“橐他莫当隧始建国二年五月守御器簿……木面衣二，烽火幂板一，皮冒、草萆各一。”[31]面衣多为木质，且归守御器之类，知其为实用器，与墓葬出土之面衣功能不同。

盾，盾牌，用以蔽身防护，集簿见乘舆盾2650件、普通盾99901件。《释名·释兵》：“盾，遯也，跪其后，避刃以隐遯也。”由于大小、质料及功能不尽相同，盾又有多种称谓，见于《释名》者，如“狭而长者曰步盾，步兵所持，与刀相配者也。狭而短者曰孑盾，车上所持者也，孑小称也。”“约胁而邹者曰陷虏，言可以陷虏敌，今谓之露见是也。”“大而平者曰吴魁，本出吴，为魁帅者所持也。隆者曰滇盾，本出于蜀，蜀滇所持也，或曰羌盾，言出于羌也。”“以木作之曰木盾。”屯戍遗简所见盾，如

《合校》75·17："盾四，完"，《新简》EPT49·13B：……官鼓、戟、盾各……"。《新简》EPF8·2—3："有方一，见。盾在部"，《敦》1566："盾一完，元康三年南阳工官造"。广西贵县罗泊湾1号汉墓出土《从器志》见"丹画盾各一，缯囊。"[32]汉代盾的形象屡见于画像石，如河南南阳英庄汉画像石墓主室西壁刻有两幅武库图，其一刻三盾、三戟、一棒。[33]

铁甲札，铁甲片，用以制作铁铠、铁鞮瞀等，集簿见铁甲札587299片。革甲，皮制甲片，集簿见革甲14斤。甲片称"札"，见《秦简·效律》："甲旅札赢其籍及不备者，入其赢旅衣札，而责其不备旅衣札。"《战国策·燕策》："身自削甲札"，注："札，牒也，甲之革缘如之。"出土物所见甲札大小不一，尺寸相差悬殊，大者长23.3厘米、宽4.4厘米，小者长2厘米、宽1厘米，四边大多磨为圆角，边孔6至20孔不等。汉长安城未央宫北宫门及宫城西南角楼遗址出土了大量各式铁甲片，计有槐叶形、椭圆形、长方形、正方形等。[34]

剑戟类

剑戟类为手执格斗武器，按其长度可分长兵与短兵。

剑是以直刺为主的短兵器，兼可劈砍，集簿见乘舆剑4件，普通剑99901件。《释名·释兵》："剑，检也，所以防检非常也。"《墨子·节用》："为刺则入，击则断，旁击而不折，此剑之利也。"《淮南子·修务训》："夫怯夫操利剑，击则不断，刺则不能入。"从另一角度描述怯夫未能发挥剑之长处。集簿所见普通剑的数量恰好与盾相同，说明二者配套使用。屯戍遗简所见剑的应用很普遍：《合校》10·37："第廿五车父平陵里辛盈川。……私剑八"，《合校》13·6："戍卒东郡畔戍里靳龟。坐乃四月中不审日行道到屋兰界中，与戍卒函何阳争言，斗，以剑击伤右手指二所。地节三年八月己酉械系。"《合校》37·6："范。牛车一两，弓一、矢廿四，剑一。三月己丑出 大麦"，《合校》244·3："为府校剑，属昨日天阴，恐剑刃生"，《合校》280·3："京兆尹长安南里张延年。剑一。"《新简》EPT65·414："纪骏欲出，众以所持剑刺伤骏臂一所"，《新简》EPT68·72："五人俱亡，皆共盗官兵臧千钱以上，带大刀、剑及铍各一。"从上述简文可知，剑常用于近身格斗，又知汉代多私剑，不像强弩之类禁私有。《新简》EPT40·202—207为"相利善剑刀"册，详述剑、刀之利善与否的特征。《史记·刺客列传》之《集解》所引有《吕氏剑技》，当为有关剑术的书。

据出土实物所见，汉代多钢剑，系以块炼铁反复折叠渗炭锻打而成，不易折断，故逐渐加长，河北满城1号汉墓出土的钢剑通长104.3厘米。汉未央宫宫城西南角楼遗址出土铁剑两把：一通长99.5厘米，剑身长80.5厘米；二通长100厘米，剑身长79厘米。前殿B区遗址出土铁剑通长92.15厘米，剑身长74厘米。[35]《汉书·景十三王传》见广川王"作七尺五寸剑"，则合今约1.74米。

汉剑多饰物，有称"玉具剑"者，《汉书·匈奴传》："玉具剑"。孟康注："摽首镡卫尽用玉为之也。"师古注："镡，剑口旁横出者也。卫，剑鼻也。"

剑带，配剑所用革带，集簿见剑带376166件。《释名·释兵》有关剑具的描述："其旁鼻曰镡。镡，寻也，带所贯寻也。其末曰锋，锋末之言也。"则剑带穿寻而过，然后系于腰间。林巳奈夫《汉代的文物》插图10—10绘有配剑与剑带的形象。

刀，历代常用之格斗武器，集簿见刀156135件、大刀127件。又（一四二）见"刀□四千五百七十五"或为刀之备件。《释名·释兵》："刀，到也。以斩伐到其所乃击之也。其末曰锋，言若蜂刺之毒利也。其本曰环，形似环也。其室曰削，削陗也，其形陗杀，裹刀体也。室口之饰曰琫，琫捧也，捧束口也。下末之饰曰琕，琕卑也，在下之言也。”刀通常为厚背薄刃，利于劈砍。出土物多见环首刀，1957年至1958年间洛阳西郊汉墓群曾出土一批环首刀，长约85厘米至114厘米不等，多有两片木材合成的刀鞘，鞘末端尚见铜琕[36]。优质钢刀经锻制，山东苍山出土钢刀有铭云“永初六年五月丙午造卅湅大刀吉羊宜子孙”，“湅”通“炼”，钢刀锻打层恰为30层，知真正经30次锻打而成。[37]由于炼钢技术的进步，致实战中用刀逐渐增多，而剑的地位日愈下降，集簿所见刀的数量一倍于剑正反映这种变化。汉刀规格多样，屯戍遗简所见，如《新简》EPT59·1、2：“……不侵候史严辞曰：士伍居延鸣沙里，年卅岁，姓衣氏，故民，今年八月癸酉除为不侵候史，以日迹为职，严新除，未有追逐器物……即日严持绛单衣、甲带、旁橐、刺马刀凡四物，其昏时到部”，此简所见“刺马刀”为追逐器之一，当为骑士所用战刀。《新简》EPT68·72：“带大刀、剑及铍各一”，《新简》EPT68·73：“小尺白刀”。《汉书·李陵传》：“军吏持尺刀，抵山入陿谷。”尺刀或名“拍髀”，《释名·释兵》：“短刀曰拍髀，带时拍髀旁也，”

匕首，短剑。《史记·吴太伯世家》：“使专诸置匕首于炙鱼之中以进食，手匕首刺王僚。”《索隐》：“刘氏曰：‘匕首，短剑也。’按《盐铁论》以为长尺八寸。《通俗文》云：“‘其头类匕，故曰匕首。短刃可袖者。’”集簿见泾路匕首24804件。泾路，匕首名，沿用古称。饶宗颐先生曾赐教云：“古有剑名称‘轻吕’，‘泾路’即‘轻吕’。”“泾”、”轻”皆从巠得声，二字通。又“路”、“吕”皆为豫部字，声同，可通假。《逸周书·克殷解》：“诸侯贺武王，武王答拜，先入适主所，乃克射之三发，而后下车，而击之以轻吕，斩之以黄钺。”孔晁注：“轻吕，剑名。”《史记·周本纪》：“以轻吕剑击之”，《正义》：“《周书》作‘轻吕击之’。轻吕，剑名也。”满城1号汉墓出的匕首，镡部作兽面形，茎部饰涡纹及扭索纹，首部饰曲尺纹，环首，通长36.7厘米、身长23厘米；孙机先生云：“这些特征与春秋战国时期我国北方青铜短剑中的花格剑接近，特别和河北平山三汲古城810l号中山国墓出土的顶部带孔之蟠蛇纹茎短剑更为相似。”[38]这些特征的形成，或与北方民族匈奴有关，《汉书·郊祀志下》：“云阳有径路神祠，祭休屠王也。”师古注：“休屠，匈奴王号也。径路神，本匈奴之祠也。”

剑杖，杖形剑。木杖，木棒。河北满械汉墓曾出土一把杖形剑，略残，通长114.7厘米、剑身长93厘米、首径3.4匣米、末径1.4厘米，呈细长形，剑茎和剑身无明显分界，全剑藏于木杖之中，木杖作竹节形，共6节，上端竹节形粗短而下端细长，上两节为剑柄，下4节为剑鞘，外观为木杖，内实为剑，凡此之类，当即牍文所云剑杖。[39]无刃之木杖亦为格斗用具，《新简》EPF22·326：“……即以疑所持胡桐木丈从后墨击意项三下，以辜一旬内立死。案：疑贼杀人，甲辰病心腹☐”，《合校》339·22：“以刀、木杖格斗”、《合校》387·11：“以剑刀、石子、木杖殴”。河南南阳英庄汉画像石墓所见武库图之一见三盾、三戟、一棒。知棒确实被当作武器。[40]杖亦有铁制者，如《吕氏春秋·贵卒篇》：“赵氏之攻中山，中山之人多力者曰吾丘鸠，衣铁甲操铁仗以战。”

戈，横击钩援兵器，长柄，横刃。集薄见乘舆铜戈563件、普通铜戈69件。《说文》：“戈，平头戟也。”《释名·释兵》：“戈，句子戟也。”《考工记·冶氏》郑注：“戈，今句子戟也，或谓之鸡鸣，或谓之拥颈。”在常规格斗兵器中，戈的数量最少，反映了作战形式的变化：戈为钩兵，适用于车战，随着车战的衰落，戈也逐渐退出历史舞台，或转而充当仪仗，汉代屯戍遗简中已不见戈之应用即明证。集簿所见戈为铜质，当取其华丽，或为仪仗用戈。西汉铜戈多饰物，如江苏涟水三里墩西汉墓出土铜戈，镦作鸟头、兽爪，马蹄形，错金银，镶绿松石。山东临淄齐王墓出土铜戈，饰金质冒、镦、龠，孙机先生云：“它们可能主要是在仪卫中使用的。”[41]说是。

戟，戈矛合体式的长兵器，可直刺，又能横击。集簿见戟6634件。《说文》：“戟，有枝兵也。”《释名·释兵》："戟，格也，旁有枝格也。"《考工记·冶氏》："戟广寸有半寸，内三之，胡四之，援五之，倨句中矩，与刺重三锊。" 戟为汉代五兵之一，《后汉书·百官志》："亭有亭长，以禁盗贼"，注引《汉宫仪》："尉、游徼、亭长皆习设备五兵。五兵：弓弩，戟，楯，刀剑，甲铠。鼓吏赤帻行縢，带剑佩刀，设矛戟，习射。" 五兵中有戟无戈。汉代屯戍遗简中偶见戟之使用，如《新简》EPT49·13B："官鼓、戟、盾各一。"《新简》EPT17·9："戟九"。集簿所见未言铜戟，当为铁质，汉代常用的戟是刺、枝垂直的卜字形铁戟，汉未央宫中央官署遗址出土"卜"字形铁戟2件。其一刺胡通长43.3厘米，援长17厘米，高6.7厘米，径2.4厘米。其二刺胡通长31.5厘米，援长9.6厘米，高6.7厘米，径1.9厘米。[42]孙机先生据出土实物考察云："这种戟只有前伸的直刺和旁出的横枝，《释名·释兵》谓戟'旁有枝格也'，即指此式戟而言。枝相当于旧式戟上的援，而内则被取消了。"[43]从集簿所见数量对比看，戟的存量也明显少于其他长、短兵器，当亦处在由实用器向仪仗器转化过程中，《汉书·东方朔传》："是时朔陛戟殿下"，师古注："持戟列陛侧。" 所见戟即仪仗队所持。

矛，长矛，利于直刺，《释名·释兵》："矛，冒也。" 集簿见矛50178件，据其数量当为实战用器。屯戍遗简见矛之应用，如《合校》491·2："余长矛三，毋出入。" 广西贵县罗泊湾1号汉墓出土《从器志》所见矛之类有铩、矛、七尺矛等，知矛有长短大小之别。《释名·释兵》云："矛长丈八尺曰矟，马上所持，言其矟矟便杀也。又曰激矛，激截也，可以激截敌陈之矛也。仇矛头有三叉，言可以讨仇敌之矛也。夷矛，夷常也，其矜长丈六尺。不言常而曰夷者，言其可夷灭敌，亦车上所持也。矟矛，长九尺者也。矟，霍也，所中霍然即破裂也。殳矛，殳殊也，长丈二尺而无刃，有所撞挃于车上使殊离也。" 汉未央宫宫城西南角楼遗址出土铁矛头，通长57厘米，刃长35.5厘米，矛头为扁平柳叶形，中脊稍高。筩部上小下大，断面呈圆形。[44]

有方，戟类长兵，旁枝伸出又上翘为钩刺，戟刺与旁枝及上翘之枝刺之间经三折成近似方形的两个直角，故称。集簿见有方78392件，存量甚多，无疑为实战用器。《墨子·备水篇》："二十船为一队，选材士有力者三人共船，其二十人擅有方，十人擅苗。"《史记·秦始皇本纪》："鉏櫌棘矜，非铦于勾戟长铩也。"《集解》引如淳曰："长刃矛也。" 又曰："钩戟似矛，刃下有铁横方上钩曲也。" 所言刃下有铁横方上钩曲即有方之特征。屯戍遗简所见，有方是最常用的长柄兵器，《合校》10·37："有方三"，《合校》239·81："革鞮瞀四、有方一"，《合校》512·24："戍卒昌邑国西邡西土里朱广德。假有方一，完。"《新简》EPT51·111："戍卒东郡清世里鞠财。有方一，完。"《新简》EPT51·209："居延有方四"，《新简》EPT51·633："盾一、有方一"，《新简》EPT53·3："穷虏隧……有方一，完。"（二二三）见"有方□钦犊"之"犊"通"椟"，指有方的鞘。《新简》EPT51·113："戍卒魏郡邺安众里大夫吕贤。有方一，完。椟一，完。" 古籍所见称鞘为椟，如《礼记·少仪》："剑则启椟。" 郑玄注："椟谓剑函也。" 戟与有方虽为同类，其旁枝之功能却异，戟枝利勾拉与横击，而有方利前刺及叉击，其演变有循序渐进的过程：汉初的有方横枝之上翘还不明显，东汉乃至魏晋则上翘的枝刺加长，叉击的作用得以强化。画像石所见如四川郫县东汉画像石[45]、四川成都曾家包东汉墓画像石[46]、徐州青山泉白集东汉墓画像石[47]，旁枝之上翘已甚明显。而甘肃嘉峪关新城公社3号魏晋墓壁画[48]、东魏茹茹公主墓壁画所见有方之旁枝翘刺已前伸许多，尤其茹茹公主墓所见旁枝刺几乎与主刺等锋。[49]杨泓先生在其《中国古兵器论丛》一书中将有方一类归入二型戟，云此类戟"戟刺直伸，戟枝在刺侧横伸，随即向上翘翻，形成向前的钩刺。钩刺的高比戟刺短的多。" 又将此型分为二式：一式仅在枝锋端起翘小钩锋，二式则戟枝伸出后迅即弧翘成钩刺。出土所见，西汉时多一式，东汉末至魏晋则多二式。云："进入东汉以后，铁戟的形制有了新的变化也应是为了满足骑兵和步兵战斗的需要，二型二式戟的出现，标志着戟的功能朝着扎刺为主更进了一步，旁侧的戟枝向前翘成钩刺，更增强了向前扎刺的效能，而完全丧失了向后钩斫的传统功效。”[50]

钑，短矛。《说文》：“钑，铤也。”《史记·匈奴列传》：“其长兵则弓矢，短兵则刀铤。”《集解》引韦昭曰：“铤，形似矛，铁柄。”《索隐》引《埤苍》：“铤，小矛也，铁矜。”《急就篇》：“矛铤镶盾刃刀钩。”颜师古注：“铤，铁把小矛也。”《释名·释兵》：“铤，延也、达也，去此至彼之言也。”则铤可用以投击，故《后汉书·马融传》见“飞铤电激”句。

铍，长矛，剑形矛头，一锋两刃。集簿见乘舆铍1421件、普通铍449801件，数量仅次于弩居第二位，为长兵中数量最多者，知其为常用武器。《史记·吴太伯世家》：“王僚使兵陈于道，自王宫至光之家，门阶户席，皆王僚之亲也，人夹持铍。”《刺客列传》云“……门户阶陛左右、皆王僚之亲戚也。夹立侍，皆持长铍。”称“铍”为“长铍”。《秦简·法律答问》：“铍、戟、矛有室者，拔以斗，未有伤也，论比剑。”整理小组注：“铍，古书或说是两刃刀，《说文》：‘剑如刀装者。’《汉书·高惠高后文功臣表》注：‘长铥，长刃兵也，为刀而剑形，《史记》作长铍，铍亦刀耳。’或说是大矛，《方言》：‘锬谓之铍。’注：‘今江东呼大矛为铍。’实际是指同一种器物，即长柄的剑形兵器。”说是。广西贵县罗泊湾1号汉墓出土《从器志》戟矛之列，尚包含“锬二，此皆经缯缠矜。”[51]汉南越国出土长铍，形似短剑，无脊，茎扁平，长20.4厘米、宽2.3厘米，有木胎漆鞘，柲已朽，存鎏金铜镦。屯戍遗简所见铍，如《新简》EPT68·62、72：“带大刀、剑及铍各一。”《新简》EPF22·326见“所持铍”，《新简》EPT52·244见“铍刃”。铍刃当即铍之剑形刃。河北满城1号汉墓出土的铍（报告称“铤”），“其状似矛而较细长。”铤身扁平，两侧有刃。柄长于铤身，上有一环状凸起分柄为两段，上段断面为方形，下段断面呈圆形，近口部渐粗，作成銎状以纳柲。”[52]

铩，铍刃下部设格（镡）即为铩。集簿见铩241170件。《说文》：“铩，铍有镡。”马王堆3号汉墓遣册见“执短铩”、“操长铩”，则铩有长短。《淮南子·兵略训》见“修铩短鏦。”张衡《西京赋》见“植铩悬瞂，用戒不虞。”江苏徐州白集画像石见插于兵兰中之长铩。[53]

镶，钩镶，钩、推、挡多用兵器。集簿仅见镶一具。《急就篇》：“矛铤镶盾刃刀钩”，颜师古注：“镶者亦刀剑之类，其刃却偃而外利所以推攘而害人也。”又“钩亦镶属也，形曲如钩而内利所以拘牵而害人也。”《释名·释兵》：“钩镶，两头曰钩，中央曰镶或推镶，或钩引用之之宜也。”河南鹤壁发现的汉代铁钩镶，全长61.5厘米，其中上钩长26厘米，下钩长15.7厘米，尖端为圆球形，镶部把手处为扁体形，镶面包长18.5厘米、宽14厘米的铁板，起盾牌的作用。[54]河南洛阳、四川成渝路沿线，河北定县中山穆王墓皆有钩镶出土。徐州十里铺画像石、徐州铜山小李村苗山画像石、陕西绥德四十里铺画像石皆见使用钩镶的图像。关于它的使用方式，孙机先生云：“这是一种钩、推两用兵器，钩镶中部装小盾牌，用以抵御敌刃；而钩则可勾束敌方武器，以利己刃杀出。”[55]

郅支单于兵，匈奴兵器，形制未详。集簿见郅支单于兵9件。郅支单于，匈奴首领，《汉书·匈奴传》：“其后，呼韩邪单于兄左贤王呼屠吾斯亦自立为郅支骨都侯单于，在东边。其后二年，闰振单于率其众东击郅支单于。郅支单于与战，杀之，并其兵，遂进攻呼韩邪。呼韩邪破，其兵走，郅支都单于庭。”

金钺，仪仗器，大斧类，饰金，古书亦称“黄钺”，象征权力。集簿见乘舆金钺2件。《尚书·牧誓》：“王左杖黄钺。”张衡《东京赋》：“戎士介而扬挥，戴金钲而建黄钺。”《说文》：“戉，大斧也。”《释名·释兵》：“戉，豁也，所向莫敢当，前豁然破散也。”甘肃武威雷台汉墓出土物见执钺铜骑俑。[56]

铁斧，集簿二处见铁斧，（一三六）见铁斧132件，（二〇九）见铁斧1000件，用途当有别。斧可作武器，亦可作刑具、工具。作战用斧，如《墨子·备城门》：“城上二步置连梃、长斧、长椎各一物……长斧柄长八尺。”《备蛾傅》云：“斧柄长六尺，刃必利。”长斧之为守御器，亦屡见于屯戍遗简，如《合校》506・1："守御器簿。长斧四皆缺敝……"，《敦》691："守御器。长斧四，长椎四"，《敦》1806："守御器簿。长斧四，长椎四。"又见灭火斧，如《新简》EPT48・18："灭火斧二，有忍。"斧之为刑具，如《国语・鲁语》："大刑用甲兵，其次用斧钺。"《释名・释兵》："斧以斩断，见者皆慑惧也。"斧之为工具，如《合校》67・2："第廿九车父白马亭里富武都。桐六，其一伤。斧二。斤二。大钳一。小钳一。"《合校》47・5："第二长别田令吏慭德车一两。斧二。斤二。锯一。"所见斧为维修工具，与《管子・海王篇》所云"行服建轺辇者，必有一斤、一锯、一椎、一凿"相类。

质，行刑所用砧垫。集簿见质44件。《史记・项羽本纪》："此孰与身伏鈇质，妻子为僇乎？"《索隐》："《公羊传》云：'加之鈇质。'何休云：'要斩之罪。'崔浩云：'质，斩人椹也。'又郭注《三苍》云：'质，莝椹也'。"《汉书・王訢传》："已解衣伏质。"质与斧通常一起使用，《汉书・英布传》见"伏斧质淮南市"。

鈇，与质并列之（一三四）"□四百卅三"，首字字迹较模糊，据残留笔迹，似可释"鈇"字。鈇，行刑用斧。鈇、质常连用，《汉书・杨雄传》："徽以纠墨，制以质鈇。"

旌幡钲鼓类

旌幡钲鼓之类为标帜、指挥器具，用以协调军队或其他人群的行动。《尉缭子・勒卒令》："金鼓铃旗四者各有法。鼓之则进，重鼓则击；金之则止，重金则退。铃，传令也。旗麾之左则左，麾之右则右。奇兵则反是。"旌幡之类乃丝麻织品，不易留存，故其形象仅见于画像石、壁画等。

曲旃，曲柄旗，集簿见乘舆曲旃371件。《说文》："旃，旗曲柄也。所以旃表士众，从㫃丹声。"《汉书・田蚡传》："前堂建罗钟鼓，立曲旃。"苏林注："《礼》'大夫建旃。'曲，柄上曲也。"曲旃亦称桡旃，《汉书・司马相如传》："靡鱼须之桡旃，曳明月之珠旗"，师古注："桡旃即曲旃也"，"旃"亦作"旜"，《说文》："旃，或从亶变。"《周礼・春官・司常》："司常掌九旗之物……通帛为旜。"曲旃曾是具有较高身份的人用以招集众人的标帜，《孟子・万章下》："敢问招虞人何以？曰：以皮冠。庶人以旃，士以旂，大夫以旌。"这是先秦的情景。到了汉代，曲旃的使用更为普遍，领兵十人以上的军官皆用之，如《散》411："色别。五百以旃上齿色别。士吏以下旃下齿色别。什以肩章别。伍以肩左右别。士以肩章尾色别。"[57]《散》413："左部司马旃胡青。前部司马旃胡赤。中部司马旃胡黄。右部司马旃胡白。后部司马旃[胡]黑。"知曲旃设齿、胡。又《散》427："士曲旃干长五尺，胡缘广各"、《散》428："曲旃长二丈三尺口口"，知旃面当较长。《合校》49・8："候丞曲缮一，完。"于豪亮先生云："曲缮就是曲旃。"[58]《合校》349・7B："曲旃一、缇绀胡一。靳干、幡各三。"

终干，疑即屯戍遗简常见之靳干一类，指一种旗杆。集簿见乘舆终干139件、普通终干1417件。屯戍遗简所见，如《合校》49・4："第廿四隧靳干一，完。"《合校》49・5："第廿七隧戍卒靳干一，完。"《合校》49・6A、B："第卅一隧戍卒靳干一，完。"《敦》1541："薪干一"。《敦》1641："薪干五"。"靳"通"旂"，军旅之旗，《左传・僖公五年》："均服振振，取虢方旂。"杜预注："旂，军之旌旗。"靳之旗面称"靳幡"，屯戍遗简屡见二者配套使用，如《合校》10・37："第廿五车父干陵里辛盈川。……靳干十、靳幡十。"《合校》14・2："辟北亭卒东郡博平□里皇归来……靳干、幡各一。"《敦》1891："靳干、幡各一。"《新简》EPT58・31："戍卒河内郡共昌国昌薛毋危，年卅一……靳干一、靳幡一。"集簿所见与（三〇）"乘舆终干"似当配套者有（三四）"乘舆幡、胡、锯齿"，与（一二一）"终干"并列者有（一二二）“幡胡口口锯齿”。配套情形与屯戍遗简所见相类。“幡”通“旛”，旗面正幅，朱骏声《说文通训定声》：“旛，今字以幡为之。”《说文》：“旛，幅胡也。”段玉裁注：“谓旗幅之下垂者。”又“凡旗正幅谓之縿，亦谓之旛胡。”锯齿乃指旗帜之锯齿形边缘。

麾，指挥旗，形制未详。集簿见乘舆麾 718 件。《说文》麾，旌旗，所以指挥也。“麾”亦写作“摩”或“麾”，《谷梁传·庄公二十五年》：“蹬五麾，陈五兵之鼓。”范宁注：“麾，旌幡也。”军法、军令简所见，如《散》：256：“十一：军吏六百以上、兵车御右及把摩干、鼓、正（钲）、钺者，拜爵赐论爵比士吏。”《散》265：“把摩”，《散》491：“其亡摩”。

麾柎，麾之附着物，或为其横杆，与竖杆有别，形制未详。王念孙《广雅疏证》：“《说文》：‘柎，阑足也。’案凡器足渭之柎，柎之言跗也。跗，足也。”

车童，即车幢，插在兵车上的幢形旗，与车盖当有别。《说文》：“幢，旌旗之属。”《汉书·韩延寿传》：“建幢棨，植羽葆。”师古注：“幢，麾也。”沂南画像石所见黄钺车之上尚设幢，或即车幢。[59]

羽旌，竿首饰羽毛的长条形旗。集簿见乘舆羽旌 315 件、普通旌 1731 件。《尔雅·释天》：“注旄首曰旌。”郭璞注：“载旄于竿头，如今之幢，亦有旒。”《说文》：“游车载旌，析羽注旄首也。”段王裁云：“所谓注旄于干首者，盖夏后氏但用旄牛尾。周入加用析羽；夏时徒绥不旒，周人则注羽旄而仍有縿旒。先有旄首而后有析羽注之，故许云析羽注旄首。”《周礼·司常》：“全羽为，析羽为旌。”郑玄注：“全羽、析羽皆五采系之于旞、旌之上，所谓注旄于干首也。”《文选·上林赋》：“拖蜺旌。”李注：“张辑曰：‘析羽毛染以五采、缀以缕为旌，有似虹蜺之气也。’”孙机先生云：“旌是长条形的旗，故古人或拟之以虹蜺。”并认为成都扬子山 1 号汉墓出土画像砖上一骑士所持竿首有两重幢形物，后挂长条形旗者即为旌之形象[60]，可备一说，所云当为注旄于首之旌。林巳奈夫则认为汲县山彪镇出土春秋晚期青铜器刻画像纹所见杉叶状旗乃为旌[61]，此或为析羽之旌。

五采羽，五色羽毛，制旗材料。集簿见乘舆五采羽 31658 份、普通羽毛 2037568 份。此处所见五采羽，见前文所引《文选·上林赋》李注，又集簿（一二六）“旌”之后（一二七）接着列“羽二百三万七千五百六十八。”二者当相关。

旄，用牦牛尾装饰的幢形旗。集簿见乘舆旄 1150 件、普通旄数万件。《说文》：“旄，幢也。”段玉裁注：“以犛牛尾注旗竿，故谓此旗为旄。”《书·牧誓》：“王左杖黄钺，右秉白旄以麾。”山东嘉祥武氏祠画像石见持旄者形象，旄头幢形，竿甚短。[62]

乌孙公主、诸侯使节，乌孙公主和有关诸侯出使时使用的旗形凭证。使节，出使凭证。《周礼·地官·掌节》：“掌节，掌守邦节而辨其用，以辅王命。守邦国者用玉节，守都鄙者用角节。凡邦国之使节：山国用虎节，土国用人节，泽国用龙节，皆金也，以英荡辅之。门关用符节，道路用旌节，皆有期以反节。”汉代之使节，犹《周礼》之旌节，《汉书·高帝纪》：“封皇帝玺符节”，师古注：“节以毛为之，上下相重，取象竹节，因以为名，将命者持之以为信。”《后汉书·光武帝纪》：“持节北渡河”。注：“节，所以为信也，以竹为之，柄长八尺，以旄牛为其眊三重。”苏武流落匈奴，不屈持汉节的故事，很能体现节的形制，《汉书·苏武传》：苏武“杖汉节牧羊，卧起操持，节旄尽落。”节是权力的象征，持节者往往有权实施许多行动，如《汉书·诸葛丰传》：“元帝擢为司隶校尉，刺举无所避……时侍中许章以外属贵幸，奢淫不奉法度，宾客犯事，与章相连。丰案劾章，欲奏其事，适逢许侍中私出，丰驻车举节诏章曰：‘下’！欲收之。章迫窘，驰车去，丰追之。许侍中因得入宫门，自归上。丰亦上奏，于是收丰节。司隶去节自丰始。”《汉书·冯奉世传》：“初，昭帝末，西河属国胡伊酋若王亦将众数千人畔，奉世輒持节将兵追击。”《后汉书·鲍永传》：“光武即位，遣谏议大夫储大伯，持节徵永诣行在所。”《后汉书·樊宏传》：“可依征和元年故事，遣使持节慰安。”和林格尔墓室壁画见车上载节之形象，一竿饰三重旄，旁署“使持节护乌桓校[尉]。”[63]又武氏石室画像亦见一人右手持节之情景，题署“汉使者”。[64]

五采羽翳，五色羽毛制成的华盖。五采，含青、红、黄、白、黑，《礼记·礼运》：“五色”，孔颖达疏：“五色，谓青、赤、黄、白、黑，据五方也。”翳，华盖，《说文》：“翳，华盖也。”段玉裁注：“乘舆车皆羽盖金华爪。”

（二二二）见“杂缯锯齿”当为制作旗帜边缘的锯齿形丝织物。（二二八）之“杂羽”除与旗帜有关，尚可作为制造箭羽的材料。

鼓、鼓鼙，配套使用的大鼓与小鼓。集簿见乘舆鼓、鼓鼙824件，普通鼓鼙4725件。沂南画像石所见一鼓架上同时有一个大鼓和一个小鼓，小鼓悬挂于大鼓之下；又同幅所见戏车上一支柱同时设二鼓，大鼓亦在上，小鼓在下，由一支杆支撑[65]；河南新野画像砖所见，一大鼓甚至配有4个小鼓。[66]此类当即鼓与鼓鼙的配套。鼙指辅鼓，即小鼓。《释名·释乐》：“鼙，裨也，裨助鼓节也。鼙在前曰朔。朔，始也。在后曰应。应，应大鼓也。”《尔雅·释乐》：“小者谓之应。”郭璞注：“诗曰：应轃县鼓，在大鼓侧。”由于鼓鼙皆小，故骑乘所用鼓亦称鼙，《说文》：“鼙，骑鼓也。”上述所见大鼓亦称“建鼓”，《后汉书·何并传》师古注：“建鼓一名植鼓。建，立也，谓植木而悬鼓焉。”

（四二）见“乘舆鼓二百一十五”，所指当为单鼓，无鼙与之配套，故单列统计。单鼓的使用，亦见于屯戍遗简，如《合校》501·1“鼓一。”《新简》EPF22·331：“……秦恭到隧视事，隧有鼓一，受助吏时尚。鼓常县坞户内东壁。尉卿使诸吏旦夕击鼓积二岁。尉罢去，候长恭斥免，鼓在隧。”知烽隧中鼓为必备用品，旦夕击之，或有报时之类的作用。以鼓协调指挥队伍行动，见《散》329：“闻鼓音，左部前曲左右官后遂皆左间客”，《散》330：“鼓音，左部前曲左”，《散》331：“莫诗鼓止，行者不当行而行，斩将口”，《散》332：“前复闻鼓音”，《散》332：“口应鼓，萩应金口。”《汉书·李陵传》：“夜击鼓起士，鼓不鸣。”

鼓枹，敲鼓槌。集簿见乘舆木枹1325件、乘舆鼓袍127件、普通鼓袍4243件。（三五）之“乘舆鼓、鼓鼙”与（三六）之“乘舆木枹”并列，二者当相关，此木枹当为套鼓所用，或较长。（四八）、（一三一）之“鼓枹”则为单鼓之鼓槌。《说文》：“枹，击鼓柄也。”《汉书·张敞传》：“枹鼓稀鸣”。师古注：“枹，击鼓椎也。”马王堆3号墓出土遗册见“鼓者二人，操枹”。

鼓柎，鼓架。集簿见乘舆鼓柎56件、普通鼓柎120件。《说文》：“柎，阑足也。”段玉裁注：“柎、跗正俗字也，凡器之足皆曰柎。”

鼙柎，小鼓支架。集簿见鼙柎44件。

鼓上华：或为鼓架上的饰物，如旒苏、羽葆之类。《文选·上林赋》：“建翠华之旗，树灵龟之鼓。”李善注引张揖曰：“以翠羽为葆也”，郭璞曰：“华，葆也。”

淳于，即錞于（“淳”通“錞”），军乐器，钟之类，形如圆筒，上稍大，以槌击之，配合战鼓指挥军队的进退。亦单称“錞”，《周礼·地官·鼓人》：“以金錞和鼓”，郑玄注：“錞，錞于也，圜如碓头，大上小下，乐作鸣之. 以鼓相和。”《淮南子·兵略训》：“鼓錞相望”，注：“大钟也。”

铎，军乐器，大铃，形似钲铙而有舌。《说文》：“铎，大铃也。从金睪声。军法：五人为伍，五伍为两，两司马执铎。”段玉裁注：“‘鼓人以金铎通鼓’，注：‘铎，大铃也。谓铃之大者。说者谓军法所用金铃金舌，谓之金铎。施令时所用金铃木舌，则谓之木铎。’按大司马职曰振铎，又曰摝铎。郑谓摝，掩上振之。铎之制同铃。”《新论·崇学篇》：“铎舌如指，不觉其损，累时而折。”则知钲与铎的区别在于有舌与否，无舌为钲，有舌为铎。

铙，军乐器，似铃，比钲小。《说文》："铙，小钲也。军法卒长执铙。从金尧声。"《广雅·释器》："铙，铃也。"《周礼·鼓人》："以金铙止鼓"，注："如铃而无舌，有秉，执而鸣之以止击鼓。"集簿见乘舆淳于、钲、铎凡34件，见普通淳于、钲、铙、铎1080件，未将四种乐器分别统计，因其功用相类而致，但其声当有别，《鼓人》亦云："以金錞和鼓，以金镯节鼓，以金铙止鼓，以金铎通鼓。"故能分别起和、节、止、通鼓的作用。

钲、淳于椎，打击钲、铎于所用木槌。集簿见钲、淳于槌614件。

战车类

车辆是时代综合技术水平的重要表现物，用工最多，《考工记》云："故一器而工聚焉者，车为多。"贾疏："谓有轮人、舆人、车人，就职中乃有辀人，是一器工聚者车最多于官也。"孙诒让曰："工谓工官也。《左》定公元年传：'薛之皇祖奚仲居薛。以为夏车正。'是夏时已有掌车之官，但工不如周之备。《吕氏春秋·君守篇》云：'今之为车者，数官而后成。'《淮南子·主术训》云：'故古之为车也，漆者不画，凿者不斫，工无二伎，士不兼官，各守其职，不得相奸。'"高性能的车辆又主要表现在战车上。集簿所见车，多少反映了汉代战车的若干种类，述如下：

轻车，作战用车，集簿见轻车301乘。《秦简·秦律杂抄》："轻车、赹张、引强、中卒所载传到军，县勿夺。"整理小组注云："轻车，用以冲击敌阵的战车。"《周礼·车仆》注："所用驰敌致师之车也。"《战国策·齐策》："使轻车锐骑冲雍门"，高注："轻，便。"《六韬·军用篇》见"矛戟扶胥轻车百六十乘。"《续汉书·舆服志》："轻车，古之战车也。洞朱轮舆，不巾不盖。建矛戟幢麾，轓辄弩箙。"徐广注："置弩于轼上，驾两马也。"杜佑《通典》卷六十四亦云："汉因周有轻车，朱轮舆，不巾不盖。建矛戟幢麾轓辙弩箙，藏于武库；大驾出，次属车，在卤簿中。"轻车亦是秦汉兵种名称，因使用轻车而得名，《后汉书·光武纪》：建武七年注引《汉官仪》："高祖命天下郡国选能引强蹶张，材力武猛者，以为轻车、骑士、材官、楼船，常以立秋讲肄课试，各有员数。平地用车骑，山阻用材官，水泉用楼船。"说明汉初之车兵尚为独立兵种，整个西汉时期都存在，《汉书·宣帝纪》：本始二年秋，"大发兴关东轻车锐卒，选郡国吏三百石伉健习骑射者，皆从军。"《汉书·晁错传》："若夫平原易地，轻车突骑，则匈奴之众易挠乱也。"

兵车，指挥者所乘战车。集簿见乘舆兵车24乘，将军兵车、比二千石将（军）鼓车16乘。兵车，原泛指作战用车，《周礼·小司徒》："四井为邑，四邑为丘，四丘为甸，一甸六十四井。每甸出兵车一乘，马四匹，甲士三人，步卒七十二人。"《史记·夏侯婴列传》："以兵车趣攻战疾。"但集簿所见，兵车之外尚有轻车，二者当有别，就数量而言，集簿见轻车达300余乘，而兵车仅40乘，轻车之使用比兵车多。就使用者而言，轻车为一般车兵所用，而乘舆兵车是皇室战车，亦称"戎车"，《晋书·舆服志》："戎车，驾四马，天子亲戎所乘者也，载金鼓、羽旗、幢翳、置弩于轼上，其建矛麾悉斜注。"将军兵车为高级指挥官用车，集簿所见乘用者为将军。汉简所见，如《散》256："军吏六百（石）以上，兵车御右及把摩干、鼓、正（钲）、钺者拜爵赐。论比士吏。"将军所乘兵车，又见《汉书·韩延寿传》："延寿在东郡时，试骑士，治饰兵车，画龙虎朱爵。延寿衣黄纨方领，驾四马，傅总，建幢棨，植羽葆，鼓车歌车。功曹引车，皆驾四马，载棨戟。五骑为伍，分左右部，军假司马，千人持幢旁毂。"

上引兵车皆为指挥车，车上设有较多的旌旗装饰。狭义之兵车与轻车相比，则轻车灵便轻巧而兵车威武稳重，形制或有大小之别。

钲车、鼓车、武麾车，作战、仪仗指挥车。集簿见乘舆钲车、鼓车、武麾车18乘，将军鼓车10乘，钲车8乘，鼓车6乘。钲车、鼓车、武麾车连署，未分别统计，说明其功能乃至形制有共同之处。钲车为载钲之车、鼓车为载鼓之车、武麾车为载麾之车，仅其车上所载器物不同，却皆为指挥所用。《独断》述法驾；“前驱有九游云罕闟戟、皮轩、銮旗车，皆大夫载銮旗者……后有金钲、黄钺、黄门鼓车。”法驾所见旗车、钲车、鼓车俱全。将军鼓车，将军属下的指挥车，《诗·郑风·清人》笺云“兵车之法，将居鼓下。”

戏车，仪仗车。集簿见戏车502乘。戏，旗，《史记·高帝纪》：“兵罢戏下”，《正义》：“戏，大旗也。”《汉书·高帝纪》：“诸侯罢戏下，各就国”，师古注：“戏谓军之旌麾也。”《汉书·陈胜项籍传》：“戏下骑从者八百余人”，师古注，“戏，大将之旗也，音许宜反，又音许为反。《汉书》通以戏为旗麾及指麾字。”仪仗车多插各式旌旗，故称“戏车”。另有歌舞百戏所用车，亦称“戏车”，《艺文类聚》卷六十三引《文选·西京赋》：“尔乃建戏车，树修旃。侲僮程材，上下翩翻。”《平乐观赋》：“戏车高幢，驰骋百马。连翩九仞，离合上下。”集簿所见戏车属仪仗用车的可能性更大。汉代人重仪仗，故戏车数量甚多。

连弩车，装载连环强弩的战车，便于行动，有较强的远射能力，其作用犹今之火炮。《墨子·备高临》：“备高临以连弩之车，材大方一尺，长称城之薄厚。两轴三轮，轮居筐中，重下上筐。左右旁二植，左右有横植，横植左右皆环内，内径四寸，左右缚弩皆于植，以弦钩弦，至于大弦，弩臂前后与筐齐，筐高八尺，弩轴去下筐三尺五寸，连弩机郭用铜一石三十斤。引弦鹿卢收，筐大三围半，左中有钩距，方三寸，轮厚尺二寸，钩距臂博尺四寸，厚七寸，长六尺。横臂齐筐外，蚤尺五寸，有距，博六寸，厚三寸，长如筐。有仪。有诎胜，可上下。为武，重一石，以材大围五寸。矢长十尺，以绳□□矢端，如弋射，以磨鹿卷收。矢高弩臂三尺，用弩无数，出入六十枚，用小矢无留。十人主此车。”岑仲勉考证云：“此言连弩车之制。《淮南子·汜论训》高诱注云，连车弩通一弦。《汉书》张晏注云，连弩三十絭共一臂。又刘熙《释名》云，弩柄曰臂，钩弦曰牙，牙外曰郭，下曰悬刀，合名之曰机。本篇更著司车须用十人，可见连弩实古代之重兵器。此处所述作法，颇极复杂，非试为还原模型，不易了解，以下只略解其字义。若绘图说明，应待知者。又《通典》一六〇及《太白阴经》四均言车弩之制，其说大同小异，惟互有错字，今合两本参校如下云：‘作轴转车，车上定十二石弩弓以铁钩绳连轴，车行轴转，引弩持满，弦挂牙上。弩为七衢；中衢大箭一簇，长七寸，围五寸，箭笴长三尺，围五寸，以铁叶为羽，左右各三箭，差小于中箭，其牙一发，诸弦齐起，及七百步，所中城垒，无不摧陨，楼橹亦颠坠，谓之车弩。’此车弩当即古之连弩车，近年考古亦有弩出土，能参合《图书集成》各弩图，古制不难还原也。”[67]《六韬·虎韬·军用篇》：“以五尺车轮，绞车连自副，陷坚阵，败强敌。”又“大黄参连弩大扶胥三十六乘。”三弩连环，或比《墨子》所云小。（一八二）见“连弩床”，当即用以装置连弩的底座框架，搭在车上，就是连弩车了。集簿见连弩车564乘，比轻车301乘多许多，从一个侧面反映汉代以来战车的功能朝着装载重兵器及专业用途的方向发展，而用于车与车直接对斗的车辆逐渐退出历史舞台。

冲车，用于强击的战车。《墨子·备城门》：“今之世常所以攻者，临、钩、冲、梯……”岑仲勉考证云：“冲首见于《诗·大雅·皇矣篇》，则其制法很古。《诗》云：‘以尔钩援，与乐临冲，以伐崇墉。’《毛传》：‘钩，钩梯也，所以钩引上城者。临，临车也。冲，冲车也。’《正义》：‘临者在上临下之名，冲者从旁冲突之称，故知二车不同，兵车有作临车、冲车之法。《墨子》有《备冲》之篇，知临、冲俱是车也。'又高诱《淮南子》注：'冲车，大铁著其辕端，马被甲，车被兵，所以冲于敌城也。'冲车亦见《太平御览》七七〇引《越绝书》。乍观之，似冲之制与普通车制相近，但《战国策·齐策》说'百尺之冲'，如果形状近于乘坐之车，何以谓之百尺？又本书寅篇 6'机冲栈城广与队等'假使是一般之车，在城上运用，很不利便。又寅篇 7'守为行堞，堞高六尺而一等，施剑其面，以机发之，冲至则去之，不至则施之。'综合上项考察，知古代之冲，其制实与一般之车异。《逸周书·小明武解》：'其行冲梯，振以长旗。'如想换一较适当的名称，当呼为'冲梯'。自《毛传》以'冲，冲车也'含糊解之，后世相承不变，于是有《诗经》：'用冲车来攻打高高的城墙'之误会。求诸后世，则《开禧德安守城录》：'虏以步骑入景陵门，布阵周密，有对楼、天桥、高与城齐，桥上以木为过道，约广一丈，其长倍之。'又'以对楼及望楼四，将取道冲城上。'古所谓冲，大约即对楼之类，故可'以伐崇墉'，惜《墨子·备冲篇》今已佚，不得而质证之。后检明茅元仪《武备志》刻有临冲吕公车图，凡分五层，无疑即其遗制。"[18]岑仲勉先生考证甚详，但未完全分清冲车与冲具的区别。集簿明言其为"冲车"则无疑为一种车。冲车之制当以高诱《淮南子》注所云："冲车，大铁著其辕端，马被甲，车被兵，所以冲于敌城"为是。集簿（一五三）见"冲车铁提斗"即装备于冲车上的强击器，与高诱所云"大铁著其辕端"相类，则知冲车的主要功能在于撞击，而以铁提斗者则兼可拍击。《六韬·虎韬·军用篇》见"大扶胥冲车三十六乘，螳螂武士共载，可以击纵横，可以败敌。"《后汉书·伏湛传》注："冲，冲车也。"冲车在汉代之用以实战，见《后汉书·天文上》所载地皇四年，"围城数重，或为冲车以撞城。""冲车"亦称"撞车"，《后汉书·光武纪》："冲輣橦城"，注："冲，撞车也。"《孙子·谋攻篇》曹操注："夫攻城者有撞车。"冲具为手持撞击器，无轮（详下文）。由于古书中常以"冲"称"冲车"，况且冲车与冲具功能相类，故二者易混淆。

蜚楼行临车，古代侦察战车，史籍中亦称"楼车"、"临车"、"云车"、"巢车"等，立高竿于车上，上端乘人，可居高临下进行侦察及射击。《左传》宣公十五年，"登诸楼车，使呼宋而告之。"注："楼车，车上望橹。"《诗·大雅·皇矣篇》："与尔临冲"，《毛传》："临，临车也。"《正义》："临者在上临之名。"临车在汉代之实用战例，见《后汉书·光武纪》："遂围之数十重，列营百数，云车十余丈，瞰临城中，旗帜蔽野，埃尘连天，钲鼓之声闻数百里，或为地道，冲輣橦城。"注："云车即楼车，称云言其高也，升之以望敌。"《后汉书·天文上》：地皇四年，"至昆阳山，作营百余，围城数重，或为冲车以撞城，为云车高十丈以瞰城中，弩矢雨集，城中负户而汲。"临车之形制，参见《通典》一六〇攻战具："以八轮车上树高竿，竿上安辘轳，以绳挽板屋止竿首，以窥城中。板屋方四尺，高五尺，有十二孔，四面别布车，可进退，环城而行，于营中远视，亦谓之巢车，如鸟之巢，即今之板屋也。"《武备志》见望楼车及巢车图，汉代之蜚楼行临车形制非必与《通典》及《武备志》尽同，但原理一样。称之为"蜚楼"，当亦可用作临城登楼之用。

武刚强弩车，配备强弩的有盖战车。武刚车，见《周礼·车仆》孙诒让云："《吴孙兵法》云：'有巾，有盖，谓之武刚车。武刚车者，为先驱，又为属车、轻车、殿焉。'案：周制当与汉同。武刚车有巾盖，疑即苹车也。"《续汉书·舆服志》所载同。武刚车之实用战例，见《汉书·卫青传》："青出塞千余里，见单于兵阵而待，于是青令武刚车自环营"，张晏注："兵车也。"武刚车既有防护车盖，集簿所见又为其配备远射强弩，究其外形与功能，无疑可称之为古代坦克。

战车，或为可充当活动堡垒的大型战车。集簿仅见战车一乘。《后汉书·南匈奴传》：建武十二年，"初，帝造战车，可驾数牛，上作楼橹，置于塞上以拒匈奴。"注："橹即楼也，《释名》曰：'楼无屋为橹也’。”又《北堂书钞》卷一百三十九《车部》载：“建武二十五年南单于遣左贤王击北单于。北单于震怖，却地千余里。十三年中工官作橹车成，可驾数牛尝送塞上，议者见车巧，相谓曰：箴言汉九世当却夷千里，宁谓此邪。”此引史籍所见战车与前述“蜚楼行临车”有相似之处，但功能应有区别：蜚楼行临车主要用以侦察嘹望，而战车则自身充当堡垒，车形当甚巨。

槖佗龟车，以骆驼牵引的辎重车。龟车之称谓当由其车箱外形似龟甲而得。由外形而得名的车辆如輀车之称“鳖甲”，《释名・释丧制》：“舆棺之车曰輀……亦曰鳖甲，似鳖甲然也。”凡辎重车车盖多呈椭圆形，如《礼记・曲礼上》正义引何胤《礼记隐义》：“衣车如鳖而长，汉桓之时禁臣下乘之。”故龟车亦当为辎重车之类。以骆驼拉车见河南密县出土的东汉画像砖[69]，但所拉非辎重车。《敦》370：“出槖二、剧二、具绊一，三月六日第十三车子杨闳取，给槖佗一、牛一头。”此简所见骆驼、牛与年并述，可能用以拉车。

軰车，直辕车。集簿见绀毂軰车一乘。《说文》：“軰，直辕车轒也。”段玉裁注：“按依车部，轒当系曲辕车，且此处列字次弟，应论车辕，不应论衡缚，《韵会》作直辕车也，无轒字为是，当从之。直辕车，大车也，”说是。“軰”为沃韵字，疑通“輂”，《说之》：“輂，大车驾马也。”《广雅・释器》：“輂，车也。”《周礼・乡师》：“与其輂辇”，注：“驾马所以载任器也。”如此刚輂车为驾马之直辕车，当与驾牛之大车有别。绀毂軰车，朱红色车毂（车轮中心）的驾马直辕车。

合车，疑当释“占车”，装载占卜器具的车辆。汉代行军打仗重占测，故设专门车辆运载占测人员与器具。

三轮兵车，设三轮之战车，形制未详。

车轮，当为备用车轮。集簿见“车轮九十乘”，称“乘”者之车轮当成套，即每套两轮带一轴者。

其他类

集簿所见武库存物尚有各式守御器、军需品及杂器，为便于叙述，暂归为一类。

具冲，作战使用的手持冲击器。《墨子・备梯》：“为爵穴、煇鼠，施荅其外，机、冲、栈、城，广与队等，杂其间以镌、剑，持冲十人，执剑五人，皆以有力者。”岑仲勉云：“冲，冲撞之器。”《墨子》言冲为手持，且十人共持之，其主干当为甚长之巨木。《战国策・齐策》见“百尺之冲”，其持用者当更多。集簿见“具冲二，有金首”，知具冲之前端尚设有硬质金属头以强化冲击功能。

具冲金首，即前述冲击器的金属冲击头，此为备件。

鹿卢，即辘轳，牵引起降装置，旧时农村常用于汲取井水。《六韬・虎韬》：“渡沟堑，飞桥一间，广一丈五尺，长二丈，著转关辘轳八具，以环利通索张之。”《古文苑・王褒〈僮约〉》：“屈竹作杷，削治鹿卢。”章樵注：“鹿卢引绠以汲井。”屯戍遗简屡见之鹿卢，主要用以举烽表，《合校》136・7：“第卅四隧地烽鹿卢不调。”《合校》82・1：“禄卢一，不调利。”《新简》EPF22・238：“省烽干鹿卢索完坚调利、候卒有席荐不。”劳干先生云：“地蓬上下以鹿卢为之。鹿卢或作辘轳，亦汲水器，惟以轴贯毂，以曲木为柄承于毂端，手旋曲木，引绳以汲水下上，不用梃也。是必地蓬在距亭坞稍远之地，别立竿以悬烽，非亭上及坞上士卒之手所能及，故不能为桔槔，在平地则竿高，竿高则烽绳俱重，故悬烽下烽俱以鹿卢为省力之具矣。”[70]集簿见鹿卢、薄卢1139具。文中鹿卢与薄卢合计，则二者功能当相类，但薄卢形制未详。

铁疾黎，仿植物蒺黎，尖刺朝外的铁制障碍物，设于要道处，用以阻挡人马行进。《六韬・虎韬・军用》："狭路微径，张铁蒺荣。"《墨子·备城门》："城上皆积参石、蒺藜。"《汉书·晁错传》："高城深堑，具蔺石，布渠答。"苏林注："渠答，铁蒺藜也。"《通典·守拒法》："铁菱，状如铁蒺藜，要路、水中置之，以刺人马。"西汉未央宫遗址曾出土铁蒺藜，报告云："四尖爪，尖爪呈三角锥形，尖爪间夹角 130 度。尖爪长 3 厘米，重 24.2 克，"[71]居延烽隧遗址所见则多木质蒺藜，初师宾先生云："发掘出土的数量较多。其形状不一，制作均小巧精致，有的两端削锐尖；有的如两枚箭簇相联；有的十字形四尖，中心穿孔，数枚可穿插成长串；有的为短木棒上植竹、木刺……这些小型的个体蒺藜，零星地撒置于鄣燧的门户、路径附近，用来刺伤敌方人马。"[72]《新简》EPT48·18A 见"辟门疾犁一，大十韦，长丈三尺。"则形甚巨。

兵兰，兵器架。《史记·汲黯列传》："尝坐武帐中"，《集解》引孟康曰："今御武帐，置兵兰五兵于帐中。"《西京赋》："武库禁兵，设在兰錡"，《文选》李善注："錡，架也。武库，天子主兵器之官也。善曰：刘逵《魏都赋》注曰：受他兵曰兰，受弩曰錡，音蚁。"江苏扬州邗江胡场 5 号汉墓出土兵兰，长 57.2 厘米、宽 46 厘米，两边各设 3 个托钩。[73]江苏扬州东风砖瓦厂 9 号墓出土兵兰形制与上述兵兰同，两边各设 2 个托钩。[74]兵兰的形象亦屡见于画像石，如山东沂南画像石[75]、山东安丘画像石[76]、江苏徐州青山泉白集画像石[77]、河南唐河针织厂画像石[78]、河南南阳英庄画像石[79]、四川郫县画像石[80]、四川成都曾家包画像石[81]，皆见兵兰形象。

钘，圆形酒壶，长颈。《说文》："钘，似钟而长颈。"又"钟，酒器。"《庄子·徐无鬼》："其求钘钟也，以束缚。"陆德明释文引《字林》曰："钘似钟而长颈。"又曰："以壶而大。"集簿见乘舆钘 246 件、普通钘 331 件，存量较多，当为常用器。

钘沓，钘的底座，沓的本义为重叠，《玉篇·曰部》："沓，重叠。"与钘重叠者无疑当为底座之类。

铁鐎斗，铁制炊器，器身为盆形，有长柄，下有三足或无足。《说文》："鐎，鐎斗也。"《一切经音义》卷十五："索鐎，今作铫，同。《韵集》云：'鐎，温器也，三足，有柄。'《字林》云：'鐎，容一斗，似铫。'"段玉裁注《说文》："即刁斗以铜为之，受一斗，军中昼炊饭，宵持击以行夜。"《史记·李将军列传》："不系刁斗以自卫。"《集解》引孟康曰："以铜作鐎器，受一斗，昼炊饭食，夜系持行，名曰刁斗。"《索隐》引苏林云："形如鋗，以铜作之，无缘，受一斗，故云刁斗。"《埤仓》云："鐎，温器，有柄斗，似铫无缘。音焦。"与古书不同的是集簿所见鐎斗为铁制而非铜质。《陶斋吉金录》卷六著录的"建始二年六月十四日中尚方造鐎斗"，长柄饰兽头，底三足。云南大关岔河出土鐎斗，亦有长柄，但无足。[82]

榼，盛酒壶，集簿见榼 4445 件。《说文》："榼，酒器也。"《急就篇》颜师古注："榼，盛酒之器。"屯戍遗简屡见，如《合校》293·1，293·2："大榼二、小榼一。"《敦》1891："椑榼一，毋出入。"《新简》EPT59·427："四斗榼一。"孙机先生的研究表明：汉榼包括出土物常见之茧形壶、蒜头壶、横筩形壶、扁壶等。[83]

椌程，盛酒器，筒形，或有提梁。椌程与铚相类，《说文》："铚，温器也，圜直上。"裘锡圭先生在《铚与椌程》一文中曾引述日本宁乐美术馆所藏一件提梁已掉失的三足提梁筒形器，器铭自称"铜铚"，铭云"河平元年供工昌造铜铚，容二斗，重十四斤四两，护武、啬夫昌主，右丞谭、令谭省。"文中引《韩诗外传》："齐桓公置酒，令诸大夫曰；后者饮一经程。管仲后，当饮一经程。"在充分论证后，裘先生云："铜铚也应是由竹提筒演化出来的一种酒器，除了有没有三足这一点，铜铚跟竹提筒，即椌程的形制几乎完全一致。也可以说，铚就是加了三个矮足的椌程。"[84]认为椌程为竹木制品，当是，故字从"木"不从"金"。屯戍遗简所见，如《合校》293·1，293·2 之"将军器记"中包括"椌程二"。

卑敛，矮扁形的盛物盒。集簿（一五一）见"卑敛九百五十六，有奇。"因卑敛有盒身与盒盖双双配成，故其量词称"合"，单有盒身或盒盖则不成套，故称"有奇"。卑，低矮，《广雅·释言》："卑，庳也。”《字汇》：“卑，下也。”《说文》：“籢，镜籢也。”段玉裁注：“《玉篇》引《列女传》：置镜籢中。别作匳，俗作奁。《广韵》云：盛香器也。”汉简中屡见，“敛”常写作“检”，字通，今作“奁”。湖北云梦大坟头1号汉墓所出，见《散》605：“髹木检一合”、“髹脩检二，其一小画”（“脩”通“椭”，椭圆形）、“竟检一”。江陵凤凰山8号汉墓所出，见《散》649：“竟检一合”、704：“小卵检一合”、705：“黑中脯检一合”、706：“大画脯检一合”、707：“小食检一合”、708：“大食检一合”。江陵凤凰山9号汉墓所出，见《散》790：“大脯检一合”、791：“小脯检一合”。江陵凤凰山10号汉墓所出，见《散》803：“食检一具”。湖南长沙马王堆1号汉墓所出，见《散》1309：“髹汧食检一合，盛稻食。”知奁所盛物品种类甚多。《散》1327见“九子曾检一合”，又《散》1328见“五子检一合”。关于“九子曾检”，据报告所云，器身分上、下两层，连器盖共三部分，通高20.8厘米。下层底板凿有深3厘米的9个凹槽，每槽置一小奁，凡9个小奁，其中椭圆形小奁2件、圆形小奁4件、马蹄形小奁1件、长方形小奁2件。关于“五子检”，据报告云，奁内装镜擦1件、镜衣及铜镜1件、环首刀3件、笄1件、镊1件、茀1件、印章1件、木梳篦1件，又有圆形小奁5件（故称“五子检”）。[85]既然奁中可套奁，当然亦可盛装其他器具，如江陵凤凰山168号墓出土的漆奁，内盛3个小漆盘及1件单环耳小卮。[86]

髹木卮，木胎漆杯，饮酒器，其形犹今茶杯。集簿见髹木卮150件。其他汉简所见，如《散》709：“一半飤栀一”、《散》710“酱栀一”、《敦》1891：“赤卮一，毋出入。”《新简》EPT48·150：“卮五枚，直廿三。”湖南长沙马王堆1号汉墓出土遣册所载可与同出之实物对照，该墓出卮7件，报告云：“器形相同，均为平底、直壁、直口、圆唇。器内红漆，器表黑漆。但大小、纹饰、胎骨则有所不同。与简文对照，似可分为‘斗卮’、‘七升卮’、‘二升卮’和‘髹布小卮’等四种。”其中“七升卮”及“二升卮”器内皆以黑漆书“君幸酒”，“七升卮”器底以红漆书“七升”。“二升卮”器底以红漆书“二升”。前三种皆卷木胎，第四种为夹纻胎。[87]

璜，玉质饰品，近似半圆形。集簿见璜423件。《说文》：“璜，半璧也。”桂馥《义证》引《白虎通》：“璜所以徵召。”

镜，铜镜。集簿见镜156面。《说文》：“镜，景也。”段玉裁注：“景者光也，金有光可照物谓之镜。”《韩非子·观行》：“古之人，目短于自见，故以镜观面。”汉镜形式多样，出土物中屡见不鲜。

臿，铲土工具。集簿见180件。《释名·释用器》：“锸，插也，插地起土也。或曰销。销，削也，有所穿削也。或曰铧。铧，刳也，刳地为坎也。其板曰叶，象木叶也。”《史记·秦始皇本纪》正义：“臿，锹也。”王祯《农书》卷一三：“盖古谓臿，今谓锹，一器二名，宜通用。”《汉书·沟洫志》：“举臿为云，决渠为雨。”《汉书·王莽传》：“负笼荷锸”。长沙马王堆3号汉墓出土木柄木叶铁鐅臿，鐅呈凹字形，通长139.5厘米。[88]东汉墓葬中也常见执臿俑[89]，臿形与马王堆3号墓所见同。汉未央宫遗址出土所见则为一字形臿鐅。如宫城西南角楼遗址出土的臿鐅为一字形，“器高5.2厘米，銎口长17厘米，宽0.7厘米，深1.8厘米。”[90]屯戍遗简屡见臿之应用，如《合校》85·4：“付什器……具桶六枚”、《台校》35·2S：“入什器……具四分桶一枚。”《合校》303·6、303·1：“戍卒梁国睢阳第四车父宫南里马广……锸二”等。臿鐅在屯戍遗简中称“桶金”，如《合校》51 5·44：“入二月余桶金百六十一”、《合校》522·20：“受正月余桶金七口。”

铁凿，铁制加工木材的工具，与今日常见铁凿形同。集簿见铁凿19具。《管子·海王篇》：“行服建轺辇者，必有一斤、一锯、一椎、一凿。”《墨子·备穴篇》“为斤、斧、锯、凿、钁，财自足。”汉末央宫宫城西南角楼遗址出土铁凿2具，皆圆銎，双面刃，器长15.5厘米，刃宽1.8厘米。[91]

鞍荐，鞍垫，衬托马背的垫子。集簿见鞍荐2080具。乐府《木兰诗》：“东市买骏马，西市买鞍鞯。”秦俑坑所见骑兵陶马已设鞍鞯。甘肃武威雷台汉墓出土骑士俑所骑马，已设带鞍侨的马鞍。[92]屯戍遗简所见，鞍的应用已很普遍，《合校》18·18：“驿一所，马二匹，鞍、勒各一”，《合校》214·57：“……年廿八，富，史，有鞍马弓椟，愿复为候史。”《新简》EPT59·58：“……未尝为吏，贫困，母以具皂单衣、冠、鞍、马……”《新简》EPT59·268：“城北隧驿马二匹，毋鞍、勒。”

上马靳，疑指鞍桥，待考。

薰毒，疑指熏烟的原料藁艾之类，集簿见薰毒8斗，以容量计，当为原料之类，非器物。

黄韦箧，黄色皮箱。集簿见乘舆黄韦箧197合，其量词称“合”，当有身有盖。《说文》：“箧，椷藏也。”《急就篇》：“篅革箕帚筐箧篓”，颜师古注：“箧，长笥也，言其狭长箧箧然也。”《庄子·胠箧篇》：“将为胠箧、探囊。”成玄英疏：“箧，箱。”《仪礼·士冠礼》郑注：“隋方曰箧。”《汉书·霍光传》见“衣五十箧”。其他汉简所见，如《散》651：“大奴美谒，脯一箧。”《散》655：“肉箧一台”，《合校》39·13B见“大韦箧一”、“书箧一”。

（本文原载于《尹湾汉墓简牍综论》）

注释：

① 连云港市博物馆等：《尹湾汉墓简牍》，中华书局，1997年。

② 睡虎地察墓竹简整理小组：《睡虎地秦墓竹简》，文物出版社，1990年，本文简称《秦简》。

③ 中国社会科学院考古研究所汉城工作队：《汉长安城武库遗址发掘的初步收获》，《考古》1978年4期。

④ 中国社会科学院考古研究所：《汉长安城未央宫——1980年至1989年考古发掘报告》第94页，中国大百科全书出版社，1996年。本文凡引用骨签刻文，其前皆加“《签》”，以区别于其他简文。

⑤ 同3注。

⑥ 谢桂华、李均明、朱国炤：《居延汉简释文合校》，文物出版社，1987年，本文简称《合校》。

⑦ 甘肃省文物考古研究所等：《居延新简》，中华书局，1994年，本文简称《新简》。

⑧ 甘肃省文物考古研究所：《敦煌汉简》，中华书局，1991年，本文简称《敦》。

⑨ 罗振玉、王国维：《流沙坠简》，中华书局，1993年。

⑩ 河南省博物馆：《灵宝张湾汉墓》，《文物》1975年11期。

⑪ 孙机：《汉代物质文化资料图说》第144页，文物出版社，1991年。

⑫ 杨泓：《中国古兵器论丛》第220页，文物出版社，1985年。

⑬ 参见孙机：《汉代物质文化资料图说》第143页图版36，文物出版社，1991年。

⑭ 同上。

⑮ 同上。

⑯ 南阳地区文物工作队、方城县文化馆：《河南方城县城关镇汉画像石墓》，《文物》1984年3期。

⑰ 甘肃省文物工作队、甘肃省博物馆：《汉简研究文集》第145页，甘肃人民出版社，1984年。

⑱ 杨泓：《中国古兵器论丛》第222页，文物出版社，1985年。

⑲ 参见杨泓：《国古兵器论丛》第216页，文物出版社，1985年。

⑳ 同上。

㉑ 所引简例皆新莽时期的，“四”原写作“亖”；“七”原写作“桼”，为便于排印，今改。

㉒ 湖南省博物馆、中国科学院考古研究所：《长沙马王堆二、三号汉墓发掘简报》，《文物》1974 年 7 期。

㉓ 本文所引皆采用岑仲勉：《墨子城守各篇简注》，中华书局，1987 年。

㉔ 参见孙机：《汉代物质文化资料图说》第 112 页，文物出版社，1991 年。

㉕ 参见杨泓：《中国古兵器论丛》第 29 页，文物出版社，1985 年。

㉖ 参见杨泓：《中国古兵器论丛·中国古代的甲胄》，文物出版社，1985 年。

㉗ 罗振玉、王国维：《流沙坠简》第 181 页“器物类三十四”考证，中华书局，1993 年。

㉘ 河北省文物管理处：《河北易县燕下都 44 号墓发掘报告》，《考古》1975 年 4 期。

㉙ 江苏省文物管理委员会：《江苏徐州十里铺汉画像石墓》，《考古》，1960 年 2 期。

㉚ 参见杨泓：《中国古兵器论丛》第 86 页，文物出版社，1985 年。

㉛ 参见甘肃省文物工作队、甘肃省博物馆：《汉简研究文集》第 144 至 145 页，甘肃人民出版社，1984 年。

㉜ 广西壮族自治区文物工作队：《广西贵县罗泊湾一号墓发掘简报》，《文物》1978 年 9 期。

㉝ 南阳地区文物工作队、南阳县文化馆：《河南南阳县英庄汉画像石墓》，《文物》1984 年 3 期。

㉞ 参见中国社会科学院考古研究所：《汉长安城未央宫——1980 年至 1989 年考古发掘报告》第 11 至 13 页、第 39 至 42 页，中国大百科全书出版社，1996 年。

㉟ 参见中国社会科学院考古研究所：《汉长安城未央宫——1980 年至 1989 年考古发掘报告》第 31 页、第 259 页，中国大百科全书出版社，1996 年。

㊱ 详见中国科学院考古研究所洛阳发掘队：《洛阳西郊汉墓发掘报告》，《考古学报》1963 年 2 期。

㊲ 详见李众：《中国封建社会前期钢铁冶炼技术发展探讨》，《考古学报》1975 年 2 期。

㊳ 详见孙机：《汉代物质文化资料图说》第 135 页，文物出版社，1991 年。

㊴ 详见孙机：《汉代物质文化资料图说》第 135 页，文物出版社，1991 年。

㊵ 同 33 注。

㊶ 详见孙机：《汉代物质文化资料图说》第 123 页，文物出版社，1991 年。

㊷ 详见中国社会科学院考古研究所：《汉长安城未央宫——1980 年至 1989 年考古发掘报告》第 76 页，中国大百科全书出版社，1996 年。

㊸ 详见孙机：《汉代物质文化资料图说》第 124 页，文物出版社，1991 年。

㊹ 详见中国社会科学院考古研究所：《汉长安城未央宫——1980 年至 1989 年考古发掘报告》第 39 页，中国大百科全书出版社，1996 年。

㊺ 李复华：《郫县出土东汉画像石棺图象略说》，《文物》1975 年 8 期。

㊻ 成都市文管处：（四川成都曾家包东汉画像砖石墓》，《文物》1981 年 10 期。

㊼ 南京博物院：《徐州青山泉白集东汉画像石墓》，《考古》1981 年 2 期。

㊽ 嘉峪关文物清理小组：《嘉峪关画像砖墓》，《文物》1972 年 12 期。

㊾ 汤池：《东魏茹茹公主墓壁画试探》，《文物》1984 年 4 期。

㊿ 详见杨泓：《中国古兵器论丛》第 185 页，文物出版社，1985 年。

51 同 32 注。

52 同 39 注。

53 同 47 注。

54 李京华：《汉代的铁钩镶与铁钺戟》，《文物》，1965 年 2 期。

55 孙机：《汉代物质文化资料图说》第 130 页，文物出版社，1991 年。

⑯ 甘博文：《甘肃武威雷台东汉墓清理简报》，《文物》1972 年 2 期。

⑰ 李均明、何双全：《散见简牍合辑》，文物出版社，1990 年。本文简称《散》。

⑱ 于豪亮：《于豪亮学术文存》第 172 页，中华书局，1985 年。

⑲ 林巳奈夫：《汉代的文物》插图 10—42，日本京都大学人文科学研究所，昭和 51 年 12 月版。详见此书。

⑳ 孙机：《汉代物质文化资料图说》图版 38 之 38—10，文物出版社，1991 年。

㉑ 林巳奈夫：《汉代的文物》插图 10—80，日本京都大学人文科学研究所，昭和 51 年 12 月版。

㉒ 林巳奈夫：《汉代的文物》插图 10—88，日本京都大学人文科学研究所，昭和 51 年 12 月版。

㉓ 林巳奈夫：《汉代的文物》插图 10—92，日本京都大学人文科学研究所，昭和 51 年 12 月版。

㉔ 林巳奈夫：《汉代的文物》插图 10—91，日本京都大学入文科学研究所，昭和 51 年 12 月版。

㉕ 曾昭燏、蒋宝庚、黎忠义：《沂南古画像石墓发掘报告》，文化部文物管理局，1956 年。

㉖ 周到、吕品、汤文兴：《河南汉代画像砖》，上海人民美术出版社，1985 年。

㉗ 岑仲勉：《墨子城守各篇简注》第 40 至 41 页，中华书局，1987 年。

㉘ 岑仲勉：《墨子城守各篇简注》第 2 至 3 页，中华书局，1987 年。

㉙ 孙机：《汉代物质文化资料图说》图 24—4，文物出版社，1991 年。

㉚ 劳干：《居延汉简・考释之部》，中央研究院历史语言研究所，1986 年。

㉛ 参见中国社会科学院考古研究所：《汉长安城未央宫——1980 年至 1989 年考古发掘报告》第 45 页，中国大百科全书出版社，1996 年。

㉜ 参见甘肃省文物工作队、甘肃省博物馆：《汉简研究文集》第 202 页，甘肃人民出版社，1984 年。

㉝ 扬州博物馆、邗江县图书馆：《江苏邗江胡场五号汉墓》，《文物》1981 年 11 期。

㉞ 扬州博物馆：《扬州东风砖瓦厂八、九号汉墓清理简报》，《考古》1982 年 3 期。

㉟ 参见杨泓：《中国古兵器论丛》第 285 页，图一八四，文物出版社，1985 年。

㊱ 参见杨泓：《中国古兵器论丛》第 286 页，文物出版社，1985 年。

㊲ 南京博物院：《徐州青山泉白集东汉画像石墓》，《考古》1981 年 2 期。

㊳ 周到、李京华：《唐河针织厂汉画像石墓的发掘》，《文物》1973 年 6 期。

㊴ 同 33 注。

㊵ 同 45 注。

㊶ 同 46 注。

㊷ 云南省文物工作队：《云南大关，昭通东汉崖墓清理报告》，《考古》1965 年 3 期。

㊸ 孙机：《汉代物质文化资料图说》第 319 页，文物出版社，1991 年。

㊹ 详见裘锡圭，《铚与桯程》，《文物》1987 年 9 期。

㊺ 湖南省博物馆、中国科学院考古研究所：《长沙马王堆一号汉墓》第 88 至 89 页，文物出版社，1973 年。

㊻ 参见孙机：《汉代物质文化资料图说》第 310 页，文物出版社，1991 年。

㊼ 参见孙机：《汉代物质文化资料图说》第 82 页，文物出版社，1991 年。

㊽ 文保：《马王堆三号汉墓出土的铁口木臿》，《文物》1974 年 11 期。

㊾ 参见于豪亮：《于豪亮学术文存》第 272 页，中华书局，1985 年。

㊿ 参见中国社会科学院考古研究所，《汉长安城未央宫——1980 年至 1989 年考古发掘报告》第 42 页，中国大百科全书出版社，1996 年。

91 同上注。

92 甘肃省博物馆：《武威雷台汉墓》，《考古学报》，1974 年 2 期。

英藏斯坦因所获残简的文书学考察

大英图书馆藏斯坦因20世纪初叶中亚考察所获简牍残片，大部未见著录，只有部分晋简见于王国维、罗振玉所编《流沙坠简》。[①]除其中晋简存较多文字外，大多残简仅剩只字片语。据书体及内容判断，今存残简有汉简，书体多为早期隶书或隶草，其中152—9（新编1934号）见“本始□”[②]，“本始”为西汉宣帝年号，时当公元前73年至前70年间；魏晋简，书体为尚带隶意之楷体，其中378—1725见“泰始五年十月戊午朔廿日丁丑，敦煌大守都”，“泰始”为晋武帝年号，“泰始五年”时当公元269年；明代木牌，以楷体写就，仅数枚，其中390—176（1）正面见“嘉靖叁拾伍年柒月”，“嘉靖”为明世宗年号，“嘉靖叁拾伍年”时当公元1556年。上述三个时期的残简，由于彼此之年代相隔久远，故从书体上即可区别，习惯用语亦不尽相同。

残简的现存形态由于致残的原因不同，大体可分为断片与削衣两种。断片指原为完整简牍，后因人为或自然原因断折者，横断居多，纵缺较少，大多保持原简牍厚度。削衣是简牍撰写过程人为削去的木片，通常较薄且两头多卷曲，典型者如415、416、417、418版所见。削衣古时亦称“柹”、“肺”，《说文》：“柹，削木札朴也。”《颜氏家训·书证篇》：“《后议书·杨由传》云风吹削胏，此是削札牍之胏耳。古者书误则削之，故《左传》云削而投之是也。”

依素材之形制划分，残简之原形当有书单行字、宽度较窄之简札，数量较多；能容两行字之“两行”简；书多行字之木牍；多面书字之柧（如336、405、408版所见）；带封泥匣槽的封检（如330版所见）及用作标签的木楬等。

依残简的内容划分，此批残简大致可分为古书典籍及官私文书两大类。前者字书居多，而《苍颉》居首，如新编3029号“□史计会”、新编3701号“成史计”、新编3016号“卒必有喜”、新编3177号“诵昼夜勿置”等皆是（关于此类，胡平生先生等有专论，此不赘述）；关于后者，今存虽残断尤甚，但仍能从部分残简之只言片断中窥见其属性，从而对这批残简有大致之了解，今试举例于下，不当之处望大家指正。

又，大英图书馆曾为这批简设新的编号，但大部分文书简未编入，故本文仍沿用旧版号及序号叙述（——前为版号，其后为序号），引用新编号时用“新编某某号”表示。

书檄残文

书檄是当时各级政府及个人普遍应用的运行各种信息的载体，犹今通行文种，包括下行、平行、上行文，有鲜明的用语特征：

下行文文末署“如诏书律令”、“毋忽如律令”等：

（一）☐移书到，如书罗捕，言，会十一月廿日，如诏书律令。 374—1694

（二）☐毋忽，如律［令］☐ 145—18

移，移动、迁移，《国语·齐语》："相地而衰征，则民不移。"简文"移书"则指转移文书，凡称"移书"者又多指转发文，从文末称"如诏书律令"的语气考察，此例所见为下行转发文，"移书"前当为"写"字。"如律令"、"如诏书律令"皆为命令语，强调执行者必须依照诏书或律令条款办事，汉晋下行文文末皆用此语。王国维云："律令者，《史记·酷吏传》云前主所是著为律，后主所是疏为令，《汉书·朱博传》云三尺律令是也。汉时行下诏书或曰如诏书、或曰如律令，苟一事为律令所未具而以诏书定之者则曰如诏书，如《孔庙置百石卒史碑》、《无极山碑》及前两简是也。苟为律令所已定而但以诏书督促之者则曰如律令，《三王世家》所载元狩六年诏书是也。如者谓如诏令行事也。如律令一语不独诏书，凡上告下之文皆得用之，《朱博传》、告姑蔑令丞檄、永初讨羌檄及此简皆是，其后民间契约、道家符咒亦习用之。"[③]它简所见，如《新简》EPT52·96："十二月乙丑，张掖大守延年，长史长寿、丞下居延都尉、县承书从事下当用者，如诏书律令。/掾殷昌、卒史利、助府佐贤世。"[④]

下行文称"毋忽"者系强调加重语气，多用于檄文。忽，忽视，不重视，《汉书·王嘉传》："记人之功，忽于小过。""毋忽"乃指万万不可忽视，《汉书·司马相如传》："檄到，亟下县道，咸喻陛下意，毋忽！"汉代之警檄多用此语，如《合校》278·7："……檄到，循行部界中，严教吏卒惊（警）烽火，明天田，谨迹候候望，禁止往来行者，定烽火辈，送便兵战斗具，毋为虏所萃椠。已先闻知，失亡重事，毋忽，如律令。"《合校》12·1"……禁止行者，［送］便［兵］战斗具，驱逐田牧畜产，毋令居部界中，警备毋为虏所诳利。且课毋状不忧者，劾尉、丞以下，毋忽，如法律令，敢告卒人。"[⑤]

需下级回报执行之下行文，文中大多规定回报执行的期限，称"会某月某日"如例（一）之"会十一月廿日"，又：

（三）写下诏书到，罗捕言，会三月三十日，如诏书。 378—1730

其他简牍所见，如《合校》42·20A："谓甲渠候官：写移书到，会五月旦，毋失期如律令。/掾云、守属延、书佐定世。"《合校》139·36、144·33："十月壬寅，甲渠障候喜谓不侵候长赦等：写移书到，趣作治，已成言，会月十五日，诣言府，如律令。/士吏宣、令史起。"会，会面、汇集，简牍指经办某一事项后汇报其结果，是实现行政管理的重要手段，故《汉书·贾谊传》云："大臣特以簿书不报，期会之间以为大故。"当然，"会某月某日"之类的下行文用语，往往也会出现在上行文的引述中，如《合校》170·5："元延二年八月乙卯，累虏候长敞敢言之。官檄曰：累虏六石弩一，伤右抚。受降隧六石弩二，其一伤两抚，一伤右抚。遣史持诣官，会月廿八日。谨遣喜隧长冯音持诣官，敢言之。"文中"官檄曰……会月廿八日"即录自下行文，而此上行文即执行文中所录下行文情况的汇报。

凡需要逐级多层下达的下行文，文末多有"承书从事"语，如：

（四）☐［承］书从事。书到，上□□☐ 374—1704

"承书从事"他简多作"承书从事下当用者"，如《新简》EPT53·66A："正月辛丑，御史大夫定国行丞相事下小府、中……承书从事下当用者，如诏书。书到言。/属充、令史□"例（四）所见虽省略"下当用者"，意亦相同。《说文》："承，奉也，受也。"《诗·小雅·北山》："偕偕士子，朝夕从事。"简文所云"承书从事"当包含两个含义：一是按来文的要求行事；二是再将文书转达给有关部门及人员，所以其他简文称"承书从事下当用者"。王国维云："承书从事下当用者乃汉时公文常用语，《三王世家》、《孔庙置百石卒史碑》、《无极山碑》均有此语，犹后世所谓主者施行也。"[⑥]

上行文必称"敢言之"，如：

（五）☒敢言之☒　　231—20

（六）……敢言之。　　321—1063

“敢言之”为上行文必用谦语，屡见不鲜。他简所见如《合校》159·21：“五凤三年四月丁未朔辛未，候长贤敢言之。谨移省卒名籍一编，敢言之。”又《新简》EPT51·264：“建始二年十二月甲辰朔戊午，第廿三候长赦之敢言之。谨移钱出入簿一编，敢言之。”《流沙坠简·簿书十三》：“十一月壬子，玉门都尉阳、丞□敢言之。谨写移，敢言之。掾安、守属贺、书佐通成。”王国维云：“右简为玉门都尉言事之书。‘敢言之’者下白上之辞。《汉书·王莽传》莽进号宰衡位上公，三公言事称‘敢言之’《论衡·谢短篇》郡言事二府称‘敢言之’。《孔庙置百石卒史碑》鲁相平行长史事下、守长擅叩头死罪敢言之司徒、司空府。此简不云叩头死罪而但云‘敢言之’，或系都尉与敦煌太守之公牍而出于都尉治所者，盖具书之草稿也。”

上行呈文称“谨移……一编。”如：

（七）☒谨移☒　　330—1114

（八）☒一编☒　　264—16

谨，谨慎小心，《论语·学而》：“谨而信。”上行文上报某一份文件称“谨移某文件一编”，例如《合校》35·8A：“阳朔三年九月癸亥朔壬午，甲渠障守候塞尉顺敢言之。府书移赋钱出入簿与计偕。谨移应书一编，敢言之。”又《敦》1295A：“元康三年九月辛卯朔癸巳，县泉置啬夫弘敢言之。谨移铁器簿一编，敢言之。”⑦“谨移”作为谦语大多出现在上行文中，平行文中亦可能出现。“一编”通常指用书绳编联成的一册简札。凡此类简册，当以呈文为正件，而以文中所云“某某一编”之正文为附件。

承上级书面指令为“被……符”，如：

（九）☒日言被都官从军符，此牒胡与系者辞连胡　　373—1723

此例亦见于《流沙坠简·补释十二》，“从军”为“从事”之误，原简误书，王国维云：“都官从军疑都官从事之笔误。军与事字形相近，又从军本一成语，遂书从事为从军矣。从事者《续汉书·百官志》：司隶校尉下从事史十二人。本注曰：都官从事主察举百官犯法者。又州刺史下。本注：员职略与司隶同，无都官从事。《晋志》无文，或魏晋以后刺史权重，各州皆置都官从事亦未可知。符者，文书之名，《释名》：符，付也，书所敕命于上，付使传行也。《文心雕龙·书记篇》：符者，孚也，三代玉瑞，汉世金竹，末代从省易以书翰是也。其符所言，乃逮捕罪人之事，固不得云从军符，其为都官从事符之误无疑。”说是。与“被……符”格式相类者见走马楼三国吴简，如《走马楼》2171：“被督军粮都尉嘉禾元年六月廿九日癸亥书[给]右郎中何宗所督别部司马”。被，承受。“符”、“书”皆为文书之称谓。“被某某书”通常指承某上级的书面指令，而该指令具调遣效力，《三国志·魏书·赵俨传》：“时被书差千二百兵往助汉中守，署督送之。”又《胡昭传》：“建安二十三年，陆浑长张固被书调丁夫，当给汉中。”由于“被书”之“书”当指某份具体文件，故有“被某某书”的称谓，史籍所见如《三国志·魏书·王烈传》：“奉今年二月被州郡所下三年十二月辛酉诏书。”

通行证称收件方为“过所”者，如：

（一〇）☒过所□☒　　325—1103

此例所见或为通行证“传”之残文，因“过所”之称谓常见于传，如《合校》303·12A：“元凤三年十月戊子朔，酒泉库令安国以近次兼行大守事、丞步迁谓过所县河津：谨遣□持官□钱去□□取丞从事金城、张掖、敦煌郡，乘家所占畜马二匹，当舍传舍，从者如律令。/ 掾胜胡、卒史广。”“过所”乃指所过所之所，《汉书·匈奴传》：“明年（甘露二年）呼韩邪单于款五原塞愿朝。三年正月，汉遣车骑都尉韩昌迎，发过所七郡，郡二千骑为陈道上。”师古注：“所过之郡，每为发兵陈列于道，以为宠卫也。”

信札多敬语、谦语，如：

（一一）……再拜☑　　352—1243

（一二）☑[伏]地再拜☑　　369—1334

“伏地再拜”为私人信札常见敬语，《新简》EPT51・54A：“赏伏地再拜 卿足下：善毋恙……☑”《新简》EPT56・87A：“贱弟充谨伏地再拜请中君次公足下。”“再拜”本意为叩见礼节，身跪手至地，《日知录》卷二十八：“古人席地坐，引身而起，则为长跪，首至手则为拜手；手至地则为拜；首至地则为稽首；此礼之等也。”

（一三）☑……子维足下……☑　　337—1149

（一四）☑执事□☑　　335—1152

“足下”、“执事”皆为以卑达尊之敬称。“足下”犹今言陛下，阁下之类，古人常用，《汉书・文帝纪》：“丞相臣平、太尉臣勃、大将军臣武、御史大夫臣苍……典客臣揭再拜言大王足下：子弘等皆非孝惠帝子，不当奉宗庙。”《汉书・司马迁传》：“少卿足下：曩者辱赐书……”他简所见如《合校》甲附12A：“伏地再拜次君君平足下。”《合校》264・25A：“敞伏地君卿足下。”《合校》408・2B：“广意伏地再拜进书覆长实足下。”“执事”犹言左右执勤之人，《左传・襄公二十二年》：“委诸执事，执事实重图之。”《后汉书・苏竟传》：“君执事无恙。”注：“执事犹言左右也。”

（一五）☑□幸赐报☑　　353—1257

幸，幸运、荣幸。“幸赐报”犹言荣幸收到某方恩赐的复文，类似语句见《合校》185・4A：“子游幸赐尺记”、《合校》303・14A：“远辱幸赐承光书，幸甚。”《合校》339・12A、146・5A、146・95A：“又幸赐记志”、《合校》408・2A：“幸赐广意记”等。

法制文书残文

法制文书属专用文种，使用于司法领域，包括律令条款及司法文书。司法文书的性质与书檄相类，只是使用范围限于司法领域而已。

（一六）……苣火，复举……燔两苣火……　　320—1042

（一七）……□火二所□□　　155—33

以上二例皆涉及举烽火事。例（一五）所见文书之性质存两种可能：一为烽火品约，类似条款如《疏》691：“望见虏一人以上，入塞，烦（燔）一责（积）薪，举二烽；夜二苣火。见十人以上在塞外，烦（燔）举如一人□□。望见虏五百人以上，若功（攻）亭障，烦（燔）一责（积）薪，举三烽；夜三苣火。不满二千人以上，烦（燔）举如五百人同品。虏守亭障烦（燔）举：昼举亭上烽，夜举离合火，次亭遂和，烦（燔）举如品。”[8]二为可做司法书证之烽火记录。简文磨灭过甚，不易判断究竟属哪一种，但二者皆在司法文书范围内。例（一六）所见除烽火记录外，尚有可能是警檄残文。

（一八）……推辟……　　326—1101

（一九）☑推辟摄录　　372—1686

（二〇）☑州下郡推辟　　373—1713

“推辟”犹今言推究调查，汉晋司法习用语，汉简所见如《新简》EPF22·151A 至 D：“府告居延甲渠障候：卅井关守丞匡十一月壬辰檄言：居延都田啬夫丁宫、禄福男子王歆等入关檄甲午日入到府。匡乙未复檄言：男子郭长入关檄丁酉食时至府，皆后宫等到，留迟。记到，各推辟界中，定吏主当坐者名，会月晦有教。建武四年十一月戊戌起府。十一月辛丑，甲渠守候告尉谓不侵候长宪等：写移檄到，各推辟界中相付受日时，具状，会月廿六日，如府记律令。”推，推究、推求，《淮南子·本经训》：“可以历推得也。”“辟”有考实的意思，《左传·文公六年》：“辟刑狱”，杜注：“辟，犹理也。”孔颖达疏：“辟狱者有事在官未断者，令于今理治之也。”《周礼·大史》：“若约剂乱则辟法。”郑注：“辟法者考按读其然否。”《流沙坠简补遗考释》引例（一九）所见，云：“推辟者，《魏志·荀攸传》‘乃推问相权果杀人亡命’，六朝以后均谓谳狱为推，则推辟谓验治也。”说是。《周礼·司市》：“辟布者”，郑注：“辟布，市之群吏考实诸泉入及有遗忘。”则知除狱讼外，调查核实其他事亦称“辟”。

簿籍残文

簿籍指账簿与名册，是当时经济管理和人事行政的产物，大英图书馆藏残简亦见，如：

（二一）▨□隧所保延袤治□□各如牒。

▨□望三百。遮奸三百。遮虏三百。　　332—119

此例所见首行为账簿呈文。第二行才是账簿本文。“各”前或为“簿”字。保，承保、保护、保养，此处指对塞墙、天田之类塞防设施的修缮保养。“□望”、“遮奸”、“遮虏”为烽隧名。《合校》481·18：“[保]塞延袤道里簿”与此例相类。

（二二）▨见。王……卒□簿

……小不可用。　　积薪十六□□

□□利。　　介小一。　　348—1207

此例自称“卒□簿”，据内容当为一种器物盘点账。“积薪”为柴草垛，昼夜燃之做烽火信号，白昼示其烟，夜晚则见其光，烽隧必备。

（二三）▨……四百。……毋治。

▨……　　……乐。　　324—1148

此例形式与上例同，未能辨识具体器物名称。

（二四）糴梁□六石二□□直千四。　　341—1189

（二五）▨一石百五十□　　341—1193

“糴”通“籴”，买入粮食。例（二四）为粮食收入账之类，存粮食名称、数量与价格。例（二五）则仅存数量词，其前文字已磨灭。

（二六）▨率田十五亩奇百步。　　295—3

此例为有关田亩的账簿。“率”字不甚清晰，但仍可辨识，指平均数，他简所见如《合校》286·2：“初作，其九人养，二人作长。今年卒多病，率日廿人病，定作六十。”平均数用整数时，余数则称“奇”，例如《新简》EPT59·15：“率人日涂六尺二寸，奇六尺。”

（二七）▨□复皂一匹，帛五匹、绵六斤▨

▨□复皂一匹，帛五匹、绵六斤▨　　411 版夹层织物称“复”,《新简》EPT56·59 见“布复袭一领。”皂，黑色。绵，丝绵，用作冬装里子。

（二八）三日起……卅日出西　　398—1786（16）

（二九）▨车牛二乘、黄犗牛二▨　　374—1701

（三〇）……牛一 □……　　369—1329

以上三例涉及出行登记及车乘名籍，例（二七）为某人出行登记，某月三日起程，卅日西出。“出”或指走出某一关门。例（二八）、（二九）为车乘名籍，他简所见如《合校》11·4：“□里贾陵，年卅，长七尺二寸，黑色，牛车一两。符第六百。”又《合校》505·13：“居延计掾卫丰子男居延平里卫良，年十三，轺车一乘，马一匹，十二月戊子北出。”

（三一）▨月支国胡支□　　372—1689

（三二）月支国胡支柱，年卅九，中人，黑色▨　　372—1703

（三三）▨卅，中人，黑色，大目，有髭鬚　　373—1714

（三四）▨□异，年五十六,一名奴，中人。　　373

以上名籍，格式相同。例（三一）为同类名籍前半段，例（三二）、（三三）为同类名籍后半段。四例皆为西域诸国往来人员之登录。完整之名籍当含国名、姓名、年龄、身高、肤色及脸部特征等。

（三五）右临泽隧　　342—1184

此简首端涂黑，为一简册之末简标题，表示其右侧诸简皆归属临泽隧之账籍或其他事项。类似之格式，完整者如《散》721 至 730：“酒、酒罂一，泽罂一,五斗壶四，浆瓶，灶一，甑一，汲甕二，菌一。熏卢一。右方瓦器籍。”[9]凡簿籍皆有人或物称谓、数量等要素，且多分栏书写，尤其综合账之项目较多，类今会计报表或统计报告，故栏目更多。

检楬残片

检与楬皆为用作标识之木牌。检原本皆设有封泥槽，用以封缄各种物品及文书。犹今标签，用以说明物品或文书的情况。

（三六）▨□　□　　330—1125

（三七）▨官以次行之▨　271—17

（三八）▨次行▨　330—1122（2）

（三九）……长万年在所 326—1100

以上四例为封检或函封残片。《说文》：“检，书署。”徐铉注：“书函之盖，三刻其上，绳缄之，然后填以泥，题书其上而印之也。”《释名·释书契》：“检，禁也，禁闭诸物使不得开露也。”简牍所见封检包括实物检与文书检。例（三六）所见字迹已磨灭，但封泥槽尚存。例（三七）至（三九）则为封检或函封之断片或削衣，所见文字为文书收件方及传递方式的说明。官，机构，此处或为“候官”之“官”。“以次行之”指按一定顺序传递，类似说明见《疏》271：“广武写传至步昌、陵胡以次行。”尚有其他传递方式，如《合校》32·23：“肩水候官隧次行”、《合校》33·28：“甲渠障候以亭行”、《合校》21·4A：“甲渠候官行者走”、《合校》259·5A：“莫府吏马驰行以急为故”。“在所”指所在之处，他简所见如《合校》108·19：“候史包在所”。凡署“在所”者当有查交的含意。

（四〇）▨□十斤　　340—1194

（四一）（字迹不清）　340—1176

（四二）素百☐　350—1268

以上三例皆为木楬残片。《周礼·职金》："辨其物之微恶与其数量而玺之。"《周礼·职币》："皆办其物而奠其录，以书楬之，以诏上之小用赐予。"例（四〇）所见当为实物楬残片，首端右侧有契口用以系绳。类似的实物楬见《新简》EPT51·155："慈其索一，大二韦半，长四。"细长形，首端两侧亦有缺口用于系绳。例（四一）所见字迹虽无法辨识，据其首端两侧有缺口用于系绳的形态考察，无疑亦为木楬。例（四二）之上端已残断，亦可能为楬。

画除残迹

简牍是可以反复使用的书写材料，如果写错了字，通常将写了字的那面削掉一层，然后在新形成的表面再写，故残简多见削衣形态。有时为了快捷，亦常常在写好的字表面直接涂黑墨，以示删除，俗称"画除"。大英图书馆藏残简中亦见画除的现象，如352—1282及1285版，又398—1786（2）及1786（19）皆见以黑墨画除迹，原字已被覆盖以致无法辨认。他简曾见局部画除，如《新简》EPT44·3："第廿一隧长孙建、第四助吏陈勋、第☐"中"第四助吏陈勋"六字之上被一道墨线划过以示删除，但其下字迹尚可辨认。画除的方法仅限于草稿而已，留为底稿，正件当不采用。

（本文原载于《英国国家图书馆藏斯坦因所获未刊汉文简牍》一书）

注释：

① 王国维、罗振玉：《流沙坠简》，中华书局1993年版。

② 本文所引大英图书馆藏斯坦因20世纪中亚考察所获简牍残片，"—"前数词为图版号，其后为原简号，如"152—7中，"152"指第152版，"7"指该版所载7号简。

③《流沙坠简·簿书六》。

④ 甘肃省文物考古研究所、甘肃省博物馆、中国文物研究所、中国社会科学院历史研究所：《居延新简》，中华书局1994年版，本文简称《新简》。

⑤ 谢桂华、李均明、朱国炤：《居延汉简释文合校》，文物出版社1987年版，本文简称《合校》。

⑥《流沙坠简·簿书三》。

⑦ 甘肃省文物考古研究所：《敦煌汉简》，中华书局1991年版，本文简称《敦》。

⑧ 林梅村、李均明：《疏勒河流域出土汉简》，文物出版社1984年版，本文简称《疏》。

⑨ 李均明、何双全：《散见简牍合辑》，文物出版社1990年版，本文简称《散》。

读长沙东牌楼东汉简牍偶识

长沙东牌楼东汉简牍系东汉灵帝时期物[①]，大部分为行政文书及书信，简文中草书或草率隶书的写法相当多，给释读带来不少困难；有些惯用语也不多见于传世古籍，考释具一定难度，但可看出整理者已做了深入细致的工作，贡献颇大，笔者读后收益甚多。阅读过程中，笔者对其中与公文格式相关的文字，曾给予较多的关注，偶有所得，个别处或与整理者见解不尽一致，或尚可做些补充，今随笔录于下，供大家参考。

启封记录之“發”与“開”

《东牌楼》木牍五正面：“光和六年九月己酉朔十日戊午，监临湘李永、例督盗贼殷何叩头死罪敢言之。（文略）……监临湘李永、例督盗贼殷何言实核大男李建与精张诤田自相和从书。诣在所九月其廿六日若。”[②]“九月其廿六日若”七字为后书字。针对七字中的后五字，整理者曰：“此五字为浓墨草书。最后一字‘若’，字形除末多一捺笔外，与同地所出孙吴简牍《录事掾潘琬白为考实吏许迪割用余米事》所见‘若’几乎完全相同。而加此捺笔，即为后世所谓‘凤尾诺’之一种。”可备一说。

笔者认为，此五字当释作“其廿六日發”，关于“發”之字形，试析于下：

此字写作，乃草书写法，与它简“發”字的草书笔势相类，如：

《甲乙编》140·14A：“候自發”的“發”字写作“”。[③]

《新简》EPT59·49B：“即日士吏褒發门下”的“發”字写作“”。[④]

《敦煌》56：“令期胡十二日發”的“發”字写作“”。[⑤]

上述“發”之草书，多以交叉线“”表示上旁。而《东牌楼》木牍五“發”字所从类草旁“”乃沿袭隶书习惯。隶书所见如：

《甲乙编》95·2B：“令史严奏發檄符”。

《新简》EPT51·81：“……十二月丁丑掾博奏發”。

《额济纳汉简》2000ES7SF1:1B：“發书，叩头死罪死罪……”。[⑥]

上述三例皆以隶书写就，所见“發”字上旁皆从“”，与《东牌楼》木牍五所见“發”字同。再者，汉简常见的“癸”、“登”等字上旁亦常见作草头状者。[⑦]可见，《东牌楼》木牍五“”字无疑当释为“發”。类似的文例亦见同书木牍56A：“十月廿二日發”。發，指拆解封缄，上文所引《甲乙编》95·2B、140·14A，《新简》EPT51·81、EPT59·49B，《额济纳汉简》2000ES7SF1:1B又《合校》506·9：“即日啬夫□发尉前”之“發”字皆此义。此义之“發”字亦常见于汉印印文，如《汉印文字征》十二·二十一：“愿君自發”、“封完请發”、“雍元君印愿君自發封完言信”[⑧]即是。木牍五所云“廿

六日”为发文后的第十六天，是对方收到文件后的日子，则“其廿六日發”无疑为收件者的启封纪录。

《东牌楼》木牍八正面：“兼主录掾叩头死罪白：章……（文略）……惶恐叩头，死罪死罪。掾愿章□　十月十一日□”。整理者云：“‘十月十一日□’五字为粗笔大字”。末字未释，字数当为六字。其实末字亦较清晰，字形写作“开”，当为“開”字的草书写法。试析于下：

上旁所从“门”写作“一つ”为两汉草书常规写法，屡见于两汉简牍，如《敦煌》191“玉门”、672B“玉门都尉丞”之“门”字，又《新简》EPT48·53A“不肯相闻”、《敦煌》7A“愿闻之”、《敦煌》42“即闻”、《东牌楼》37“大小问闻”、《东牌楼》48“复命不知上闻”之“闻”字，《武威汉代医简》45简“闭塞十日”、《敦煌》1968“廿八日癸未，闭，反支”之“闭”[9]，又传世《汉张芝秋凉平善帖》“广闲弥迈，想思无违”之“闲”字[10]，上旁皆作“一つ”状。

下旁所从“开”写作“井”，以此为偏旁之“開”字屡见于汉印文字，如《汉印文字征》十二·三“屈開之印”、《订正六书通》“京兆尹開国公章”[11]、《汉印分韵合编》[12]“開国男章”，又《新简》EPT59·112“俱開小倉”之“開”字下旁皆作“井”形。

从以上偏旁分析可知“开”为“開”字草书，相同的写法亦见于《敦煌》1968A“七月廿七日壬午，開”、《新简》EPT65·425B“十四日癸巳，開”，此二例所见“開”皆指建除之“開”，以序排列，释文一定不错。《东牌楼》木牍八之“開”，指打开，《说文》：“開，张也。”与木牍五所见“發”意义全同，皆指拆解信封而言。则“十月十一日開”也是文件拆封后才写上的启封记录，字体与正文有别。

惯用语“不处”与“正处”

《东牌楼》木牍三背面文：

详死罪白：掾马玄前供安定亭，令详捱男子蔡蒲、陈伯……□讯，辞：玄不处年中，备邮亭掾。本与玄有不平，恚□……□得宁□。详内无半言之助。在职二年，遭遇贼唐铙等□……□曹掾□□兵上下皆见知。详为剧愿，乞备他役，不□……信。详死罪死罪。

《东牌楼》木牍五正面文：

光和六年九月己酉朔十日戊午，监临湘李永、例督盗贼殷何叩头死罪敢言之。

中部督邮书掾治所檄曰：民大男李建自言大男精张、精昔等母姃有田十三石，前置三岁，田岁禾当为百二下石。持丧葬皇宗事，以张、昔今强夺取田八石；比晓，张、昔不还田。民自言，辞如牒。张、昔何缘强夺建田？檄到，监部吏役摄张、昔，实核田所，畀付弹处罪法，明附证验，正处，言。何叩头死罪死罪。奉桉檄辄径到仇重亭部，考问张、昔，讯建父升，皆曰：升罗，张、昔县民。前不处年中，升婐（？）取张同产兄宗女姃为妻，产女替，替弟建，建弟颜，颜女弟条。……何诚惶诚恐，叩头死罪死罪敢言之……

以上二例见惯用语“不处”及“正处”。整理者云：“‘不处年中’惯用语，又见同出《光和六年（183年）监临湘李永、例督盗贼殷何上言李建与精张诤田自相和从书》。”说是[13]，今补充考证于下。

“处”有审度、辨别、断决之义，东汉经学大师郑玄常用之，清人孙诒让为之解释[14]，如：

《周礼·司市》“凡万民之期于市者，群布者、量度者、刑戮者，各于其地之叙。”郑注：“量度者，若今处斗斛及丈尺也”，孙诒让云：“云‘量度者，若今处斗斛及丈尺也’者，谓叙有市吏莅之，宜有官度量法式，凡市人有以斗斛丈尺差异争讼者，则就其行肆校验平壹之。汉时市官盖有此法。凡郑言‘处’者，多为审察是正之义。《大宰》注云‘正，正处也’，《大史》注亦有‘处吉凶’之语，皆

长沙五一广场出土东汉木牍

其证。”

《周礼·大史》“大师，抱天时，与大师同车”，郑注“大出师，则大师主抱式，以知天时，处吉凶”，孙诒让云：“处吉凶，谓审度而定其吉凶。《史记·龟策传》云‘处吉凶，辨然否’，又云‘卫平援式，定日处乡’，《吕氏春秋·有始览》云‘察其情，处其形’，《淮南子·兵略训》云‘相地形，处次舍’，并审度相察之义也。”

“处”字此用法屡见于其他史籍，后人亦有详考，如《吕氏春秋·有始》“皆当察其情，处其形”，高亨注：“处，审也。处其形，谓审其形也。处字古有审义《大戴礼·文王官人篇》：‘以其声，处其气’，又曰‘听其声，处其气’，《国语·周语》‘目以处语’《鲁语》‘夫仁者谓仁，而智者处物’，《淮南子·兵略篇》‘相地形，处次合’……”，陈奇猷按：“高说是。《韩非子·解老》云‘人希见生象也，而得死象之骨，案其图以想其生也。今道虽不可得闻见，圣人执其见功以处见其形’谓审其形也。亦可为高说之证。”[15]

则简文“不处”具“不审”、“不察”之义，类似语境之表达，西汉简牍中常写作“不审”，如：

《张家山汉简·奏谳书》：“治（笞）毛北（背）不审伐数”。[16]

《敦煌》683：“兴客不审郡县姓名。习字子严，年卅所，为人短壮，黄色，毋须，短面”。

《合校》159·23：“中为同县不审里庆□来庸，贾钱四千六百，戍诣居延，六月旦署乘甲渠第……”

《新简》EPT59·2：“日且入时，严归，以戊申到郭东田舍。严病伤汗，即日移病书，使弟赦之付覆胡亭卒不审名字……”

《合校》13·6：“戍卒东郡畔戍里靳龟：坐乃四月中不审日行道到屋兰界中与戍卒函何阳争言斗，以剑击伤右手指二所。●地节三年八月己酉械系。”

《合校》52·16：“……不审日，安世坐户外，□立□安世□。”

《合校》229·1，229·2：“……乃永始二年正月中，禹病。禹弟宗自将驿牝胡马一匹来视禹。禹死。其月不审日，宗见塞外有野橐佗……”

以上七例中，后三例之语境与《东牌楼》所见完全符合，进一步佐证“不處”与“不審”意义相同。“不处年”即“不审年”，犹今言“未能判定是那一年”。

“正处”一语亦见于其他汉简，如：

《新简》EPT59·47：“隧长代樊志卌二日，当得奉衣，数诣县自言，讫不可得。记到，正处，言状，会月十五日有”。

《散见简牍合辑》50A：“延憙元年四月庚午朔十二日壬午，汉阳大守济、长史亿下冀中西部督邮□掾术亮、史叙、属县令长承书从事下当用者，如诏书，各实所部，正处，书到言，如诏书律令”。⑰

正，公正准确，《周礼·小宰》“四曰廉正”，郑注：“正，行无倾邪也。”《周礼·大宰》“岁终，则令百官府各正其治”，郑注“正，正处也”，贾疏：“正，正处者，经云令百官府各正其治，谓正处其所治文书。”郑注所云“正处”亦恰与简文“正处”意义相同。这里，“处”字除有审度、辨别的意思外，亦包含决断的成分。《汉书·谷永传》“若广陵、昌邑之类？臣愚不能处”，师古注：“处谓断决也。”可见，“正处”乃两汉公文常用语，是对合理行政的一种要求。

（本文原载于《甘肃省第二届简牍学国际学术研讨会论文集》）

注释：

① 长沙市文物考古研究所、中国文物研究所：《长沙东牌楼东汉简牍》，文物出版社2006年版，本文简称《东牌楼》。

② 相关图版见《东牌楼》图版第14页及该书《长沙东牌楼七号古井发掘报告》第34页。

③ 中国社会科学院考古研究所：《居延汉简甲乙编》，中华书局1980年版，本文简称《甲乙编》。

④ 甘肃省文物考古研究所、甘肃省博物馆、中国文物研究所、中国社会科学院历史研究所：《居延新简——甲渠候官》，中华书局1994年版，本文简称《新简》。

⑤ 甘肃省文物考古研究所：《敦煌汉简》，中华书局1991年版，本文简称《敦煌》。

⑥ 魏坚主编：《额济纳汉简》，广西师范大学出版社2005年版。

⑦ 例如《敦煌》1“癸未”、《敦煌》282“癸卯”、《甲乙编》28·21“癸巳”之“癸”，又《甲乙编》87·10“先登卒”、《新简》EPT40·32“卒高登”之“登”字，上旁皆作草头状。

⑧ 罗福颐：《汉印文字征》，文物出版社1978年版。

⑨ 甘肃省博物馆、武威县文化馆：《武威汉代医简》，文物出版社1975年版。

⑩ 上海书店编：《淳化阁帖》，上海书店1984年版卷二，释文见第17页。

⑪（明）闵齐伋辑、（清）毕弘述篆订：《订正六书通》，上海古籍书店1981年版，第415页。

⑫（清）袁日省、谢景卿，近人孟昭鸿：《汉印分韵合编》，上海古籍书店1979年版，第65页。

⑬ 关于《东牌楼》木牍五的内容解释，又可参见王素：《长沙东牌楼东汉简牍选释》，《文物》2005年第12期，第69至75页。

⑭（清）孙诒让：《周礼正义》，中华书局1987年版。

⑮（战国）吕不韦著，陈奇猷校释：《吕氏春秋新校释》，上海古籍出版社2002年版。

⑯ 张家山二四七号汉墓竹简整理小组：《张家山汉墓竹简》[二四七号墓]，文物出版社2001年版，第221页。

⑰ 李均明、何双全：《散见简牍合辑》，文物出版社1990年版。

走马楼吴简“地僦钱”考

走马楼三国吴简中多见“僦钱”、“地僦钱”，未见于史载。宋超先生在《吴简所见“何黑钱”、“僦钱”与“地僦钱”考》一文中已做过考证[①]，论说近是，其结论给读者许多启发。本文拟在宋文的基础上，从文书行政的角度，补充新的资料进行考察，试扩而展之，有不妥之处，望大家指正。

一、有关资料的文书学考察

有关“僦钱”、“地僦钱”的简文数量甚多，可划分为几种不同的文书类型，每一种类型都有特定的用途与内涵，其间又有紧密的联系，是当时行政运作之不同阶段的产物，对理解文义有很大帮助，试析如下。

今见数量最多的是“僦钱”、“地僦钱人名钱数”簿，如：

（一）大男赵□僦钱月五百　大男杨樊僦钱月五百　大男王而僦钱月五百　4362[②]

（二）大男□□僦钱月五百　大男潘□僦钱月五百　大男□求僦钱月五百　4375

（三）大男王钱僦钱月五百　大男周德僦钱月五百　大男丁终僦钱月五百　4387

（四）大男荣阔僦钱月五百　大男史侯僦钱月五百　大男赵阿僦钱月五百　4401

（五）大男陈□僦钱月五百　大男□□僦钱月五百　大男董厚僦钱月五百　4449

（六）大男张士僦钱月五百　大男李自僦钱月五百　大男卫朱僦钱月五百　4603

（七）大男陈顿僦钱月五百　大男□　4727

（八）□僦钱月五百　大男冀才僦钱月五百　4740

（九）□僦钱月五百　大男吴而僦钱月五百　4916

（一〇）□就昌僦钱月五百　大男董直僦钱月五百　4623

（一一）□男赵何僦钱月五百　13286[③]

以上十一例皆为大男月交僦钱五百的登录。

（一二）□僦钱月五百　大女黄□僦钱月五百　大女□□僦钱月五百　4450

（一三）□□马僦钱月五百　大女黄石僦钱月五百　大女尹汝僦钱月五百　4465

（一四）□……僦钱月五百　大女李汝僦钱月五百　4474

（一五）□大女黄汝僦钱月五百　4642

以上四例交纳僦钱者含大女。

（一六）大男张用僦钱月五百　大男赵马僦钱月五百　□部司马郑陵僦钱月五百　4461

（一七）□谷僦钱月五百　大男张□僦钱月五百　郡士杜黑僦钱月五百　4490

（一八）大男□虎僦钱月五百　[郡士]□　4728[④]

（一九）郡士刘岑僦钱月五百　郡士韩主僦钱月五百　大女黄汝僦钱月五百　4549

（二〇）郡士张□僦钱月五百　大女王汝僦钱月五百　大女郑汝僦钱月五百　4601

（二一）郡士马伯僦钱月五百　郡士朱主僦钱月五百　郡士王徹僦钱月五百　4390

（二二）[郡士钱曼]僦钱月五百□　4823

以上七例交纳僦钱者尚含部司马及郡士。

（二三）□毛金僦钱月五百□　4773

此例当事人身份因简文断缺未可知。以上二十三例所交纳款项皆称“僦钱”。

（二四）大女袁汝地[僦]钱月五百□　18137

（二五）大女陈汝地僦钱月五百□　18121

以上二例所交纳款项称“地僦钱”。

（二六）□僦钱月五百　13286

以上例（一）至（二六）皆为登录交纳僦钱、地僦钱的账簿正文，通常每简分三栏，每栏含身份、姓名、月交僦钱或地僦钱数量。身份包括大男、大女、郡士、部司马。无论“僦钱”还是“地僦钱”，月交数量皆为五百。

（二七）右七户户日收僦钱五百，合三千五百，右前复被□□　4491

（二八）右六户僦钱月三千……钱起七月一日讫九月卅日　4608[⑤]

（二九）右□□□□□僦钱□二万三千五百　4550

（三〇）右卌五户月收僦钱合二万二千五百　4462

以上四例皆为交纳僦钱账簿中的合计项，其中例（二七）、（二八）为六七户人家范围的合计；而例（二九）、（三〇）为四十五及四十七户范围的合计。四十多户人家相当于当时“里”的规模，5576 简见某里“领吏民合五十八户”，10397 简“右吉阳里领吏民卅六户，口食一百七十三人。”10229 简“右高迁里领吏民卅八户，口食一百八十人。”

（三一）二月领地[僦]钱二万三千五百□　4430

（三二）领四月地僦钱二万三千五百　4351

（三三）领九月地僦钱二万三千五百　4350

（三四）领九月地僦钱二万三□　8724

（三五）领□[月]地僦钱二万三千五百　4369

（三六）□□三月[簿]领地僦钱合七万五百　4432

以上五例为行政当局收领地僦钱的统计数，其中例（三一）至（三五）收领的钱数为二万三千五百，恰好与例（二九）所见钱数合，当为收领四十七户地僦钱的合计。例（三六）简文上段缺，但其钱数“七万五百”亦恰好为月收“二万三千五百”乘以三的倍数，或为季度统计。

（三七）临湘謹列起四月一日讫六月卅日地僦钱□簿　4352

（三八）[临]湘謹列邑下居民收地僦钱人名为簿　4357

（三九）□□地僦钱人名钱数□□　4431

以上三例皆为地僦钱簿之标题，例（三七）、（三八）所见制簿者皆为临湘县，其中例（三七）署明统计期间为“四月一日讫六月卅日”，当为季度统计；而例（三八）未署明统计期间，或为月计。例（三九）简文上下皆缺，但中段文例与前二例合，故列于此。

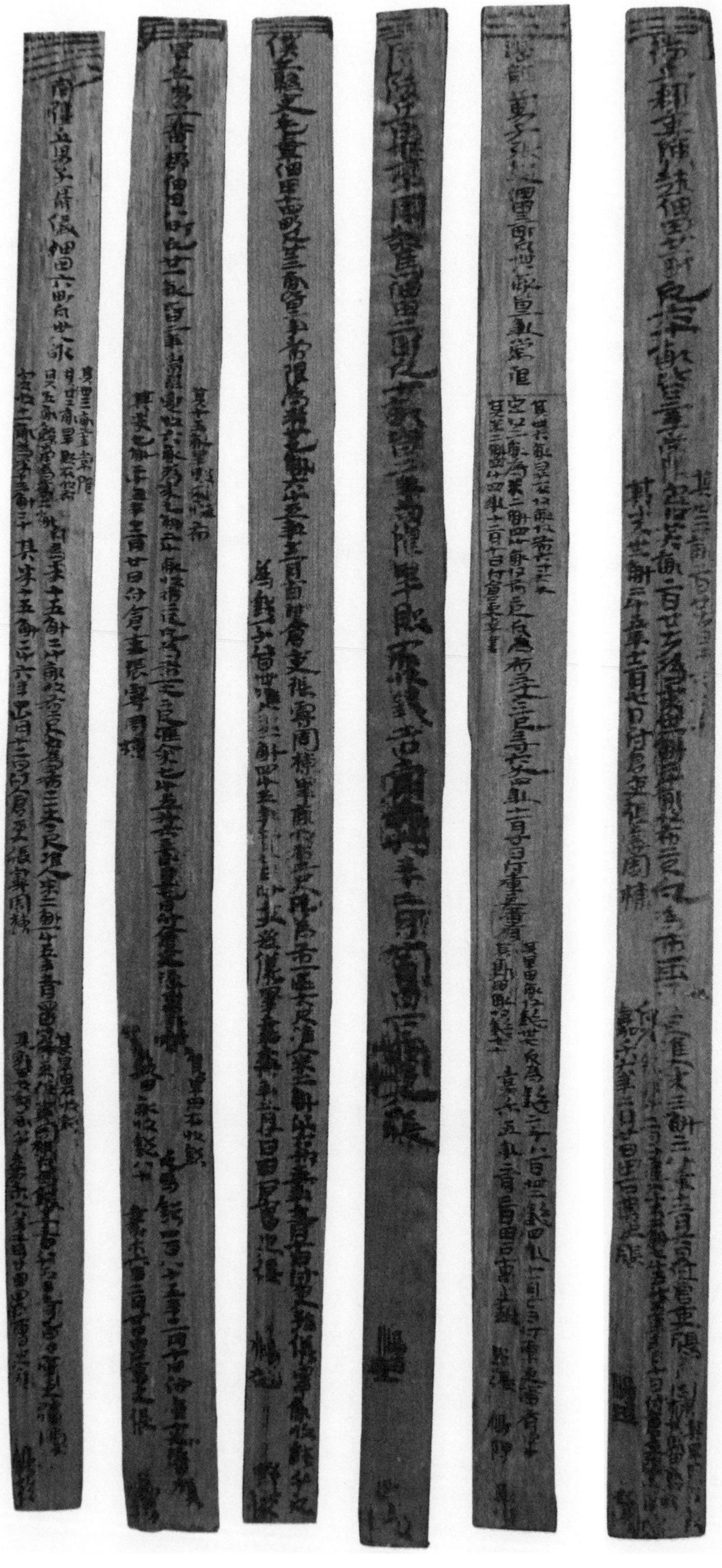

长沙走马楼三国吴简

账簿之外，尚见有关地僦钱的往来文书，如：

（四〇）府前言绞促市吏□书收责地僦钱，有人言。靖叩头死罪死罪。案文书　　4397

（四一）所领地僦钱三□□□□□言□叩头叩头死罪　　4532

以上二例见“叩头死罪死罪”或“叩头叩头死罪”语，为上行文常用语[6]，知此二例皆为有关地僦钱的上行文。“靖”为临湘侯相，见2885简：“月十一日癸酉临湘侯相靖叩头死罪敢言之。”则知例（四〇）所见为临湘侯国（县）上报长沙郡府的文书。

（四二）临湘言部吏潘羜收责食地僦钱，起正月一旦讫三月卅日□有人悉毕□□　　4345

（四三）□中部督邮书掾□□临湘……责地僦钱□月五　　4359

（四四）□前言绞促临湘□□所领地僦钱三月一日　　4486

（四五）□得□□收责□□僦钱宜□属领所部吏　　4348

（四六）月廿日收责□地僦钱悉毕就留……　　4411

以上五例亦为有关地僦钱的往来文书，但运行方向未能确认，大部分或为上行文残简。

捐除地僦钱名簿：

（四七）□右一人地僦钱月五百□遇年九（？）月□被□物　　18156[7]

（四八）右二人地僦钱月……[屋]□坏败，地人无人居止　　18177

（四九）右一人[地僦钱]月五百……　　18145

（五〇）□病，屋坏败，地上无人居止，无所收责，乞捐除钱，起今　　18164

（五一）□……地上[无]人[居止]，钱无所收　　18158

（五二）□□□地上无人居止，应□　　18135

（五三）[地上无]人居止，钱无所收□　　18134

（五四）起今年正月一日[讫]十二月[卅日]……　　18161

（五五）□……所收责，乞捐除，起□年正月讫十二月卅日，钱合一万二　　18151

（五六）□今年正月一日讫十二月卅日为钱六□应捐除名　　18164

（五七）□正月讫十二月卅日□应[捐除名]　　18152

（五八）□千，应捐除钱名　　18170

（五九）应捐除[钱]名　　18364

以上四例为应捐除钱名簿，根据例（五六）、（五七）与例（五四）、（五五）文例之重合部分考察，所捐除为亦当为地僦钱。

与捐除地僦钱相关的其他文书：

（六〇）□□都吏察□居止，故居地[无]人居止，应□　　17955

（六一）□□地[僦]钱月簿以过□一月十被病物故妻女单身□ □　　18157

以上二例所见皆与地僦钱相关，例（六〇）见“故居地[无]人居止”文例见例（五〇）、（五一）、（五二）、（五三）等，例（六一）则径见“地[僦]钱月簿”，所谓“地僦钱月簿”即按月征收地僦钱的账簿，如前文例（一）至（二六）所见。

二、相关问题的考析

上文引述简例所见，无论是“僦钱”还是“地僦钱”，其征收或免除数量都是每户月五百，绝非偶然，当有所据。格式相同之例（一）至（二五）名簿中，例（一）至（二三）款项称“僦钱”，而例（二四）及（二五）称“地僦钱”，二者性质相同，所谓“僦钱”当为“地僦钱”之简称。

何谓“地僦钱”？不妨从“僦”字谈起，《说文新附字·人部》：“僦，赁也。”《汉书·王莽传》：“宝货皆重则小用不给，皆轻则僦载烦费”，师古注：“僦，送也，一曰赁也。”《后汉书·虞诩传》：“驴马负载，僦五致一。”注引《广雅》：“僦，赁也。”当然，租赁之对象范围广泛，既包括人力、车马，如《汉书·郑当时传》：“当时为大司农，任人宾客僦”，师古注：“僦谓受雇赁而载运也。”又《汉书·田延年传》：“初，大司农取牛车三万两为僦”，师古注：“僦，谓赁之与雇直也。”也包括土地、房屋及其他物品，如《梁书·武帝纪》：“顷者豪家富室多占取公田，贵价僦税以与贫民，伤时害政，为蠹已甚。”是说把公田租赁给贫民百姓，收征高额地租。又韩愈《送郑权尚书序》：“家属百人，无数亩之宅，僦屋以居。”僦屋，犹今言租房子。再如《宋史·度宗本纪》：咸淳元年正月诏有言曰“免徵临安官私房僦地钱。”此“僦地钱”与简文“地僦钱”义当同，皆指租赁土地而言，而且所租土地皆用于建屋盖房（详下）。

“地僦钱”按户征收，每户月交五百钱，例（二七）见“户月收僦钱五百”，例（二八）及（三〇）虽未写明“户月收僦钱五百”，但以交钱总数与户数相除，亦合每户五百钱。例（一）至（二五）所见每人月交僦钱五百，此人当为户主，代表所在户交纳僦钱。走马楼吴简所见通常皆以户主代表该户交纳相关租税，如《嘉禾吏民田家莂》所载皆是。[⑧]今见户主身份包括大男、大女、郡士、部司马等。

今已公布的简文显示，征收地僦钱的对象为临湘邑下居民，例（三八）见名簿标题“临湘谨列邑下居民收地僦钱人名为簿”。例（三一）至（三五）所见征收地僦钱月总额皆为二万三千五百，征收对象当较固定，或为临湘邑其中一个里的定额。与地僦钱相关的上下行文书收发双方分别为长沙郡府与临湘县廷，故此“邑下”当指临湘县（侯国）治所所在城区，亦称“都乡邑下”，4404简即见“都乡邑下”的称谓。“邑下居民”犹今言“城镇居民”。交纳地僦钱的居民职业，除郡士、部司马当与身份相符外，称“大男”、“大女”者则有多种可能。都乡之外的诸乡是否也征收地僦钱，仅靠现有资料未能得出结论。

据例（四七）至（五五）所见，征收地僦钱与居屋直接相关，一旦地面房屋毁坏、无人居住，征收的条件不存在，负责征收者便乞请“捐除”地僦钱，故此类简文皆有“屋坏败，地上无人居止，无所收责，乞捐除”语，以表明“捐除”的理由。例（五六）至（五九）见“应捐除名”，所“捐除”为地僦钱的可能性居多。捐，捐弃，《后汉书·循吏列传》：“捐上林池籞之官，废聘望弋猎之事。”《三国志·魏书·乌丸鲜卑东夷传》：“疾病死亡辄捐弃旧宅，更作新居。”《晋书·元帝纪》：“昔吴起为楚悼王明法审令，捐不急之官，除废公族疏远，以附益将士，而国富兵强。”除，弃除。“捐除”指弃除、放弃，见于较晚的史籍，如李心传《建炎以来系年要录》卷七十三载：“绍兴四年二月……如上件金银绢未可捐除，即乞严戒州县椿簇官钱和买，不得于人户名丁科配。”明代吕柟撰《四书因问》卷四《子张篇》云：“于凡世上，荣华富贵都要捐除，要淡薄方好。”由此可知，走马楼吴简“地僦钱”乃指征收建屋其上的宅基地钱，与上文所引《宋史》“官私房僦地钱”相类。“地僦钱”平均摊派，户月五百钱，当与城区房屋密度较大，各户占地差异不会太大有关。至于为什么要按月征收，简文未透露更多的信息。

例（四〇）见经手“地僦钱”事宜的官吏中包括“市吏”，其原因存在两种可能：一为房屋土地位于市镇区域，故由其统管征收。二是这些房屋土地与商务相关，故由其直接管理。前者的可能性更大些，后者之疑问与居民身份相关：大男、大女无疑有可能经商，但郡士、部司马受职业之限制当不可经商，除非由其家属经营。目前尚缺得出结论之佐证资料。

（本文原载于《简帛研究二〇〇五》）

注释：

① 宋超：《吴简所见“何黑钱”、“僦钱”与“地僦钱”考》，载《吴简研究》第一辑，第 236 至 248 页。

② 长沙市文物考古研究所、中国文物研究所、北京大学历史系走马楼简牍整理组：《长沙走马楼三国吴简・竹简》[壹]，文物出版社 2003 年版。

③ 本文引录走马楼吴简凡 10536 号以后的简例皆为《长沙走马楼三国吴简・竹简》[贰] 所载，即刊。

④ 本文引录凡 [ ] 内文字皆为原简字迹不甚清晰的释文。

⑤ 此例原书释文作“右六十人僦钱月三千……钱起七月一日讫九月卅日”，今据胡平生先生意见修定。

⑥ 对长辈及上级行文称“叩头死罪”亦见于汉简，如《居延新简》EPT44A：“十一月廿二日具记，习叩头死罪言。”

⑦ “物”原书释文作“收”，今据图版及文例修定，文例见下文例（六一）“被病物故”。

⑧ 长沙市文物考古研究所、中国文物研究所、北京大学历史系走马楼简牍整理组：《长沙走马楼三国吴简・嘉禾吏民田家莂》，文物出版社 1999 年版。

走马楼吴简“草刺”考校

走马楼三国吴简所见各式公文账册，都有特定的格式，认识其特征，对我们今后进行整理及研究都是有益的。今试从考证简文所见“草刺”称谓入手，网罗其同类，排比出规律，如有不妥，望大家批评指正。

（一）●右言府草刺廿五□□□　　《吴竹简》[二]8889[①]

此例所见为小结简，简文指示原编联成册的若干简的内容。“●”为提示符号，标明其为标题。“右”特指其右侧诸简。“言府”指向上级官府的报告，此府或指临湘侯国之相府。“廿五”或指其右侧之二十五份同类文书。那么，何谓“草刺”、哪些简文属“草刺”之类呢？

草，草稿，用作动词时指撰写草稿的行为。草稿属原始文稿，是进行讨论、修改的基础，《新简》EPT17・5：“告主官掾更定此草，急言府。”[②]表明草稿是可更定的。将草稿简称为“草”常见于传世古籍及出土简牍中，《汉书・淮南王传》：“时武帝方好艺文，以安属为诸父，辨博善为文辞，甚尊重之。每为报书及赐，常召司马相如等视草乃遣。”师古注：“草谓为文之稿草。”《后汉书・百官志》：“侍郎三十六人，四百石。本注曰：一曹有六人，主作文书起草。”《三国志・魏志・崔琰传》：“琰从训取表草视之。”《三国志・吴志・周鲂传》：“谨拜表以闻，并呈牋草，于浅局，追用悚息。”《晋书・裴秀传》：“诏报曰：‘司空薨，痛悼不能去心。又得表草，虽在危困，不忘王室，尽忠忧国。’”简牍所见，如《新简》EPT31・1：“令史谭奏草”、《合校》286・18：“掾褒奏草”等。[③]作动词之“草”，见《后汉书・马融传》：“初，融惩於邓氏，不敢复违忤执家，遂为梁冀草奏李固，又作大将军《西弟颂》，从此颇为正直所羞。”《三国志・吴志・华覆传》：“以覆年老，敕令草表，覆不敢，敕又作草文，停立待之。”《晋书・恭帝纪》：“傅亮承裕密旨，调帝禅位，草诏，请帝书之。”简牍所见，如《吴竹简》[四]5363：“起正月□日讫其月廿九日。疢草奏□”。[④]例（一）所见“草”当做草稿解。前人王国维早已注意到简牍中草稿的存在，《流沙坠简・簿书十三》：“司徒、司空府此简不云叩头死罪而但云敢言之，或系都尉与敦煌太守之公牍而出于都尉治所者，盖具书之草稿也。”今见简牍文书中，草稿所占比例甚多。

刺，用于汇报备查的实录文书，所载通常为客观事实。《文心雕龙・书记》：“百官询事，则有关刺解牒。”《汉书・外戚传》：“今皇后有所疑，便不便具条刺，使大长秋来白之。”师古注：“条谓分条之也。刺谓书之于刺板也。”简牍屡见“刺”之名目，如《新简》EPT51・391见“邮书刺”、《合校》135・14见“过书刺”、《合校》190・21见“出奉刺”、《合校》84・6见“吏买茭刺”、《合校》142・32见“食月别刺”、《敦》192见“廩卒刺”[⑤]、《新简》EPT43・30见“廩吏卒刺”、《新简》、EPT50・200见“吏对会入官刺”、《新简》EPT65・459见“折伤乘车轴刺”、《新简》EPF22・422见“券刺”等，可见“刺”作为实录文书涉及之事类广泛，此为汉时情况，沿袭至三国时期亦当如此。

综上，则例（一）所见“草刺”当指撰写公文草稿的登记。其上冠以“言府”二字，则范围限定于向临湘侯相府报告有关事项的草稿。走马楼三国吴简所见有一类简之内容格式与“草刺”的含义相符，列举并校定如下：

（二）□□□齐寿……月十一日□□□　《吴竹简》[一]26[⑥]

按："寿"当释"事"。"事"下有空格，与下段文字不连接。"……月十一日□□□"当释"□月十日田曹史□"。

（三）□□大夫事　八月一日中贼曹史郭迈白　《吴竹简》[一]35

按："大夫"当释"大屯"。屯，屯驻。《吴竹简》[一]1266："[右]布家口食二人，一人送大屯。"

（四）□覆史启田事　□月一日右田曹史□□　《吴竹简》[一]38

按："史"下尚见"烝"字，姓。

（五）□事　□□□□□□曹史□□白　《吴竹简》[一]55

按："史"下尚见"蔡"字，姓

（六）□□□□等限米入不满限亩课问府等事　十月□九日□□　《吴竹简》[一]59

按：文首第三个□当释"陈"字，姓。"十月□九日"当释"十月廿九日"。

（七）□□事……　《吴竹简》[一]60

（八）□□事　八月廿八日□□□史□□白　《吴竹简》[一]132

按："八月廿八日"下可释"兵曹史□□白"。

（九）□闾事　正月十四日户曹史□□白　《吴竹简》[一]954

（一〇）□□□事　三月十八日户曹史□□白　《吴竹简》[一]955

（一一）□……事　三月十八日史□□白　《吴竹简》[一]956

（一二）□……事　……史□□白　《吴竹简》[一]957

（一三）……重役大□调（？）……事　十二月……　《吴竹简》[一]964

按："调（？）……事"当释"谢盖诣……事"。

（一四）□事　……二日司屯曹史□□白　《吴竹简》[一]974

（一五）□……六日金曹史□□白　《吴竹简》[一]989

按："□□"可释"周□"，姓名。

（一六）□□□出今年财用钱十四万□□郡吏吴□牛□事　二月十四日□□□□□□白　《吴竹简》[一]990

（一七）□人为生口送□屯事对封府督邮

二月廿日谢□兵曹史□　《吴竹简》[一]1002

按："□屯"当释"大屯"。"谢"字存疑。

（一八）□言郡……□　《吴竹简》[一]1012

按："□言郡"当释"草言府"。

（一九）□　……户曹史殷桓（？）白　《吴竹简》[一]1023

（二〇）□□事对封　□月二日□□□□　《吴竹简》[一]1024

按：文末倒数第二个□或释"曹"。

（二一）□对封府

□□封府　二月七日□□□潘虑白　《吴竹简》[一]1025

（二二）……事　□

……十一日……□　《吴竹简》[一]1034

（二三）章言府没入大女□□□□□　《吴竹简》[一]1043

按：“章言府”当释“草言府”。

（二四）□……□二月十日史潘　白　《吴竹简》[二]461

（二五）……七月卅日主库史殷连白　《吴竹简》[二]6108

（二六）□草言府湘（？）西所传□书□……□　《吴竹简》[二]6543

按：“草”为文首第一字，简之上段完整，□符当删。

（二七）草言私学稚庐（卢）金正户民推求□□无有张违知□□□□

五月十一日□　《吴竹简》[二]6912

（二八）□□言□绪丘大男黄楷大女黄员罪应髡头笞二百黥面送大屯事

嘉禾三年五月十二日书佐烝顿（？）具封　《吴竹简》[二]7189

按：“烝顿（？）具封”当释“烝赟封”。烝赟，书佐姓名。

（二九）□曹言……诣大屯□请杀（？）爵（？）事

嘉禾五年五月七日书佐烝誌（？）具封　《吴竹简》[二]7195

按：“曹言”下尚可补释“遣吏送”三字。“烝誌（？）具封”当释“烝赟封”。

（三〇）□□气（乞）请对书事□

□□□年□月十一日书佐烝誌具封　《吴竹简》[二]7240

按：“事”下无字迹，□符当删。“烝誌具封”当释“烝赟封”。

（三一）□……嘉禾三年五月十一书佐烝□具封　《吴竹简》[二]7256

按：“烝□具封”当释“烝赟封”

（三二）……面……事

五月六日兵曹史黄□白　《吴竹简》[二]8892

（三三）草言府隐核市贾顷□以（？）有卖买缯织（？）者言□人□知明除□□□□所（？）

嘉禾三年正月六日金曹……白　《吴竹简》[二]8896

按：所（？）当释“事”。

（三四）草□诸乡条列州吏父兄子弟□质人名为簿事

五月十二□质……　《吴竹简》[二]8830

按：“草□”当释“草言”。

（三五）侍曹言实核士□卿（？）驰（？）乡□巡匿士未就□□无人□诣遣书□

……三年五月十二日……□　《吴竹简》[二]8901

按：“书”当释“事”。“三年”前尚可释“嘉禾”二字。“十二日”下尚见“书佐”二字。

（三六）□……

嘉禾□年五月十日书佐……　《吴竹简》[二]8939

（三七）□□□□子□人四斛□□人合十斛一斗事

已　□　五月九日□□□□白　《吴竹简》[二]8947

（三八）□□作……为（？）事

嘉禾三年五月十二日书佐烝□白　《吴竹简》[二]8974

（三九）□者（？）人□□授事　十一月十日兵曹掾烝□白　《吴竹简》[四]2004[7]

（四〇）□白　十一月廿七日部曲田曹史彭政白　《吴竹简》[四]2164

（四一）十一月十四日部曲田曹史彭政白　《吴竹简》[四]2146

（四二）□□人诣大屯请致（？）书事

十月廿九日兵（？）曹史黄界白　《吴竹简》[四]2174

（四三）□十一月四日部曲田曹史彭政白　《吴竹简》[四]2186

（四四）□度事对□ ……田曹史□□白　《吴竹简》[四]2201

（四五）□□□大屯事

十一月十日中贼曹史郭迈白　《吴竹简》[四]2204

（四六）□□封 □月九日户曹史□金（？）白　《吴竹简》[四]2888

（四七）书事 十一月四日中贼曹史郭迈白　《吴竹简》[四]2999

（四八）□□事 五月十日录事佐吕承封　《吴竹简》[四]3254

（四九）□□事 嘉禾元年三月十四日……白　《吴竹简》[四]3565

（五〇）□□□□病事 十一月□□金曹史朱□白　《吴竹简》[四]3793

（五一）□□五十二斛一斗六升事 十一月廿五日部曲田曹史彭政白　《吴竹简》[四]4366

以上例（二）至（五一）所见当为“草剌”本文，通常分为两段：前段概略地叙述所书草稿的内容（不是草稿全文），多见以“草言”二字起首，如例（一八）、（二三）、（二六）、（二七）、（三三）、（三四）所见；亦见署具体机构者，如例（二九）“□曹言”、例（三五）“侍曹言”。“草剌”所叙事皆为内容提要，典型且较完整者如例（三四）所见“草言诸乡条列州吏父兄子弟□质人名为簿事”，草稿原文当包含州吏家属多人的花名册，而“草剌”仅述事要，故文末以“事”字结尾。例（二八）叙事虽相当详细，仍未涉及二位当事人之具体罪行，知其亦为提要，文末亦以“事”字结尾。后段署撰写草剌的时间及撰写人，文末则以“白”字结尾，唯例（二八）至（三一）、例（四八）以“封”字结尾，与汉简所见发文登记簿形式用语类同，汉简所见如：

第廿三候长赵倗责居延骑士常池马钱九千五百，移居延收责，重。　●一事一封　十一月壬申令史同奏封。　《合校》35・4

候史徐辅迁补城仓令史，即日遣之官，移城仓。　●一事一封　十二月庚子令史弘封。　《合校》142・34

●徒王禁责诚北候长东门辅钱不服，移自证爰书，会月十日。　●一事一封　四月癸亥尉史同奏封　《合校》259・1

遣尉史承禄便七月吏卒病九人，饮药有廖名籍诣府，会八月旦。　●一事一封　七月庚子尉史承禄封。　《合校》311・6

●俱起隧长程偃等皆能不宜其官，换如牒，告尉谓城北候长辅。　●一事二封　八月丁亥士吏猛奏封。　《新简》EPT52・18

两类登录簿相比较，则知“草剌”当兼具发文登录簿的功能。

“草剌”所见之两段内容之间，或以空格间隔，或分两行书写。凡分两行书写者，后段则多书于竹简之下半部位置，以示二者有区别，即前段为主项，后段为辅项。

“草剌”涉及的事项包含当时各种政务及社会活动，内容极丰富，但今存者文字多磨灭，完整者甚少。

综上，“草剌”仅为撰写草稿的记录，兼具发文登记功能，但不是草稿本身。三国吴简当存许多草稿，仅从其末简即可印证此类草稿本文的存在，如：

（五二）右仓田曹史烝堂、关掾烝□白草　《吴竹简》[四]1231

上例所见“白草”为呈上文书草稿的意思，其前被编联之同册中本当有草稿本文。以下六例当为草稿本文之末段：

（五三）□若　嘉禾五年二月十八日模乡典田掾烝若白　　《吴竹简》[一]2746

（五四）□若　嘉禾五年十二月十八日模乡典田掾烝若白　　《吴竹简》[一]2754

（五五）□若　嘉禾五年十二月十八日模乡□　　《吴竹简》[一]2829

（五六）若　□□□掾史周□白草 五月十四日已卯白　　《吴竹简》[一]4378

（五七）若　□贷□掾史周□白草 五月十四日已卯白　　《吴竹简》[一]4379

（五八）若　烝口仓何□□　　《吴竹简》[一]4832

例（五六）、（五七）简文见“白草”字样，知其为草稿文无疑。例（五三）至（五五）及（五八）虽未言“白草”，简文见批示文字“若”，知其属原稿的可能居多。“若”通“诺”，允许、批准，笔迹与同简其他文字异，当为另一人所书，其人当为撰写草稿者之上级。署“若”当为对草稿之认可，否则可署如汉简所见“更定此草”之类。草稿被认可后，当另简抄成正式文稿发出，草稿则存档备查，故形成简牍多见草稿的现象。

（本文原载于《史学月刊》2008年第6期）

注释：

① 长沙简牍博物馆、中国文物研究所、北京大学历史学系：《长沙走马楼三国吴简·竹简》[二]，文物出版社2007年版，本文简称《吴竹简》[二]。

② 甘肃省文物考古研究所、甘肃省博物馆、中国文物研究所、中国社会科学院历史研究所：《居延新简》，中华书局1990年版，本文简称《新简》。

③ 谢桂华、李均明、朱国炤：《居延汉简释文合校》，文物出版社1987年版。

④ 长沙简牍博物馆、中国文物研究所、北京大学历史学系：《长沙走马楼三国吴简·竹简》[四]，文物出版社2007年版，本文简称《吴竹简》[四]。

⑤ 甘肃省文物考古研究所：《敦煌汉简》，中华书局1990年版。

⑥ 长沙简牍博物馆、中国文物研究所、北京大学历史学系：《长沙走马楼三国吴简·竹简》[一]，文物出版社2007年版，本文简称《吴竹简》[一]。

⑦ 长沙简牍博物馆、中国文物研究所、北京大学历史学系：《长沙走马楼三国吴简·竹简》[四]，文物出版社2007年版，本文简称《吴竹简》[四]。

走马楼吴简会计用语丛考

中国古代的“计”、“会计”，包括今天意义的会计与统计两个方面的内容。[①]今已整理的长沙走马楼三国吴简，大多数都属于“会计”文书，包括各式账簿、名册及经济凭证等。深入了解这些文书的格式与内涵，对今后的整理与研究工作无疑是有益的，今试对其中最常见的“会计”用语考述于下，不当之处，望大家批评指正。

一、出、出……给……付

“出”、“入”是中国古代公认的会计记录符号[②]，通常冠于账文之首。“出”用于支出账，走马楼吴简所见支出账大多都较长，文字多，每笔账要用三至四枚竹简才能写完，而今未能复原出从头至尾完整的同一笔账文，所以只能通过排比相同类型的简文来了解其基本格式，从而看出其用语特征。

属于支出账首段的简文如：

（一）出仓吏黄讳、潘虑所领嘉禾元年官所贷酱贾吴平斛米六斛九斗，被督军粮都尉　1828[③]

（二）出仓吏黄讳、潘虑所领嘉禾元年税吴平斛米廿四斛，被督军粮　2169

（三）出仓吏黄讳、潘虑所领黄龙三年税吴平斛米六十三斛三斗六升，为廪斛米　1901

（四）出仓吏黄讳、潘虑所领杂吴平斛米二千七十斛，其二百斛邮卒黄龙三年限米　1911

属于支出账中前段的简文如：

（五）□被督军粮都尉嘉禾元[年]六月廿九日癸亥，给右郎中何宗所督□　1900

（六）军粮都尉移右节度府黄龙三年十一月十一日乙巳书，给典事左金曹典事□□　2008

（七）五斛一斗五升，被督军粮都尉嘉禾元年六月廿九日癸亥书，给右郎中何宗所督武猛司马陈阳所领吏□□　2095

（八）被督军粮都尉嘉禾元年六月廿九日癸亥书，给右郎中何宗所督别部司马　2171

属于支出账中后段的简文如：

（九）都尉儿福仓曹掾阮父所领师士九十人嘉禾元年六月直其卒六人，人三斛；廿二人□　1993

（一〇）士四人，廪起嘉禾元年四月讫七月。其一人二斛□□ 三人，人二斛……　2014

（一一）领吏士五十五人嘉禾元年八月直其卌九人，人二斛；五人皷史，人一斛五斗；一人□四斛　2251

（一二）月一日讫七月卅日。其一人，人一斛五斗；一人一斛。嘉禾元年六月五日付仓贷（？）　2262

（一三）起嘉禾元年正月讫五月，月五斛。嘉禾元年四月讫六月付吏廖虑　2347

（一四）□年七月直人二斛。嘉禾元年六月日付樊器、何盛□　　1970

属于支出账后段的简文如：

（一五）十二日付书史张……　　2108

（一六）日付书史胡丑、杝师……　　2145

（一七）八月直人二斛。嘉禾元年八月十四日付东让。　　2250

（一八）付杝师任图、诵岑。　　2475

从以上四段上下重合的简文可看出，它们能组合成上下贯通的一笔支出账格式。从前至后亦可划分为四个方面的内容：一为支出方、支出物品及数量，文首皆冠以“出”字。支出方如例（一）至（四）所见“仓吏黄讳、潘虑”，支出物品及数量如例（二）“嘉禾元年税吴吴平斛米廿四斛”、例（四）“杂吴平斛米二千七十斛，其二百斛邮卒黄龙三年限米”等。二为支出所依据的官方凭证，如例（七）“被督军粮都尉嘉禾元年六月廿九日癸亥书”等。三为支出用途，包括被供给对象、消耗物品总量与定量等，通常以“给”字表示，如例（七）“给右郎中何宗所督武猛司马陈阳所领吏□□”、例（八）“给郎中何宗所督别部司马”，所见仅为支出用途说明文的上半段，下半段内容如例（一〇）“十四人，廪起嘉禾元年四月讫七月。其一人二斛□□三人，人二斛……”例（一三）“起嘉禾元年正月讫五月，月五斛”等。四为具体支付时间及接收人，通常以“付”字表示，如例（一四）“嘉禾元年六月卅日付樊器、何盛”、例（一七）“嘉禾元年八月十四日付东让”等。关于支出账的名目，9612简见“三州仓吏谷汉杂米出用付授要簿”，所云“出用付授”即大致包含前文所述四个方面的内容。

出，支出，其字大多冠于支出账之首。《周礼·天官·酒正》：“酒正之出，日入其成，月入其要，小宰听之。”郑玄注：“出，谓授酒材及用酒之多少也。”《集韵·至韵》：“出，自内而外也 。”宋代王与之《周礼订义》卷四十五：“凡车之出入，岁终则会之。”贾氏曰：“出谓出给官用，入谓用罢归官，于当时录为簿账，至岁终则总会计完败多少以入计会。”“出”与“给”之配合，汉代简牍已多见，如《合校》104·35、326·12：“出赋钱二千七百，给令史三人七月积三月奉。”[④]《合校》161·5：“出赋钱八万一百，给佐史八十九人十月奉。”又《合校》303·5：“出河内廿两帛八匹一丈三尺四寸大半寸，直二千九百七十八，给佐史一人元凤三年正月尽九月积八月少半日奉。”“出给”连用多见于史籍，如《后汉书·灵帝纪》：“厩马非郊祭之用，悉出给军。”《隋书·王韶传》：“乃至营造细小之事，出给轻微之物，一日之内酬答百司，至乃日旰忘食，夜分未寝。”《旧唐书·职官志》：“郎中员外之职，掌判天下仓储，收纳租税，出给禄廪之事。”又“凡出给，先勘木契，然后录其名数。”

“出”与“付”亦可单独配合，如11093简“出黄龙元年酱贾吴平斛米卅三斛六斗四升。嘉禾元年八月十五日付大男　平运诣州”。“出付”连用形式亦多见于史籍，如《隋书·礼仪志》：“既受之后，出付玉人于外。”又《新唐书·百官志》：“典定、掌宝各二人，凡出付皆旬别案记，还则朱书注入。”

二、入、入……受

“入”亦为中国古代会计记录符号，用于收入账。走马楼吴简所见收入账种类繁多，通常以物质属性及征收性质划分，常见者如：

（一九）入西乡嘉禾二年税米五斛三斗，胄毕。〈同〉嘉禾二年十月卅日[⑤]，上俗丘男子马德、关邸阁董基付三州仓吏郑黑受。　　728

（二〇）入中乡租米三斛，胄毕。〈同〉嘉禾二年九月廿八日，东平丘县吏伍训、关邸阁董基付仓吏谷汉受。　　3061

（二一）入男子李明二年盐米十斛。黄龙三年十一月十日，关邸阁郭据付仓吏监贤受。　　3103

（二二）入吏赵野还员口渍米五斛。嘉禾二年十二月廿六日，关邸阁李嵩付仓吏监贤受。　　3111

（二三）入小武陵乡嘉禾二年佃帅限米五斛八斗，胄毕。〈同〉嘉禾二年十月廿八日，□平丘朱□[6]、关邸阁董基付三州仓吏郑黑受。　　3817

以上五例为入米账，含税米、租米、限米、盐米、渍米等。

（二四）入南乡嘉禾二年财用钱七千。〈同〉嘉禾二年七月五日，男子雷渚、庐仵付库吏殷连受。2805

（二五）入广成乡嘉禾二年鋘贾钱二千。〈同〉嘉禾二年四月十三日，雅丘男子唐陆付库吏殷连受。2811

（二六）入南乡嘉禾元年芺钱八千。〈同〉嘉禾二年二月四日，烝弁付库吏殷连受。　　1614

以上三例为入钱账，含财用钱、鋘贾钱、芺钱等。

（二七）入西乡二年布一匹。〈同〉嘉禾二年五月二日，上俗丘男子五殷付库吏潘珛受。　　7944

（二八）入小武陵乡嘉禾三年新调布一匹。〈同〉嘉禾二年八月十二日，渚下丘男子文□付主库吏殷连受。　　7796

（二九）入模乡二年冬赐布一匹。〈同〉嘉禾二年三月十三日，洽丘大男苏明付库吏殷连受。　　7942

以上三例为入布账，含布、新调皮、冬赐布等。

（三〇）入平乡三州下丘潘逐二年麂布二枚。〈同〉嘉禾二年十二月廿一日，烝弁付库吏潘珛受。8221

此例所见为入皮账，它简尚见鹿皮、羊皮账等。

以上例（一九）至（三〇），大部分为经济凭证"莂"，以"莂"之组合作为收支账，称"莂簿"，5555简见"□□□承余新入杂钱莂簿"。此类收入账由两方面的内容构成：一为收入来源、物品及数量。收入来源如例（一九）"西乡"、例（二〇）"中乡"、例（二一）"男子李明"之类，物品及数量如例（二〇）"租米三斛"、例（二四）"嘉禾二年财用钱七千"、例（二七）"嘉禾三年新调布"之类。二为接受时间、送达人、接收人，如例（一九）"嘉禾二年十月卅日，上俗丘男子马德、关邸阁董基付三州仓吏郑黑受。"

走马楼吴简尚见简要的收入登录账，如：

（三一）入民还黄龙二年租米三斛五斗　中　　2331

（三二）入吏帅客黄龙元年限米卅斛二升　　2387

（三三）入黄龙元年税米廿斛　已中　　3191

（三四）入三州仓运黄龙二年盐米廿一斛一斗四升　　9538

以上收入登录账格式简略，仅记收入来源、物品及数量，关于领受时间当另简书写，如9545简见"中仓谨列起五月一日讫卅日黄龙三年杂米种领受斛数簿"之类。

入，纳入、收入。《说文》："入，内也。"《广雅·释诂》："入，得也。"《礼记·王制》："制国有，量入以为出。"孔颖达疏："量其今年入之多少，以为来年出用之数。""入"与"受"相配合之格式亦多见于汉简，《合校》16·2："入粟大石二十五石，车一两，输甲沟候官。始建国六年，令史□受訾家当遂里王护。"《敦》284："入郡仓居摄三年正月癸卯转一两，麦小石卅石五斗。居摄三年三月戊辰，大煎都士吏牛党、候史尹钦受就人效谷益寿里邓尊。”⑦《合校》10·12：“入小畜鸡一、鸡子五枚。元康四年二月已未朔己巳，佐建受左后部如意隧长奉亲。卒外人输，子元受。”

三、右……合、凡、集凡

“右……合”、“凡”、“集凡”为当时会计之合计用语，合计范围稍有区别。

（三五）●右桑乡入嘉禾二年布莂五十四枚，合六十九匹一丈七尺。　8286

（三六）●右莂廿五枚，布合五十四三丈二尺。　15866

（三七）右卌五户月收僦钱合二万二千五百。　4462

古代简册通常由右至左编联排列，故凡署“右”者指其右侧相关简册之内容，如例（三六）“右莂廿五枚”乃指其右侧之二十五枚莂券，“布合五十匹三丈二尺”则指二十五枚莂券所载布匹的合计数。大多数简册仅用“右”表示合计，不署“合”字，如：

（三八）●右黄簿吏民佃户口食一百八十人。　15204

（三九）●右东乡入财用钱十一万八百一十。　1440

（四〇）●右诸乡入租米五十八斛六斗。　2874

（四一）●右平乡入皮五十八枚。　8323

例（三九）至（四一）之合计当源之前文例（一九）至（三〇）一类收入账。支出账亦见以“右”表示之合计，如2158简：“右五月出吴平斛米四千一百卌一斛七斗七升□合。”汉简中亦屡见“右”之合计用法，如《新简》EP T40·12：“●右第十部士吏以下吏十一人，用大黄布百四十三枚。”《新简》EPT40·12：“●右第十部士吏以下吏十一人，用大黄布百四十三枚。”《新简》EPT40·12：“●右十一月廿七日讫今月七日受十七两，粟大石四百二十五石。”

（四二）凡四百家，一岁领酒租具钱十万二千 □　6365

（四三）凡民还贷食连年□米一百一十三斛一升。　3163

（四四）凡送新领师佐五人、父母妻子十人，合十五人。　8231

（四五）凡口三，事二。筭二，事一。中訾五十。　3343

凡，总共、合计，《说文》：“凡，最括也。”《史记·陈涉世家》：“陈胜王凡六月。”关于家庭户口之合计，试从走马楼吴简复原一户人家之统计：

（四六）高迁里户人公乘张乔，年卅，筭一，给县吏。　10412

乔妻大女健，年廿五，筭一。　10415

乔子女土，年二岁。　10399

乔兄□年廿八，筭一，刑右足。　10400

凡口四事，筭三事，訾五十。　10422

此例末简与前四简未能肯定同属一册，但原简文字格式必与其相同。尚有许多户籍之合计冠以“右”字，如772简“右客家口食四人。”934简“右乡家口食七人，其四人男、三人女。”则知“凡”之合计范围与“右”字大致相同。此类合计有时也仅以“合”字表示，而且位于文中，如7649简“一家合三人”、7690简“一家合五人”。

（四七）集凡起五月一日讫十五日民入嘉禾二年布合廿匹三丈六尺。　8197

（四八）集凡诸乡起十二月一日讫卅日入杂皮二百册六枚□□□　　8259

（四九）集凡乐乡领嘉禾四年吏民合一百七十三户，口食七百九十五人□　　8482

（五〇）集凡连年杂米合一千六百卅九斛七斗四升。　　9553

集，聚合，《广雅·释诂三》："集，聚也。"《玉篇·佳部》："集，合也。"《汉书·石奋传》："景帝曰：'石君及四子皆二千石，人臣尊宠乃举集其门。'"师古注："集，合也。"集凡，合计之总合，即若干"右"或"凡"之总计。《旧唐书·罗弘信传》："集凡五卷，今邺中人士讽咏之。"《金史·王若虚传》："集凡若干卷。"与吴简义同。较早之汉简则称之为"最凡"，如《合校》142·32B："●最凡粟二千五百九十石七斗二升少。"《合校》203·37："●最凡十九人家属尽月见，用粟八十五石九斗七升少。"《新简》EPF22·263："●最凡卒阁三十一人，帛百三十六匹。"[⑧]或称"大凡"，如《合校》141·12："●凡出二千一百卅，大凡作五万九千□"。

四、承余、今余

"余"指会计结算之剩余，有"承余"与"今余"之区别。

（五一）右承余钱三千二百。　　5302

（五二）右承余新入财用钱二万四千四百。　　5286

（五三）集凡承余新入吴平斛米□合一万□千七百九十二斛七斗五升。　　1822

（五四）集凡承余新入吴平斛大麦一万一千七百廿六斛三斗五合。　　2302

（五五）承二月旦簿余嘉禾二年口筭钱四千。已　　5261

（五六）承十二月旦簿余嘉禾二年市租钱十万七千二百。　　5242

（五七）承七月旦簿余领吴平斛米□□定合一万九百九十四斛一斗八升五合。　　2128

承，承继，《说文》："承，奉也，受也。"《后汉书·儒林传赞》："斯文未陵，亦各有承。""承余"之"余"特指上期之结余。

（五八）今余钱三千二百。已　　5450

（五九）今余钱二万四千二百九十。已　　5254

"今余"之"余"特指本期结余，是本期承余、新入与支出相抵的结果。

"承余"与"今余"的分离，是中国古代"四柱结算法"已确定的重要标志。"四柱"乃指本期所承上期结余、本期收入、本期支出、本期结余。走马楼吴简所见"四柱"之用语皆已固定为"承余"、"新入"、"出"、"今余"，表明"四柱结算法"在当时已达到成熟阶段。当然，其基本形态已见于东汉简牍，今摘录《甲乙编》128·1所见一笔结算。[⑨]

（六〇）广地南部言永元五年六月官兵釜硙月言簿。

承五月余官弩二张、箭八十八枚、釜一口、硙二合。

今余官弩二张、箭八十八枚、釜一口、硙二合。

赤弩一张，力四石，木关。

陷坚羊头铜鍭箭卅八枚。

故釜一口，鍉有锢口呼长五寸。

硙一合，上盖缺二所各大如踈。

●右破胡隧兵物

赤弩一张，力四石，木破，起繁往往绝。

盲矢铜鍭箭五十枚。

硙一合，敝尽不任用。

●右涧上隧兵物

●凡弩二张、箭八十八枚、釜一口、硙二合。毋出入。

永元五年六月壬辰，广地南部候长信叩头死罪敢言之。

谨移六月见官兵物月言簿一编。叩头死罪，敢言之。

上引简例仅为《甲乙编》128・1简册所见的一笔结算。此结算中，亦见“承余”与“今余”之区别，而“毋入出”乃指本期没有新的收入及支出，亦为“四柱”俱全的结算法。更早的记载，可见于公元前30年前后的西汉简牍，如：

（六一）亭□

九　　□

十一月已卯，掾强所收五年余茭钱二千五十五。元年茭钱万四千五百廿八。

●凡万六千五百八十三。

出钱五千七百廿五□收掾车给官费。

出钱三千八百六十六□居延责钱。

出钱千县所□□

凡出万五百九十一。

今余钱五千九百九十二。

出钱四百五十一,十一月壬辰付令史根□□□。

出钱三百,十一月壬辰付士吏□□□□□　　《合校》209・2[10]

此例所见，上期结余即“五年余茭钱二千五十五”，本期新入为“元年茭钱万四千五百廿八”，二者相加即“凡万六千五百八十三”为本期实有数。“今余钱五千九百九十二”则为实有数与支出数相抵的结果，即本期结余。表明此例所见亦“四柱”俱存，只是用语未如例（五八）那么规范。李孝林先生认为“我国四柱算在实际工作中的应用，不会迟于公元前七世纪”，不是没有可能的。[11]

五、校、料校、拘校

“校”在经济活动中乃指核查、盘点。

（六二）〈同〉小赤丘男子邓春，佃田三町，凡十六亩，皆二年常限。其五亩旱败不收，亩收布六寸六分。定收廿亩，为米廿四斛。亩收布二尺。其米廿四斛，四年十二月七日付仓吏李金。凡为布一匹三丈三尺，四年十二月十日付库吏潘有。其旱田亩收钱卅七，其熟田亩收钱七十。凡为钱一千五百一十钱，四年十一月三日付仓吏潘有毕。嘉禾五年三月三日，田户曹史赵野、张惕、陈通校。　《田家莂》4・71[12]

（六三）〈同〉弦丘男子潘政，佃田五町，凡十六亩，皆二年常限。旱败不收钱布。嘉禾六年二月廿日，田户曹史张惕、赵野校。　《田家莂》5・456

校，核对清点，《史记·平準书》："京师之钱巨万，贯朽不可校。"《集解》引如淳曰："校，数也。"《合校》206·7："令史弘校第廿三仓谷，十月簿余谷彷徨大石六十一石八斗三升大。"以上二例所谓"校"，乃指对账目的核查而言。

（六四）黄龙元年文入郡屯田民□吴平斛米一百六斛二斗，料校不见，前已列言，诡责负者。 6227

（六五）黄龙元年文入叛士限吴平斛米六百七十四斛九斗三升，料校不见，前已列言，更诡责负者。9587

料，度量，《说文》："料，量也。从斗，米在其中。"《秦简·效律》："县料而不备者，钦书其县料也之数。"[13]《三国志·吴书·吕蒙传》："权统事，料诸小将兵少而用薄者，欲并会之。"《晋书·痍亮传附痍冰》："隐实户口，料出无名万余人，以充军实。""料"亦称"料计"，15354简："辄料计三州仓起嘉禾二……"。"料校"，乃指通过度量计算进行核查，《晋书·武十三王传》："武帝尝幸宣武场，以三十六军兵簿，令柬料校之，柬一省便擿脱谬，帝异之，于诸子中尤见宠爱。"早期称"计校"或"校计"，《秦简·效律》："计校相谬殹（也），自二百廿钱以下，谇官啬夫。"又《敦煌悬泉汉简释粹》56例"校计相除，官负啬夫郎钱八百卌。"

（六六）七月簿到，拘校，复白□ 2350

拘，拘检，《玉篇·句部》："拘，拘检也。""拘校"指检究考校，亦见于汉简，如《新简》EPF25·3："踵故承余，府遣掾校物少不应簿。拘校天凤"。"拘"通"钩"，故汉简及史籍所见多作"钩校"，如《合校》269·8："□在时，表火课常在内，未曾见收，不知钩校。候言□"《汉书·陈万年传》："少府多宝物，属官，咸皆钩校，发其奸臧。"《后汉书·陈宠传》："又钩校律令条法溢于甫刑者，除之。"

六、被书、依书

"被书"、"依书"为使用经济凭证用语。

"被……书"的格式见前例（五）、（七）、（八），又2018简："被督军粮都尉嘉禾元年四月九日甲寅书"、2055简："被督军粮都尉黄龙元年四月廿九日辛亥书"等。被，受、承受、接受，《史记·屈原传》："信而见疑，忠而被谤，能无怨乎。""被书"指接受上级下发的某种指令文书，该文书具有调遣效力，如《三国志·魏书·杨俊传》："遂被书左迁平原太守。"又《赵俨传》："时被书差千二百兵往助汉中守，署督送之。"《胡昭传》：建安二十三年，陆浑长张固被书调丁夫，当给汉中。"被书"之"书"当为具体的文件，所以才有"被……书"的格式，见于吴简外，又《三国志·魏书·王烈传》："奉今年二月被州郡所下三年十二月辛酉诏书，重赐安车、衣服，别驾从事与郡功曹以礼发遣，又特被玺书，以臣为光禄勋，躬秉劳谦，引喻周、秦，损上益下。""被书"之"书"如与经济事宜相关，自然成为经济收支凭证。

（六七）物故，无所诡责。已列言，依癸卯书原除。中 11265

依，按照，《后汉书·窦宪传》："乃拜宪车骑将军，金印紫绶，官属依司空。""依……书"指遵照某件文书执行，与"被……书"意义相类。

七、原除、捐除

“原除”、“捐除”指免除应承担的某种义务，包括各种形式的租税劳役等，与会计事宜密切相关。

“原除”除上例所见，又：

（六八）诡责。已列言，依癸卯书原除。　　13251

原，恕免，《庄子·天道》：“因任已明而原省次之。”成玄英疏：“原者，恕免。”《后汉书·范冉传》：“是时西羌反叛，黄巾作难，制诸府掾属不得妄有去就。冉首自劾退，诏书特原不理罪。”除，免除，《汉书·文翁传》：“又修起学官于成都市中，招下县子弟以为学官弟子，为除更徭。”师古注：“不令从役也。”6369简：“武昌及西部为口，无所收责，毛琑除租□”。“原除”当指主动免除，《后汉书·顺帝纪》：“其赦天下，从甲寅赦令已来复秩属籍，三年正月已来还赎。其阎显、江京等知识婚姻禁锢，一原除之。务崇宽和，敬顺时令，遵典去苛，以称朕意。”《三国志·魏书·文帝纪》：“杨州界将吏士犯五岁刑已下，皆原除之。”《宋书·文帝纪》：“大赦天下，诸逋债在十九年以前，一切原除。”

（六九）□病，屋坏败，地上无人居止，无所收责，乞捐除钱，起今　　18164

（七〇）□……所收责，乞捐除，起□年正月讫十二月卅日，钱合一万二　　18151

（七一）□今年正月一日讫十二月卅日为钱六□应捐除名。18146

（七二）□千，应捐除名。　18170

以上四例皆与免除“地僦钱”的征收相关。⑭

捐，捐弃，《后汉书·循吏列传》：“捐上林池籞之官，废骋望弋猎之事。”《三国志·魏书·乌丸鲜卑东夷传》：“疾病死亡辄捐弃旧宅，更作新居。”《晋书·元帝纪》：“昔吴起为楚悼王明法审令，捐不急之官，除废公族疏远，以附益将士，而国富兵强。”“捐除”指弃除。简文所见“捐除”多指因客观原因而放弃。史籍所见意义稍广，李心传《建炎以来系年要录》卷七十三载：“绍兴四年二月…… 如上件金银绢未可捐除，即乞严戒州县桩簇官钱和买，不得于人名丁科配。”明代吕柟撰《四书因问》卷四《子张篇》云：“于凡世上，荣华富贵都要捐除，要淡薄方好。”成书年代都较晚，当承自吴简用法。

以上所考仅为走马楼吴简中最常见的会计用语，尚有更多用语还待日后探讨。

（本文原载于《出土文献研究》第七辑）

注释：

① 当时的会计与统计尚未完全分离。

② 参见郭道扬：《中国会计史稿》，中国财政经济出版社 1982 年版。

③ 长沙市文物考古研究所、中国文物研究所、北京大学历史系走马楼简牍整理组：《长沙走马楼三国吴简·竹简》[壹]，文物出版社 2003 年版。本文凡仅引简号者皆出自本书；而简号为 10536 之后者，引自《长沙走马楼三国吴简·竹简》[贰]。

④ 谢桂华、李均明、朱国照：《居延汉简释文合校》，文物出版社 1987 年版，本文简称《合校》。

⑤〈同〉为莂券合同符号，原书作𠇍，今以此替代，下同。

⑥“朱”原书作“米”，今据图版改。

⑦ 甘肃省文物考古研究所：《敦煌汉简》，中华书局 1991 年版，本文简称《敦》。

⑧ 甘肃省文物考古研究所、甘肃省博物馆、中国文物研究所、中国社会科学院历史研究所：《居延新简》，中华书局 1994 年版，本文简称《新简》。

⑨ 中国社会科学院考古研究所：《居延汉简甲乙编》，中华书局 1980 年版，本文简称《甲乙编》。

⑩《新简》EPT52·265："建始元年六月癸巳朔乙卯，令史根……"表明"令史根"任职年代在公元前 30 年前后的汉成帝时期。参见李均明：《居延汉简编年——居延编》，新文丰出版公司 2004 年版。

⑪ 李孝林等箸：《中外会计史比较研究》，科学技术文献出版社 1996 年版，第 127 页。所云"公元前七世纪"或为"公元七世纪"之笔误。

⑫ 长沙市文物考古研究所、中国文物研究所、北京大学历史学系走马楼简牍整理组：《长沙走马楼三国吴简·嘉禾吏民田家莂》，文物出版社 1999 年版，本文简称《田家莂》。

⑬ 睡虎地秦墓竹简整理小组：《睡虎地秦墓竹简》，文物出版社 1990 年版，本文简称《秦简》。

⑭ 参见拙文《走马楼吴简"地僦钱"考》，载于《简帛研究》2005 年。

中韩简牍比较研究（初步）

——从中国简牍的类别谈起

公元前后的数世纪间，东亚地区曾盛行以竹木简牍为文字载体，以墨笔书写，兼具实用性与艺术性，有着丰富的文化内涵。迄今，中国已出土简牍近30万枚，日本国出土简牍逾20万枚，韩国出土木简数百枚，对研究东亚文化的发展交流，具有特殊的意义。

简牍的应用，和其他事物一样，有着产生、发展乃至消亡的过程，但这一过程是漫长的。《尚书·多士篇》："惟殷先人，有册有典。"甲骨、金文中的"册"字，其形象为把若干竹木简用绳索编联起来的样子。又据考古发现，当时竹木器已被普遍应用，甲骨、陶器上已见笔墨的痕迹，表明使用竹木简的物质与技术条件已成熟，则《尚书》的记载是可信的。但今见最早的出土简牍是1978年中国湖北随县曾侯乙墓出土的竹简，时当公元前433年前后，最晚者可达15世纪时的明代，但出土数量最多的还是战国、秦汉、三国间的简牍，约当公元前3世纪至公元后3世纪间。韩国出土者多为6世纪后的木简。日本国出土者则为7世纪后的产物。但朝鲜半岛也出土过汉代的木简。

由于中国出土简牍所能反映的时代比较漫长，亦较容易从中窥探简牍发展消亡的过程及一般规律，因此，以之作为参照物进行比较，对研究韩国与日本出土的木简肯定是有益处的。尤其中国出土简牍中之大部是其鼎盛时期的产物，所以形制与内容相对而言是完备的。后来，由于纸张的出现并被普遍使用，简牍便开始衰落，其中许多重要功能已被纸张所替代。韩国及日本国出土简牍的时代，恰恰是纸张已大量使用的时候，因此考察这些简牍时，已须更多地考虑纸张的替代因素。

类别是因实际应用的需要而产生的分野。简牍类别之划分，至秦汉最繁复，徐师曾《文体明辨序》云："盖自秦汉而下，文愈盛；文愈盛，故类愈增；类愈增，故体愈众；体愈众，故辨当愈严；此吴公《辨体》所为作也。"刘彦和《文心雕龙·史传》："是以在汉初，史职为盛，郡国文计，先集太史之府，欲其详悉于体国也。"迄今所能看到的中国简牍，大致可分为典籍与文书两大类。

简牍常见之典籍包括诸子百家、占卜术数及诗赋等，大多与《汉书·艺文志》所载相应。今见简牍中的典籍，如郭店楚简《老子》甲、乙、丙三种，上海博物馆藏简《易经》、《诗论》、《缁衣》、《恒先》等，甘肃武威磨嘴子《仪礼》甲、乙、丙三种，河北定县八角廊汉简《论语》、《儒家者言》、《哀公问五义》、《保傅传》、《太公》、《文子》等，安徽阜阳双古堆汉简《诗经》、《周易》、《仓颉篇》、《年表》、《刑德》、《日书》等，江苏连云港尹湾汉墓简牍《神龟占》、《博局占》、《刑德行时》、《行道吉凶》、《神乌傅》，香港中文大学文物馆藏简《日书》、《周易》、《缁衣》，山东临沂银雀山汉墓竹简《孙子兵法》、《孙膑兵法》、《尉缭子》、《晏子》、《六韬》、《守法守令等十三篇》、《论政论兵之类》、《曹氏阴阳》、《唐勒》、《相狗》等，湖北云梦睡虎地秦墓竹简《日书》甲、乙、丙三种，甘肃天水放马滩汉简《日书》甲、乙种，湖北江陵王家台秦简《日书》、《易占》等，居延、敦煌汉简中屡见《苍颉》、《急就》等字书亦属典籍。此外，常见于出土简牍中的各式历谱亦可归入典籍类。

简牍常见文书包括官、私文书。笔者在《简牍文书学》一书中将其分为六大类，[①]包括：

书檄类，犹今通用文种，最明显的特征是其具备通行性，它既是各种信息的载体，亦可搭载同类别或其他类别的文书运行。今见书檄类的称谓有书、檄、记、教、传、致等。当然，书檄类的称谓也有演变的过程，例如早期的王室文书称“命书”，秦统一中国，分之为二，一称“诏书”，二称“制书”，至汉代又分之为“策书”、“制书”、“诏书”、“诫敕”四种。再如通行证“传”，魏晋后改称为“过所”等。

簿籍类，犹今各式账簿和名册，不具通行性，属专用文种，在迄今所见出土简牍中数量最多。名目繁杂，按特征可分别簿与籍，因为二者既有联系，又有区别，簿通常以人或物数量值为主项，而籍则大多以人或物自身为主项，数量为辅。三国后逐渐合称为“簿”。簿籍类所见，包括了今天意义的会计文书与统计文书。

律令类，犹今法典，多以条款形式见存，常见名目有律、令、科、品、约、式等，数量甚多。较特殊者为《法律答问》，是对法律条款的解释，见于湖北云梦睡虎地秦墓竹简，采用问答形式，所解释大多是法律的主体——刑法部分，也涉及民事关系及诉讼程序。

录课类，以实录为主，兼顾数据，自称为案、录、刺、课等，具凭证备查功能，既不同于书檄，与簿籍又有区别。

符券类，属契约、合同之类，通常为一式多份（两份以上）。同式各份以契刻，或以线条为合同标志，示其信用。以契刻合符者为契券，简文称之为“符”或“券”。以平面笔画部分用以合符者称“傅别”或“莂”。

检楬类，皆为标识文书。检通常以设有封泥槽为明显标志，用于封缄各种物品及文书。楬犹今标签木牌之类，用于说明物品或文书的相关情况。

以上为中国出土简牍的大致类别，诸类别文种随着纸张的广泛应用及时代的发展，也不断产生变化，秦汉时盛行的竹木制书檄，至三国吴简中数量已大大减少，其中许多当已转移以纸张为载体了。

虽然时代不同，却由于载体相同，故尚有一定的可比性，故不妨以上述类别之划分考察韩国出土木简。韩国木简似包含上述类别中的多数，至少含有典籍及文书类的书檄、簿籍、检楬、录课等。以下，试为举例比较：

关于典籍。2000 年 4、5 月间韩国釜山大学博物馆在庆尚南道金海市凤凰洞发掘的一批木简，内含一枚典籍简（《韩国古代木简》147 号）[②]，内容为《论语·公冶长》之中段，书于四面觚上，录文于下：

第一面：“我不欲人之加诸我也，吾亦欲无加诸人。”

第二面：“子谓子产：有君子之道四焉。其行”

第三面：“[三]已[之]，无愠色。旧令尹之政，必以告新”。

第四面：“违之，何如？子曰：清矣，曰仁矣乎！曰”

为便于对照，今亦将传世文献所见此段文字录如下（为准确查阅字数，故未标点）：

子贡曰我不欲人之加诸我也吾亦欲无加诸人子曰赐也非尔所及也

子贡曰夫子之文章可得而闻也夫子之言性与天道不可得而闻也已矣

子路有闻未之能行唯恐有闻

子贡问曰孔文子何以谓之文也子曰敏而好学不耻下问是以谓之文也

子谓子产有君子之道四焉其行已也恭其事上也敬其养民也惠其使民也

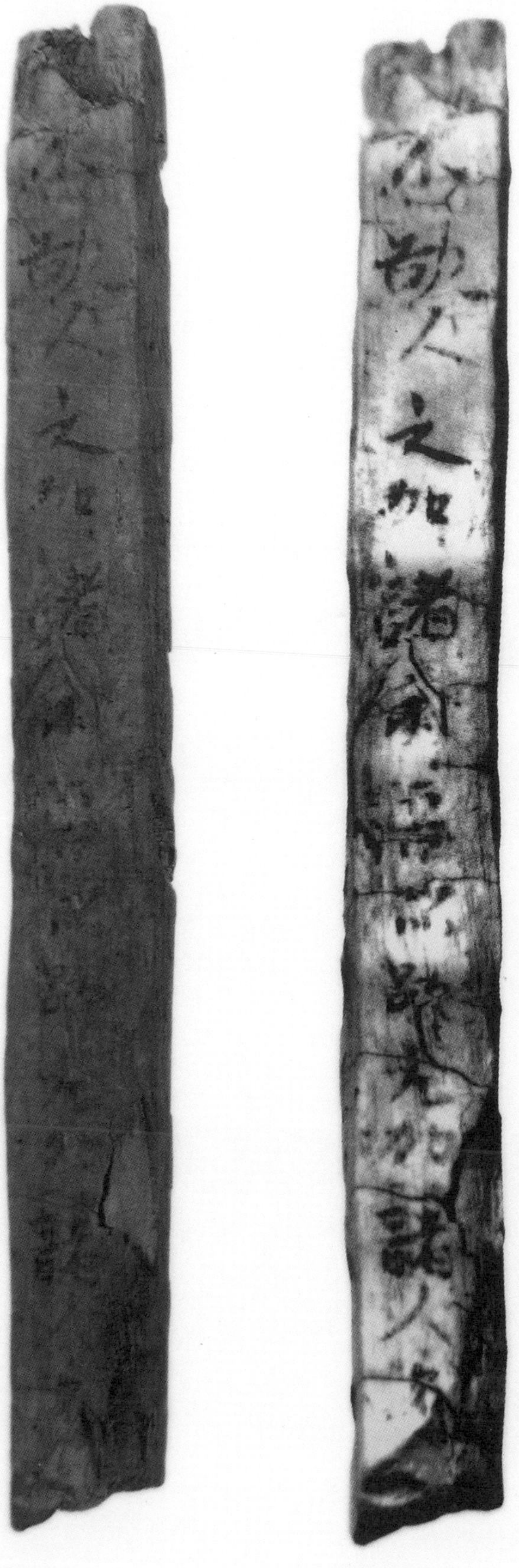

韩国木简

子曰晏平仲善与人交久而人敬之子曰臧文仲居蔡山节藻棁何如其智也

子张问曰令尹子文三仕为令尹无喜色三已之无愠色旧令尹之政必以告新令尹何如也子曰忠矣曰仁矣乎曰未知焉得仁崔子弑齐君陈文子有马十乘弃而违之至於他邦则曰犹吾大夫崔子也违之之一邦则又曰吾大夫崔子也违之何如子曰清矣曰仁矣乎曰未知焉得仁

木觚第一面末字至第二面首字间隔约 79 个字，第二面末字至第三面首字间隔 62 个字，第三面末字至第四面首字间隔亦 62 个字。上引传世文献所见“子路有闻未之能行唯恐有闻”内容与其前后文不协调，或为错简而窜入者，排除此段，则木觚第一面末字至第二面首字间隔 67 个字。今木觚上、下皆已断缺，残长 20.9 厘米，按见存长度能容 13 至 16 字计，则原觚长度当在 80 厘米以上（每面容 80 字左右），此长度虽然难以令人置信，但事实本当如此，况且居延汉简所见觚亦有长达 88.2 厘米者。木觚四面书字，则此觚能容 300 字以上。与传世文献比对，此觚第一面首字前传世文献尚有 300 余字才达其标题《公冶长》，而第四面末字后传世文献亦有近 300 字才达下卷首，则知此觚所载为《论语·公冶长》之中段，其前后皆各有一觚，凡三觚（皆四面）才能抄完《论语·公冶长》卷。抄写经书的木简比其他常规文书长，与中国古代制度相类。

此外，《木简》301 号正面：“书亦从此法为之凡六卩五方”、背面：“□行之也凡作形之中□具”亦可能属典籍之类。今见典籍简，经过较多的加工，书写面通常皆较平整。

关于官、私文书。择二例如下。

《木简》118 号：

第一面：“戊辰年正月十二日朋南汉城道使”（下缺）

第二面："须城道使主前南汉城□□"（下缺）

第三面："□□蒲□□□□□□"（下缺）

此文形式与中国古代文书檄相类，文字较多，合叙事所需，当为公文，可惜下端已缺，未能判明其运行方向，文中"朋南汉城道使"当为文件制发者，地位较高，故属下行文的可能较大。

《木简》149 号，原释作：

第一面："大鸟矩郎足下万行白之"

第二面："经中入用思买白不虽纸一二个　"

第三面："（阝+葉）垂赐教在之後事者命书"

第四面："使内卜"

今据图版释文，并调整顺序如下：

第一面："使□"

第二面："大鸟知郎足下再拜白"

第三面："经中入用思买白不虽纸一二个"

第四面："隟惠赐教在之後事者命书"

此觚当属一封书信，涉买纸事宜，义未能尽晓。白，白事、禀告。"再拜白"指以叩首礼禀告。中国简牍书信中常见此类语，如《新简》EPT3・9A、EPT6・10、W・77 见"叩头白"，[③]《新简》EPT40・7、EPT56・178、EPT59・525 见"叩头白记"，《新简》EPT48・16 见"伏地白"。意义完全相同者则见《敦》1871"伏地再拜言"。"足下"乃对收信人之尊称，犹今言殿下、阁下之类，亦见于中国简牍，如《新简》EPT10・6 见"君卿足下"、《新简》EPT51・233 见"少卿足下"。"惠赐教"犹中国简牍常见之"幸赐教"之类，谓幸运地得到您的教诲，《合校》34・22 见"辱幸赐记教以属（嘱）"。[④]

《木简》305 号亦或为书信，录文于下：

第一面："宿世结业同生一处是"

第二面："非相问上拜白事"

背面："慧量（？）□前"

关于计账与名籍。计账在韩国木简占有较多比例。

《木简》192 号："郎席长十尺，细次朼三件、法次朼七件□。"

按：简文所见"次朼"二字或当释为一个字，疑为"瓷"字异体，故以"件"为量词。

《木简》196 号："南公凡复上叶十三斗"。

以上二简所书皆为对器物或材料的统计，存物品与数量词，属账簿之类，当然亦可作标签系挂于相应器物上。

《木简》281 号正面："五月廿六日　椋食□□　下椋有"（下缺）。

背面："仲椋有食廿三石"。

此例所见或为有关粮食的统计，或与中国简牍所见廩食簿相类。

《木简》305 号正面："四月七日宝慧寺　智真（下缺）　慧（下缺）"。

背面："（上缺）□送盐一石"。

此例所见显然是与寺庙相关的运送食盐的序日流水账。

宫南池《木简》295 号正面首行："西卩後巷　已达已斯卩　依活□□后卩"。第二行："妇人　中口四　小口二　迈罗城法利源　水田五形"。背面："西卩中□夷"。

韩国木简

此简正、背面或当对调。今见正面内容大致包括住址、人名、身份、家庭人口构成及田地等。“中口”、“小口”乃为年龄段，位“丁口”之下，亦屡见于中国唐代的户籍登记中，《旧唐书·食货志》：“男女始生者为黄，四岁为小，十六为中，二十一为丁，六十为老，每岁一造计账，三年一造户籍……至天宝三年又降优制，以十八为中男，二十二为丁。”《唐律·户婚》：“脱口及增减年状（谓疾、老、中、小之类），以免课役者，一口徒一年，二口加一等，罪止徒三年。”《唐律·名例》：“诸年七十以上、十五以下及废疾，犯流罪以下，收赎。”又“八十以上、十岁以下及笃疾，犯反、逆、杀人应死者，上请。”《疏》议曰：“《周礼》‘三赦’之法：一曰幼弱，二曰老耄，三曰戆愚。今十岁合于‘幼弱’，八十是为‘老耄’，笃疾‘戆愚’之类，并合‘三赦’之法。”亦表明“中口”、“小口”为两个年龄段，而且与国家政策相关，韩国木简所见或相类。“水田五形”之“形”当为面积或地块单位，类似中国古代的“顷”、“亩”、“町”、“塊”之类。

名籍之类在韩国木简中多见，《木简》1至96号大致即名籍之类，举例如下。

《木简》3号：“仇利伐 上彡者村 波娄”。

《木简》17号：“（上缺）前谷村 阿足只□”。

《木简》28号正面：“古阤伊骨利村 阿那众智卜利古支”。

“伐”待考。其下某某村当皆为村名，再下则为人名。

关于标签。韩国木简中数量最多的当属标签之类，有时与计账混用，二者不易分清，实用性强，形制特征明显，举例如：

《木简》185号正面：“之迷急使条高城驴一匹（？）”。

背面：“辛□洗宅□□□亢一品仲上”。

《木简》194 号："甲辰三月二日石月五藏"。

《木简》195 号："朔三日作□监瓦百。"

此类标签大多含日期、物品及数量等内容，亦起流水账作用，故归入计账类亦可。其特点是顶端两侧都有缺口用于系绳，与中国古代木楬系联方式相同，但未见中国古代木楬常见之楬首网格纹。又韩国标签之圆头形首端亦未见于中国古代木楬，颇具特色。

关于序时方式。韩国木简所见日期通常署于文首，与中国简牍所见相类，例如：

《木简》210 号："乙巳年正月十九日仲□□"。

《木简》212 号："庚子年五月十六日"。

以干支序年，以序数序月、日是韩国木简最常见的序时方式，与中国木简大量使用朔日干支与序日干支的做法有区别。亦见带年号者，如：

《木简》182 号："宝应四年"。

《木简》184 号正面第一行："(上缺)□□舍舍舍　韩舍　天宝十载　良士卿□"

第二行："(上缺)韩舍　韩舍　韩舍　天宝　宝[天]宝"。

"宝应"为唐肃宗年号，但"宝应四年"时代宗已即位，韩国木简所见年号未改，尹在硕先生在《韩国出土木简的形制及其内容》一文中已详作考证，此不赘述。"天宝"为唐玄宗年号。由于 184 号木简为习字简，非正式公文，故年号未书于文首。

年代较晚的中国木简序时已不加朔日干支与日干支，如《散》245 号所见晋简："建兴卅四年九月十五日"，但未用干支序年。⑤

关于书体与字形。韩国木简之书体以楷书为主，亦有行草，草化较甚者，如《木简》149 号所见"再拜"二字，连笔而简化，不容易辨识。类似的情形曾见于中国早期的木简，如《敦》243A："原匡叩头白。谨使卒张常奉记叩头再拜白。"⑥"再拜"二字亦呈现简化过甚的现象，字形作。

韩国木简的字形结构亦有不少与湖南长沙走马楼三国吴简相同，如《木简》3 号、34 号之"娄"写作"[illegible]"，《木简》17 号、33 号、44 号之"谷"写作"[illegible]"皆是，与同时代的敦煌、吐鲁番文书对照，字形写法相同者当然更多了。

韩国木简或亦有简化通假者，如《木简》158 号："苐八巷苐廿三大舍麻断(？)□衣节草辛"之"苐"或当释"弟"通"第"，则此简前八字或释"第八巷第廿三大舍"，读起来更通顺。

今见韩国木简行用的年代无疑是纸张已广泛普及的年代，木简自身即有购买纸张的记录(见《木简》149 号)，所以重要的官文书当使用纸张书写，木简内容的广泛即受局限。相关印章或已盖在纸面上，故未见封检之出土。

(本文为赴韩国参加研讨会论文)

注释：

① 李均明、刘军：《简牍文书学》，广西教育出版社 1999 年版。

② 韩国国立昌原文化财研究所：《韩国古代木简》，本文简称《木简》。

③ 甘肃省文物考古研究所、甘肃省博物馆、中国文物研究所、中国社会科学院历史研究所：《居延新简》，中华书局 1994 年版，本文简称《新简》。

④ 谢桂华、李均明、朱国炤：《居延汉简释文合校》，文物出版社 1987 年版，本文简称《合校》。

⑤ 李均明、何双全：《散见简牍合辑》，文物出版社 1990 年版，本文简称《散》。

⑥ 甘肃省文物考古研究所：《敦煌汉简》，中华书局 1991 年版，本文简称《敦》。

饶宗颐先生与简帛学

饶宗颐先生“业精六学，才备九能”，乃当今学界巨擘，已发表专著约百种、论文千篇以上，涉及领域极为广泛，简帛学仅为其庞大学术体系中的一个环节，本文所及，仅为先生专论简帛者。先生之著书立说，引用史料十分广博，一文之中，既谈甲骨，又见金文、简帛、碑刻乃至吐鲁番、敦煌文书，实难以学科绝然划分。以下所述为个人之点滴体会，不妥之处，望饶师及同仁赐教。

一、战国简帛

战国简帛是饶先生在简帛学领域用功最多者，解决了许多重大难题。治楚帛书先人着鞭：楚帛书于1942年被盗墓者掘出之后，不久即入蔡季襄之手，1944年蔡氏作《晚周缯书考证》首次公布资料（内有蔡氏长男蔡修涣临绘帛书图文）。1950年蒋玄佁于《长沙（楚民族及其艺术）》第二卷发表帛书重摹本。1954年，饶先生在《长沙楚墓时占神物图卷考释》一文中发表了据蒋氏本所作复制图，考证帛书所纪四时与五木、五正、帛书所见楚先公及楚方言古语、帛书所见古文奇字等，认为“图中文字记四时五正及月令出行宜忌，殆为楚巫占验时月之用；而施之墓葬，以镇邪魅。”此后，饶先生又做过两次摹本：第一次依据日本学者梅原末治提供的全色照片临摹，1958年刊于《选堂丛书》。1964年饶先生于美国纽约首次目睹原件；1966年喜获沙可乐赠送之红外线原大及放大照片，又获美国大都会博物馆考古工作室放大12倍的110张照片，因据之完成第二次摹本的工作，并于1968年撰成《楚帛书之摹本及图像》，刊于台北《故宫季刊》三卷二期，计摹存912字，较此前摹字较多的商承祚《战国楚帛书述略》发表的摹本尚多100余字，而且真实地反映了原件的书法特征，领悟真迹的运笔体势，十分逼真，李零先生谓“此本最为存真，是目前所见的最好帛书摹本。”曾宪通先生云：“饶本最为存真的另一表现，是完全按照帛书原式摹写，不作任何更动，其行列虽不如棋格式一目了然，但却是帛书面貌的如实再现。其中，对于乙篇原帛对折处磨损最剧一列文字的处理尤具卓见。”对楚帛书所见图像，饶先生客观地归纳，云：“缯书十二月神像乃战国时楚俗图绘，尚保存较古之形态，及代表南方思想之一类型，更足宝贵。然于图形之解释殊非易事，今但知十二图像为十二月之神，最足资研究者为三头人身像及一首两身之蛇。”对楚帛书文字，撰《楚缯书疏证》一文，将原帛全文按八行、十三行、边文三大部分顺次逐句进行诠释，考证𪚥为古熊字，读万为冥，与禹并列为夏、商崇祀之水神，论四时之神以色为号，解十日、四时与共工之关系，论絽绌为赢缩，天棓为天棓，证三首神为祝融等。此后又撰成之《楚制书新证》，即在前文的基础上，重新修订而成的总结性著作，对帛书文字做了审定，其中八行一篇尤多新意，考证出由雹戏、女皇（女娲）、四神、炎帝、祝融、共工等组成的神话，皆与楚先世相关。关于楚帛书的性质，饶先生主“天官书说”，早期之《长沙楚墓时占神物图卷考释》论及楚人之天文学时，谓楚先世出于重黎，重黎即羲和氏，乃世掌天地四时之官，即后世阴阳家所从出；后撰之《楚帛书之内涵及性质试说》，论《周礼·春官》冯相氏主常度，保章氏主变动，职司各异，而帛书甲篇辨四时之序主常，乙篇志天象之异主变常、变异趣，反映古来天官即有此区别。饶先生亦认为帛书虽兼有兵阴阳家言，然于乙篇保存保章氏遗说特多，所言主体仍是楚人之天文杂占，故视为楚国天官书之佚篇自无不可。曾宪通先生总结迄今所见楚帛书的研究成果时说："综观四十年来楚帛书研究的成绩，不难发现，在衮衮诸公中，以饶宗颐、商承祚、巴纳三位先生用力最勤，而李学勤、饶宗颐两先生建树尤多。"

饶先生在楚简方面的研究起步亦甚早，1954年曾于日本京都大学人文科学研究所介绍楚简，撰有《楚简笺证稿》（油印本，存京都，未公布），此乃发轫之作，后于1957年作仰天湖楚简摹本修订，刊于《金匮论古综合刊》，陈仁涛跋云："仰天湖竹简复印件，初刊于1954年《文物参考数据》第三期，未有考释，而文字模糊，不堪卒读，去夏饶君宗颐，在日本京都最先为作考释，以油印本问世。嗣平凡社编《书道全集》复加复制，由饶君为之解说。其后罗福颐等相继撰文讨论，罗氏复据清晰复印件摹出一份；惟其间不无疏失，经与友再三参酌，改正数处，摹成是本。请饶君重作考证，其援引《礼经》及《穆天子传》，以释古赠赗之礼，及衣服器物职官暨方言字例，辨证至为详尽，此数十简之文，乃稍稍可读矣。"于当时而言，达到了最高水平，今回首读之，饶先生自谦云："此文以今日简册知识观之，应行重写。"正是这种不懈追求的精神，使先生在这一领域的水平不断更新。

最近十余年，全国各地又有大量的楚简出土，饶先生的成果亦随之倍增：流传境外的一支楚简残文，内容与《礼记》第三十三篇《缁衣》相类，饶先生认为其文字有不少与《子思子》同，而引用佚书很多是其价值所在，专以《缁衣零简》一文考证之，刊于郭店楚简及上海博物馆藏楚简刊布之前，具领先意义。湖北郭店楚墓出土竹简是考古重大发现之一，包含着大量有关古代思想家的著作，主要内容如：属战国时期的《老子》写本；《礼记》里的《缁衣》全文，以前被认为是汉代作品，今可提前；再者是以往未见过的儒家佚籍和格言（整理者署标题为《语丛》)。饶先生撰文《从新资料追溯先代耆老的"重言"》，对《语丛》的性质做了界定，认为"这是极有价值的崭新经典文献，这即《庄子·寓言篇》所称'寓言十九，重言十七'的'重言'。"何谓"重言"？"'重言'是人所尊重之言，是先前老辈（耆艾）所说的话，为一般人所尊重而具有'经纬本末'作用的格言。虽然它的年代在前，如果没有经纬本末的意义，可以期待来者去发扬的，便不足以为'先'。照这样重来，'重言'是足为后世师法、永远为人所尊重的名言。"文中征引大量的传世文献说明先秦流行的先辈重言为儒、道诸家所承袭采用，则《语丛》简的发现，对分辨儒、道诸家的思想脉络与源流有极大的帮助。"饶先生据《语丛》而作《诗言志再辨——以郭店楚简资料为中心》一文，阐述中国学术史、文学史上关于"诗"和"志"的关系，认为诗（经）是一部会集古今人之"志"的诗篇，而春秋是一部汇集古今之事的著作，"志"与"事"对言；再深入分析，则志为气之帅，气为容之所司，而志为心之所司，所以"志"可说是一种"中心思维"，思想上具有核心作用，持志必主敬，而敬生于严。

饶先生收藏古琴、善弹古琴，对中国古代琴学乐教的研究亦为首屈一指。郭店楚墓出土的一件七弦琴曾引起先生的极大兴趣，随即联想随县曾侯乙墓出土的十弦琴及长沙五里牌战国楚墓出土的九弦琴，引述郭店楚简、望山楚简所载，以《涓子琴心考——由郭店雅琴谈老子门人的琴学》一文，详考涓子其人及其著作的流传：认为"环渊"即"蜎渊"，著书称《蜎子》，亦作《涓子》，凡十三篇。又考涓子系楚人，老子弟子，后到齐国稷下，又隐居于菏泽，故后人视之为齐人。据《古文四声韵》、郭店楚简《性自命出》、包山楚简遣册考"琴"、"瑟"二字，进而修定以往对曾侯乙墓一漆箱所书文字的认识，确认所书当为"琴瑟常和"四字。指出"常和"二字出自老子，引老子所云"音声之相和也。"（第二章）"含德之

与饶宗颐先生在一起

厚者比于赤子……终日号而不嗄，和之至也。和曰常，知常曰明。”（第五十五章）抒其感云：“钟磬之音，能达到相和的境界，便是‘常’，故谓之常和。琴瑟和鸣，最足表现天和的美。”认为琴瑟二字都是从修养心性取义，云：“扬雄言琴可反其天真，即老氏之‘朴’；瑟之训啬，亦与老子有关。老子不是说‘治人事天莫若啬’（郭店乙本）吗？啬正是老子的中心思想。”指出楚简所云“誶如斯戁”即是戒慎恐惧之意，与《五行》主张慎独之说相关。文中亦试探郭店楚简《穷达以时》、《唐虞之道》、《语丛一》、《大一生水》等篇天地人相涉的理论与涓子《三才经》的关系。又撰《从郭店楚简谈古代乐教》一文，阐述先秦古人尤其儒家将音乐作为兴善进德的工具，所以特别提倡乐教，使人浸润于天德化育之中。饶先生仔细推敲郭店楚简《性命篇》谈及人心喜愠的一段内容，将之与《礼记·檀弓》作比较，解读其中关键二字“踊”与“辵（舞）”，指出“其原本是子游的谈话。他认为人的情绪，可分为喜、愠二大类，喜是欢愉快乐，愠是悲怨哀痛。楚简行文较繁，可以看出他用意的要点。他说‘貽（舞）是喜之终’，‘踊是愠之终’。”详考儒家“集大成”的论题，据郭店简《性自命出》章，证“成”为乐备之义；又从精微差异的角度剖析《五行》篇述之金声玉振，指出它和孟子的说法大有出入。子思区分善与德为二系，善为人道，德为天道，人道之善有与始，有与终，而天道之德有与始而无与终，由有而反乎无；而孟子之说但谓“始条理”、“终条理”，没有突出“无与终”的“无”。故先生认为“子思学说，富有形而上意义，孟子不能完全采用。”而自曾侯乙墓钟磬出土，金声玉振的道理有具体物证可鉴，指出钟磬俱全，加之以舞，便是乐的全套，金声是击编钟，玉振指击编磬，孟子谓前者为始条理，谓后者为终条理。进而追溯自新石器时代以来钟、磬、鼓之应用及其与天道人事的关系。又从楚简《性》篇阐述子思之言“独其人心”实即“审一以定和”“审一”，“独心”与“审一”理正一致，因而知子思之认识为“乐最容易使人感动。求诸于心是不容易的，如假途于乐，无疑是一种方便手段，所以说‘不如近乐之速’。”

二、秦简

睡虎地秦墓竹简出土后，曾引起国内外学术界的广泛重视，而对其中《日书》的研究，饶先生具开凿之功。饶先生指出：“日书因为带上日者神秘的色彩，向来被目为天书，如果掀开它的外衣，结合天文学史的知识，加以探索，便可发现它在远东古代占星术的研究上应该占有极重要的地位，这意味着了解术数某些渊源，或许可为人类文明揭示一点奥秘。”饶先生和曾宪通先生合著的《云梦秦简日书研究》，首次打破了《日书》无人问津的局面，对《日书》中比较常见的数术项目作了详尽的考证，林剑鸣先生称之为研究秦汉数术的“奠基之作”。饶先生比较了《秦除》与各建除家的异同，认为“稷辰”即“丛辰”；考玄戈、招摇所繫十二辰、星宿及所值吉凶；证反枳即反支，由秦简而知反支之俗不始于汉；又疏证归行、禹符、禹步、禹须臾、啻、衣裚、诘、梦、豽䠀、宛奇、日辰十二时异名、日虒、十二生肖、人日与木忌、马禖祝辞、临冠、冠带、楚月名称夕，附论苌弘执数之学。此后又撰《云梦秦简日书剩义》进一步补充前文所述，如阐述“癸甲”和四门及日月星辰的关系，指出“遁甲的八门和秦简的门占实有蛛丝马迹的关系。门占在先秦已萌芽，可以说开后来奇门遁甲的先河。”

饶先生还应用《日书》数据深究五行说与纳音说原理，在《秦简中的五行说与纳音说》一文中，指出《墨经》所云“五行毋常胜”的记载即五行说之滥觞，而秦简《日书》既见五行相胜，又见五行相生说。从《孙膑兵法·地葆篇》载“五壤之胜”所云“青（木）胜黄（土），黄（土）胜黑（水），黑（水）胜赤（火），赤（火）胜白（金），白（金）胜青（木）”以颜色代表五行，和秦简所云“木胜土，土胜水，水胜火，火胜金，金胜木”相胜的道理完全一样。而秦简《禹须臾》所见则为相生说（详下）。饶先生从《日书》甲本“辰申子水，水胜火”句中，推知其前后之缺句，复原如下：

丑巳[酉]金，金胜木。

未亥[卯木，木]胜土。

辰申子水，水胜火。

[戊寅午火，火胜金]。

指出“这即后来五行家所谓三合局。其说以生、旺、墓三者合局。申子辰合水局，亥卯未合木局，寅午戌合火局，巳酉丑合金局。以为水生于申，旺于子，墓于辰，故申、子、辰合成水局；木生于亥，旺于卯，墓于未，故合成木局；火生于寅，旺于午，墓于戌，故合成火局；金生于巳，旺于酉，墓于丑，故合成金局。这是后人的理论。秦简的三合，却没有生、旺、墓三阶段的明文。而以金、木、水、火代表墓的丑、未、辰、戌居前，代表生的五行居中，代表旺的列后。虽然有点不同，但五行三合局的配合，在先秦时代已正式形成，这是非常值得注意的。”关于纳音说，先述纳音的一般原理，“纳音的手续，是把六十甲子，按照六甲的次序，配合十二律、五行之五音而成”，然后将秦简《禹须臾》所列日辰重新整理，指出简文虽然没有写明五音十二律之名，但所记干支日辰都符合五行分配下隔八相生的律吕现象，归纳了如下四条规律：

（一）说明秦人已用十二律吕配五音、五行以占出行之休咎。

（二）编排中绝对以“隔八相生”为次序。

（三）五行之排列是用相生之法。

（四）金、水、木都以建亥为首，即辛亥、癸亥、己亥。

建亥为首的排列正与秦以建亥为岁首的历法合，饶先生认为“早期的纳音法纯以五音合之五行，以与十二律相配，其中仍须分阴分阳，而五行相生之序，即以金、水、木、火、土为次，以金水为首。”揭示了秦以前纳音的真面目。同时亦推断当时或许还有许多纳音的理论与方法，这不过是其中之一类。曾宪通先生谓“这是选堂先生的一大发明。新出放马滩乙种日书果然有十二律吕与五音、五行相配的明确记载，与先生的推论完全相符。”当天水放马滩秦简的部分释文发表后，饶先生又撰《论天水秦简中之“中鸣”、“后鸣”与古代以音律配合时刻制度》，指出秦简日书不仅见十二时制，亦载自平旦到鸡鸣之十六时刻。其纳音办法是把甲乙日辰配上以下五项：一、五行；二、一日中十六时刻；三、五音；

四、十二律相生及其律数；五、区域、方隅等等。谓“以时刻配乐，盖先秦纳音术之例，放马滩日书云：‘天降令（命）乃出大正，间吕六律，杲陶所出，双五音十二声为其贞卜。’托始于杲陶，当有所本。”简文中出现“中鸣”和“后鸣”两个名目，饶先生考当时还应有“元鸣”，乃指鸡初鸣的时候。钟铭见“中韐”，即“中翰”。翰音原指鸡鸣之声，“中翰”即“中鸣”。“三鸣”又称“三号”即指元鸣、中鸣、后鸣。溯及卜辞殷时每日时刻，分旦、食日、中日、暮、昏等，必以鸡鸣来定时刻。

《秦简日书中夕（栾）字含义初探》一文，详考作为月名使用的“夕（栾）”字之内涵及作为日夜划分的“夕”字与刑德的关系。秦简所见与“夕”相关的三个月份为：秦十月楚名冬夕（又名中夕）、秦十一月楚名屈夕、秦十二月楚名援夕。饶先生据《尚书大传》等书的记载，证当时之一年，分作“朝、中、夕”三段，日月星辰亦然。据郑玄注，一日、一夜、一月亦可作朝、中、夕三段划分。楚月名中的中夕、屈夕、援夕，正是年终的十月、十一月、十二月，三个月份相连在一年之终，故称为夕。关于日夜随月份消长之日夕数，先生认为当以日数表阳，以夕数表阴，阳为德而阴为刑，考其源如《鲁语》所见穆伯妻敬羌论朝日与夕月“朝日一习知地德”、“夕月一共敬天刑”与秦简所见一脉相承。

关于星占之北斗信仰，饶先生撰《谈归藏斗图——早期卜辞“从斗”释义与北斗信仰溯源》一文，从湖北王家台秦简谈起，指出“秦简‘归藏’之发现，证实周人所传古有三易之说全可信据。”而归藏斗图当取归藏之六十四卦，与斗相配以为图。又取证于殷早期自组卜辞屡见之“斗”字，释“从斗”，云：“斗指北斗，斗为帝车，众星皆系于斗，无不牵从，殷人能辨斗星，故有从斗之占。”从斗之占亦见于楚帛书、马王堆帛书《刑德》乙本及诸多文献记载。汉以来六壬十二神作为随斗十二神用于道教巫术屡见于出土文物，举甘肃武威磨嘴子出土新莽漆天盘所见北斗七星图像位于中央，周围记十二神为例，综其源流云：“殷人既有从斗之卜，能认识北斗，有人又以归藏之卦配斗为图。降及后代，斗历一类之书，亦为道、释二氏所吸收。佛书有《北斗轨》、《北斗七星真言》等著述，而道教之科仪，以南北斗为书名者至多，遽数不能终其物，溯其远源，此种北斗信仰，实导演于殷代，且与殷易结下不解缘而有《归藏斗图》之著述。”

三、汉晋简帛

汉晋简帛方面，饶先生对马王堆汉墓出土竹简帛书的研究尤为精深，湖南省考古研究所周世荣先生曾做过归纳，云：“饶先生认为马王堆汉墓出土的竹帛书，其中不少是与楚文化有关的巫文化和道家文化，如帛书《天文气象杂占》以楚云列首，而兼述十几个国家云气的不同名目。《周易》写本后面多出‘昭力’一章，帛书《老子》卷前古佚书的《经法》、《十大经》，天文有任氏、北宫等，皆前此记载所未知。饶先生又说：马王堆出土的帛书《老子》和其他战国末期关于黄老学的《十大经》一类佚书，分明是道家著作，但其他帛书、竹简像《刑德》、《导引图》、《却谷食气（经）》、《养生方》、《五十二病方》，事实上几乎包括《汉书·艺文志》中的数术、方技略，这些写本相当后来《道藏》内涵中最重要的部分。他谈到帛书《周易》时说，楚人引《易》期多，又引贾谊《新书·胎教篇》中《道德经》云：‘易者，察人之精，德之理，而与弗循，而占其吉凶，故曰，易者，此之占也。’说明《易》是一部占筮定吉凶祸福的古书。楚人传《易》，当与楚人笃信巫鬼与占凶吉有关。”（《浅谈饶先生对湖南出土竹帛书的研究》）

马王堆帛书系辞传未全文公布时，饶先生已经十分注意帛书系辞“太恒”一提法，特撰《帛书系辞传“太恒”说》一文，指出“帛书系辞‘易有太恒，是生两仪’一语，是汉以前系辞传的原本面目，千古之所未闻。”此文考证甚详，先生从“恒”字的形义谈起，认为“恒”字以引急之“緪”为义，训牢固，表示坚定不易。马王堆帛书易经，恒列于辰（震）宫之卦，孔子之前，恒卦爻辞已传世。考“恒德”之含义。又特别说明“恒”的道理在楚人的著作中特别流行。帛书“易有太恒”之“太恒”，通行本作“太极”，“太极”一名出于道家之书，汉代则无太极图而有太一之图（“太一”或作“大一”、“大乙”）。饶先生归结之云“太恒，与太极、太一自是一事的异称。自老子以来，强调主张‘得一’而恒卦言恒以一德，理正相通，故太一与太恒在义训，原无二致。”解“太极”之“极”，认为极即中，太极即大中，天文星象所见极星正位于中央。最后归纳“恒”的道理，“恒是天地的恒律，不易的道理，一个抽象观念，在道家老、左思想影响之下，战国的儒家、法家以及阴阳家、星占家对于‘一’的共同追求，塑造出‘太一’这个抽象而又具体的总揽宇宙万物的元神，示代表不易、不偏的最高原则性的‘道’。”今上海博物馆藏楚简果然有《恒先》一文之发现，存文达497字，可证先生之先见之明。关于“太一”，饶先生亦撰《图诗与辞赋——马王堆新出〈太一出行图〉私见》一文，对马王堆帛书《在一出行图》从图诗的角度作阐解，指出此图的题记韵语，即为图诗、图赞之属，是目前所见画诗画赞最具体的例证。文中对题句文字作了校录，强调指出图的主题是用兵而不是避兵，是积极义而非消极义，主张以《太一三宫用兵成图》之类图解之。考证是图之语汇、语法许多与《楚辞·远游》类同。又考图中神祇腋下所注“社”字，是在社祭举行的观军实展示之用。撰长文《马王堆〈阴阳五行〉之天一图——汉初天一家遗说考》详考“天一”之概念及其与“太一”的关系。证天一与太一为不同星座，同为天帝之神，天一主战斗；太一星次天一之南，知风雨水旱饥馑疾疫，主使十六神。《汉书·艺文志·兵书略》有《天一兵法》三十五卷，以天一星主战斗故列于兵家。天一与太一之区别，汉世流传之《九宫经》已详言之。帛书《阴阳五行》所附图，以“天一”二字为中心，太一仅列于其右，与“刑德”骈举，足见天一地位之隆。考帛书《刑德》中之九宫图，据图中“大音（太阴）”与大一、大阳同列，厕于西方之神煞，与《淮南子》说及《九宫经》异，显然出于不同的理论系统。考宅中主位神煞、武威医简之天一大兄、天一家与道家《龙首经》、《金匮玉衡经》的关系等。综其文云：“太一原为南方楚人之至上神，《九歌》有东皇太一，宋玉赋云‘礼太一’及湖南马五堆出土之太一出行图，可以为证。自天一家兴起，太一地位逐渐贬低。郑玄论《干曜度》引《星经》曰：‘天一、太一主（生）气之神。’《乐纬》称‘紫微宫北极，天一，太一’，天一排名在太一之前。此天一九宫图中竟以太一与刑德、太阳、太阴同列，而天一地位上升，跻于中央之位。殆由星象之学，战国以来，石氏、甘氏之说林立，而极星天枢与勾陈、恒陈、天李、天狱、天臽等星名之被使用于兵阴阳之说，见于此图，正可考天上神煞之由来。《汉志》分《天一》六卷、《泰一》二十九卷及兵阴阳家之《天一兵法》三十三卷。汉初以来，天一家与太一家分途，而天一家言见于兵阴阳者，卷帙繁富凡二十九卷，今皆亡佚。马王堆此图存其端倪，十分可贵……本文结论认为是图可能出于汉初之天一家学说而施用于图宅术者。”1992年帛书《刑德》刊布，是年9月，首次对《刑德》乙本九宫图诸神作考释，撰文《马王堆〈刑德〉乙本九宫图诸神释——兼论出土文献中的颛顼与摄提》，先考刑德、丰隆、风伯、大音、雷公、雨师六神，指出“大音”即“泰阴（太阴）”，或名“岁阴”。古籍所见常将云、雷二神混为一，《九宫图》所见丰隆（云师）与雷公则截然为二，当分二名为是。又详考颛顼与摄提，有独到见解：《九宫图》四仲诸神中，北方水神作“湍王”，字从水从端，为颛之异文，王为顼的省书，或略称曰湍（颛）王，颛顼，楚及秦皆奉颛顼为远祖。隅诸神中，西南神作“聂氏”，先生以大量文献证“氏”与“是”、“提”古通，“摄氏”“摄提”，星名，本随斗杓所指，既是星名，亦为神名，为八风神之一。又考聂氏下之司开，东北隅之神禺强（甲本作矛强）、东南隅之神青旸（青阳）等。相类之论文还有《谈银雀山简〈天地八风五行客主五音之居〉》，述汉代风占之书，考配五音之风及所值日辰，大刚风、刚风、晢风、周风、凶风、大弱风、滐风等八风之名号，八风命名之义等。

关于马王堆易传中最重要的篇章《要》，饶先生曾以《论帛书〈要〉篇损益的天文意义——产道与产气》阐述其要点。论文特意考证此篇关于损益的一段，指出损、益二卦皆涉及时节观念，时节由阴阳交积而产生，"积者，指由阴气初积，由秋徂冬，至于冬至而极，与阳气所积，由春徂夏，至于夏至而极。受阳气则万物茁长，长日于是乎生，故曰'产'，'产'者，生也。在易的益卦，正为此象。""相反的，受阴气，则万物逐渐衰老，长夕于是乎生，故其产（生）道穷焉，在易的损卦，则为此象。一起于积热，一则由于积寒，阴气积寒而阳气积热，故圣人对于'所积'的事端，十分谨慎，所谓'履霜坚冰至'，此懔戒乎阴气者也。"文中还阐述季候与方位、日长短与郊祭及农业生活的关系。从殷卜辞已见"至日"的记载，证尧典时代，大致已能确定二分、二至的时间点。古人重视二至，以长日长夕作为定点，建历术；易道主消息，益是息，损是消，益主生长，损主衰老。指出《要》篇结句"损益之道，足以观得失"，乃指能明乎损益之道，便可观天地之变，施之人事，许多事情自可迎刃而解。儒、道二家皆重损益之理，云"易六十四卦之中，特别突出损益二卦，从《要》篇所启示，系孔子之说，《德经》云'为学者日益，闻道者日损，损之又损，以至于无为。'（帛书甲本四十八章）显然亦从易义得来，《后汉书·逸民传》记向长读易至损益二卦，悟到贫贱富贵之理，与《要》篇同符，可见这一见解，在汉代还是很流行的。"

饶先生亦从马王堆汉墓出土简帛所见，探索老子思想的来源，称之为"先老学"，其中《（传老子师）容成遗说钩沈——先老学初探》一文，详细考证容成公事迹，指出古代传说之容成虽然不止一人，但传容成公为老子师一说，并非完全无稽。马王堆汉墓竹简《十问》中黄帝问于容成，或即《容成经》之一章。《庄子·则阳》："容成氏曰：除日无岁，无内无外。"当出于《容成经》。庄子列举古代帝王，伏羲、神农之前为容成氏、大庭氏，大庭氏亦见于马王堆黄帝书、十六经的《顺道》，在庭氏时代之社会，亦是老子所想往，故其思想既取于容成，又承自大庭。又考《庄子·在宥》所载广成子即容成子，《十问》所见接阴之道，可能是《容成阴道》的片段。小结中饶先生阐述了"先老学"的寓义，云："如果不从书本形式去作表面比较，而从思想脉络来上下探索，对道家思想来历的了解，似乎更有意义，本文所以标出'先老学'一名词作为研究的指标，容成学说是其中重要的例子……'先老学'的研究正在开始阶段，有待我们之努力。"饶先生为丁原植《文子新论》作序时，撰文《中黄子考》，因河北定县残本《文子》之见世，据其中《微明篇》引《中黄子》之说，知中黄子一名，战国时已为人所熟悉，非起于汉世，云："诸家研究，均未涉及《文子》中之中黄子，殆一向以《文子》书不可信据而忽略之。今由《文子》知中黄子在文子之前已存在，非汉世方士所依托。在黄老学统中，中黄子一家之言实为主流之一，故著述繁富，葛洪尚及见其书。"

饶先生高寿尚耳聪目明，精通古代养生与服食之道，二者或有关系。关于这方面的论文，举二例以明之：一如《剑珌行气铭与汉简〈引书〉》，重新考定剑珌行气铭文，再将铭文所谓"固则明"之境地与印度瑜伽术之调气之功作比较。又考张家山汉简《引书》的内容，指出《引书》出自彭祖之学，可视为先秦时人追述殷代彭祖养生之书。区别导、引二途，指出导是"导气令和"，引是"引体令柔"，一为气功，而另一为体操。证《引书》所谈"八经之引"所见吹響呼吸四者见于《庄子·刻意篇》；《引书》出现"熊经"、"鸡信"、"禹步"等动作，"鸡信"即庄子所谓"鸟伸"。另一长文《从出土数据谈古代养生与服食之道》则对中国古代养生服食的系统归纳，其中对出土数据的分析比较尤为深入。《摘要》云引用资料及简要说明如下：

（一）张家山汉简《脉书》与《引书》。《脉书》相当于马王堆《五十二病方》卷前之脉经。《引书》近于《导引图》，“引”与“导”本为二事。玄道子李颐云：“导气令和，引体令柔。”《引书》开端论彭祖四时之道，可与《灵枢》顺气分四时之说相参证。

（二）《陵阳子明经》言“食气”，即所谓沆瀣、朝霞等。

（三）马王堆《养生方》言治中，利中、益内利中、治力、轻身诸义。

（四）《十问》中天师食气之法，与容成深息与避四咎；朝、暮、夜半调息法。

（五）《杂疗方》中之服饵与《列仙传》及《医心方》与《延年方》之互证。

（六）陶宏景《登真隐诀》之服雾法、守玄白术、服日月光诸法之由来。

申论之标题则包括：（一）长生久视之道——永命、延年思想之来源。（二）不死观念及其追求。（三）玄府、玄门、玄牝之门与缪门。（四）谈“同气相求”——论以人合天。（五）生气与浊气之分。（六）婴儿与胎息。（七）脂与大却。（八）致柔、守一、醇与和、大顺诸观念。（九）彭祖寿考之可期。饶先生认为张家山汉简《脉书》、《引书》及马王堆帛书《导引图》之类佚书，皆属楚学。《引书》承袭彭祖之说，许多理论取自老子，庄子不主张导引，唯“以恬养知”，其最高理想在“和”。论文结论云：“楚地诸佚书之发现，令古代方术之采日月精英，还精补脑，及《内经》、《灵枢》之天道与人体相关诸说，取得确实根据，得到充分了解，知其思想之形成，远在战国时期已极度流行，对易、老、庄三玄中重要语句提供了合理与进一步的解释，证明嵇康《养生论》言之绰有理据，对于现代人仍有极大之裨益。”

祷祠神灵涉及古代宗教民俗，饶先生在《中文大学文物馆藏建初四年“序宁病简”与“包山简”——论战国、秦、汉解疾祷祠之诸神与古史人物》一文，详考当时民间广泛流传的诸神名号，包括炊、黄君、獦君、水上、司命、命君、官社、田社、东北官保社、外家、西南、郭贵人、殇君等。考包山之祭祷简，墓主所祭祷的物件，除直系近亲先王如高、曾、祖、父之外，还有远祖的先代老僮、祝融，尚有㑌山（亦作名山、五山）及人禹等。“㑌山”释“列山”，依郑玄说，即炎帝。论文列表展示战国秦汉祀典之大体系统，引及包山简、《礼记·祭法》、《楚辞》、《东汉序宁简》及邗江胡场汉墓木牍所见诸神灵。结语云：“诸神明之名目，以包山简及汉宣时木牍、封禅书、郊祀志所记秦汉各地区诸巫所祀神明作一比较，有不少可以互勘，对于古史人物，更可取得印证，此戋戋者，有裨古史研究者至巨，爰发其覆，以资同好之探讨。”

西北汉简方面，饶先生于50年代即有《居延零简》及《居延汉简目瞤耳鸣解》发表。近年，在饶先生的具体指导下，曾与饶先生合著《敦煌汉简编年考证》及《新莽简辑证》二书，首开编年体以简证史之先例。饶先生在《新莽简辑证》前言中对王莽史迹做了许多精辟的考证，所考包括“初始”年号、“免书”、“王路堂”、“封少昊之祀，以土德代火”、“折威侯匡”、“刘崇父蒲”、“保忠信卿”等史实及《月令》残文。饶先生对王莽的评价，当言中其实，文云：“近人一般批评王莽，每每喜欢用‘变法’二字，加诸他的身上，其实他却一味师古，失在对于古代制度的过度迷信，造成许多灾害。又好大喜功，发迹于符命，亦以符命亡国……对匈奴困被改名而抗命，劳师远征，对外政策的横蛮无理，更是铸成大错。有人说他有乌托邦精神，全不对头。他喜欢改易名目，是出于对‘改制’的误解。董仲舒提出三代改制质文（《春秋繁露》第二十三），莽意以为制定则天下自平，能够改制则可坐致太平，这是他的狂妄想法。他的滥改名号是一致命伤，往往一改再改，令人无所适从。他的师古、托古变成了泥古和惑古，像自制威斗随行以象斗柄，自言‘天生德于予，汉兵其如予何’一类，完全是儿戏。”

四、方法论

饶先生聪颖过人，却始终孜孜矻矻、锲而不舍，以二事为例：一、对楚简帛的研究数十年如一日，精益求精。1954 年先生在日本京都所撰《战国楚简初释》是研究仰天湖楚简的首篇学术论文，又撰《长沙楚墓时占神物图卷考释》，是为研究楚简帛之始，至今仍坚持不懈，此精神，在《楚帛书新证》近作中言之甚详，云："十余年来，楚地出土文物，倍蓰于前，余亦三度漫游荆楚，作实地考察，所见益广。爰就多年积累，研讨所得，取旧作《疏证》，删除繁芜，益以新知，并参时贤近着，泐成此篇。自念矻矻穷年，锲而不舍，复不惜多次订补；帛书文字，希望自此可以通读，非敢谓为定本，后来居上，览者或有取焉。钻研所至，偶有一得之愚，略胜于前者。如据《易纬》，知雹戏亦号大熊氏；据《地母经》，证女娲亦称女皇，据《墨子》，知楚人所居之䲨即睢（山）之繁文；据《中山兆域图》知䖓逃即法兆；据《秦简日书》，证土事必为土功。于文字偏旁之审订，新定更伙，论证皆比前为绵密，聊复举似，再俟博雅之匡正之。"自谦之中，包含着坚韧，如斯之功，滴水穿石。近年先生对郭店楚简的研究有许多独到的见解，乃得益于上述深厚的日积月累的基础。再如先生对新莽史料的研究，亦不因时间之流失而放弃。早在 1940 年，饶先生已着手编纂《新莽史》，后因抗日战争爆发，全书未及印出，仅刊其《目录》。后又不断撰文，如 1946 年撰《新莽艺文志》、1954 年撰《西汉反抗王氏者列传》、1957 年撰《新莽职官考》等。1991 年我从日本赴香港拜访饶先生，先生即谈起居延、敦煌汉简所见新莽史料的整理，拟定了工作计划，使我得以在 1994 年间在饶先生的具体指导下，协助编撰《新莽简辑证》一书。先生在此书前言中说："1940 年余撰《新书序目》，刊于齐鲁大学《责善》半月刊第一卷第三期，作为该刊首篇，至今已逾半个世纪。由于我的史学观点的改变，故压下迟迟未敢写成书，另一方面，亦在等待汉简新材料的逐渐充实。"可知严谨的态度与不懈的追求，是饶先生一贯的风格。

三重证据是饶先生首先提出的考证法。饶先生关于研究夏文化的方法中指出："我认为探索夏文化必须将田野考古、文献记载和甲骨文的研究三个方面结合起来，即用'三重证据法'进行研究，互相抉发和证明。"季羡林先生在《谈饶宗颐史学论著》一文中说："特别值得注意的是他提出的'三重证据法'。"文中以饶先生所撰《道教原始与楚俗关系初探——楚文化的新认识》为例，指出："这篇论文中，饶先生一方面利用秦简和长沙出土的缯书论证楚地的月名，另一方面又利用许多出土的钟磬铭推测出楚国使用的律名，又利用宁乡出土的人面方鼎，推测出楚地信仰黄老之学由来已久；东汉三张之没鬼道，为人治病请祷，这样的活动秦汉之际楚地已极普遍，饶先生把这一现象综合起来，探讨了楚文化的问题，并指了王国维等对古文的地域尽量缩小的做法，是不符合实际情况的。"在简帛研究领域，饶先生充分应用三重证据法，如《楚帛书新证》一文，引用传世文献近百种，简帛、金石文字数十种，又涉出土文物、文化遗址数十。以考帛书为首 14 字为例：句首助词"曰"字，证以商玉戈（哈佛大学 Fogg 艺术馆藏）、彝铭、西周微氏《史墙铭》、㾓钟；"大熊"与"睢"字考释及考楚先人入居睢之史实，除广引传世字书、史籍外，尚用鄂君启节、史墙盘铭、望山简、天星观简、睢公剑铭、闾兵戈铭、诸减钟、秦始皇陵刑徒瓦铭等资料，亦以季家湖文化及赵家湖文化发现数千座墓群，证楚人起于荆山，然后沿沮漳河两岸向东发展。饶先生关于玄鸟信仰的考证，从楚帛书谈起，据《山海经》等书之描述，证以郭店楚简乃至吐鲁番出土文书及印度吠陀经典，证以较多的出土文物，如大夏文物的鹰图案，匈奴双鸟头联结短剑及湖南高庙陶缸、浙江河姆渡、陕西华县护村彩陶的鸟图案，又特别举出三星堆出土的鸟形器论述古代玄鸟的信仰，东西方都存在，云："因为鸟是太阳的符号，日起于东而没于西，光被四表，所以玄鸟的传说，亦不限于东方一边。"推测出商人的兴起，玄鸟神话的起源地点，应该在"不周山、黑水"

之间。

饶先生知识渊博，所以在材料的掌握上能做到融会贯通，包括时代之贯通、中外之贯通及学科之交融。先生于2001年在台北中央研究院史语所进行了题为《断代与编年》的讲座，涉及面极广，乃融会贯通之典型。讲座首章即以甲骨卜辞、郭店简《缁衣》、慈利楚简、王家台秦简《归藏》繇词、定州八角廊《六韬》残简、银雀山汉简《孙膑兵法》，乃至古籍中关于天文日食的记载及现代人的实测计算，肯定夏代之不可抹杀，同时阐述文化交流之复杂性。谈及五帝形成的历史背景及文化内涵，引用了大量的中外历史文献及出土资料。出土数据包括殷墟卜辞、周原凤雏甲骨、子弹库帛书及秦公钟、訇簋、师酉簋铭文，又包山楚简、马王堆汉墓帛书、尹湾汉墓木牍、武威王杖简等。对三星堆文化源头的研究，溯及宝墩文化早期遗址年代的测定、金沙遗址出土文物与三星堆文化的关系。三星堆文化乃当今学术研究的热点，其中之金器"卓绝无伦"，饶先生对之做了详尽的分析，并将之与甘肃玉门齐家晚期火烧沟、河北藁城商遗址、北京刘家河墓、山西石楼兰家沟、山西永和下辛角村、河南安阳侯家庄等遗址或墓葬出土的金器及吐蕃金器乃至希腊迈锡尼文化的金面具、西亚埃及克里特及波斯金器作比较，阐述其中相互影响的痕迹。关于中外文化之比较，如《论楚帛书之二气与魂魄——二元观念及汉初之宇宙生成》一文，不仅详考以形与气分别魄与魂的二元观念，述其在中国古代的源流，同时还以海外《死书》关于古埃及人信仰魂升天而体入地的记载与汉俗作比较，揭示人类观念发展之共性。《帛书丙篇与日书合证》一文谈及秦简日书甲乙种二十八宿之记载，指出古印度亦以二十八宿为占候，云："阿闼婆吠陀第19卷7与8两诗篇皆举'二十八舍'之名，且向麦粒、人足星座祈福。于星宿祈禠禳灾，中外固一揆也。"学科之交融，如饶先生对山西出土新石器时代东下冯的打制石磬、殷墟武官村出土殷代虎纹大磬的考察，皆注意其现代测音效果；对出土编钟的考察，还注意不同击打面的不同音效，"测音则钟的正鼓与侧之间一般为大二度的音程。"这种交融当然也与简帛相贯，亦与外国史料相贯，如《随县曾侯乙墓钟磬铭辞研究》一文，不仅引及曾侯乙墓竹简遣册、楚帛书、安徽阜阳残简，还以各地各时代出土的钟磬鼓琴，全面阐述中国古代音乐理论体系，将之与现代乐理作比较，又揭示古乐理与天文学之关系等。《曾侯乙钟律与巴比伦天文学》一文，基于对中国及巴比伦古天文、古乐理的深刻认识，反驳麦克伦关于中国古代天文出于巴比伦的观点。文中除分析中国出土史料，尚对西亚创世纪的开辟史诗、大英博物馆藏尼尼徽（Nieeveh）遗物中的楔形文字与天文星图作了详尽的考证，其功力，实非常人所能及。饶先生在古文字学、考古学、历史学、语言学、文学、目录学、敦煌学等皆有很深造诣，乃至对古印度、古波斯、古罗马文化，包括对其文字如印度河谷、巴比伦、梵文、苏美尔楔形文字等皆有精到的见解，不仅融文史哲于一体，亦兼通音乐、天文学，无如此广阔的视野，便不可能单独在简帛学领域达到融会贯通的境地。

饶先生做学问不墨守陈规，季羡林先生说："从饶宗颐先生的全部学术论著来看，我可以肯定地说，他已得到了预流果。"预流即预应时代学术之新潮流，如陈寅恪先生所云："一时代之学术，必有其新材料与新问题。取用此材料，以研求问题，则为此时代学术之新潮流。治学之士，得预于此潮流者，谓之预流（借用佛教初果之名）。其未得预者，谓之未入流。"饶先生对每批新出土的资料（包括文献与文物），都予以极大的重视，并能从中探索新角度、新方法，得出新结论。所以在甲骨、金石、简帛乃至敦煌、吐鲁番文书的研究队伍中属导夫先路者。简帛学方面则在楚简帛、秦日书、马王堆术数的研讨中具开凿之功。饶先生每每接触新的资料，皆有欣喜之情，以其诗为证，如在美国初见楚帛书于纽约戴氏家中，吟二绝云：

十载爬梳意自遐，惊看宝绘在天涯。福融犹喜行问见，待起龙门问世家。

一卷居然敌楚辞，渚宫旧物自无疑。蓦从玄月萌米兴，遥想洞庭叶脱时。

（《清晖集》204 页）

正是饶先生对新事物的这般敏感与接纳，使其能充分应用与驾驭新数据，并在此基础上不断开拓。举近年所做二事为例：一、据出土文献编撰《补资治通鉴史料长编稿系列》。先生在编撰说明中说："惟念甲骨、简牍以至吐鲁番文书、敦煌写卷，皆近人所重视之史料也。所记大都丛脞委杂，散之友纪。究一事，穷一名，着论者众，殆如秦近君说字累万言不能自休，叶弥茂而本弥乖，是强其柯枝，而弱其干也，颠倒之甚！学者终难以原始要终，得其条贯。自非系年排比，使如散钱之就串，虽穷年累月，将何以别同异、纪远近、而观其会通耶？爰拟依温公之例，发奋为《出土史料系年长编》，鸠合同志，协力从事，期以数载之力，勉奏肤功。"此系列拟目有：《秦出土文献编年》、《敦煌汉简编年考证》、《新莽简辑证》、《居延汉简编年》、《汉魏石刻编年》、《魏晋南北朝敦煌文献编年》、《吐鲁番出土高昌文献编年》、《吐鲁番唐史事编年》、《汉晋楼兰简牍编年》、《唐代敦煌佛道史事系年》等，其中大部分已完成。二、跟进新技术之发展，饶先生与陈方正先生一起，于香港中文大学中国文化研究所开设《出土竹简、帛书文献》计算机数据库，第一辑已出版发行，包括《马王堆汉墓帛书》[一]、[三]、[四]，《银雀山汉墓竹简》[一]，《居延汉简释文合校》，《散见简牍合辑》，《武威汉简》，《武威汉代医简》，《睡虎地秦墓竹简》，释文皆经重新审定。第二辑之审录工作正在筹备中。同时，甲骨文、金文数据库的录入也展开。上述工作的展开，也带动一批人在学术上通过实践得以提高，有幸本人也在获益之列。谨此向饶先生致谢。

（本文原载于《华学》第 7 辑）

附：饶宗颐先生简帛论著、论文要目

《战国楚简笺证》，油印本，（京都），1954年。

《长沙出土战国楚简初释》，油印本，（京都），1955年。

《战国楚简笺证（长沙仰天湖战国楚简摹本）》，香港上海出版社，1957年。

《长沙出土战国缯书新释》，选堂丛书，香港，1958年。

《云梦秦简日书研究》（与曾宪通合著），香港中文大学中国文化研究所中国考古艺术研究中心专刊之三，1982年。

《楚帛书》，香港中华书局，1985年。

《随县曾侯乙墓锺磬铭辞研究》（与曾宪通合著），香港中文大学中国文化研究所中国考古艺术研究中心专刊之四，1985年。

《楚地出土文献三种研究》（与曾宪通合著），中华书局，1993年。

《新莽简辑证》（与李均明合著），台北新文丰出版公司，1995年。

《敦煌汉简编年考证》（与李均明合著），台北新文丰出版公司，1995年。

《长沙楚墓时占神物图卷考释》，载《东方文化》第1卷第1期，香港大学，1954年。

《长沙楚墓帛画山鬼图跋》，载《金匮论古综合刊》第1期，香港，1957年。

《战国楚简笺证》（修订本），载《金匮论古综合刊》第1期，香港，1957年。

《居延零简》，载《金匮论古综合刊》第1期，香港，1957年。

《楚简续记》，载《金匮论古综合刊》第1期，香港，1957年。

《山鬼图后记》，载《金匮论古综合刊》第1期，香港，1957年。

《居延汉简目瞤耳鸣解》，载《大陆杂志》第13卷第12期，台北，1957年。

《楚缯书十二月名核论》，载《大陆杂志》第30卷第1期，台北，1965年。

The Chu Silk Manuscript:Calendar and Astrology Proceeding of the Symposium on Early Chinese Art, New York, 1967.

《缯书之摹本及图像》，载《故宫季刊》第3卷第2期，台北，1968年。

《楚缯书疏证》（附陈盘跋），载《中央研究院历史语言研究所集刊》第40本上册，台北，1968年。

《荆楚文化》，载《中央研究院历史语言研究所集刊》第41本第2分册，台北，1970年。

《出土数据から见た秦代の文学》，载《东方学报》第54辑，东京，1977年。

《唐勒及其佚文——楚辞新数据》，载《九州岛大学中国文学论集》第9号，日本九州岛，1980年。

《略论马王堆〈易经〉写本》，载《古文字研究》第7辑，北京，1982年。

《秦简日书中夕字含义的商榷》，载《中国语言学报》第1期，北京，1983年。

《曾侯乙墓匫漆书文字初释》，载《古文字研究》第10辑，北京，1983年。
《马王堆医书所见陵阳子明经佚说——广雅补证之一》，载《文史》第20辑，北京，1985年。
《谈马王堆帛书周易》，载《明报月刊》1984年7月，香港。
《谈阜阳汉简诗经》，载《明报月刊》1984年12月，香港。
《秦简中之五行说及纳音说》，载《中国语文研究》第7期，香港中文大学中国文化研究所吴多泰中国语文中心，香港，1985年。
《秦简中“稗官”及如淳称魏时谓“偶语为稗”说——论小说与稗官》，载《王力先生记念论文集》，香港中国语文学会编，1987年。
《曾侯乙锺律与巴比伦天文学》，载《音乐艺术》1988年第2期，上海，1988年。
《Some Notes on the Pig in Early Chinese Myths & Art Orientations》，香港，1988年。
《古史上天文学与乐律关涉问题——论曾侯乙锺律与巴比伦天文学》，载《中国文化与中国哲学》，北京，1990年。
《四方风新义》，载《中山大学学报》，1988年第4期，广州。
《帛书〈系辞传〉“大恒”说》，载《香港中文大学中国文化研究所学报》1992年第1期，香港。
《剑珌行气铭与汉简〈引书〉》，载《中华文史论丛》第51辑，上海，1993年。
《马王堆〈刑德〉乙本九宫图诸神释——兼论出土文献中的颛项与摄提》，载《简帛研究》第1辑，北京，1993年。
《谈银雀山简〈天地八风五行客居五音之居〉》，载《简帛研究》第1辑，北京，1993年。
《论天水秦简之“中鸣”、“后鸣”与古代的音律配合时刻制度》，载《简帛研究》第2辑，北京，1996年。
《记建兴廿八年“松人”解除简——论“五龙相拘绞”说》，载《简帛研究》第2辑，北京，1996年。
《(传老子师)容成遗说钩沈——先老学初探》，载《北京大学学报》(哲学社会科学版)1998年3期。
《中文大学文物馆藏建初四年“序宁病简”与“包山简”——论战国、秦、汉解疾祷祠之诸神与古史人物》，载《华夏文明与传世藏书》，北京，1996年。
《图诗与辞赋——马王堆新出〈大一出行图〉私见》，载《湖南省博物馆四十周年纪念论文集》，长沙。
《从新资料追溯先代耆老的“重言”——儒家学派试论》，载《中原文物》，1999年第4期。
《涓子〈琴心〉考——由郭店雅琴谈老子门人的琴学》，载《中国学术》第1期，北京，2000年。
《从出土资料谈古代养生与服食之道》，载《宗教与养生饮食》，台北，2009年。
《诗言志再辨——以郭店楚简资料为中心》，载《郭店楚简国际学术研讨会论文集》，武汉，2000年。
《从郭店楚简谈古代乐教》，载《郭店楚简国际学术研讨会论文集》，武汉，2000年。

图书在版编目（CIP）数据

耕耘录——简牍研究丛稿/李均明著．--北京：人民美术出版社，2013.12（人民美术名家学术文丛）
ISBN 978-7-102-06692-9

Ⅰ.①耕… Ⅱ.①李… Ⅲ.①简（考古）-中国-战国时代②简（考古）-中国-汉代 Ⅳ.①K877.54-53

中国版本图书馆CIP数据核字（2013）第319464号

耕耘录
——简牍研究丛稿

编辑出版 人民美術出版社
(100735 北京北总布胡同32号)
http://www.renmei.com.cn
发行部：010-56692185 010-56692193
邮购部：010-65229381

著　　者 李均明
责任编辑 张啸东
版式设计 涛　斋
责任校对 冉　博
责任印制 赵　丹
印　　刷 影天印业有限公司
经　　销 新华书店总店北京发行所

版　　次：2015年8月 第1版 第1次印刷
开　　本：889mm×1194mm 1/16 印张：16
印　　数：0001-3000
ISBN 978-7-102-06692-9
定　　价：69.00元

YUWEN KECHENG GAIGE FAZHAN YU CHUANGXIN

语文课程改革发展与创新

BEIJING SHI XIAOXUE BAISUO MINGXIAO
YOUXIU JIAOXUE SHEJI JI LUNWEN JICUI

北京市小学百所名校优秀教学设计及论文集萃

第三卷

北京市教育学会小学语文教学研究会 组编

主　　编：李春旺　张立军
编　　委：（按姓氏笔画排序）
门海英　马　妍　王秀琴　孔凡艳　石丽君
齐孝源　闫　勇　李　萍　李春旺　李新会
杨伟宁　杨红兵　吴焕海　宋燕晖　张　立
张立军　陈延军　郑秀红　赵方红　祖阿芳
袁红娥　高振宝　曹文军　常祖新　蒋杰英
程淑芬
执行编委：齐孝源

语文出版社
·北京·

图书在版编目（CIP）数据

北京市小学百所名校优秀教学设计及论文集萃. 第三卷 / 李春旺，张立军主编 ; 北京市教育学会小学语文教学研究会组编. -- 北京 : 语文出版社，2013.7
（语文课程改革发展与创新）
ISBN 978-7-80241-814-1

Ⅰ. ①北… Ⅱ. ①李… ②张… ③北… Ⅲ. ①小学语文课－教学设计－文集 Ⅳ. ①G623.202-53

中国版本图书馆CIP数据核字(2013)第152345号

责任编辑　章承董
装帧设计　刘姗姗
出　　版　语文出版社
地　　址　北京市东城区朝阳门内南小街51号　100010
电子信箱　ywcbsywp@163.com
排　　版　河北华尚制版有限责任公司
印刷装订　北京市兆成印刷有限责任公司
发　　行　语文出版社　新华书店经销
规　　格　787mm×1092mm
开　　本　1/16
印　　张　27.5
字　　数　463千字
插　　页　10
版　　次　2013年8月第1版
印　　次　2013年8月第1次印刷
印　　数　1-5,300
定　　价　59.00元

010-65253954（咨询） 010-65251033（购书） 010-65250075（印装质量）

目　　录

序

在课程改革进行十多年之后，在第29个教师节即将到来之时，由北京市小语会组织编写的《语文课程改革发展与创新——北京市小学百所名校优秀教学设计及论文集萃》面世了。这是对北京市语文课改的回顾与总结，是送给广大教师的节日礼物。

这套语文教学图书有以下几个特色。

一、规模较大。全书共六卷。入选教学设计394篇，教学论文180篇，可谓“鸿篇巨制”。它和北京市出版的同类书相比，不敢说“绝后”，但称得上“空前”。

二、作者众多。全书作者近600位，主要是百所名校的语文教师。这百所名校，凭借其教学水平、教研能力，的的确确在影响和引领着北京市的小学语文教学。我还欣喜地发现，教学设计的作者，不仅有教师，还有教学干部、教研员；教学论文的作者中，校长、主任、教研员则更多。学校领导、各级教研员“下水”，进行教学设计，撰写教学论文，一方面能起到示范、引领作用，另一方面能促使自己深入课堂，熟悉教情、学情，使自己的指导、引领，更有的放矢，更让人心悦诚服。

三、涵盖面广。教学设计，除了识字课、阅读课、习作课、口语交际课以外，还有比较阅读课、专题总结课、阅读整本书导读课、儿童诗赏析与创作课等，课型比较丰富。教学论文，更是应有尽有，精彩纷呈。有关于教学层面的，包括识字写字、阅读、习作、口语交际、综合性学习等方面。单单阅读，面就比较宽。在众多研讨讲读教学的论文之外，一些论文还把研究的触角伸到略读课文教学以及比较阅读、课内拓展阅读、课外阅读、海量阅读、文学作品欣赏等方面。关于方法、策略指导层面的论文，占了较大的比重，如学习习惯培养、质疑能力开发、学案导学研究、思维导图应用、文言文学习方法、班级读书会流程、信息技术运用、建构基于语言文字运用的教学等。此外，在教学研究、课题研究等方面，也有一些论文入选。

四、质量很高。在394篇教学设计中，有一些是各级研究课、评优课的设计，其中不光浸透了设计者的汗水，也凝聚了指导者的心血。有些教学设计经过反复推敲、试教、锤炼，堪称“经典”。180篇教学论文，绝大多数基于教学中的问题，曰“立地”；大多数能从理论高度、“课标”要求阐述，曰“顶天”，既有理论深度，又有针对性和普适性，广大教师学得来，用得上。还有些论文视角独特，案例典型，有很强的启发和引领作用。

北京是首善之区，教育强市，有非常好的小学语文教学、教研的基础，新中国成立以来，涌现了一批批语文名师、大家。这六卷本的《北京市小学百所名校优秀教学设计及论文集萃》，见证了自第八次基础教育课程改革以来，北京市语文教学改革的发展与创新，见证了一大批优秀教师、校长、教研员在专业上的迅速成长。衷心希望北京市的小学语文教学改革，进一步加强顶层设计，开展一些整体性、区域性的改革实验；进一步加强低年级识字、写字教学研究，加强在语文教学和日常生活中落实语言文字运用能力培养的研究；进一步加强让课外阅读进课程、进课堂、进评价，以促进学生语文素养的研究。在已有的基础上，使北京市的小学语文教学更上一层楼，继续在全国起到引领和辐射作用，使北京市的教师和学生，更快乐、更幸福地教语文、学语文，为广大小学生的语文人生奠基。

崔　峦

2013年6月

神奇的鸟岛
（第一课时）

王朝辉（房山区良乡行宫园学校）

一、教学目标

1. 学会本课“缭、锦、融、洽”等十个生字，认识“雏、疏、鹬”三个认读字。理解并积累“融洽、碧波万顷、眼花缭乱、锦绣画卷”等词语。

2. 理清课文脉络，体会课文第二自然段的写作方法。

3. 学习课文第二自然段，感受鸟岛的神奇，有感情地朗读课文，练习背诵课文。

二、教学重点

学习课文第二自然段，体会鸟岛的神奇。

三、教学难点

理解课文第二自然段，体会课文是怎样把鸟岛的神奇写具体的。

四、教学策略

以读为本，读写结合。

五、教学过程

（一）创设情境，激趣导入

这节课，我们将跟随作者优美的语言踏上一座小岛，去领略那里的神奇。

齐读课题。

（二）初读课文，随文识字

1. 自学课文。

请同学们结合生字表和认读字表自由读课文，注意把字音读准确，把句子读通顺，遇到不懂的词语画个标记，尝试着利用工具书解决。

2. 检查课文的自学情况，顺学而导。

（1）第一自然段，指导学生理解“碧波万顷”这个词语。

a. 指名朗读，说说鸟岛的位置。（青海湖）

b. 出示句子：翻过日月山，穿过倒淌河，我们来到了碧波万顷的青海湖。

引导学生想象“碧波万顷”的画面，帮助学生理解词语的意思。

c. 指导学生读出青海湖的广阔与美丽，加深对词语的理解、感悟。

（2）第二自然段，指导学生读准几个字音：

黑颈鹤、环嘴鸥、凤头潜鸭、踱步。

（3）第三自然段，指导学生用“融洽”造句子。

出示句子：这岛上生息着十万多只水鸟，平时相处得十分融洽。

“融洽”是什么意思？生活中谁和谁相处融洽？能语句通顺地告诉大家吗？

（4）第四、第五自然段，引导学生针对字音、字义及课文内容提出问题。

师小结：想象画面、结合生活实际、联系上下文、查字典等都是学习词语的好方法。

【设计意图】随文识字，每个自然段的字词教学各有侧重，培养学生识字的兴趣，提高学生语言表达的能力。这个环节的教学不仅使学生自然地读准字音、掌握字义，还潜移默化地教会学生学习生字、新词的方法，引导学生学会从字词的音、形、义和课文内容等方面质疑，实现教学环节的多效，努力使学生获得终身发展所需的语文技能。

（三）整体感知，理清脉络

初读课文后，请同学们说说鸟岛的神奇体现在哪儿。指导学生在第二自然段旁批注“多”，在第四、第五自然段旁批注“团结”，在第一自然段旁批注“地理位置”。

【设计意图】在问题的引领下，学生了解了每个自然段的主要内容，建立了篇章结构。与此同时，教师也在这个过程中有意识地培养了学生做课堂笔记的